別冊 金融・商事判例

The Financial and Business Law Precedents

JN122511

反社会的勢力を巡る判例の分析と展開 II

Case Law on Anti-Social Forces: Analysis and Future Developments II

［編者］
東京弁護士会
民事介入暴力対策
特別委員会

経済法令研究会

刊 行 に よ せ て

　警察庁の統計によれば、いわゆる暴力団対策法が制定された平成3年当時の暴力団員数は6万3,800人でした。その数は、同法の制定後3年間で4万8,000人にまで減ることになりましたが、その後しばらくは4万人台を推移する状況が続いていました。これが平成19年6月に公表された「企業が反社会的勢力による被害を防止するための指針」が企業社会において周知されるようになり、地方自治体においても暴力団排除条例の整備が進み始めた平成21年以降、再び著しい減少傾向をみせるようになり、令和2年末においては1万3,300人にまで激減しています。

　この暴力団員数激減の要因として、上記の指針や条例の要請に基づく自治体や事業者による暴力団員をはじめとする反社会的勢力排除の取組み（「反社排除」）や特殊詐欺等の被害者による暴力団トップに対する責任追及（「組長訴訟」）の相次ぐ成功例が挙げられます。

　もとより反社排除や組長訴訟は、関係当事者に反社会的勢力と対峙する強い覚悟が求められるものであり、また、その覚悟が実を結ぶ過程においては種々の法的課題の克服も必要であり、その成果は決して容易に得られるものではありません。

　本書は、平成26年8月に刊行された別冊金融・商事判例「反社会的勢力を巡る判例の分析と展開」の続刊です。前書では採り上げられなかった平成26年以降の反社排除や組長訴訟に関連する司法判断を整理し、その傾向や限界等を探るうえで優れた資料となること、ひいては今後のさらなる成果獲得の一助となることを期待して上梓されたものです。

　本書が、反社会的勢力のいっそうの排除に寄与するものとなり、市民がより安全により平穏に暮らせる社会が実現することを願っています。

　令和4年1月

東京弁護士会

会長　矢吹　公敏

は し が き

　平成19年6月に暴力団等の反社会的勢力からの一切の関係遮断が明記された「企業が反社会的勢力による被害を防止するための指針」が策定されてから15年が経過しようとしており、また、平成23年10月までに全国でいわゆる暴力団排除条例が施行されてから10年が経過しました。

　この間、いわゆる特殊詐欺による被害が年々深刻さを増しました。いうまでもなく、特殊詐欺は被害者に甚大な経済的・精神的な被害を与える卑劣な犯罪行為です。この点を踏まえ、平成30年10月、日本弁護士連合会は、第61回人権擁護大会において、「特殊詐欺を典型とする社会的弱者等を標的にした組織的犯罪に係る被害の防止及び回復並びに被害者支援の推進を目指す決議」を採択しています。

　その後も、特殊詐欺を始めとした暴力団等の反社会的勢力が関与する被害は一向になくならず、東京弁護士会の民事介入暴力対策特別委員会をはじめとした全国の民暴弁護士が、各地の警察と連携し、次々と暴力団トップに対する責任追及訴訟（「組長訴訟」）を提起し、被害者の被害救済を図るとともに、ひいては暴力団等の資金源に打撃を与える活動に鋭意取り組んでいるところです。

　同時に、いわゆる暴対法や暴力団排除条例による規制強化、警察による検挙摘発の強化、さらには、次々と提起される組長訴訟などにより、暴力団の資金獲得活動は今後ますます潜在化、巧妙化することが想定され、また、いわゆる準暴力団による犯罪等の問題も重要な課題となりました。このため、今後、ますますこれら反社会的勢力の資金獲得活動の巧妙な変化を注意深く把握し、全社会的取組みの下で、暴力団等の反社会的勢力に対峙しなければならない状況です。

　さて、前著である「反社会的勢力を巡る判例の分析と展開」が平成26年に刊行されてから約8年が経過しました。この間、反社会的勢力を巡る数多くの重要な裁判例が出されています。これらの裁判例は、反社会的勢力からの被害防止や被害救済、反社会的勢力との関係遮断など、様々な角度から実務上大変参考になる裁判例です。

　これらの裁判例は、市民、企業、警察をはじめとした行政そして弁護士が、不断に反社会的勢力と対峙して積み上げてきた成果であり、心から敬意を表したいと思います。

　本判例集が、前作に続いて、多くの法曹関係者を含めた実務家に受け入れられ、反社会的勢力に対峙しようとしている関係者の皆様の一助となることを願ってやみません。

　なお、前著である「反社会的勢力を巡る判例の分析と展開」のはしがきにも記載したとおり、事件当事者が反社会的勢力であると断定するものではありません。

　最後に、金融・商事判例編集部の船田雄氏、横山裕一郎氏、樋田百合子氏には、企画の段階から校正まで、実に丁寧かつ細やかなご対応をいただきました。また、東京弁護士会の民事介入暴力対策特別委員会の委員の皆様、とりわけ、荒井隆男委員、山本夕子委員、山根航太委員、岩下明弘委員には、編集段階で多大な貢献をいただきました。

　執筆陣を代表し、この場を借りて感謝申し上げます。

令和4年1月

東京弁護士会民事介入暴力対策特別委員会

委員長　松村 卓治

◆別冊　金融・商事判例◆

反社会的勢力を巡る判例の分析と展開 Ⅱ

目　　次

VI　暴力団関係者等であるとの風評に関する問題

VII　盛り場における問題

Ⅰ　憲法・刑法上の問題

概　観

上條・鶴巻法律事務所／弁護士　**鶴巻　暁**

1　はじめに

　本章では、反社会的勢力との関係遮断に関連して、憲法上の争点が問題になった事例および刑事事件を取り上げる。

　刑事事件においては、有罪判決となった事例のみならず、無罪判決となった事例も参考裁判例として取り上げている。本書は、刑法上の論点を掘り下げること自体を主要な目的としているのではなく、民事取引において反社会的勢力との関係遮断を推進するためにどのような要件が必要となるかを検討することにある。

　刑事裁判で詐欺利得罪が成立せず無罪判決となった事例において、民事取引においても同様に反社会的勢力との関係遮断を行うことができないかどうかは、一概には言えない。刑事責任が成立して有罪となるために必要となる特定の要件を満たさないために刑事手続上は無罪となったが、民事取引上は反社会的勢力との関係遮断を行うことができる場合もあり得ると考えられるし、民事取引上もまた関係遮断を行うことが難しい場合もあり得る。また、その刑事訴訟で問題となっている行為が行われた時点においては刑事責任の追及は難しく、あるいは民事取引上も反社会的勢力との関係遮断は難しかったと考えられるが、その後の諸事情の変化により、現在では、類似の事案が生じれば刑事責任の追及が可能となり、あるいは民事取引上も反社会的勢力との関係遮断が可能（あるいは容易）になっているような事案もあるかもしれない。刑事事件を取り上げるに際しては、このような点にも注意した。

2　憲法上の論点

(1)　法の下の平等（憲法14条1項）

　地方公共団体が定める公営住宅条例に暴力団排除条項を置く場合、法の下の平等（憲法14条）に違反することになるか。

　この点について最高裁は、昭和39年5月27日大法廷判決において、憲法14条1項は「事柄の性質に即応して合理的と認められる差別的取扱をすることは、なんら右各法条の否定するところではない」と判示している（相対的平等説）ことから、公営住宅条例における暴力団排除条項に合理的理由が認めら

れるか否かが問題となる。

　最二判平成27・3・27〔本書Ⅰ-**2**〕は「暴力団員が市営住宅に入居し続ける場合には、当該市営住宅の他の入居者等の生活の平穏が害されるおそれを否定することはできない。他方において、暴力団員は、自らの意思により暴力団を脱退し、そうすることで暴力団員でなくなることが可能（である）」などとして、西宮市営住宅条例に設けられた暴力団排除条項（本件規定）の憲法14条1項違反の主張を退けた。

(2)　居住の自由（憲法22条1項）

　前掲最判では、居住の自由（憲法22条1項）について「本件規定により制限される利益は、結局のところ、社会福祉的観点から供給される市営住宅に暴力団員が入居し又は入居し続ける利益にすぎず、上記の諸点（略）に照らすと、本件規定による居住の制限は、公共の福祉による必要かつ合理的なものであることが明らかである」として、本件規定の憲法22条1項違反の主張を退けた。

3　刑事事件

(1)　ゴルフ場利用詐欺

　暴力団員の利用を禁止しているゴルフ場において、自らが暴力団員であることを秘して利用を申し込んでこれを利用することについて、詐欺利得罪（刑法246条2項）が成立するか。

　この問題については、最高裁第二小法廷が平成26年3月28日に判断した2つの事件（平成25年(あ)第3号および同第725号）において、詐欺利得罪（刑法246条2項）の具体的な判断要素を示していたところ、大阪高判平成26・8・19〔本書Ⅰ-**1**〕では、これらの判断要素に基づき詳細な事実認定を行った上で被告人を有罪とした。

(2)　上納金から得た分配金と所得税法違反

　福岡高判令和2・2・4〔本書Ⅰ-**3**〕は、指定暴力団の代表者である被告人Aが、その暴力団の幹部である被告人Bと共謀して、その暴力団に対して上納された資金から被告人Aに分配された金銭を被告人Aの収入から除外して総所得金額を偽って所得税確定申告書を提出したことについて、所得税法違反の成立を認めて被告人らを有罪とした。

TSURUMAKI Aki

Ⅰ 憲法・刑法上の問題

1 暴力団員であることを秘してゴルフ場を利用した行為につき詐欺利得罪の成立を肯定した事例

大阪高判平成 26・8・19、平成 26 年（う）第 521 号詐欺被告事件、有罪【確定】、LLI/DB06920542

馬場・澤田法律事務所／弁護士 山本 夕子

Ⅰ 事案の概要

　被告人は、指定暴力団A会若頭であるが、同会幹部であったBおよびC（以下、両名を併せて「Bら」という）ならびに会員であるDと共謀の上、平成23年9月27日、大津市所在のゴルフ場であるE倶楽部において、同倶楽部は、その約款により暴力団員等による施設利用を禁止しているにもかかわらず、同倶楽部従業員らに対し、暴力団員等であることを秘してゴルフ場の施設利用を申し込み、同従業員らをして、被告人らが暴力団員等ではないと誤信させ、よって、その頃、同所において、被告人らと同倶楽部との間でゴルフ場利用の契約を成立させた上、同倶楽部の施設を利用し、もって人を欺いて財産上不法の利益を得たという事案である。

Ⅱ 判決要旨

1　本判決は、詐欺利得罪の成立を判断するに先立ち、次の事実を認定した（一部抜粋）。

・E倶楽部が設立当初から加盟する滋賀県ゴルフ場協会は、平成6年12月に滋賀県警察と連携して、滋賀県ゴルフ場・滋賀県警察暴力団排除対策協議会（暴対協議会）を設立するとともに、暴力団関係者の施設利用拒絶を明記した共通利用約款を制定し、E倶楽部も同約款を運用してきた。

・同協会の支配人からなる滋賀県ゴルフ場支配人会では、情報交換等を目的とする会合を定期的に開催しており、同会合では暴力団排除体制を強化するための取組みが継続的に実施されていた。E倶楽部の支配人等は同会合に出席してきたほか、暴力団追放滋賀県民会議等にも出席して、その会合等の内容は朝礼等の機会に従業員らにも教示してきた。

・E倶楽部では、フロントカウンターの記載台のうち、左側2台はビジター利用客用、右側2台は会員用であったところ、ビジター利用客用の左端記載台の左横の柱には記載台に向かって、A3サイズ2枚の大きさの紙に印字された約款が、特に暴力団員等による施設利用を禁止する条文を太字で印字した状態で掲示されており、記載台に向かって立ったビジター利用客は、左方を見るだけで、暴力団員等の施設利用を拒絶する旨太字で記載された本件約款を確認することが可能であった。

・E倶楽部では、正面玄関自動ドアのすぐ左横に暴対協議会への加盟ゴルフ場と記載のある看板（縦約90cm×横約30cm）を、そのすぐ左横に「暴力追放会員之証」と記載のある県民会議の会員証を、さらに柱を挟んだ左横には「暴力団追放三ない運動実施中」などと記載のある垂れ幕（縦約90cm×横約40cm）をそれぞれ掲示し、フロントカウンター正面右側の壁にも上記と同じ看板を掲示するなどして、暴力団員等による施設利用を拒絶する意向を明示しており、約款を読まない利用客であっても、約款に暴力団排除に関する規定が設けられていることを容易に推察できるような措置を講じていた。

・E倶楽部は、Dの平成19年5月の入会時には、Dから、利用約款等を遵守し暴力団関係者を同伴等しない旨の誓約書の提出を受けていたことに加え、会員制のゴルフ場として、原則会員またはその同伴者もしくは紹介者に限り施設利用を認めており、会員による同伴者等の人物保証によっても、暴力団排除を実効性あるものにしようとしていた。

・E倶楽部は、従業員らに対し、利用客の態度や風体、言葉遣い等から暴力団員等と疑われる場合には、幹部に報告するよう指導しており、従業員から報告があれば、警察に照会して暴力団員等でないか確認する取組みもしており、実際に警察に照会したことがあった上、平成20年8月25日には、警察からの情報提供を受けて確認したところ、利用客6人が現役の暴力団員であることが判明したため、同人らを説得して、施設利用を中止させて退去させたこともあった。

・E倶楽部が、このように暴力団員等による施設利用を拒絶していたのは、同クラブの利用客が安心して安全にゴルフプレーできる環境を提供し、ゴルフ場の品格や健全さを守るとともに、ゴルフ場が暴力団員等の人脈作りや勢力拡大などに悪用さ

れないようにして、暴力団員等の利用を許すことによる同クラブの信用失墜や経営への悪影響を防止するためであった。

・被告人が氏名等を記入した「Guest受付カード」には、暴力団員等であるか否かを明示的に確認する欄はなく、約款の内容も記載されてはいなかったが、氏名欄の上に「貴ゴルフ場の利用約款を承認し、遵守することを約し、利用の申込を致します。」との記載があるところ、フロントには約款が比較的読みやすい形態で掲示されていた。

2　その上で、本判決は、詐欺利得罪の成否について、次のように判示した。

被告人が、Bらと共に、暴力団員であることを申告せずに施設利用を申し込む行為は、会員であるDが暴力団員を同伴していることを申告せずに共に施設利用を申し込む行為と相まって、被告人らが暴力団員等ではないことを従業員らに誤信させようとするものであり、詐欺罪にいう人を欺く行為に当たるというべきである。

Ⅲ　分析と展開

1　本判決の意義

暴力団員による利用が禁止されているゴルフ場において、自らが暴力団員であることを告げずにこれを利用した場合に、詐欺利得罪が成立するか否かについては争いがあったが、最高裁判所第二小法廷は、平成26年3月28日、2つの事案において初めて同罪の成否について判断した。

本判決は上記2つの判決・決定において示された具体的な判断要素に基づき、詳細な事実認定を行ったうえで、被告人を有罪とした点に意義がある。

そこで、最高裁判所が同日に示した上記2つの判決等、および同判決等の後に同一の争点について本判決とは異なる結論を示した地裁判決を参考裁判例として紹介し、本判決について分析する。

2　参考裁判例

(1)　最二判平成26・3・28刑集68巻3号582頁、平成25年(あ)第3号、詐欺被告事件（以下、「宮崎事件」という）

①　事案の概要

宮崎事件は、暴力団員である被告人が、平成23年8月15日に宮崎市内所在のゴルフ場F倶楽部を利用した事件（以下、「F倶楽部事件」という）、および同年9月28日にGクラブを利用した事件（以下、「Gクラブ事件」という）の2件からなる。いずれのゴルフ場においても、そのゴルフ場利用細則・約款等により、暴力団員の利用は禁止され、クラブハウス出入口に「暴力団関係者の立入りプレーはお断りしま

す」などと記載された立看板を設置していた。

ア　F倶楽部事件

被告人は、同じ組の副会長であったHと共謀の上、真実は、被告人およびHが暴力団員であるのにそれを秘し、F倶楽部従業員に対し、Hにおいて「H」と署名した「ビジター受付表」を、被告人において「X₁」と署名した「ビジター受付表」を、それぞれ提出して被告人およびHによる施設利用を申し込み、従業員をして、被告人およびHが暴力団員ではないと誤信させ、よって、被告人およびHと同倶楽部との間でゴルフ場利用契約を成立させたうえ、被告人およびHにおいて、同倶楽部の施設を利用し、もって、人を欺いて財産上不法の利益を得たという事案である。

イ　Gクラブ事件

被告人は、会員であるIと共謀の上、真実は、被告人が暴力団員であるのにそれを秘し、被告人において、Gクラブの従業員に対し、「X₁」と署名した「ビジター控え」を提出して被告人による施設利用を申し込み、従業員をして、被告人が暴力団員ではないと誤信させ、よって、被告人と同クラブとの間にゴルフ場利用契約を成立させた上、被告人において、同クラブの施設を利用し、もって、それぞれ人を欺いて財産上不法の利益を得たという事案である。

②　判決（F倶楽部事件、Gクラブ事件ともに無罪）

暴力団関係者であるビジター利用客が、暴力団関係者であることを申告せずに、一般の利用客と同様に、氏名を含む所定事項を偽りなく記入した「ビジター受付表」等をフロント係の従業員に提出して施設利用を申し込む行為自体は、申込者が当該ゴルフ場の施設を通常の方法で利用し、利用後に所定の料金を支払う旨の意思を表すものではあるが、それ以上に申込者が当然に暴力団関係者でないことまで表しているとは認められない。そうすると、本件における被告人およびHによる本件各ゴルフ場の各施設利用申込み行為は、詐欺罪にいう人を欺く行為には当たらないというべきである。

なお、Gクラブの施設利用についても、ビジター利用客である被告人による申込み行為自体が実行行為とされており、会員であるIの予約等の存在を前提としているが、この予約等に同伴者が暴力団関係者でないことの保証の趣旨を明確に読み取れるかは疑問もあり、また、被告人において、Iに働き掛けて予約等をさせたわけではなく、その他このような予約等がされている状況を積極的に利用したという事情は認められない。これをもって自己が暴力団関係者でないことの意思表示まで包含する挙動があったと評価することは困難である。

(2) 最二決平成26・3・28刑集68巻3号646頁、平成25年(あ)第725号、詐欺被告事件（以下、「長野事件」という）

① 事案の概要

被告人は、会員であるJと共謀の上、平成22年10月13日、長野県内のK倶楽部において、同倶楽部はそのゴルフ場利用約款等により暴力団員の入場および施設利用を禁止しているにもかかわらず、真実は被告人が暴力団員であるのにそれを秘し、Jにおいて、同倶楽部従業員に対し、複数名の同伴者の氏と名を交錯させるなどして乱雑に書き込んだ「組合せ表」を提出し、被告人の署名簿への代署を依頼するなどして、被告人によるゴルフ場の施設利用を申し込み、同倶楽部従業員をして、被告人が暴力団員ではないと誤信させ、よって、被告人と同倶楽部との間でゴルフ場利用契約を成立させた上、被告人において同倶楽部の施設を利用し、もって、人を欺いて財産上不法の利益を得たという事案であった。

② 決定（有罪）

入会の際に暴力団関係者の同伴、紹介をしない旨誓約していたK倶楽部の会員であるJが同伴者の施設利用を申し込むこと自体、その同伴者が暴力団関係者でないことを保証する旨の意思を表している上、利用客が暴力団関係者かどうかは、K倶楽部の従業員において施設利用の許否の判断の基礎となる重要な事項であるから、同伴者が暴力団関係者であるのにこれを申告せずに施設利用を申し込む行為は、その同伴者が暴力団関係者でないことを従業員に誤信させようとするものであり、詐欺罪にいう人を欺く行為にほかならず、これによって施設利用契約を成立させ、Jと意を通じた被告人において施設利用をした行為が刑法246条2項の詐欺罪を構成することは明らかである。

(3) 宮崎事件と長野事件の比較検討

最高裁判所は、暴力団員であることを秘してゴルフ場を利用した行為における詐欺利得罪の成立について、宮崎事件と長野事件において異なる結論を示した。そこで、両事件を比較しその要因について検討する。

① 被告人による実行行為の有無

宮崎事件においては、F倶楽部事件・Gクラブ事件ともに、ビジター利用客である暴力団員である被告人による申込み行為が実行行為とされ、ビジター利用客による申込み行為が暴力団関係者でないことの意思表示を包含する挙動による欺罔行為といえるか否かが争点となった。

これに対し、長野事件においては、被告人は、自ら施設利用の申込みを行っておらず、被告人の実行行為がなかったため、施設利用の申込みを行った共犯者Jとの共謀共同正犯の成否が問題となった。すなわち、会員である共犯者Jの申込み行為が、同伴者が暴力団関係者でないことの意思表示を包含する挙動による欺罔行為に該当するかどうかが検討され、そのうえで、被告人に共犯者J（注1）との共謀共同正犯が成立するか否かが争点となった。

② 各ゴルフ場およびその周辺地域における暴力団排除対策の取組状況

宮崎事件と長野事件、いずれのゴルフ場においても、利用細則や約款において、暴力団関係者の施設利用を拒絶する旨の規定が設けられ、施設内においても、暴力団関係者の立ち入りを禁止する立看板を設置している点（注2）は共通していた。

しかし、各ゴルフ場およびその周辺地域における暴力団排除対策の取組状況には差異が生じていた。

宮崎事件におけるF倶楽部は会員制であるが、会員またはその同伴者、紹介者に限定することなく、ビジター利用客のみによる施設利用が認められていた一方で、Gクラブも会員制であるが、原則として会員または会員の同伴者、紹介者に限り施設利用が認められていた。また、宮崎県内のゴルフ場では、立看板等が設置されているにもかかわらず、暴力団員による施設利用を許可、黙認する例が多数あり、被告人も同様の経験をしていた。

長野事件におけるK倶楽部では、入会申込みの際に、「暴力団または暴力団員との交友関係がありますか」という項目を含むアンケートへの回答、および「私は、暴力団等とは一切関係ありません。また、暴力団関係者等を同伴・紹介して貴倶楽部に迷惑をお掛けするようなことはいたしません」と記載された誓約書への署名押印を要することとされていた。また、同倶楽部においては、長野県防犯協議会事務局から提供されるほかの加盟ゴルフ場による暴力団排除情報をデータベース化したうえで、予約時や受付時に利用客の氏名が当該データベースに登録されていないか確認するなどして暴力団関係者の利用を未然に防いでいた。被告人においても長野県内のゴルフ場では暴力団関係者の施設利用に厳しい姿勢を示しており、施設利用を拒絶される可能性があることを認識していた。

③ 宮崎事件における小貫芳信裁判官の反対意見

小貫芳信裁判官は、宮崎事件におけるF倶楽部事件については被告人を無罪とする多数意見の結論に賛成するが、Gクラブ事件については、以下のとおり、財産的処分行為の判断の基礎となるような重要な事実（重要事項性）を偽ること（挙動による欺罔行為性）という詐欺利得罪の要件を満たすものとして被告人を無罪とする多数意見の結論に反対するとの意見を述べた。

ア　重要事項性

Gクラブにおいては、玄関に暴力団関係者の立入禁止の掲示をし、原則としてビジターの施設利用を会員の紹介・同伴による場合に限定していた上、本件の数ヵ月前には共犯者であり会員でもあるIに対し暴力団員をプレーメンバーとするゴルフ場利用申込みを拒絶しており、また本件時においても従業員は暴力団員がプレーしているとの疑いを抱き、コースに出向いて視察確認を行っているなどの事情が認められるのであって、Gクラブが暴力団排除を重要な経営方針としていたことは客観的に明らかであり、同クラブについては暴力団関係者に施設を利用させないことが財産的処分行為の判断の基礎となるような重要な事項であったことは優に認めることができる。

イ　挙動による欺罔行為性

Gクラブは、その会則および利用約款により、暴力団関係者の施設利用を拒絶することを明示し、会員が暴力団関係者であるときは除名等の処分をすることとし、会員は暴力団関係者に対する利用拒絶を前提としてビジターを紹介できるが、ビジターのクラブ内における一切の行為について連帯して責任を負うものとしている。その上で、同クラブは、ビジターのゴルフ場施設利用申込みにつき会員による紹介・同伴を原則としており、会員の人物保証によって暴力団排除を実効性あるものにしようとしていた。このような措置を講じているゴルフ場における会員の紹介・同伴によるビジターの施設利用申込みは、フロントにおいて申込みの事実行為をした者が会員であるかビジターであるかにかかわらず、紹介・同伴された者が暴力団関係者でないことを会員によって保証された申込みと評価することができるのであり、このような申込みは偽る行為に当たるといえる。

また、会員でないため単独ではGクラブの施設利用ができず、かつ暴力団員であるため施設利用を拒否されることとなる被告人にとって、プレーをしようとすれば会員の紹介・同伴による人物保証はなくてはならないものであり、このような状況の下における本件の被告人の施設利用申込みは、Iの紹介・同伴による人物保証を積極的に利用したものと評価できる。

ウ　分析

以上から、多数意見が、被告人の施設利用申込み行為について、前提となっているIの予約に同伴者が暴力団関係者でないことの保証の趣旨までは明確に読み取れるか疑問があること、被告人においてIが予約している状況を積極的に利用した事情がないことを挙げて挙動による欺罔行為の成立を否定した

のに対し、反対意見は、Gクラブの会則および利用約款の内容を総合的に検討したうえで、被告人の上記申込み行為を、暴力団関係者でないことを会員によって保証されたものであり、Iによる人物保証を積極的に利用したものと評価しており、十分な説得力があるものといえる。

(4)　東京地判平成26・9・4 LLI/DB06930456、平成25年(刑わ)第1717号、詐欺被告事件（以下、「沖縄事件」という）

①　事案の概要

沖縄事件は、被告人 X_2、X_3、X_4 の3名が、共謀のうえ、平成24年12月28日と平成25年1月12日、沖縄県糸満市所在のLゴルフ場において、氏名等所定事項を偽ることなく申告して、Lゴルフ場の施設利用を申し込み、従業員をして、被告人3名がいずれも暴力団員ではないと誤信させ、よって、2回にわたり、Lゴルフ場の施設を利用する利便の提供を受け、もって、人を欺いて財産上不法の利益を得たという事案である。

②　認定事実（一部抜粋）

・被告人 X_2 は指定暴力団△△会会長、被告人 X_3 は同会□□組組長、被告人 X_4 は指定暴力団○○会××一家総長である。被告人らは、平成23年末頃から、沖縄県内のゴルフ場で一緒にゴルフをしていた。

・被告人 X_2 は、平成24年3月頃、沖縄で飲食店を経営するMを介して地元の著名なアマチュアゴルファーであるNと知り合い、Mと一緒に沖縄でゴルフをする際、Mを通じてNにゴルフ場の予約を依頼するようになった。

・被告人3名は、同年12月28日、Nが予約したLゴルフ場において、被告人 X_2 が自己名義のLゴルフ場を経営する株式会社O（以下、「O」という）発行のポイントカードを、被告人 X_3 が氏名欄に「X_3」、住所欄に「熊本市（以下略）」等と記載したゲストカードを、被告人 X_4 が氏名欄に「X_4」、生年月日欄に「昭和22年○月○○日」等と記載したゲストカードを、それぞれフロント従業員に提出して、Lゴルフ場の施設利用を申し込み、Mらと共にゴルフのプレーをして利用代金を支払った。

・被告人3名は、平成25年1月12日も、Nが予約したLゴルフ場において、同様に施設利用を申し込み、Mと共にゴルフのプレーをして利用代金を支払った。

・Lゴルフ場は、会員の同伴や紹介がないビジター客も利用できるパブリックコースであるが、本件当時のゴルフ場利用約款において、利用者が暴力団、右翼、極左、総会屋その関係者とみなされた

場合は利用を断ることがある旨を定めていた。

・Lゴルフ場は、クラブハウス玄関ドアの右側に「暴力団、出入り禁止」と赤字で記載した立て看板を、玄関風除室に「暴力団関係者及び反社会勢力関係者の入場を固くお断り申し上げます。ご来場された際には即刻、ご退場頂きます。ご了承下さいますようお願い申し上げます。」と記載した立て看板を、1階フロントカウンター東端に「暴力団追放」等と記載した表示板をそれぞれ設置していた。

・Lゴルフ場の支配人等は、暴力団排除について、沖縄県ゴルフ協会の勉強会、警察や暴力団追放県民会議の講習会および警察署の暴力団対策担当者との会合に参加し、Lゴルフ場の従業員に対してもミーティング等を通じて暴力団排除に関する指導を行っていた。

・Lゴルフ場のゲストカードには、本件当時、氏名、生年月日、住所および連絡先を記載する欄があったが、職業や暴力団関係者であるか否かを確認する欄はなく、被告人3名が暴力団関係者ではない旨虚偽の申出をしたこともなかった。また、被告人X_2がLゴルフ場でこのゲストカードに必要事項を記入してポイントカードの発行を受けた際、暴力団関係者でないことの確認やこれを誓約させる措置は講じられていなかった。

・本件当時、Lゴルフ場の従業員が、被告人3名に対し、暴力団関係者かどうかを口頭で確認したことはなく、ポイントカードやゲストカードに記入された情報に基づき、被告人らが暴力団関係者かどうかをインターネット等で確認したこともなかった。

・Lゴルフ場において、経営主体がOに代わった平成20年頃以降、利用客が暴力団員であるとして警察官に協力を求めるなどして退場させたことはなく、被告人X_2が本件以外にも平成24年3月から平成25年2月の間に、被告人X_3または他の△△会組員およびMと一緒にLゴルフ場で7回プレーした際にも、従業員から暴力団関係者ではないかと確認されたり、また、暴力団員と疑われる利用客がいると従業員やキャディーからLゴルフ場のマネージャーらに報告がされたりしたことはなかった。

・Nは、Lゴルフ場の会員でも暴力団関係者でもなく、沖縄のゴルフ場関係者に顔が利き、割安料金になることやスタート時間を円滑に調整できるため、被告人X_2やMから予約を依頼されたもので、本件当時まで、Lゴルフ場関係者から、Nが予約した利用客が暴力団関係者かどうかを確認されたことはなかった。

③ 判決（無罪）

詐欺罪における人を欺く行為とは、財産的処分行為の判断の基礎となる重要な事項を偽ることをいうところ、本件で人を欺く行為があったというためには、被告人らのLゴルフ場に対する利用申込みについて、暴力団関係者でないことの意思表示を包含する挙動があったといえるかが問題となる。

そして、上記認定事実によれば、Lゴルフ場において、被告人X_2が暴力団員であることを申告せず、氏名等を偽りなく申告して作成したポイントカードを提出して施設利用を申し込む行為、被告人X_3と被告人X_4が暴力団員であることを申告せず、氏名等所定事項を偽りなく記入したゲストカードを提出して施設利用を申し込む行為は、いずれも一般の利用客と同様に、通常の方法でLゴルフ場を利用して所定の代金を支払う旨の意思を表しているにすぎず、申込者が当然に暴力団関係者でないことまで表しているとは認められない。

④ 本判決との比較

本判決と沖縄事件では、事実認定において以下の相違点があり、これが結論を異にした要因と考えられる。

本判決では、入会の際に暴力団関係者を同伴しない旨誓約した会員Dが予約し、被告人がDの同伴者として施設利用を申し込んだのに対し、沖縄事件においては、被告人が会員ではないNが予約したゴルフ場でビジター利用客として施設利用を申し込んだ。

また、本判決では、E倶楽部を含む滋賀県内のゴルフ場において暴力団排除が徹底されていたことが認定されているのに対し、沖縄事件では、Lゴルフ場を含む沖縄県南部のゴルフ場において暴力団排除が徹底されていなかった事実関係が認定されている。

3　分析と展開

（1）判断の枠組み

本判決や参考裁判例が示す詐欺利得罪における挙動による欺罔行為の判断枠組みによれば、入会時に暴力団関係者の同伴、紹介をしない旨誓約したうえで入会した会員が、同伴者が暴力団関係者であることを申告せずにゴルフ場の施設利用を申し込み、利用させた行為は、当該同伴者が暴力団関係者ではないことを申込者たる会員自身が保証する意思をも黙示的に表示していると認められ、欺罔行為に該当することになる。

そして、上記判断枠組みにおいては、約款・会則の規定内容およびその掲示方法、受付カードの記載内容、入会に際して会員に暴力団排除に関する誓約書を提出させているか否か、ビジター利用客だけで

の利用を認めているか否か、従業員に対する暴力団排除の周知徹底の有無、地域における各ゴルフ場が暴力団排除活動を実際に徹底していたか否か等が、詐欺利得罪における重要事項性や被告人の認識等を認定するうえでの考慮要素とされている。

（２）　実務上留意すべき点

本判決を含む一連の裁判例から実務上留意すべき点は、以下のとおりである。

暴力団関係者によるゴルフ場施設の利用禁止については、約款や利用細則に規定するだけでは不十分であり、入会契約締結時に会員に対し暴力団排除活動に従う旨の誓約書の提出を求めるなど実効性のある対策が必要とされる。

そして、上記施設利用禁止に関する告知方法としては、立て看板の設置や約款等の掲示だけでは不十分であり、受付表等の記載をビジター利用客自身が記載するものとしたうえで、ビジター利用客が受付表等に記載する際にその視野に入る位置に効果的に掲示する等の措置を講じることが有用である。なお、ビジター利用客のみでのプレーが可能なゴルフ場については、受付表等に暴力団関係者ではないことを誓約する文言をあらかじめ記載しておくことや、別途個別に誓約書の提出を求める等の対策も必要とされる。

また、ゴルフ場において暴力団排除活動が実践されていること、および当該ゴルフ場だけでなく周辺地域にあるその他のゴルフ場においても暴力団排除が徹底されていることは、詐欺利得罪における重要事項性、および挙動による欺罔行為性の立証における重要な判断要素となる。

この点、平成23年10月１日をもって、全国すべての都道府県において暴力団排除条例が施行されたところ、本判決および参考裁判例は、いずれも平成23年〜平成25年に発生した事件であった。各事案において認定された各地域の暴力団排除活動の実態を踏まえると、結果として各事件が発生した当時は、暴力団排除活動の徹底度合に地域格差が発生していたものと考えられる。しかしながら、昨今の暴力団排除に対する社会全体からの強い要請に鑑みれば、かかる地域差はすでに解消されているとみることも可能であろう。

（注１）　共犯者Ｊに対しては、名古屋地裁において詐欺利得罪の有罪判決が言い渡されている（名古屋地判平成24・３・29LLI/DB06750173）。

名古屋地裁は、「本件ゴルフ場が暴力団構成員の入場及び施設利用を禁止しているのは、本件ゴルフ場に暴力団構成員が出入りすることを許可すれば、同所が暴力団の社交の場となり、暴力団と無関係な一般人が

その利用を敬遠するようになったり、暴力団と関係のある企業としてその信用が著しく毀損されるなど、本件ゴルフ場の経営の根幹に関わるような重大な問題が生ずる可能性があるためと認められる。そうすると、利用者が暴力団構成員か否かは、本件ゴルフ場にとって、その利用を許可するための判断の基礎となる重要な事実であり、本件ゴルフ場が、Ｘが暴力団構成員であることを知っていれば、Ｘによる本件ゴルフ場の利用を許可しなかったであろうことが認められる。よって、被告人らの行為は、欺罔行為に該当する。」とした。

（注２）　長野事件の最高裁決定においては、認定事実として記載されていないが、第１審および原審において認定されている。

‖ YAMAMOTO Yuko ‖

---

2 暴力団員に対して市営住宅の明渡しを請求できる条例が合憲とされた事例

最二判平成27・3・27、平成25年(オ)第1655号建物明渡等請求事件、上告棄却、民集69巻2号419頁

久吉法律事務所／弁護士　久吉 一生

Ⅰ 事案の概要

本件は、西宮市（原告、被控訴人、被上告人）（以下、「X」という）が、市営住宅の入居者であるY₁、その同居者Y₂およびY₃（いずれも被告、控訴人、上告人）（以下、「Y₁」「Y₂」「Y₃」という）に対し、Y₁が暴力団員であることを理由に当該市営住宅（以下、「本件住宅」という）の明渡し等を求めた事案である。

1 事件に至る経緯（事実関係）

(1) 平成17年8月：Xは市営住宅条例（以下、「本件条例」という）に基づきXが所有する本件住宅の入居者をY₁に決定。

(2) その後、平成19年12月、Xは西宮市営住宅条例を改正し、同条例に46条1項6号の規定を設けた（※入居後改正）。

本件条例46条1項柱書は「市長は、入居者が次の各号のいずれかに該当する場合において、当該入居者に対し、当該市営住宅の明渡しを請求することができる。」と規定しているところ、Xは、平成19年12月、本件条例を改正し、同項6号として「暴力団員であることが判明したとき（同居者が該当する場合を含む。）。」との規定を設けた（以下、同項柱書および同項6号の規定のうち、入居者が暴力団員であることが判明した場合に市営住宅の明渡しを請求することができる旨を定める部分を「本件規定」という）。

本件条例において、「暴力団員」とは暴力団員による不当な行為の防止等に関する法律（暴対法）2条6号に規定する暴力団員をいう（本件条例7条5号）。

(3) 平成22年8月：XはY₁に対し、その両親であるY₂およびY₃を本件住宅に同居することを承認し、その際、Y₁およびY₂は、「名義人又は同居者が暴力団員であることが判明したときは、ただちに住宅を明け渡します。」との記載のある誓約書をXに提出した。

また、Xは同年9月、Y₂に対し、本件住宅の同居者であることを前提に、本件住宅の当該駐車場（以下、「本件駐車場」という）の使用を許可した。

(4) 平成22年10月当時　Y₁は六代目山口組三代

目吉川組所属の暴力団員であった。

Xは兵庫県警からの連絡により、Y₁が暴力団員であると知った。

そこで、XはY₁に対し、本件規定に基づき平成22年11月30日までに本件住宅を明け渡すとともに、Y₂に対しても本件駐車場の明渡しを請求した。

(5) 本件住宅の居住状況

Y₁は従前から別の建物を賃借して居住しており、本件住宅には現実に居住することはなく、両親であるY₂およびY₃のみが居住していた。

Ⅱ 判決要旨

1(1) 西宮市営住宅条例（平成9年西宮市条例第44号）46条1項柱書および同項6号の規定のうち、入居者が暴力団員であることが判明した場合に市営住宅の明渡しを請求することができる旨を定める部分は、憲法14条1項に違反しない。

(2) 西宮市営住宅条例（平成9年西宮市条例第44号）46条1項柱書および同項6号の規定のうち、入居者が暴力団員であることが判明した場合に市営住宅の明渡しを請求することができる旨を定める部分は、憲法22条1項に違反しない。

((1)(2)につき)西宮市営住宅条例（平成9年西宮市条例第44号）46条1項　市長は、入居者が次の各号のいずれかに該当する場合において、当該入居者に対し、当該市営住宅の明渡しを請求することができる。

第6号　暴力団員であることが判明した（同居者が該当する場合を含む）

2　1審（神戸地尼崎支判平成25・2・8判例地方自治395号71頁）では、①Y₁が平成22年10月当時暴力団員であったか、②暴力団員と判明した場合に明渡しを求める条項は憲法に違反するか、について争われた。神戸地裁尼崎支部は、①についてY₁が平成22年10月当時暴力団員であり、②についても本件明渡請求を求める条項は憲法に違反しない旨を述べ、請求を認容していた。

原審（大阪高判平成25・6・28判例地方自治395号75頁）では、1審での争点である上記①と②に加え、

③本件明渡請求が信頼関係を破壊しているか、について争われたが、大阪高裁は、１審と同じく①と②についてY₁らの主張を斥け、③についても「信頼関係を破壊しない特段の事情があるということはできない」と判断し、Y₁らの控訴を棄却していた。

3　上告理由

(1)　本件規定は合理的な理由のないまま暴力団員を不利に扱うもので憲法14条１項に違反する。

(2)　本件規定は必要な限度を超えて居住の自由を制限するもので憲法22条１項に違反する。

(3)　Y₁は近隣住民に危険を及ぼす人物ではないし、Y₂、Y₃は身体に障害を有しているから本件住宅の使用の終了に本件規定を適用することは憲法14条１項または22条１項に違反する。

①　上告理由(1)について

「地方公共団体は、住宅が国民の健康で文化的な生活にとって不可欠な基盤であることに鑑み、低額所得者、被災者その他住宅の確保に特に配慮を要する者の居住の安定の確保が図られることを旨として、住宅の供給その他の住生活の安定の確保及び向上の促進に関する施策を策定し、実施するものであって（住生活基本法１条、６条、７条１項、14条）、地方公共団体が住宅を供給する場合において、当該住宅に入居させ又は入居を継続させる者をどのようなものとするのかについては、<u>その性質上、地方公共団体に一定の裁量がある</u>というべきである。

そして、暴力団員は、前記のとおり、集団的に又は常習的に暴力的不法行為等を行うことを助長するおそれがある団体の構成員と定義されているところ、このような暴力団員が市営住宅に入居し続ける場合には、<u>当該市営住宅の他の入居者等の生活の平穏が害されるおそれを否定することはできない。他方において、暴力団員は、自らの意思により暴力団を脱退し、そうすることで暴力団員でなくなることが可能</u>であり、また、暴力団員が市営住宅の明渡しをせざるを得ないとしても、それは、当該市営住宅には居住することができなくなるというにすぎず、当該市営住宅以外における居住についてまで制限を受けるわけではない。

以上の諸点を考慮すると、本件規定は暴力団員について合理的な理由のない差別をするものということはできない。したがって、本件規定は、憲法14条１項に違反しない。」（下線は執筆者による）。

②　上告理由(2)について

「また、本件規定により制限される利益は、結局のところ、社会福祉的観点から供給される市営住宅に暴力団員が入居し又は入居し続ける利益にすぎず、上記の諸点に照らすと、本件規定による居住の制限は、公共の福祉による必要かつ合理的なもので

あることが明らかである。したがって、本件規定は、憲法22条１項に違反しない。」

③　上告理由(3)について

そして、上記Ⅰ１の事実関係によれば、上告人Y₁は他に住宅を賃借して居住しているというのであり、これに、前記Ⅰ１(3)記載の誓約書が提出されていることなども併せ考慮すると、その余の点について判断するまでもなく、本件において、本件住宅および本件駐車場の使用の終了に本件規定を適用することが憲法14条１項または22条１項に違反することになるものではない。

Ⅲ　分析と展開

1　判決概要

本判決は、入居者が暴力団員であることを理由に市営住宅の明渡し等の請求を認める、いわゆる暴力団員排除に関する条例の規定の合憲性について、最高裁として判断を示したものである。

類似のケースとしては、広島市市営住宅等条例の暴力団員排除規定（条例40条１項６号ないし８号）に基づく明渡請求が問題となった平成21年の広島高裁判決（広島高判平成21・５・29）がある。しかし、広島市の事案では、「すぐに、上告及び上告受理申立てがされたが、何の審理もなく、上告棄却、上告受理申立不受理」（中井克洋＝森谷長功「公立住宅からの暴力団員の排除」日本弁護士連合会民事介入暴力対策委員会編『反社会的勢力と不当要求の根絶への挑戦と課題』182頁以下（金融財政事情研究会・2010年））がなされており、これまで最高裁が暴力団員の市営住宅からの排除規定について内容に踏み込んだ判断はなかった。本判決は、この問題に関して、最高裁が初めて具体的な憲法判断を示したものである。

(1)　本判決においては、本件規定の合憲性を判断するにあたり、暴力団員が市営住宅に入居し続ける場合には、当該市営住宅の他の入居者等の生活の平穏が害されるおそれが存在することを認め、かつそれで足りるとした点、つまり、具体的事案ごとに個別具体的な危険性が存在することを合憲性の要件としなかった点は重要である。

この点については、本件へのあてはめにおいても、前記Ⅰ１(5)で示したように、本件住宅には暴力団組員であるY₁自身は居住しておらず、その両親であるY₂とY₃のみが居住していたにもかかわらず、本判決は、「市営住宅の他の入居者等の生活の平穏が害されるおそれを否定することはできない」と判示している。

本判決がこのように判断した理由は、暴対法上、「暴力団員は、集団的又は常習的に暴力的不法行為

等を行うことを助長するおそれがある団体の構成員」と定義されていることに由来していると考えられる。

そのような者（暴力団員）が公営住宅に入居し続ける場合においては、当該公営住宅の他の入居者等の平穏が害されるのは一般的に当然のことであって、具体的事案において、個別具体的な危険を生じる事態が発生したことを原告が訴訟提起時までに把握するかどうかという事情によって結論が左右されるのは合理的でない。本判決の結論は、上記のような暴対法の規定に適合的であることから、妥当である。

暴力団の危険性についてのこのような考え方は、公営住宅への入居以外の事件類型、例えば、暴力団組事務所の使用差止めを求める訴訟において、当該組事務所が存在することによる個別的具体的な危険性の要否が問題となる場合にも影響する可能性がある。

最近の暴力団排除条項（暴排条項）では、暴対法上の暴力団員以外の属性、いわゆる反社会的勢力についても排除の対象としているものが少なくない。本判決の判断枠組みは、そのような場合にも影響するものと考えられる。

（2）本判決が憲法14条1項に違反しない、と判断する「自らの意思」での選択可能性を挙げた点も重要である。

上告理由①で示したように、本判決は「暴力団員は、自らの意思により暴力団を脱退し、そうすることで暴力団員でなくなることが可能」であることを理由の1つに挙げている。この「自らの意思」という点で思い出されるのが、非嫡出子の相続分が嫡出子の相続分の2分の1であることについて憲法14条1項に違反し違憲であるとした最大決平成25・9・4（金判1429号10頁）であり、子にとっては自ら選択ないし修正する余地のない事柄を理由としてその子に不利益を及ぼすことは許されず、憲法14条1項に違反していたとするものである。

本判決と上記大法廷決定を比較すると、「自らの意思」により選択することができるものか否か、が重要視されていることが理解できる。本判決は、暴対法上の暴力団員に関する事例であり、比較的「自らの意思」による選択可能性ということが言い易い事例であろう。

このような枠組みでの判断が、指定暴力団組員以外の属性の場合にどこまで適用できるのか、今後もやはり射程範囲が問題になる可能性はあると考えられる。

（3）憲法判断について

① 本判決の構造

本判決は、本件規定の法令合憲を前提としたうえで、本件規定の適用についても憲法には違反しない旨を判示している。その理由付けは、Y₁が他に住宅を賃借して居住していることおよび本件誓約書が提出されていることを考慮し、その余の点を判断せず、本件規定の適用は合憲である、としたものである。

② 論理的構造

Y₁らは、適用違憲の主張において、Y₁の人物性やY₂・Y₃の身体的事情の考慮と、さらにY₁とY₁の活動とは無縁であるY₂およびY₃を分けて判断することを求めていた。

これに対して、1審・原審は、Y₂・Y₃に対する明渡請求の合憲性をY₁へのそれとは別に論じていた。しかし、最高裁は、Y₁の人物性やY₂・Y₃の身体的事情等といった点には触れずに、単に本件住宅への本件規定の適用が合憲であると判示している。

最高裁は、事案を把握するにあたっては、Xの本件住宅の明渡請求がY₁に対しては本件規定に基づくものであり、Y₂・Y₃に対しては所有権に基づくものである、と区別していたが、判示部分においては、このことに立ち入らず、Y₁ら主張の上記各事情について判断するまでもなく、③において後述する具体的事情のみを考慮して本件規定の適用の合憲性を判断している。

最高裁は、本件規定を適用することが違憲であるのかを審査するにあたり、何ら具体的な判断枠組みを提示しておらず、なぜ③記載の諸事情を挙げることによって本件規定の適用の合憲性が導かれるのか等も明らかにはしていない。

③ 具体的諸事実の検討

・Y₁が他に住宅を賃借して居住していることについて

まず、Y₁については、「低額所得者、被災者その他住宅の確保に特に配慮を要する者」に当たらないことが明白であり、本件規定適用後もY₁は現に居住している住宅に住み続ければよいということであり、西宮市営住宅条例31条2号においても、入居者が「市営住宅を正当な理由なく引き続き15日以上使用しないこと」は禁止されている。

・本件誓約書が提出されていることについて

このことについては、Y₁らが虚偽の誓約をしたとして最高裁が一定の評価を行っていると考えられる。

もっとも、Y₂・Y₃はY₁が暴力団員であることを知らなかったということを1審から一貫して主張しているが、事実認定は行われていない。

このことから、本件誓約書の提出という事実によって、Ｙ₁らが本件規定の存在について知り、了承していた事実があり、ＸがＹ₁らに対して本件規定の存在を周知させていたという事実自体を判示したと思われる。

本件規定の適用の合憲性を判断するにあたっては、Ｙ₁が他に住居を賃借し、住んでいるという事実は、入居者の重大な不正行為であり、本件規定の適用によって生じる不利益が実質的に存在しないということからも、本件規定の適用の合憲性を判断するにあたっては十分な判断要素であったと評価できる。

もっとも各審級の事実認定からは、ＸがＹ₁が他住居に居住しているという事実を知った上で明渡請求を行ったのか、それとも請求後にこの事実を知ったのかは明らかではない。

次に、Ｘによる本件規定の適用とＹ₂・Ｙ₃との関係については、Ｙ₂・Ｙ₃は同居人にすぎないから本件規定の適用の直接的な対象ではなく、Ｙ₂・Ｙ₃の上記身体的な事情を考慮していないと思われる。

西宮市営住宅条例19条によれば、同居者の入居の承継については市長の承認を得なければならず、同条２号で、その承認の決定または不決定は規則で定めるところにより行う、と定められており、そして西宮市営住宅条例施行規則18条１号で、入居者が暴力団員であるときには市長は入居の承継の承認は行わない旨が定められているため、Ｙ₂・Ｙ₃は入居資格の承継も得られていないであろうから、先にも述べたように、最高裁が、本事案においては、本件規定の適用が合憲であると判断したこと自体は相当であったことは明らかであろう。

⑷　本件規定を合憲であると判断したことの射程

本判決が下した本件規定の合憲性は、地方公共団体が管理運営する住宅一般の暴力団員排除に関する条例規定の合憲性に対して射程が及ぶと考えられ、本判決の射程は広いと思われる。

合憲であると判断された本件規定とは、「入居者が暴力団員であることが判明した場合に市営住宅の明渡しを請求することができる旨を定める部分」であるということである。すなわち、西宮市営住宅条例46条６号は明渡請求事由として「暴力団員であることが判明したとき（同居者が該当する場合を含む。）」と定めているが、括弧書の部分、つまり同居者が暴力団員であることが判明した場合にも市長が明渡請求を行うことができる、という部分の合憲性については判断されていない。Ｘの市営住宅制度では、親子が親名義で市営住宅に入居しているケースで、親の反対にもかかわらず同居人である子供が暴力団に加入した場合であっても、市長が当該住宅の明渡請求を親に対してできることになっている。しかし、このような同居人が暴力団員であるような事案には本判決の合憲判断の射程が及ぶか否かは明らかでない。

前述のとおり、暴力団員は、自らの意思で暴力団を脱退することができるはずであるが、入居者と同居する家族が暴力団員となった場合において、入居者の意思で同居する家族を暴力団から脱退させることができるか否かは別途の考慮を要する。ただし、実態が同じであっても名義人によって結論が正反対になってよいかどうかを含めて検討する必要がある。

HISAYOSHI Hajime

Ⅰ 憲法・刑法上の問題

3 工藤會総裁が上納金から得た分配金を収入と認定し所得税法違反で有罪とした事例

福岡高判令和2・2・4、平成30年（う）第297号所得税法違反被告事件、控訴棄却、有罪【上告後、最決令和3・2・16により上告棄却】、LLI/DB07520044

弁護士法人虎ノ門スクウェア法律事務所／弁護士 中村 傑

Ⅰ 事案の概要

本件は、指定暴力団である五代目工藤會総裁（四代目工藤會会長）である被告人Aが、平成16年に工藤會の事務局長に就任して以降、工藤會の資金全般の管理を任されていた被告人Bと共謀して、平成22年度分から平成26年度分の所得税の確定申告において、工藤會に対して上納された資金から被告人Aの収入を除外し所得を秘匿した上、総所得金額を偽って所得税確定申告書を提出することで、不正の方法により、正規の所得税額と申告税額との差額（合計約3億2,000万円）を免れたとして、所得税法違反で起訴された事案である。

建設業者等が被告人らが所属する暴力団組織に対して支払ったみかじめ料等を原資とする上納金から、被告人Aに分配される金銭をもって被告人Aのほ脱所得に当たるとの検察官の主張に対して、被告人両名の弁護人は、検察官主張のほ脱所得は、被告人Aの所得ではなく、被告人両名が所属する暴力団組織のものであるから、被告人Aが上記各確定申告において虚偽過少の申告をした事実はない旨主張した。

本件の争点は、被告人Bの親族名義の預金口座（後述する「第2系列口座」）に入金された金銭が実質的にみて被告人Aに帰属するか否かである。

1審判決（福岡地判平成30・7・18LLI/DB07350704）では、第2系列口座に入金された金銭が実質的に被告人Aに帰属するものとして、平成22年度分から平成26年度分の所得税の確定申告において、被告人両名の共謀によるほ脱所得を認め、有罪とした（被告人A：懲役3年および罰金8,000万円、被告人B：懲役2年6月。いずれも実刑判決）。

そのため、被告人両名が控訴したものである。

Ⅱ 判決要旨

控訴棄却。

1 被告人Bの管理口座（第1系列口座ないし第3系列口座）の入金状況

被告人Bは、工藤會の活動に関して、遅くとも平成17年5月30日以降、被告人Bおよびその親族名義で、株式会社X銀行に開設された複数の口座を管理していた（以下、「第1系列口座」ないし「第3系列口座」という）。

原判決は、第1系列口座ないし第3系列口座の入金状況について次のように認定し、本判決もこの認定を支持している。

「第1系列口座ないし第3系列口座は、いずれも被告人B及びその親族の名義で被告人Bが管理する口座であったところ、証拠によれば、平成17年5月30日以降の各口座の入金状況について、次のような傾向が認められる。

まず、平成20年6月30日以前についてみると、第1系列口座ないし第3系列口座には、いずれも1回につき10万円程度から1000万円を超える金額が頻繁に入金され（同じ日に複数回入金されていることもある。）、入金額は年間合計で数千万円ないし数億円の規模に及んでいるが、その入金のほとんどは、いずれも同一の郵便局においてほぼ同時刻か十数分以内の差で行われており、口座ごとの入金額の比率は、ごくわずかの例外を除き、第1系列口座、第2系列口座、第3系列口座の順に3対3対1となっている。

次に、平成20年7月1日以降についてみると、第1系列口座への入金はなくなる一方で、第2系列口座及び第3系列口座へは、それ以前と同様に、いずれも1回につき10万円程度から1000万円を超える金額が頻繁に入金されており、入金額は年間合計で数千万円ないし数億円の規模に及んでいるが、その入金のほとんどは、いずれも同一の郵便局においてほぼ同時刻か十数分以内の差で行われており、かつ、第2系列口座と第3系列口座への入金額の比率の多くが5対1、それ以外も第2系列口座が概ね3ないし6に対し、第3系列口座が1となっている。

このように、被告人Bが管理していた第1系列口座ないし第3系列口座、あるいは第2系列口座及び第3系列口座には、頻繁に高額の金銭が入金されていたところ、同一機会に各口座へ一定の比率で繰り返し入金がされているという特異な入金状況があることに照らすと、工藤會の経理全般の責任者である被告人Bが、工藤會に関して得た巨額の金銭を何らかの明確な目的・法則の下で継続的に管理していたことが推察される。」

2 訴訟手続の法令違反の主張について

被告人らは、以下の理由により、原判決には、判決に影響を及ぼすことが明らかな訴訟手続の法令違反があると主張した。

すなわち、課税庁による課税実務では、損益計算法によりほ脱額を認定する場合、広範な反面調査によってほ脱額を詳細に認定するのが通常であり、仮に確定的な資料がないときに推計課税をするとしても、その推計は確実な資料に基づく限られた範囲にしか及ばないにもかかわらず、原判決は、第２系列口座の入金と出金のすべてについて全くといってもよいほど反面調査を行わず、かつ、通常は推計課税すらできないようなごく限られた資料・事実のみによってほ脱額を認定しており、その手続は他の国民との対比において著しく不平等であり、憲法14条、30条および31条に反し違憲、違法であるというのである。

これに対して本判決は、以下のとおり、訴訟手続の法令違反をいう各論旨は理由がないと判示した。

原判決は、客観的に明らかとなっている第２系列口座に一定比率等で入金された金銭（本件分配収入）の額をもってほ脱所得と認定しているのであり、ほ脱所得の金額の認定にあたって、いわゆる推計の方法を用いているものではない。また、本件分配収入の性質や、それらが実質的にみて誰に帰属するものであるかを、間接事実を総合して認定することは、それが論理則、経験則等に照らして合理的である限り、刑事裁判における一般的な事実認定の手法として当然に許容されるべきものであり、間接事実の認定やそれらの間接事実からの推認の過程に経験則等に照らして不合理な点があるとして事実誤認の問題が生じることはあっても、そのような認定手法を取ったこと自体に、所論のいうような違憲、違法な点があるとはいえない。

3　第２系列口座に入金された金銭が実質的にみて被告人Aに帰属するか否か

本判決は、次のように判示して、上納金からの分配金のうち第２系列口座に入金された金銭が、実質的にみて被告人Aに帰属すると認めている。

「ア　まず、C（※四代目工藤會総裁。執筆者補充）が死亡する平成20年６月30日以前についてみると、第１系列口座ないし第３系列口座への特異な入金状況、第３系列口座内の金銭が工藤會経費に充てられていること、D（※上納金の仲介者。執筆者補充）、E（※工藤會二次団体組長。執筆者補充）の供述等により認められる工藤會に対する上納金の存在、Dの供述により認められる上納金の具体的な分配状況、同年７月１日以降第１系列口座が使われなくなっていることを総合すると、被告人Bが、工藤會に対する上納金のうち、全体の３割をCの取り分として第１系列口座に、全体の３割を被告人Aの取り分として第２系列口座に、全体の１割を工藤會の取り分として第３系列口座に、そ

れぞれ入金して継続的に管理していたことが優に推認できる。」

「イ　そして、同年７月１日以降についてみると、確かに、第２系列口座及び第３系列口座への入金比率はおおむね５対１とはなっているものの、その比率にはばらつきがある。しかしながら、第３系列口座から出金された金銭が出金後間もなく工藤會経費として使われていたX口座へ入金されるという状況は、平成17年頃から平成26年頃にかけて継続的に認められ、平成20年７月１日以降も第３系列口座内の金銭がそれまでと変わらず引き続き工藤會経費に充てられていたと認められること、その第３系列口座への入金額のおおむね５倍（３倍ないし６倍）の金額が、上記のとおり、同年６月30日までの間に上納金からの被告人Aの取り分が継続的に入金されていたと優に推認できる第２系列口座に、同日以前と同様に、第３系列口座への入金と同一機会に入金されるということが繰り返されていること、これらの事実からすると、このようにして第２系列口座へ入金された金銭は、工藤會経費に充てられる金銭とは別の目的のものとして継続的に管理されていたものと推認するのが相当であること、同年７月１日以降も引き続き工藤會に対する上納金が最高幹部等の間で分配されていたことがうかがわれることを総合すると、入金比率が必ずしも一定でないことを考慮しても、第２系列口座には、引き続き上納金からの被告人Aの取り分が入金されて管理されていたと推認できる。（中略）そして、４件（実質的には３件）ではあるが、同日前後を通じて、第２系列口座から出金された金銭が被告人Aの個人的使途に使われていることが認められ、このことは、第２系列口座内の金銭を継続的に被告人Aが私的に使うことができたことを強く推認させる事情であって、第２系列口座に上納金からの被告人Aの取り分が入金されていたという推認を更に強めるものといえる。」

「ウ　したがって、上納金からの分配金のうち第２系列口座に入金された金銭は、実質的にみて被告人Aに帰属するものと認めることができ」る。

4　ほ脱の故意について

本判決は、次のように判示して、平成26年分の確定申告書提出当時、身体を拘束されていた（接見等が禁止されていた）被告人Aのほ脱の故意を認めている。

「被告人Aは、平成25年までの間、第２系列口座に上納金からの自身の取り分が継続的に入金されていることを認識していたと認められるから、平成26年分についても、前年までと同様に、第２系列口座に入金された上記趣旨の金銭が、具体的な金額はともかくとして、存在することを認識していたというべきである。また、被告人Aは、被告人Bによって、平成25年分まで毎年継続的に、第２系列口座に入金された所得を除外して所得税の確定申告が行われていること

を認識、認容し、被告人Bに確定申告を委ねていたものと認められるところ、平成26年分についても、被告人Bによって、前年までと同様に、第2系列口座に入金された所得を除外して所得税の確定申告が行われることが当然に想定される状況下において、それを変更するなどの行動を取ったとはうかがわれないのであるから、同年分についても、そのような確定申告がされることを認識、認容していたものとみるほかはない。したがって、平成26年分についても、被告人Aには、所得税の確定申告が虚偽過少のものであることの認識があったと認められ、申告税額と実際税額との差額全体についてほ脱の故意が認められる」。

Ⅲ 分析と展開

1 本判決の意義

本判決は、暴力団の組織的資金獲得活動（シノギ）によって集められた違法収益が、上納金として暴力団のトップである組長に集約されることに着目し、上納金から組長個人へ分配される金銭が組長個人の所得であると認めて、これを所得として申告しないことが所得税法違反であるとしたものである。

上納金からの組長個人への分配金額として第2系列口座に入金された金銭自体が実質的に組長個人の所得であると認定した点が、暴力団による違法な資金獲得活動に対する課税の道を開いたという点で大きな意義がある。

2 暴力団内部における上納金制度

上納金について、警察白書は、「上納金制度とは、暴力団の組織の維持、運営に要する資金あるいは首領、幹部自らの生活費や遊興費を賄うために、構成員から定期的に一定額を組織に納めさせる制度であり、系列内の上位団体に対しても行われ、暴力団に広くみられるものである。」「毎月何億円という現金が組織の中枢幹部の下に集められているといわれている。この結果、首領、幹部は、自ら検挙される危険を冒してまで資金獲得のための犯罪を敢行する必要がなくなったことから、これらの者に対する検挙、課税、没収等が困難化してきている。」としている（注1）。

暴力団組織において、かかる上納金制度が採られていることから、暴力団の資金獲得活動による収益は暴力団トップの組長に集約される仕組みとなっており、かかる上納金制度によって集約された違法な収益についても、法に基づく適正な課税をする必要性がある。

3 暴力団に対する法人税課税の問題

前記のとおり、暴力団においては上納金制度が採られていることから、暴力団における資金獲得活動によって得られた資金は、下部組織から上層部に集約されるという流れとなっている。かかる上納金が集約

される暴力団という組織自体に対して、課税することができないかという議論があるが、結論としては、現状では非常に困難と言わざるを得ない。

まず、暴力団とは、暴力団員による不当な行為の防止等に関する法律（以下、「暴対法」という）2条2号において、「その団体の構成員（その団体の構成団体の構成員を含む。）が集団的に又は常習的に暴力的不法行為等を行うことを助長するおそれがある団体」と定義されるところ、会社法等の法的な根拠に基づいて設立されたものではないため、暴力団という団体自体が法人格を有するものではない。このような法人格を有しない団体に対して課税するためには、法人税法2条8号にいう「人格のない社団等」に該当する必要がある。法人税法は、「人格のない社団等」については、法人とみなして同法の適用対象とするものの（同法3条）、収益事業を行う場合にのみ、法人税を納める義務を課している（同法4条1項）。しかし、暴力団にかかる法人税法の規定を根拠に課税することは非常に困難である。

「人格のない社団等」とは、「法人でない社団又は財団で代表者又は管理人の定めがあるもの」と定義されているが（法人税法2条8号）、「法人でない社団」とはいわゆる権利能力なき社団をいうと解されている。権利能力なき社団に該当するためには、①団体としての組織を備えること、②多数決の原則が行われること、③構成員の変更にもかかわらず団体そのものが存続すること、④組織によって代表の方法、総会の運営、財産の管理等団体としての主要な点が確立しているものでなければならないとされているところ（最一判昭和39・10・15民集18巻8号1671頁）、擬制的血縁関係の元、親である組長の命令は子である構成員にとっては絶対であるという暴力団組織においては、多数決の原則が採用されているとは言い難く、権利能力なき社団には該当しないと思われる。

また、法人税法における「収益事業」とは、販売業、製造業その他政令で定める事業で、継続して事業場を設けて行われるものをいうとされており（同法2条13号）、暴力団の資金獲得活動や上納金の取得がこれに該当するというのも難しい。

したがって、暴力団自体に対して法人税の課税をすることは困難である（注2）。

4 組長個人に対する課税

（1）前記のとおり、暴力団という団体そのものに対する課税は困難であることから、上納金について課税するためには、それが集約される組長個人に帰属する財産であるとして課税することが考えられる。本判決は、建設業者等から工藤會に支払われる上納金（みかじめ料）について、工藤會、四代目工藤會会長である被告人A、四代目工藤會総裁C、上納金の取りまとめをしたDとで、1対3対3の割合で分配してい

ると認定し、この上納金の被告人Aの分配取得金について、被告人Aの所得であると認定している。

本判決は、かかる認定をする前提として、工藤會の資金全般の管理を任されていた被告人Bが、工藤會の金銭のやり取りに使用していた被告人Bおよびその親族名義で開設した第1系列口座ないし第3系列口座内の金銭の流れを詳細に検討している。具体的には、平成17年5月30日以降、四代目工藤會総裁Cが存命中の平成20年6月30日までの間は第1系列口座、第2系列口座および第3系列口座に、1回につき10万円程度から1,000万円を超える金額が、いずれも同一の郵便局からほぼ同時刻か十数分以内の時間差で、ごくわずかの例外を除き一定の比率で入金されていることを認定し（比率は、第1系列口座、第2系列口座、第3系列口座の順に3対3対1）、さらに、C死亡後の同年7月1日以降は、第1系列口座への入金はなくなり、1回につき10万円程度から1,000万円を超える金額が、いずれも同一の郵便局からほぼ同時刻か十数分以内の時間差で、第2系列口座および第3系列口座に、多くが第2系列口座に5、第3系列口座に1、それ以外も概ね第2系列口座に3ないし6に対し、第3系列口座に1の比率で入金されていることを認定している。そして、C死亡後は第1系列口座への入金がなくなったこと、第2系列口座から出金された金銭は、被告人Aの元妻や子らへの生活費・養育費、百貨店の友の会の会費、寺のお布施、被告人Aの交際相手のマンション購入資金等の被告人Aの個人的な支出に使われていることを認定し、上納金の分配金のうち第2系列口座に入金された金銭は実質的にみて被告人Aに帰属する旨認定している。

（2）　原判決は、かかる上納金からの分配収入は、「工藤會が、建設業者等の事業者から、事業活動を行うことを容認するなどといった名目で、工事の受注金額の一定割合等の工藤會が定めるルールに従って継続的に供与を受けてきた金銭（上納金）の一部について、被告人Aが私的に分配を受けていた金銭であることからすると、その所得区分は、一時所得や事業所得に該当するものではなく、雑所得に該当する」と判断している。

また、原判決は、被告人Aの上納金の分配収入について、「特段費用の負担を伴うものとは考えられず、また、証拠上も本件分配収入に関して支出した費用が窺われないことからすれば、本件分配収入に関する雑所得の金額を計算するに当たり、必要経費はない」と判断している。

本件では、上納金の分配収入を得るために必要経費がある旨の具体的な主張が被告人A側からなされていないことから特段費用の負担はないものとして、必要経費の有無については具体的に争点化はされていないが、組長への上納金からの分配収入への課税

が認められた事案で、「特段費用の負担を伴うものとは考えられず、また、証拠上も本件分配収入に関して支出した費用が窺われない」として必要経費を一切認めなかった点に意義があると思料する。

5　他人名義の口座内の金銭が組長個人の資産であるとの認定

本判決は、第2系列口座が、組長名義ではなく、暴力団の資金全般の管理を任されていた暴力団の事務局長の親族名義の口座であるにもかかわらず、かかる口座に入金された金銭を実質的にみて組長個人に帰属すると認めている。

暴力団排除活動の広まりにより、暴力団員が金融機関において預金口座を新たに開設することはほぼ不可能となっており、既存の預金口座についても金融機関主導で解約手続が進められている一方で、暴力団員による詐欺等の被害者が暴力団員に対して債務名義を得ても当該暴力団員名義の預金口座等の差押対象財産を見つけることが困難であり、被害救済を難しくしている実情がある。

この点、裁判例においては「債権執行の対象が外形上債務者の責任財産とは認められない場合であっても、債権者が迅速性が損なわれることを甘受した上で、前記債権が真実は債務者の責任財産に帰属することを証明した場合については、執行裁判所は、適法に執行手続を開始しうる」（注3）とされていることから、暴力団員本人の名義ではなくとも実質的に暴力団員本人に帰属することが立証できる預金についての債権執行は可能である。

したがって、本判決が、第三者名義の預金口座内の金銭について実質的に組長個人の資産であると認めた点には、暴力団による被害回復においても意義がある。

（注1）　警察庁編『警察白書〔平成元年版〕』第1章第2節4(2)「暴力団組織内部の資金の流れ」https://www.npa.go.jp/hakusyo/h01/h010102.html.

（注2）　第一東京弁護士会民事介入暴力対策委員会組織犯罪対策部会『暴力団上納金への課税の現状と問題点—工藤會総裁脱税事件第一審判決を契機として—』事業再生と債権管理163号82頁（2019年）参照。

（注3）　東京高決平成14・5・10判タ1134号308頁。ただし、同決定は、「外形上債務者の責任財産とは認められない債権が、真実は債務者の責任財産に帰属することの証明については、執行手続において、債務者からの弾劾を経ることなくなされるものであるから、執行裁判所の判断は慎重にされるべきである」と述べていることからも、真実は債務者の責任財産に帰属することの証明は容易ではないことから、他人名義の預金に対する差押えの検討には注意を要する。

‖‖‖ NAKAMURA Suguru ‖‖‖

概　観

アクセル法律事務所／弁護士　**佐藤　彰男**

1　反社会的勢力との関係遮断

反社会的勢力との関係遮断は、現在、社会的要請となっている。企業や事業者には、暴力団員などの反社会的勢力と取引をしないこと、取引関係に入ってしまった場合には契約を終了させることが求められている。

このような社会的要請となった背景としては、平成19年6月19日、犯罪対策閣僚会議幹事会申合せとして「企業が反社会的勢力による被害を防止するための指針」が公表されたことが大きく影響している。同指針により、それまでの「不当要求の排除」にとどまらず、暴力団員などの反社会的勢力との「取引を含めた一切の関係遮断」が企業に求められることとなった。

その後、各都道府県において暴力団排除条例（以下、「暴排条例」という）が制定・施行された。平成22年4月1日、福岡県で初めて同条例が施行されると、他の道府県もこれに続き、平成23年10月1日には東京都と沖縄県でも施行された。これにより、すべての都道府県において同条例が施行されるに至った。暴排条例では、暴力団員に対する利益供与の禁止などが定められており、暴排活動に一層拍車がかかった。

法律レベルでも反社会的勢力との関係遮断は要請されている。例えば、事業の許認可で、暴力団員等に該当しないことを要件とするものがある（廃棄物の処理及び清掃に関する法律14条5項2号、貸金業法6条1項6号・11号・12号、建設業法8条9号・14号、宅地建物取引業法5条1項7号・14号など）。また、民事執行法も改正され、不動産競売において暴力団員等は不動産を取得できないこととされた（民事執行法65条の2、71条5号）。

国および地方公共団体における公共事業の入札や契約でも、暴力団員やその関係企業は排除される（暴力団員による不当な行為の防止等に関する法律32条1項）。また、上場準備会社は、反社会的勢力との関係がないことを示す確認書の提出が必要であり、反社排除に向けた体制整備と運用が求められる。上場会社では、反社会的勢力の関与が判明すると上場廃止となるリスクも生じる。

現在、企業の契約実務においても、契約書や約款において暴力団排除条項（暴排条項）を記載することが通例となっている。

このように、法令上も実務上も、反社会的勢力排除の要請は高まっており、企業には、反社会的勢力との関係遮断が強く求められている状況である。

2　実務における留意点

大きな方向性としては上記1のとおりであるが、実際に企業が反社会的勢力との関係を遮断するにあたっては、実務上、留意すべき点や検討すべき課題は多い。

まず、反社会的勢力との関係遮断といっても、取引関係に入る前であれば、取引を拒絶することにより比較的容易に関係遮断を実現できるのに対し、取引関係に入った後は、契約の拘束力が生じるため、関係遮断の難度が増す。そのため、契約を解消できる法的根拠が一切なければ、やむを得ず契約を続けてモニタリングを継続しつつ、取引解消の機会をうかがう場合もある。

次に、そもそも相手が暴力団員であっても、その取引をしないと人の生命・身体が危ぶまれる事態が生じるような場合は、取引することがやむを得ないケースもある。例えば、医師が暴力団員の怪我や病気を治療すること、水道・電気・ガスなどの事業者が人の生存のため必要となるライフラインを提供すること、車の安全性を確保するため自動車整備業者が法定の車検に応じること等が挙げられよう。

また、暴力団の活動を助長しないことから、取引を許容すべきケースもある。例えば、スーパーやコンビニエンスストアが日常生活に必要な食料品などを暴力団員に販売すること、ホテルや冠婚葬祭業者が身内でとり行う暴力団員の冠婚葬祭のため会場を提供する行為などは、原則として許容されるであろう。そうした暴力団員の身内だけの式典にその家族や親戚が参加したからといって、社会的に非難されるべきではない。さらに、暴力団員であっても、子女の給食費や授業料などの引落しに利用される代替性のない生活口座に限っては、銀行が提供することも許容されるべきとの議論もある。また、真に暴力団を離脱した者に対しては、一律に取引を拒絶する

とその更正・社会復帰にとって障害となるため、慎重に検討する必要がある。

　このように、反社会的勢力との関係遮断は重要であるが、実務では様々な問題がある。企業は、こうした異なる視点にも配慮しつつ、暴力団等の反社会的勢力の活動を助長しないよう、常に対応を検証しなければならない。

3　各判例について

　本章で取り上げた各判例とその解説では、判決の結論のみならず、これに関連する実務上の問題にもできる限り言及している。各判例の事案とその解説の内容を概観すると、次のとおりである。

　〔本書Ⅱ－**4**〕の判例：取引開始前の拒絶事案。銀行口座の開設を拒否したもの。

　解説では、銀行に口座開設に関する承諾義務があるか、取引拒絶の理由を開示する義務があるか、個人情報の保護に関する法律との関係にも言及している。

　〔本書Ⅱ－**5**〕の判例：取引開始前の拒絶事案。不動産取引に仲介として関与を希望する会社を排除したもの。

　解説では、独占禁止法の視点から、取引拒絶との関係、事業者団体が運用する反社データベースとの関係についても述べている。

　〔本書Ⅱ－**6**〕の判例：取引開始後の事案。銀行による融資後に主債務者が暴力団関係企業と判明した事案で、保証協会が、銀行と締結した保証契約の錯誤無効を主張したもの。

　解説では、動機の錯誤、金融機関と保証協会のいずれがリスクを負担すべきか、その前提として金融機関における反社会的勢力であるか否かの調査義務の履行などに言及している。

　〔本書Ⅱ－**7**〕の判例：〔本書Ⅱ－**6**〕の判例の差戻後の判例。金融機関が、融資先が反社会的勢力であるか否かの調査義務を履行していたのかが争われたもの。

　解説では、各金融機関の融資審査時における反社会的勢力であるか否かの具体的な調査体制、共通する調査内容や調査方法について述べている。

　〔本書Ⅱ－**8**〕の判例：取引開始後の関係遮断の事案。口座開設後、預金規定や約款に暴排条項を追加した場合に、当該暴排条項に基づき口座解約できるかが争われたもの。

　解説では、約款における不利益変更の拘束力、生

活口座の解約の是非と考察、暴力団離脱者対策との関係にも言及している。

　〔本書Ⅱ－**9**〕の判例：取引開始後の関係遮断の事案。生命保険契約と損害保険契約において、暴排条項を適用して契約を解消したもの。

　解説では、保険法と暴排条項の関係、「反社会的勢力と社会的に非難されるべき関係を有していること」の具体的内容やその立証方法にも言及している。

　〔本書Ⅱ－**10**〕の判例：取引開始後の関係遮断の事案。損害保険会社が、保険約款（暴排条項導入前）の重大事由解除に該当するとして、人身傷害保険などの保険金請求を拒否したもの。

　解説では、保険法30条の重大事由解除、約款における暴排条項の位置付け・有効性についても触れている。

　〔本書Ⅱ－**11**〕の判例：取引開始後の事案。持株会社傘下の銀行が行っていた販売提携ローンに関し、持株会社の取締役らは反社会的勢力との取引を防止するための体制構築義務などを怠ったとして、持株会社の株主が提起した株主代表訴訟に関するもの。

　解説では、本訴訟に先立ってなされた銀行等に対する行政処分の処分理由を詳しく紹介し、行政処分と法的責任との差異、企業への要求水準の高度化につき言及している。

　これらの判例および解説は、反社会的勢力との関係遮断を検討する上で重要である。企業や弁護士が個別具体的な事案を検討する際、参考にして頂ければ幸いである。

‖ *SATO Akio* ‖

4 理由を示さない口座開設拒否の合理性

東京地判平成26・12・16、平成26年(ワ)第354号損害賠償請求事件、請求棄却【確定】、金法2011号108頁

弁護士法人キャストグローバル／弁護士　芦原　一郎

Ⅰ　事案の概要

本件は、個人Ｘが、八千代銀行（Ｙ）のＡ支店に、普通預金口座開設を申し込んだ、これに対しＹは、この申込みを、理由を開示せずに拒否し、口座開設をしなかった、という事案である。

そこでＸが、Ｙには普通預金口座開設の申込みを拒絶してはならない義務があったにもかかわらず、合理的な理由なくこれを拒絶したと主張して、Ｙに対し、精神的苦痛に対する慰謝料150万円、弁護士費用15万円の、合計165万円の損害賠償と遅延損害金の支払いを求めた。

Ⅱ　判決要旨

請求棄却。

論点ごとに、判旨を整理する（注1）。

1　銀行業の公共性

裁判所は、銀行業の公共性を認めた。

2　承諾義務の不存在（銀行一般論）

Ｘは、以下のように、銀行に預金口座開設申込みに対する承諾義務がある、と主張した。

「銀行取引が一般消費者の社会生活にとって不可欠な生活手段となっているほか、国民経済の発展に資するという公共的側面があり、銀行が合理的な理由なく預金口座の開設の申込みを拒否することによって、憲法上保障されている顧客の経済活動の自由や平等権が侵害されるから、銀行取引においては、契約当事者の対当性を前提とした契約自由の原則の適用は制限され、銀行である被告は、預金口座の開設の申込みを受けた場合には、原則として承諾義務があり、合理的な理由なく承諾を拒絶することは不法行為に該当する」

これに対して裁判所は、以下のように、承諾義務の存在を否定した。

「預金口座の開設の申込みがされた場合において、銀行に承諾を義務付ける法令上の根拠はなく、上記のような銀行業務の公共性から、直ちに、預金口座の開設の申込みの場面における契約自由の原則の適用が制限され、銀行が預金口座の開設の申込みを承

諾すべき義務があるとまではいえない。」

3　不法行為の不成立

Ｘは、以下のように、Ｙに、本件拒絶行為が不法行為に該当する、と主張した。

「被告は、原告の父が過去に政治団体に所属していたことを理由に本件口座開設申込を拒否したと考えられ、本件口座開設申込を拒否することについて、合理的な理由があるとはいえないことが明らかである」。

これに対して裁判所は、以下のように、不法行為の成立を否定した。

「原告は、本件口座開設申込をした当時、既に、被告Ａ支店に普通預金口座を有していたことが認められ、本件口座開設申込を拒否されたとしても、銀行取引を行うことが可能な状態であったことを考慮すると、被告に本件口座開設申込を承諾すべき義務があったとはいえず、本件口座開設申込が拒否されたことによって、原告の権利が侵害されたということもできない。」（理由①）

「被告は、本件口座開設申込を拒否した理由について、総合的に判断した結果である旨回答しており、上記のとおり、原告が、当時、既に被告Ａ支店に普通預金口座を有していたことを考慮すると、被告が、原告の父が過去に政治団体に所属していたという事実をもって、本件口座開設申込を拒否したと認めることはできず、他にこれを認めるに足りる的確な証拠はない。」（理由②）

Ⅲ　分析と展開

1　承諾義務

Ｘは、Ｙに承諾義務があると主張したが、裁判所は、一般論として、銀行に承諾義務はなく、本事案固有の議論としても、Ｙに承諾義務がない、と判断した（注2）。

問題は、ＸがＹに口座を有していたことが、承諾義務のないことの条件・根拠となるかどうかである。すなわち、理由①の中で、ＸがＹに口座を有していた事実が指摘され、そのうえでＹの承諾義務が否定され、不法行為の成立が否定されているからで

ある（注3）。

けれども、XがYに口座を有していたことが、承諾義務のないことの条件・根拠になるとは考えられない。その理由は以下のとおりである。

（1）本判決（以下、「八千代判決」という）の構造

八千代判決は、まず、一般論として、銀行に承諾義務がないと判断している（上記判旨2）。そこでは、公共性から「直ちに」承諾義務が発生しない、とされており、例外的に承諾義務が発生する場合もあり得ることが示唆されている。どのような場合に承諾義務が発生するか、明確な基準は示されていないが、原則として承諾義務が発生せず、承諾義務が発生するのは例外的な場合なのだから、例外が認められるべき「特段の事情」や相当の合理性が必要になるはずである。

このように見ると、XがYに口座を有していた、という事実は、銀行側が承諾義務を負わないための条件・根拠としてではなく、例外を認めるための消極的な事情の1つとして指摘されたにすぎず、例外が認められない理由を補強する意味にすぎない。承諾義務が発生しない、という原則ルール自体には何ら条件が付されていないからである。

（2）東京地判平成23・8・18（ウエストロー・ジャパン（注4）、以下、「りそな判決」という）

この事案は、株式会社の代表取締役である個人が、りそな銀行に、会社の普通預金口座について質問するとともに、個人名義の普通預金口座の開設を求めたが、銀行が会社の商業登記簿謄本の提出を求めて個人名義の口座の開設に応じなかったため、個人が商業登記簿謄本の提出を求める理由の回答を求めたにもかかわらず直ちに回答せず、書面による回答もしなかった、という事案である。そこで当該個人が、銀行の各行為が不法行為に該当すると主張して、銀行に対し、精神的苦痛に対する慰謝料50万円の支払いを求めた（1審の町田簡裁が当該個人の請求を棄却したため、当該個人が控訴した）。

裁判所は、まず、一般論として、原則として不法行為責任が発生せず、「特段の事情」のある場合に例外的に不法行為責任が発生する、とした（注5）。なお、承諾義務を正面から議論していないが、不法行為責任が認められるためには、承諾義務違反や、これに類する故意・過失が必要であり、承諾義務が原則として認められない、という判断を含むものと評価すべきである。

次に、事実のあてはめとして、口座開設手続の際、会社の口座開設の申込みを取り下げていることにより、銀行側が、実体のない法人の活動のための不正目的利用ではないかと疑念を抱いたことも無理がない、したがって、個人名義の口座開設申込の拒

否に合理的な理由がある、としたうえで、「特段の事情」の存在を否定し、不法行為責任の成立を否定した。

このように、りそな判決でも、原則として承諾義務が発生せず、承諾義務が発生するのは例外的な場合であることが示された。さらに、例外が認められるのは「特段の事情」がある場合であることも、明示された。

また、あてはめの過程で不正利用を疑われる状況を指摘しているが、この状況も、銀行側が承諾義務を負わないための条件・根拠としてではなく、個人の側で証明すべき「特段の事情」の存在について否定的消極的に働くべき事情として取り上げているにすぎない。承諾義務が発生しない、という原則ルール自体には何ら条件が付されていないからである。

（3）東京地判平成24・2・3（ウエストロー・ジャパン（注6）、以下、「藍澤證券判決」という）

この事案は、個人が、藍澤證券に取引口座の開設を求めたが、証券会社が口座開設に応じず、その際、拒絶理由を示さなかった、（個人情報の取扱いに関する論点も別に議論されている）という事案である。

そこで当該個人が、証券会社の各行為が不法行為に該当すると主張して、証券会社に対し、精神的苦痛に対する慰謝料なども含め、総額約830万円の損害賠償と遅延損害金の支払いを求めた。

裁判所は、まず、一般論として、原則として不法行為責任が発生せず、「契約成立の期待」のある場合に例外的に不法行為責任が発生する、とした（注7）。ここでも、りそな判決と同様、不法行為責任の前提として、承諾義務（またはこれに類する義務）に関するルールが示されていると解すべきである。

次に、事実のあてはめとして、口座開設手続の際、会社の担当者が、取引口座開設が決まっていないが、先に送金するために送金先口座を当該個人に伝えたとしても、契約成立の期待は成立しないとし、不法行為責任の成立を否定した。

このように、藍澤證券判決でも、原則として承諾義務が発生せず、承諾義務が発生するのは例外的な場合であることが示された。さらに、例外が認められるのは「契約成立の期待」がある場合であることも、明示された。

また、あてはめの過程で取引口座開設前に送金先口座を伝えた事実などを指摘しているが、この事実も、証券会社側が承諾義務を負わないための条件・根拠としてではなく、むしろ逆に、これだけの事情があっても「契約成立の期待」の存在が認められない、すなわち例外的に承諾義務が認められるのは極めて限定的であることを示すものである。承諾義務が発生しない、という原則ルール自体には何ら条件

が付されていないからである。

（4）まとめ

以上のとおり、承諾義務が発生しない、という原則ルールは、何ら条件が付されていない。例外的な場合（「特段の事情」「契約成立の期待」等がある場合）に限り、承諾義務が発生するが、XがYに口座を有していたという事実は、この例外的な場合に該当するかどうかを判断する一要素にすぎない。

2　理由明示義務

次に問題になるのが理由開示義務の有無である。

実務上、反社会的勢力からの口座開設申込みを拒否する際に、その理由の開示が必要とされれば、拒否理由の内容や、拒否理由を通知したこと自体が新たなトラブルの原因となるだけでなく（注8）、金融機関の顧客政策を開示することになってしまい、営業秘密の開示にも繋がりかねない。

この点、八千代判決では、理由②で指摘されているとおり、「総合的に判断した結果」という理由が伝えられていることから、少なくとも「総合的判断」程度の理由は明示しなければならない、という解釈の余地もありそうである。

しかし、以下の理由から、金融機関には理由開示義務が存在しないと解される。

（1）八千代判決

この事案で、「相当的判断」という理由がXに伝えられたのは、口座開設時のXY間でのやり取りの機会ではなく、Xからの苦情に対してYの代理人弁護士が対応する機会であった。もし、Yに理由明示義務があるならば、口座開設時に理由が伝えられなかったことの問題点も検討されたはずだが（注9）、そのような検討はされていないから、八千代判決は理由開示義務が存在しないことを前提にしている。

（2）りそな判決

りそな判決は、当該個人からの質問（拒否理由）に対して「口頭によるか書面によるかを問わず回答する法的義務はない」としている。回答義務がないのに理由開示義務だけが認められることはあり得ないから、りそな判決は理由開示義務を否定した裁判例と評価できる。

（3）藍澤證券判決

藍澤證券判決は、営業秘密を根拠に、理由開示義務を明確に否定している（注10）。

（4）まとめ

以上のとおり、金融機関に、口座開設申込みの拒否理由の開示義務は存在しない。

実務上、「総合的判断」を理由として開示することはあるが、それは法的義務の履行として行われるものではなく、無用なトラブルを回避する等の目的で自主的に行っているものにすぎない。

3　保有個人データ開示義務

八千代判決では問題にされていないが、藍澤證券判決で問題にされた論点として、金融機関の保有個人データ開示義務（個人情報の保護に関する法律（以下、「個人情報保護法」という）28条2項（注11））の問題がある。

この事案では、証券会社が保有するはずの「属性についての判断や評価」を開示しないことが保有個人データ開示義務に違反する、と当該個人が主張した。すなわち、当該個人の属性を調べた情報があるはずであり、それは個人情報に該当するから、開示されなければならない、というものである。

たしかに、個人情報とは「氏名、性別、生年月日、住所、年齢、職業、続柄等の事実に関する情報に限られず、個人の身体、財産、職種、肩書等の属性に関する判断や評価を表す全ての情報をいうものと解される。」ことから、反社会的勢力としての属性などの反社情報も個人情報に該当すると評価できる。

この点、藍澤證券判決は、反社情報を証券会社が「保有していることをうかがわせる事情は存在しない。」という理由で、当該個人からの請求を否定しているものの（注12）、実際に反社情報を金融機関が保有している場合もあり得るが、その場合に保有個人データ開示義務を負わされるのかどうかについては、判断が示されなかった。

しかし、秘匿性の高い情報が保有個人データに該当するかどうかの判断を明確にしなくても、すなわち仮に当該情報が保有個人データに該当するとしても、開示義務の対象外（業務の適正な実施に著しい支障を及ぼすおそれがある場合。個人情報保護法28条2項但書、同2号）に該当し、開示義務を負わない、という判断を示した裁判例が存在する（注13）。

実際、反社会的勢力は自己の利益のためには手段を選ばない危険があり、反社情報を金融機関が保有していることが明らかにされた場合に、金融機関に対する直接・間接の攻撃や業務妨害などが容易に予測されることから、開示義務の対象外であることは明らかである。

したがって、藍澤證券判決としても、反社情報が開示義務の対象外であることを明確に示すべきだったと解される。

4　実務上のポイント

以上のとおり、口座開設申込みを自由に拒否でき、その理由を開示する義務もない、と解されることから、このことを前提に、金融機関の窓口業務の安全確保などのために、審査プロセスを見直すことが必要であろう。

とは言うものの、単に「胡散臭い」等の曖昧な理由だけで安易に口座開設申込みを拒否することが、

金融機関の公的な機能から好ましくないことも明白である。また、承諾義務や理由開示義務を否定した各裁判例は、いずれも地裁レベルの裁判例にすぎず、これを否定する上級審判決が示される可能性を否定することはできない。このようなことから、実務上は、口座開設申込みを拒否するためには、相当慎重に情報を収集し、検討が行われていると思われる（注14）。ところが、慎重になりすぎて、明らかに反社会的勢力に属する者の口座が安易に開設される事態になることも、問題である。

このように、口座開設の審査実務では、両者のバランスに常に配慮することが重要であり、常にその運用を検証していく必要のあることが理解される。

（注１）　Xの主張と裁判所の判断を対比して説明するため、判旨の構成を変更していることに注意されたい。

（注２）　本判例を紹介する金法2011号108頁以下の解説は、109頁右段8行目以下で、「本判決は、銀行には原則として承諾義務があり、合理的な理由なく承諾を拒絶することは不法行為に該当するというXの主張した規範について何ら判断を示さなかった。」と評している。しかし、本判決は、上記判旨2で、銀行一般の承諾義務がないと明言し、理由①の中でYに承諾義務がない、したがって不法行為が成立しない、と明言している。当解説の該当部分の記載は誤りと思われる。

（注３）　小田弘昭「普通預金口座の開設申込みを拒否する行為の不法行為該当性」金法2013号128頁（2015年）は、「契約締結の自由から直ちに口座開設の拒否が適法とされると判断したのかは若干不明瞭とも考えられる」と指摘する（同129頁中段8行目以下）。

（注４）　文献番号：2011WLJPCA08188013

（注５）　「私人間においては契約締結の自由の原則が妥当し、特段の事情のない限り、契約を締結しないことが不法行為を構成することはないものと解するのが相当である。」

（注６）　文献番号：2012WLJPCA02038013

（注７）　「本来、私人間において契約を締結するかどうかは自由であって、契約締結の交渉を打ち切ったからといって、通常は不法行為責任が生ずることはない。もっとも、契約締結の過程において、当事者が互いに契約条項を全て了解するなどし、一方当事者が交渉の結果に沿った契約の成立を期待し、契約の履行に係る準備を進めるのが当然であるとみられるような段階に達した場合には、相手方がその責に帰すべき事由により契約の締結を不可能にすることは、特段の事情のない限り、信義則上の義務違反を理由とする不法行為責任を構成するものというべきである（……）。」なお、（……）では以下の判例を引用している。いずれも、売主の買主に対する契約締結上の過失に関するものである。最三判昭和58・4・19金判696号42頁、最三判昭和59・9・18金判711号42頁、最一判平成2・7・5裁判集民160号187頁

（注８）　八千代判決の理由②は、Xの父が過去に政治団体に所属していた事実を拒否理由として伝えるだけで成立するかどうかはともかく、拒否理由の内容如何によっては、Yに損害賠償義務が発生するかのような表現となっている。その場合、単なるトラブルにとどまらず、法的責任まで発生することになってしまう。

（注９）　これに対し、後に弁護士が理由開示したから問題ないなどのように、違法性が治癒した、という理論構成も可能だから、八千代判決と理由開示義務の存在とは矛盾しない、という批判もあり得よう。しかし、この理論構成の場合には、理由開示義務違反の認定と、その治癒の認定の両方が判示されるはずだが、そのような議論はされていない。

（注10）　証券会社は、契約自由の原則に基づき、顧客からの証券取引口座開設の申込みに対し、当該証券会社の営業方針等に基づいて申込みに対する許否を決めることができるのであるから、その際に、その拒絶の理由を必ずしも明らかにする必要があるということはできず、かえって、これを常に明らかにしなければならないとすると、営業の秘密が開示されることにもなるのであって、相当ではない。

（注11）　藍澤證券判決の時点では、個人情報保護法25条1項。

（注12）　事実認定の問題として、証券会社が反社情報を持っていたはずである、という当該個人の主張の合理性も吟味されている。裁判所は、当該個人と証券会社は取引がないので個人情報を保有する必要がないこと、再申請を拒否したからといって、個人情報を保有し続けている根拠にならないこと、を理由に、証券会社が反社情報を持っていない、という認定を行った。

（注13）　例えば、大阪地判平成29・10・18（ウエストロー・ジャパン2017WLJPCA10188014）は、自動車保険の支払査定に関して保険会社が取得した、被害者の医学的情報に関し、保有個人データ該当性を仮に認めるとしても、この開示を認めることは、保険会社の「業務の適正な実施に著しい支障を及ぼす恐れがある」と認定し、開示義務を負わないと判断した。

（注14）　本判例を紹介する金法2011号108頁以下の解説は、109頁左段8行目以下で、X名義の口座が別に存続していることを根拠に、「Yは、X自身について反社会的勢力に該当すると立証できる情報を有していなかった事案であると推測される。」と評価している。しかし、解除の際に必要な情報と口座開設拒否の際に必要な情報量には違いがあり、口座開設審査では常にバランスを取りながら難しい判断をしているのが実務である。当該評価は実務と乖離しているように思われる。

‖‖ ASHIHARA Ichiro ‖‖

5 取引謝絶と独占禁止法違反

東京高判平成 29・7・12、平成 29 年（ネ）第 1386 号損害賠償請求控訴事件、控訴棄却【確定】、ウエストロー・ジャパン 2017WLJPCA07126007

クレド法律事務所／弁護士　福田　恵太

Ⅰ　事案の概要

1　X₁社の代表取締役であるX₂は、平成15年5月13日、競売入札妨害、公正証書原本不実記載、同行使の被疑事実により逮捕され、翌14日から拘留された。上記被疑事実は、X₂が、当時の自宅の競売に際し、指定暴力団幹部らと共謀し、暴力団幹部に建物の一部を貸したとする虚偽の賃貸借契約を締結して仮登記を経由したり、右翼団体が占拠中であることを殊更誇示するなどして競売を妨害しようとしたというものであった。これらの事実は、同日以降、新聞各紙で報道された。

2　Aは、平成22年頃、Y社に本件土地の売却処分を依頼した。X₁社は、平成23年1月頃までに、本件土地が売りに出されることを知り、本件土地を取得した場合の転売先を探していたB社らとの協議を開始した。

3　B社は、平成23年1月頃、Y社に対して、本件土地の売買取引（以下、「本件取引」という）についてのスキームを提案した。

4　B社は、平成23年3月7日頃、Y社に対して、X₁社を買主側の仲介業者として本件取引に介入させたい旨を伝えた。Y社はX₁社について調査し、代表者であるX₂が過去に競売入札妨害等の被疑事実により逮捕された事実を、前記1の新聞報道を見て知ったことや、反社会的勢力との関わりが疑われる者との取引を行ってはならないとの社会情勢等に鑑み、Y社が関与する一連の取引の過程でX₁社に利益を与えるものがあれば、取引全体を実行することができないとの結論に至った。そこで、Y社は、翌8日頃、B社に対し、X₁社を仲介業者として介入させることは遠慮願いたい旨を伝えた（本件取引拒絶行為）。

5　B社は、Y社に対して本件取引拒絶行為の理由を明らかにするよう求めたところ、X₂が逮捕された事実を伝える記事を示された。そこでB社は、平成23年5月17日頃、X₁社に対し、現段階で取引実行を断念すると他の関係者に迷惑をかけるので、B社は取引を実行するが、X₁社には仲介業務を断念してもらうしかないと通知した。

6　X₁社は、平成23年6月20日ころ、B社に対し、X₂が逮捕された事実について、競売妨害の事実はなく起訴もされていないこと、公正証書原本不実記載は共犯者の虚偽証言によるえん罪であることなどの言い分を記載した顛末書を提出した。B社は、X₁社らの言い分は理解したが、契約実行日が同月末日に迫っており、それまでにX₂の信用回復は不可能な状況なので、契約締結後に信用回復に尽力したい旨を伝えた。

7　平成23年6月30日、本件土地の売却に係る一連の契約が締結された。X₁社は、結局、仲介業者として一連の契約に関与することはできなかった。

8　X₁社は、Y社に対して、本件取引拒絶行為は、私的独占の禁止及び公正取引の確保に関する法律（以下、「独占禁止法」という）等の違反（取引拒絶、取引妨害等の不公正な取引方法に該当する）または取引先の信用情報について正確な情報収集を行う義務の違反となるなどと主張して、1億2,000万円余りの損害賠償を請求し、X₂が、Y社に対し、Y社がX₂は反社会的勢力に属する者であると不当な指摘をし、それにより名誉と信用が毀損されたとして、慰謝料500万円等の支払いを求めたところ、原審がX₁社およびX₂の請求をいずれも棄却したため、X₁社らが控訴した。

Ⅱ　判決要旨

1　本件取引拒絶行為が不法行為を構成するか

（1）　以下に述べるところによれば、Y社の本件取引拒絶行為は、取引当事者として、コンプライアンスリスクやレピュテーションリスクを避けるための一応の合理的判断に基づくもので、誠にやむを得ないものである。そうすると、これが不法行為を構成するとはいえない。

（2）　Y社は、本件取引の交渉・調整が整い、具体的な契約手続に進む段階になって、B社を通じて、X₁社が仲介業者としての関与を要望していることを初めて知った。

（3）　Y社の調査により、X₂が過去に逮捕された事実が判明した。競売入札妨害の被疑事実が真実で

あったとはいえないが、警察発表に基づいて新聞社が配信した逮捕記事を発見したことから、Y社は、そのような被疑事実が真実であるという可能性を念頭に置いて行動せざるを得なかった。また、上記被疑事実は、X₂と反社会的勢力との関係を強く疑わせる内容であった。

当時のY社にとっては、X₁社を本件取引に関与させることには、反社会的勢力に本件取引による利益を獲得させるという結果を発生させるリスク（不正行為リスク、コンプライアンスリスク）があり、反社会的勢力の利益獲得にY社が協力したと非難される社会的評価を落とすリスク（レピュテーションリスク）があった。

(4)　金融機関に対しては、暴力団等の反社会的勢力との取引排除が強く要請されている。Y社は、X₂の逮捕記事やその他の事情を総合考慮してX₁社を本件取引に関与させることは適当でないと判断し、これをB社に申し出た。

(5)　B社は、Y社の上記(4)の申出には理由があると考え、X₁社に対し、本件取引に係る仲介業務を断念するよう伝えた。これに対し、X₁社らは、平成23年6月30日の契約締結日の直前（同月20日頃）になって、B社に顛末書を提出した。しかし、B社は、契約締結日が迫っていることなどから、X₁社らを本件取引に関与させない方針を変更しなかった。B社が上記顛末書をY社に交付したのは、契約締結の直後であった。

2　本件取引拒絶行為が不公正な取引方法に該当するか

上記1に照らせば、本件取引拒絶行為が独占禁止法の「不公正な取引方法」に該当するとのX₁社らの主張も採用することができない。

3　X₂に対する信用毀損ないし名誉毀損の成否について

Y社は、X₂が逮捕された事実を伝える新聞記事その他の事情を総合考慮の上、X₁社を本件取引に関与させない旨判断し、交渉相手であるB社に伝えたにすぎず、これは取引当事者としての合理的判断に基づく行為であって、このことによりX₂の名誉や信用が毀損されたとも認められない。

Ⅲ　分析と展開

本件でX₁社らは、本件取引拒絶行為について、不公正な取引方法またはその他の不法行為を構成するとの主張をしていたが、本稿においては、不公正な取引方法、とりわけ反社会的勢力との取引謝絶と独占禁止法における取引拒絶の関係についての検討を行う。

1　独占禁止法における取引拒絶について

(1)　取引拒絶

①　規制の概略

事業者が取引相手を選択することは本来的に自由である。しかし、例えば、他の事業者と共同して競争者を排除するような行為が行われたり、既存の取引関係を維持するために他の事業者との間で相互に既存の取引関係を尊重してこれを優先させることを話し合ったりするなどのことがなされた場合には、相手方事業者の市場からの排除や新規参入が妨げられるなど、市場における競争への影響が生じることが起こり得る。

独占禁止法において、取引拒絶の形態は、①単独か共同か、②直接か間接かの2つの視点から分類されており、ある事業者との取引の拒絶が、競争事業者間で共同して行われた場合が共同の取引拒絶とされ、単独の事業者によって行われる場合がその他の取引拒絶として整理されている。また、ある事業者との取引を自ら拒絶する場合を直接の取引拒絶といい、他の事業者にある事業者との取引を拒絶させる行為を間接の取引拒絶という。

なお、独占禁止法における取引拒絶には、従来取引関係にあった者との取引を停止する場合だけではなく、新たに取引の申込みがあったときにそれを拒む場合も含まれる。

独占禁止法2条9項1号と一般指定1項は共同の取引拒絶を定め、一般指定2項は単独の取引拒絶を定めており、さらにそれぞれ1号および前段が直接の取引拒絶を、2号および後段が間接の取引拒絶について定めている。

また、共同の取引拒絶が事業者団体を通じてなされる場合には、独占禁止法8条5号によって規制されることになる。

②　共同の取引拒絶

公正取引委員会による流通・取引慣行に関する独占禁止法上の指針（流通・取引慣行ガイドライン）は、共同の取引拒絶について、「市場における公正かつ自由な競争の結果、ある事業者が市場から退出することを余儀なくされたり、市場に参入することができなかったとしても独占禁止法上問題となることはない。しかし、事業者が競争者や取引先事業者等と共同して又は事業者団体が、新規参入者の市場への参入を妨げたり、既存の事業者を市場から排除しようとする行為は、競争が有効に行われるための前提条件となる事業者の市場への参入の自由を侵害するものであり、原則として違法となる。」（第2部第2の1）と述べている。

共同の取引拒絶は、競争事業者間において共同して行われるものであるところ、単なる取引先選択の

自由の行使を超えた人為性が認められ、また、市場への悪影響も大きいため、共同の取引拒絶行為は、正当な理由がない限り、原則として違法とされているものである。

そしてこの、競争事業者間において形式的に共同しての取引拒絶に該当する行為が行われたとしても、これが違法とはされない「正当な理由」が認められるのは、目的と効果が反競争的と認められない場合であるとされている。

例えば、安全性や環境基準など、競争制限それ自体とはかかわりのない社会公共目的のために、業界の自主規制として取引拒絶が行われる場合などがある。商品の品質基準や取引の資格基準等を定め、これを満たさない事業者とは取引を行わないことを事業者団体で取り決めるなどの例が見られるが、このような場合に、取引を拒絶された者の事業活動が困難になるとしても、それによって直ちに公正競争阻害性が認められることとはならないとされているのである。ただし、このような一見適切で合理的な目的が、被拒絶者に対する排除目的と並立している場合もあり、当該自主規制等の趣旨やその手段の相当性を慎重に判断し、自主規制に名を借りて反競争的な目的が達成されることがないように注意する必要があるともされている。

③　その他の取引拒絶（単独取引拒絶）

単独取引拒絶は、基本的には事業者の取引先選択の自由の問題として、原則として独占禁止法上の問題となるものではなく、例外的に、独占禁止法上違法な行為の実効を確保するための手段として取引拒絶が行われる場合には違法となり、また、競争者を市場から排除するなどの独占禁止法上不当な目的を達成するための手段として取引を拒絶する場合には独占禁止法上問題となるとされている（流通・取引慣行ガイドライン第2部第3の1）。

（2）　取引妨害

取引妨害は、独占禁止法2条9項6号ヘ前段および一般指定14項により規定されている不公正な取引方法の1つである。

取引の「妨害」の方法は「いかなる方法をもってするかを問わ」ないとされており、およそ取引の「妨害」といえる行為であれば、形式的には広くこれに該当し得る。一方で競争は、通常、同一の需要者を奪い合うものであるところ、こうした正常な競争と取引妨害行為の区別は容易ではなく、取引妨害の成否の判断にあたっては、取引妨害の不当性すなわち公正競争阻害性を慎重に検討する必要がある。

取引妨害における公正競争阻害性は、競争手段の不公正さと、自由競争減殺に求められるとされているが、遅くとも平成に入ってからは、公正取引委員会が本項を用いた事例は自由競争減殺の観点から規制したもののみで、競争手段の不公正さの観点から規制したものはないとの指摘がある（注1）。

2　本判決の意義

本件は、平成23年3月頃に、Y社がX2が反社会的勢力であるとの情報を得て、平成23年6月に本件取引拒絶行為を行ったものであるが、この平成23年頃というのは、正に全国で暴力団排除の機運が一気に高まっていった時期である。すなわち、平成19年に、「企業が反社会的勢力による被害を防止するための指針」（以下、「政府指針」という）が公表され、その後、平成21年10月に福岡県において全国で初めて暴力団排除条例（暴排条例）が制定されたのを皮切りに、平成23年10月に東京都と沖縄県で暴排条例が施行され、これによって全国の都道府県すべてで暴排条例の施行がなされるに至った時期であり、政府指針が公表されて以降、全国での暴排条例の施行の後押しを受けて、企業の反社会的勢力との関係遮断も平成23年頃以降、一気に進められるようになっていった。

このように、企業による反社会的勢力との関係遮断が一気に進められるようになり、多くの取引の場面で取引の謝絶や契約解除が行われるようになったが、取引の謝絶を受けた側から、係る行為が独占禁止法違反になるとの主張がされた事例はそれほど多くない。

本件は、東京都暴排条例が施行される直前の時期に、東京都に所在するY社が行った取引拒絶行為について、X1社から独占禁止法に違反するとの主張を受けたものであるが、取引の相手方が反社会的勢力に該当する、またはそのおそれがあるとして取引を拒絶することが、「コンプライアンスリスクやレピュテーションリスクを避けるための一応の合理的判断に基づくもので、誠にやむを得ないもの」で、不法行為を構成するものではなく、独占禁止法上の不公正な取引方法にも該当しないとはっきりと判示した点に、本判決の意義があるといえる。

暴排条例が広く浸透し、反社会的勢力との一切の関係を遮断することが企業の社会的責任の見地からも強く要請されることが社会の共通認識となった現在においては、一層、異論をはさむ余地のない判断であると思われる。

3　事業者団体のデータベース等による取引謝絶に関して

本事例は、Y社が、X1社の代表であるX2が、指定暴力団幹部らと共謀して競売入札妨害罪等で逮捕されたとの記事を確認して、X1社が本件取引に加入することを拒絶したとの経過であるところ、Y社が競争者と共同してX1社との取引を拒絶したものではないため、形式的には、原則として取引先選

択の自由として違法とはされない類型である単独の取引拒絶にしか当たらない上、またその目的も独占禁止法上違法な行為の実効を確保するためでもないし、X₁社を市場から排除するなど独占禁止法上不当な目的を達成するための手段として行われたものでもないから、流通・取引慣行ガイドラインに照らしても、これが独占禁止法違反の行為に該当するとのX₁社らの主張が認められることはまずなかったものと思われる。

　ところで、近時、事業者団体で反社データベースを構築し、当該事業者団体に加入する事業者が、当該データベースの情報に基づいて取引を謝絶することが行われており（注2）、本事例からは少し離れるが、この事業者団体が運用する反社データベースに基づいてなされる取引謝絶に関して、独占禁止法の観点から若干の検討を行う。

　事業者団体において反社データベースを構築または他機関のデータベースと連動して会員企業への情報提供が行われる場合、当該事業者団体に加入している事業者間においては、通常、当該反社データベースに該当した者とは取引をしないことの共通の意思が形成されているといえるであろうことから、事業者団体を通じてなされる共同の取引拒絶に、外形的には当てはまることとなる（他の事業者も当該データベースに基づいて、これにヒットした相手方とは取引をしないであろうことを認識しているのが通常であると思われる）。

　しかし、上記1(1)②のとおり、安全性や環境基準といった競争制限それ自体とはかかわりのない適切な目的のために、業界の自主規制等として取引拒絶が行われる場合には、取引を拒絶された者の事業活動が困難になったとしても、直ちに公正競争阻害性が認められることとはならず、「正当な理由」が認められ、独占禁止法上違法とされることはない。

　反社会的勢力との関係遮断は企業の社会的責任であると同時に社会的な要請であり、反競争的な目的でないことは明らかであるところ、反社会的勢力との取引を拒絶することが「正当な理由」に当たること自体は疑いがないものと思われる。

　その上で、このような適切で合理的な目的でも、反社会的勢力との関係遮断に名を借りて、競争的な事業者を排除するなど、反競争的な目的を達成しようとする場合には違法となる可能性があるため、その手段の相当性も検証される必要がある。

　日本遊戯銃協同組合事件（東京地判平成9・4・9判タ959号115頁）は、エアソフトガンのメーカーによって組織された事業者団体（日本遊戯銃協同組合）が、協同組合への加入を拒否したメーカーの製品について、協同組合が安全性確保のために設けた自主規制基準に合致しないとして、これを販売しないよう小売店に要請し、要請を受けた小売店の相当数が実際に当該メーカーとの取引を中止するに至った事件であるが、判決では、①当該自主規制が競争政策上是認される目的にとって合理的なものであり、かつ、②基準の内容および実施方法が自主基準の設定目的を達成するために合理的なものであるならば、公正競争阻害性がないとの基本的な考え方を示した上で、実際には、協同組合に加盟していたメーカーの製品にも自主規制基準を満たさない製品が多数存在していた上、取引拒絶を受けたメーカーの製品が自主規制基準に合致しないものであるかを正確に測定してもいなかったという事実を認定し、結論として、その実施方法が相当ではないとして、独占禁止法に違反すると判示した。

　本事例においても、Y社において、X₂の逮捕記事が書かれた新聞記事の情報を前提に、その他の事情も総合考慮して情報収集に努めた上で取引謝絶の判断に至っていることから、単に反社会的勢力との取引謝絶に名を借りてX₁社を排除したものではないと、判決の結論の前提として裁判所においてまず判断していたものと考えられる。

　事業者団体のデータベースに基づいて取引の謝絶をしようとする場面においては、反社会的勢力との関係遮断という社会公共目的に沿った「正当な理由」が存在するもので何らの問題もないことを明確にし、反社会的勢力との関係遮断に名を借りて市場から競争者を排除しようとしているなどといった反論を相手方が行う隙を与えないために、データベースのアップデートとメンテナンスを常に怠らず、情報の正確性を慎重に確保しておくこと、相手方がデータベースにヒットした場合には、さらに警察に情報提供を依頼するなどして慎重に情報の正確性を見極めた上で、相手方が暴力団員に該当するとの判断に至った場合には例外なく断固としてその取引を謝絶するという厳格な運用を続けることが重要であると思料される。

（注1）　白石忠志「第一興商審決について」公正取引703号56頁（2009年）。

（注2）　例えば日本証券業協会（日証協）に加盟する証券会社は、日証協を通じて警察庁のデータベースに、暴力団組員の該当性について照会でき、全国銀行協会（全銀協）に加盟する銀行も、同じく、預金保険機構を通じて警察庁のデータベースへの暴力団員該当性の照会ができる。また、日本クレジット協会や不動産業の関係事業者団体が、業界団体としてデータベースを構築している例などが見られる。

FUKUDA Keita

Ⅱ　関係遮断

6 反社会的勢力に属する者を債務者とする信用保証契約の錯誤と反社属性の調査義務

〔①事件〕最三判平成28・1・12、平成25年（受）第1195号貸金返還請求事件、破棄自判、金判1483号10頁
〔②事件〕最三判平成28・1・12、平成26年（受）第266号保証債務履行請求事件、破棄差戻し、金判1483号10頁
〔③事件〕最三判平成28・1・12、平成26年（受）第1351号保証債務請求事件、破棄差戻し、民集70巻1号1頁、金判1489号28頁
〔④事件〕最三判平成28・1・12、平成26年（受）第2365号貸金等請求事件、破棄差戻し、金判1483号10頁

弁護士法人虎ノ門スクウェア法律事務所／弁護士　桝井　信吾

Ⅰ　事案の概要

いずれの事案も、①金融機関と信用保証協会が信用保証に関する基本契約を締結したが、保証契約締結後に主債務者が反社会的勢力であることが判明した場合の取扱いについての定めが置かれていない、②平成19年6月の「企業指針」策定、平成20年3月「中小・地域金融機関向けの総合的な監督指針」一部改正、平成20年6月「信用保証協会向けの総合的な監督指針」策定、③信用保証協会と債務者が信用保証委託契約を締結、④金融機関と債務者が金銭消費貸借契約締結、金融機関と信用保証協会が保証契約締結（保証契約においても、契約締結後に主債務者が反社会的勢力であったことが判明した場合の取扱いについての定めは置かれていない）、⑤金融機関および信用保証協会は、保証契約締結当時、債務者が暴力団員あるいは暴力団員が実質上経営する会社（暴力団関係企業）であることを知らなかったが、その後、債務者が暴力団員ないし暴力団関係企業であることが判明した、⑥金銭消費貸借契約における期限の利益が喪失し、金融機関が信用保証協会に対し、保証債務の履行を請求した事案である。

Ⅱ　判決要旨

1　前提

（1）①～④判決（①～④事件の判決を以下、「本件最高裁判決」という）は、金融機関（①②は信用金庫、③は銀行、④は信用組合）が信用保証協会に対して保証債務履行請求をしたことに対し、信用保証協会が、債務者が反社会的勢力であることを理由に錯誤無効の抗弁を主張して保証契約の有効性を争った事案である。なお、①②④事件では金融機関が上告人、③事件では信用保証協会が上告人である。

（2）①②④事件の原審判決は信用保証協会の錯誤無効の主張を肯定（①事件の原審判決は、信用保証協会斡旋保証の場合に錯誤無効の主張を2分の1の限度で排斥）し、③事件では錯誤無効の主張を否定し、結論が分かれていたことから最高裁での判断が待たれていた（注1）。

（3）①事件では、原審判決を変更して錯誤無効の抗弁の成立を否定し、金融機関の請求を全額認容した。②～④事件では、①事件と同様錯誤無効の抗弁の成立を否定したが、保証契約違反の抗弁（貸付が反社関連企業に対する貸付でないことが保証契約の条件であり、その条件違反があったときは、信用保証協会は、金融機関に対する保証債務の履行につき、その全部または一部の責めを免れるものとする抗弁）について、さらに審理を尽くす必要があるとして、原審に事件を差し戻した。なお、③事件では、金融機関と信用保証協会の信用保証契約に関する基本契約上、金融機関と信用保証協会は、融資実行に先立ち、主債務者が反社会的勢力であるか否かについて調査すべき義務があり、金融機関が当該義務に違反した場合、保証契約に違反したとして、信用保証協会が免責されると判示をしている。

2　判決要旨

本件最高裁判決は、いずれも次のとおり判示した。

「信用保証協会において主債務者が反社会的勢力でないことを前提として保証契約を締結し、金融機関において融資を実行したが、その後、主債務者が反社会的勢力であることが判明した場合には、信用保証協会の意思表示に動機の錯誤があるということができる。意思表示における動機の錯誤が法律行為の要素に錯誤があるものとしてその無効を来すためには、その動機が相手方に表示されて法律行為の内容となり、もし錯誤がなかったならば表意者がその意思表示をしなかったであろうと認められる場合であることを要する。そして、動機は、たとえそれが表示されても、当事者の意思解釈上、それが法律行為の内容とされたものと認められない限り、表意者の意思表示に要素の錯誤はないと解するのが相当である。」

「本件についてこれをみると」、「金融機関及び信用保証協会（①②④判決では『上告人及び被上告人』、③判決では『被上告人及び上告人』）は、本件各保証契約の締結当時、本件指針等により、反社会的勢力との関係を遮断すべき社会的責任を負っており、本件各保証契約の締結前に債務者（判決では法人名な

いし人名）が反社会的勢力である暴力団員であることが判明していた場合には、これらが締結されることはなかったと考えられる。しかし、保証契約は、主債務者がその債務を履行しない場合に保証人が保証債務を履行することを内容とするものであり、主債務者が誰であるかは同契約の内容である保証債務の一要素となるものであるが、主債務者が反社会的勢力でないことはその主債務者に関する事情の一つであって、これが当然に同契約の内容となっているということはできない。」

「そして、金融機関は融資を、信用保証協会は信用保証を行うことをそれぞれ業とする法人であるから、主債務者が反社会的勢力であることが事後的に判明する場合が生じ得ることを想定でき、その場合に信用保証協会が保証債務を履行しないこととするのであれば、その旨をあらかじめ定めるなどの対応を採ることも可能であった。それにもかかわらず、本件基本契約及び本件各保証契約等にその場合の取扱いについての定めが置かれていないことからすると、主債務者が反社会的勢力でないということについては、この点に誤認があったことが事後的に判明した場合に本件各保証契約の効力を否定することまでを金融機関及び信用保証協会の双方が前提としていたとはいえない。」とし、「債務者が反社会的勢力でないことという信用保証協会の動機は、それが明示又は黙示に表示されていたとしても、当事者の意思解釈上、これが本件各保証契約の内容となっていたとは認められず、信用保証協会の本件各保証契約の意思表示に要素の錯誤はない」とした。

Ⅲ　分析と展開

1　動機の錯誤について

（1）　従来の錯誤論から、本件最高裁判決はどのように捉えられるであろうか。

本件最高裁判決は、信用保証協会が、保証契約締結後に主債務者が反社会的勢力であることが判明した場合には、信用保証協会に動機の錯誤があるとした。そして、動機の錯誤が、民法95条の錯誤として意思表示が無効になるかについては、単に動機が表示されただけでは足りず、「動機が相手方に表示されて法律行為の内容」となっていることが必要であるとして、従来の最高裁判決に沿った内容となっている。

表意者の動機が法律行為の内容とされたか否かについて、従来の判例は、問題となる契約の類型、契約当事者の属性、錯誤の対象となった事項等の諸般の事情を考慮して、表意者と相手方のどちらを保護すべきかということを実質的に判断していたと考え

ることができる。本件最高裁判決においても、「当事者の意思解釈」によって判断するものとして、同じくどちらを保護すべきか実質的に考えることができるものとしたと思料される。

本件最高裁判決は、「主債務者が反社会的勢力でないこと」という信用保証協会の動機が法律行為の内容とならなかった理由としては、①主債務者が反社会的勢力でないことは、主債務者に関する事情の一つにすぎないこと、②金融機関も信用保証協会もそれぞれのプロであることから、事後的に主債務者が反社会的勢力であることが判明することを想定して規定を設けておくべきであったこと、③反社会的勢力との関係の解消という要請はあるが、保証契約の効力を否定すべきものとまではいえないことを指摘した。

（2）　動機の錯誤を肯定するということは、信用保証協会が金融機関と締結した信用保証契約の効力を否定することであり、そのリスクを金融機関に転嫁することになる。このようなリスクを金融機関に転嫁することの適否という点から、本件最高裁判決はどのように捉えられるであろうか。

信用保証協会と金融機関の主張の根底にある考え方が分かる判決が、本件最高裁判決とは別事件の東京高判平成25・12・4金判1435号27頁である。当該判決における金融機関側の主張は、「契約を行う当事者は、契約締結に至る事実の認識を誤って不利益を被らないように、自ら情報を収集し、正確な認識を得ることが求められる。動機の錯誤は、本来、動機に関する事実認識を誤った表意者がその責任を負うことが原則といえる。動機の錯誤を無効にするということは、その事実認識の誤りを相手方の責任に転嫁することを意味し、それを正当化するためには、それが合意の内容となっていることが必要と考えられる。したがって、被控訴人（信用保証協会）は、訴外会社が保証先としてふさわしいかどうかを調査して決定する必要があり、その調査を誤って訴外会社が反社会的勢力関連企業でないと認識を誤っても、それは表意者である被控訴人のリスクに属することになるのが、本来の意思原理の観点からの帰結である。」というものである。

これに対し、信用保証協会側の主張は、「信用保証協会が信用保証を行うに当たっては主債務者が反社会的勢力関連企業でないことが当然の前提となっており、控訴人を始めとする金融機関においても、主債務者が反社会的勢力関連企業である場合には、信用保証を利用することができないことを当然に認識していたことは明らかであるから、仮に主債務者が反社会的勢力関連企業でないことが動機であったとしても、その動機は、相手方である控訴人を始め

とする金融機関に表示され、信用保証の意思表示の内容となっており、また、主債務者が反社会的勢力関連企業であることが明らかになっていれば、信用保証協会が信用保証をしなかったことは明らかであり、信用保証協会の公的性格からして、そのような場合に信用保証協会が信用保証をしないことは一般の社会通念からしても相当といえるから、主債務者が反社会的勢力関連企業でないことについての錯誤は要素の錯誤に該当する」というものである。

指針の策定後、反社会的勢力との一切の関係遮断という取組みが企業を始めとする社会一般に浸透していき、そのような状況において、取引対象者が反社会的勢力であるか否かの調査をすべき義務があることは金融機関および信用保証協会に対し、平等に課せられた社会的要請となったはずである。したがって、調査義務を果たして契約を締結したことのリスクは、それぞれの契約者が負担すべきである。そして、両者ともに調査義務を果たしたにもかかわらず、後日、取引相手が反社会的勢力であることが判明したときに、相手方にリスクを転嫁する、本件でいえば保証契約を動機の錯誤によって無効にすることは、金融機関に過大なリスクを負わせることになり、バランスを失した解決になると思料される。最高裁判決は、これまでの動機の錯誤に関する判例理論に従うとともに、このような価値観に立って、動機の錯誤を否定したのではないだろうか。

2 保証契約違反の抗弁について

このように本件最高裁判決は、動機の錯誤の抗弁の成立を否定する一方、③事件において、金融機関および信用保証協会の双方に対し、主債務者が反社会的勢力であるか否かについて相当の調査義務を基本契約上の付随義務として負わせた。

③事件では、「本件指針等により、金融機関及び信用保証協会は共に反社会的勢力との関係を遮断する社会的責任を負っており、その重要性は、金融機関及び信用保証協会の共通認識であったと考えられる。他方で、信用保証制度を利用して融資を受けようとする者が反社会的勢力であるか否かを調査する有効な方法は、実際上限られている。以上のような点に鑑みれば、主債務者が反社会的勢力でないことそれ自体が金融機関と信用保証協会との間の保証契約の内容にならないとしても、信用保証協会及び金融機関は、本件基本契約上の付随義務として、個々の保証契約を締結して融資を実行するのに先立ち、相互に主債務者が反社会的勢力であるか否かについてその時点において一般的に行われている調査方法等に鑑みて相当と認められる調査をすべき義務を負うというべきである。そして、金融機関がこの義務に違反して、その結果、反社会的勢力を主債務者と

する融資について保証契約が締結された場合には、本件免責条項にいう金融機関が『保証契約に違反したとき』に当たると解するのが相当である。」と判示した。

指針における反社会的勢力との一切の関係遮断は、金融機関および信用保証協会の両者に平等に要請されるところである。そして、信用保証協会の錯誤無効の主張を否定した場合、金融機関の属性調査が杜撰ないし不十分であったとしても、債権回収のリスクを信用保証協会が負担することになる。しかし、調査・確認、あるいは債権回収の局面において一般的に信用保証協会より高い能力と人員を有するとされている金融機関が債権回収のリスクを負わず、信用保証協会が常に債権回収のリスクを負担することになれば、指針が両者に平等に要請した反社会的勢力との一切の関係遮断の趣旨からは逸脱し、不合理であるといえる。その意味で、金融機関に調査義務違反が認められた場合に保証債務免責の余地を残した本件最高裁判決は、錯誤無効の抗弁の成立を否定したこととのバランスを取ったものと考えられる。一方で、近時のように反社会的勢力側の情報の確認が取りづらくなっている状況下において、金融機関側において尽くせる調査義務を果たしたとしても、債務者が反社会的勢力であるかどうかを常に明らかにすることは不可能を強いるものといえる。そのため、本件最高裁判決は、金融機関および信用保証協会が負担すべき調査義務の内容を、「一般的に行われている調査方法等に鑑みて相当と認められる調査をすべき義務」としたものと思料される。そして、その審理を尽くさせるため、②〜④事件については、高裁に審理を差し戻した。

差戻審の詳細は、〔本書Ⅱ－**7**〕を参照されたい。

3 訴訟による解決の適否

本件①〜④事案は、金融機関から保証債務の履行を請求された信用保証協会が、保証契約の履行請求に応じなかったことから金融機関が訴訟提起をしたものである。このように信用保証協会が事案の解決を法的手続に委ねたことは、反社指針との関係でどのように評価されるであろうか。

指針の趣旨は、反社会的勢力との関係を遮断することによって、反社会的勢力に利益を与えない、あるいは利益を残さないということにある。

本件最高裁判決の事案のように、信用保証協会と債務者が信用保証委託契約を締結した後、債務者が反社会的勢力であると判明した場合における一切の関係遮断とは、債権の回収を図ることに主眼が存在する。信用保証協会の保証契約の錯誤無効の主張が認められた場合、信用保証協会としては受領済みの信用保証料を債務者である反社会的勢力に返還すべ

きこととなる一方、反社会的勢力は信用保証料の負担をせずに融資金を収受したという不合理な結果をもたらすことになる。直接の融資をしたのは金融機関であり、債権回収に関する経験値も、人的要因も豊富な金融機関が期限の利益喪失によって債権回収を図った方が適切な債権回収が図れたとも思われる。しかし、金融機関からすれば信用保証協会との間に信用保証委託契約を締結していることからすれば、信用保証協会に保証債務の履行を求めたことは当然のことであった。そして、指針の趣旨からすれば、信用保証協会は、訴訟において事案の解決を図るのではなく、自ら求償権を行使して債権の回収を図るべきではなかったかと考えられる。その意味で、最高裁判決は、結果的にも妥当な結果を導いたと考えられる。

（注1）　原審判決につき、〔①事件〕大阪高判平成25・3・22金判1415号16頁、〔②事件〕東京高判平成25・10・31金判1429号21頁、〔③事件〕東京高判平成26・3・12金判1439号36頁、〔④事件〕東京高判平成26・8・29金判1459号39頁参照。

＜参考文献＞
　浅田隆「判批」金法2035号16頁、今井和男「判批」同

19頁、佐久間毅「判批」同21頁、関沢正彦「判批」同24頁（2016年）、荒井隆男「判批」銀法796号4頁（2016年）

　　　　　　　　　　　　　　‖ *MASUI Shingo* ‖

信用保証協会が主張する免責の抗弁が認められなかった事例

7

〔裁判例1〕東京高判平成28・4・14、平成28年（ネ）第465号保証債務請求控訴、同附帯控訴事件、控訴棄却、附帯控訴に基づき拡張請求認容【確定】、金判1491号8頁、金法2042号12頁
〔裁判例2〕東京高判平成28・5・26、平成28年（ネ）第464号保証債務履行請求控訴事件、原判決取消し・請求認容【確定】、金判1495号15頁、判時2328号55頁
〔裁判例3〕東京高判平成28・8・3、平成28年（ネ）第466号貸金等請求控訴事件、原判決取消し・請求認容【確定】、金判1500号16頁

下北沢法律事務所／弁護士　**伊庭　潔**

Ⅰ　事案の概要

裁判例は、いずれも、信用保証協会と金融機関との間で保証契約が締結され、金融機関から主債務者に対し融資が実行された後に、主債務者が反社会的勢力であることが判明した場合において、金融機関が信用保証協会に対し、保証債務の履行を求めた事案である。

いずれの事件についても、差戻し前の控訴審の判断に対し、上告受理が申し立てられ、上告が受理された後、最高裁判所は、各原判決を破棄し、差し戻した（最三判平成28・1・12民集70巻1号1頁〔裁判例1〕（以下、「平成28年判決」（注1）という）、判時2328号60頁〔裁判例2〕、金判1483号10頁④事件〔裁判例3〕）。

Ⅱ　判決要旨

1　錯誤無効の抗弁について（裁判例1および3のみ判断）

いずれの裁判例も、平成28年判決を引用し、「意思表示における動機の錯誤が法律行為の要素に錯誤があるものとしてその無効を来すためには、その動機が相手方に表示されて法律行為の内容となり、もし錯誤がなかったならば表意者がその意思表示をしなかったであろうと認められる場合であることを要する。そして、動機は、たとえそれが表示されても、当事者の意思解釈上、それが法律行為の内容とされたものと認められない限り、表意者の意思表示に要素の錯誤はないと解するのが相当である。」とした上で、主債務者が反社会的勢力でないことという信用保証協会の動機は、当事者の意思解釈上、これが保証契約の内容になっていたとは認められず、信用保証協会の保証契約の意思表示に錯誤はないと判断した。

2　免責の抗弁について（裁判例1、2および3）

いずれの裁判例も、保証債務に関する免責の抗弁に関し、平成28年判決を引用し、「主債務者が反社会的勢力でないことそれ自体が金融機関と信用保証協会との間の保証契約の内容にならないとしても、被控訴人及び控訴人は、本件基本契約上の付随義務として、個々の保証契約を締結して融資を実行するのに先立ち、相互に主債務者が反社会的勢力であるか

否かについてその時点において一般的に行われている調査方法等に鑑みて相当と認められる調査をすべき義務を負うというべきである。そして、被控訴人がこの義務に違反して、その結果、反社会的勢力を主債務者とする融資について保証契約が締結された場合には、本件免責条項にいう被控訴人が『保証契約に違反したとき』に当たると解するのが相当である。」（裁判例1の判旨、裁判例2および3も同趣旨の判旨）とした上で、各事案の事実をあてはめ、いずれも、金融機関が、主債務者が反社会的勢力でないことについての調査義務に違反していないとして、信用保証協会の免責の抗弁を認めなかった。

Ⅲ　分析と展開

1　本各裁判例の意義

金融機関は、信用保証協会との間で、保証契約に係る基本契約を締結し、金融機関が融資を行う際に、信用保証協会に対し信用保証を依頼することによって、信用保証協会が貸付債務に係る債務を連帯保証することになっている。この基本契約には、金融機関が「保証契約に違反したとき」、信用保証協会は、金融機関に対し「保証債務の履行につき、その全部又は一部の責を免れる」と規定されている。ただし、保証契約締結後に、主債務者が反社会的勢力であることが判明した場合の取扱いについての定めは置かれていなかった。

平成28年判決によって、保証債務の履行を求められている信用保証協会による免責の抗弁に関する判断が示されたが、本各裁判例は、金融機関が、主債務者が反社会的勢力ではないことについて、具体的に、どの程度の調査を行えば調査義務に違反せず、保証債務の履行を求めることができるのかについて明らかにした点に意義がある。

2　各裁判例の判断

以下、各裁判例において相当と認められた金融機関による具体的な調査方法を確認する。

（1）裁判例1

① 金融機関の体制

ア　当該金融機関の持株会社は、グループ会社の反社会的勢力等に関する情報を一元的に管理する部

署を設置しているところ、同部署は、ａ．新聞・雑誌記事、官報、省庁・地方自治体の指名停止措置業者リスト等に公開された情報、ｂ．グループ会社の各本支店等が事業活動を行う中で入手した情報、ｃ．外部機関（弁護士、公認会計士、捜査機関、税務署、全国銀行協会、都道府県の銀行警察連絡協議会等）から入手した情報等を集約し、反社会的勢力等に関する情報データベースを整備している。

イ　当該金融機関の各本支店は、取引先への融資を行う場合、融資先の情報（商号、代表者氏名、その生年月日等）をもとに、融資先が上記情報データベースに登録されていないか確認している。

②　融資する際の調査内容

当該金融機関の担当者は、Ａ社の融資に関する審査の際、Ａ社およびその代表取締役Ｂが同データベースに反社会的勢力として登録されているかを確認したが、登録はされていなかった。また、Ａ社が建設業の許可や経営規模等評価の結果の通知を受けており、Ｂ個人についても反社会的勢力であることを窺わせる不審な点はなかったことから、Ａ社は反社会的勢力関連企業ではないと判断した。

③　裁判所の判断

当該金融機関が、保証契約を締結して貸付を実行するのに先立って行った各調査（上記①、②）は、グループ会社で得た情報のみならず、捜査機関を含めた外部機関との接触の中で得た情報等も基礎としたデータベースを構築し、金融機関の各本支店が取引先への融資を行う場合、融資先の情報をもとに、融資先が上記データベースに登録されていないか確認するというものであって、政府関係機関による指針等の内容に照らすならば、その時点において一般的に行われている調査方法等に鑑みて相当と認められる。

（2）裁判例2

①　一般的な調査方法

保証契約の締結当時において、反社会的勢力対応部署を整備して一元的な管理態勢を構築すること、融資に伴う審査等の通常業務の中で、主債務者およびその関係者について反社会的勢力でないかどうかを調査、確認すること、前記部署において反社会的勢力に関する情報を一元的に管理したデータベースを構築し、取引先の審査に活用することが金融機関において求められていたといえるから、これらの方法を用いて反社会的勢力か否かの調査を行うことは一般的に行われている調査方法に含まれるものといえる。

また、当該金融機関において、本件各保証契約締結当時、警察に対する反社会的勢力であるか否かの照会は可能であったから、以上の調査方法により相手方が反社会的勢力であることの疑念が生じるなど、必要な場合には警察に対しても相手方が反社会的勢力か否かについて情報提供を求めることも一般的に

行われている調査方法に含まれるものといえる。

②　金融機関の体制

当該金融機関において、反社会的勢力対応部署を設け、データベースを構築していた。

③　融資の際の調査内容

Ｃ社およびＤ社の審査業務等において徴求した審査資料や訪問調査時に反社会的勢力であることを窺わせる事情は認められず、前記部署において構築されたデータベースやその他利用可能なデータベースを用いても該当結果が出なかった。また、当該金融機関は、消費貸借契約締結に際して、警察に対して照会していないが、それまでにＣ社およびＤ社が反社会的勢力であることを窺わせる事情に接していなかったことからすれば、これを不相当であったということはできない。仮に、消費貸借の際に警察に照会したとしても、その後において当該金融機関がＣ社について警察に問合せをした経緯からしてみても、Ｃ社およびＤ社が反社会的勢力に該当するとの情報提供を受けられたことが確実だということもいえない。

④　裁判所の判断

消費貸借契約締結の際に、当該金融機関は、Ｃ社およびＤ社が反社会的勢力であるか否かについて、その時点において一般的に行われている調査方法等に鑑みて相当と認められる調査は行っていたということができる。

（3）裁判例3

①　金融機関の体制

ア　当該金融機関は、平成14年9月、「法令等遵守管理規程」を定め、同年10月1日から施行しているところ、同規程には、「第3章　反社会的勢力への対応」において、対応窓口を一定の役職に限り、警察等とも連携して断固とした姿勢で臨むこと、問題が発生した場合は、速やかに総務部長経由で担当常務に報告するとともに警察に届け出ることが定められている。また、同年9月には、「コンプライアンスマニュアル」を改定し、法令遵守に係わる基本方針として、反社会的勢力に対して断固とした姿勢で対応し排除すること、行動規範として、日頃から警察など関係機関と緊密な連携を保つことを明示している。

イ　当該金融機関は、平成19年4月1日、上記の法令等遵守に係わる基本方針を効率的に推進することを目的として、「反社会的勢力対応規程」を制定し、同日から施行しているところ、同規程は、「第3章　組織」において、反社会的勢力に関する事項を一元的に統括・管理し、規程に定める対応態勢の実現を図るため「反社会的勢力対応本部」を設置し、その事務局たる総務部が必要に応じ対応本部の指示を仰ぎ、取引の相手方の属性情報などから反社会的勢力か否かの判断を行うとともに、反社会的勢力への対応に関する指導・支援等を行うことを定め、さらに、

「第4章 対応態勢」において、各部店は、相手方が反社会的勢力か否かを十分注意・調査の上、取引の是非を検討しなければならないこと、各部店は、取引に際し面談・交渉の過程で、取引の相手方が反社会的勢力ではないかという疑念を抱いた時は、遅滞なく本部と協議すること、各部店が反社会的勢力に関する情報を入手した時は、当該部店はその内容を速やかに事務局へ報告すること、各部店は反社会的勢力の情報についてその共有化を図ることに努めることなどを定めている。当該金融機関は、これに併せて、同規程を実践するための「反社会的勢力対応マニュアル」を策定し、同日から実施している。

ウ 当該金融機関において、これらの取組みの実践として、平成19年時点において、各部店で地域の風評、新聞記事、取引先情報、窓口情報などから反社会的勢力を知り得たときは、「〈反〉報告書」、「反社会的勢力リスト」および「営業地域内マップ」を更新し、速やかに総務部に送付することとされ、これを受けた総務部において、独自のデータベースを構築し、公益社団法人警視庁管内特殊暴力防止対策連合会（特防連）から提供された反社会的勢力リストとともに、店舗長がイントラネット上でリアルタイムに閲覧することができる態勢をとっていた。

エ 当該金融機関においては、業務監理部の指導の下、各部および営業店において、定期的に反社会的勢力に対する対応についての研修を実施している。

② 融資する際の調査内容

ア Eの借入目的は、母親Fが経営していたが高齢のため休業状態にあった麻雀店を再開するための内装工事および備品購入費用の工面であり、当該金融機関の担当者は、平成20年2月1日（貸付申込日）にEおよびFと、また、同年3月28日（貸付実行日）にEと面談しているが、窓口におけるEの言動からは反社会的勢力であることを窺わせるような不審な点はなかった。さらに、Eは当該金融機関のG支店を訪れる前に金融機関の創業アシストプラザを訪れており、信用保証協会の担当者は当該金融機関の創業アシストプラザの担当者と本件貸付前に連絡を取り合っているが、信用保証協会側からもEが反社会的勢力であることを疑わせるような情報はもたらされなかった。加えて、当該金融機関が与信判断のためにE等から徴求した創業計画書、見積書、風俗営業許可証、預金通帳および取引停止処分者ＦＡＸ照会回答書においても、同人が反社会的勢力であることを窺わせるような記載は見当たらなかった。

イ 当該金融機関のG支店の支店長が、本件貸付の決裁にあたり、データベース等を閲覧したが、Eは、店舗からの情報に基づく反社会的勢力リストおよび特防連からの情報に基づく反社会的勢力リストにも登録されていなかった。

③ 裁判所の判断

本件貸付当時、当該金融機関においては、規程およびマニュアルを定め、反社会的勢力に組織的に対応する態勢を整備し、その一環として各部店において相手方が反社会的勢力であるか否か十分注意し調査するよう注意喚起するとともに、各部店において随時収集した反社会的勢力に関する情報を一元的に集約してデータベースを構築し、特防連から提供される情報と併せてイントラネットで各部店長が閲覧できるようにし、融資にあたって活用する取組を行っていたところ、本件貸付の審査の過程でEが反社会的勢力であることを疑わせるような事情はなく、また、データベースによる確認においても該当しなかったというのであるから、政府関係機関の指針等の内容に照らしても、金融機関は、その時点で一般的に行われている調査方法等に鑑みて相当と認められる調査を行ったものと認められる。

3 実務上の留意点

(1) 裁判例の分析

金融機関が、主債務者が反社会的勢力ではないことに関し、具体的に、どのような社内体制を構築し、どの程度の調査を行えばよいかが問題になるが、各裁判例からポイントをピックアップすると、次のとおりになる。

① 社内体制の整備

ア 反社会的勢力等に関する情報を一元的に管理する部署を設置していたこと（裁判例1）

イ a．新聞・雑誌記事、官報、省庁・地方自治体の指名停止措置業者リスト等に公開された情報、b．グループ会社の各本支店等が事業活動を行う中で入手した情報、c．外部機関（弁護士、公認会計士、捜査機関、税務署、全国銀行協会、都道府県の銀行警察連絡協議会等）から入手した情報等を集約し、反社会的勢力等に関する情報データベースを整備していたこと（裁判例1）

ウ データベースを利用した調査により相手方が反社会的勢力であることの疑念が生じるなど、必要な場合には警察に対しても相手方が反社会的勢力か否かについて情報提供を求めること（裁判例2）

エ 適切な内容の「法令等遵守管理規程」「コンプライアンスマニュアル」「反社会的勢力対応規程」「反社会的勢力対応マニュアル」などの社内規則を制定していたこと（裁判例3）

オ 反社会的勢力等に関する独自のデータベースを構築し、特防連から提供された反社会的勢力リストとともに、店舗長がイントラネット上でリアルタイムに閲覧することができる態勢をとっていたこと（裁判例3）

カ 各部および営業店において、定期的に反社会的勢力に対する対応についての研修を実施していた

こと（裁判例3）

② 融資する際の調査

ア 金融機関の担当者は、融資に関する審査の際、融資先の会社およびその代表取締役が反社会的勢力等に関する同データベースに反社会的勢力として登録されているかを確認したこと（裁判例1）

イ 融資先の会社やその代表者に、反社会的勢力であることを窺わせる不審な点はなかったこと（裁判例1）

ウ 審査業務等において徴求した審査資料や訪問調査時に反社会的勢力であることを窺わせる事情は認められなかったこと（裁判例2）

エ 構築されているデータベースやその他利用可能なデータベースを用いても、反社会的勢力に該当するとの結果が出なかったこと（裁判例2）

オ 対象者と面談しているが、窓口における対象者の言動からは反社会的勢力であることを窺わせるような不審な点はなかったこと（裁判例3）

カ 信用保証協会側からも対象者が反社会的勢力であることを疑わせるような情報はもたらされなかったこと（裁判例3）

キ 金融機関が与信判断のために対象者から徴求した創業計画書、見積書、風俗営業許可証、預金通帳および取引停止処分者ＦＡＸ照会回答書においても、対象者が反社会的勢力であることを窺わせるような記載が見当たらなかったこと（裁判例3）

ク 対象者は、店舗からの情報に基づく反社会的勢力リストおよび特防連からの情報に基づく反社会的勢力リストにも登録されていなかったこと（裁判例3）

(2) 金融機関が整備すべき社内体制

以上の分析から、金融機関において、整備すべき体制は次のとおりとなる。

① 専門部署の設置

まず、反社会的勢力に関する情報を一元管理する部署の設置が必要となる。反社会的勢力の排除を徹底するという社会的要請からすると、法人において、反社会的勢力に関する情報を一元管理する専門部署を設けることが求められる。

② データベースの構築

反社会的勢力に関するデータベースの構築も必要となるが、そのデータベースにはａ．新聞等の公開情報、ｂ．当該金融機関で入手した情報、ｃ．特防連等の外部機関から入手した各情報を集約したものであることが望ましい。

③ 社内規定の制定

反社会的勢力への対応等を定めた「反社会的勢力対応規程」「反社会的勢力対応マニュアル」などの社内規則を制定することも求められる。

④ 研修の実施

これらの体制を整えても、現場の者が適切に対応

できるとは限らないため、反社会的勢力との対応に関する研修を実施することが望ましい。

(3) 金融機関が融資に際し行うべき調査

① 相手方の観察

最初に、融資先の個人や法人の代表者などの風体や話し方などから、反社会的勢力であることを窺わせる言動がないかを観察することが求められる。また、与信判断に際し、提出させた各種の資料から、融資先が反社会的勢力であることを窺わせる記載がないかを確認することも必要である。

② データベースへの照合

上記①において、反社会的勢力であることを窺わせる言動の有無にかかわらず、融資先の対象者を反社会的勢力に関するデータベースで照合を行うことが必要である。

③ 信用保証協会への問合せ

裁判例3では、判決理由に「信用保証協会側からもＥが反社会的勢力であることを疑わせるような情報はもたらされなかった」との指摘があるとおり、融資先が反社会的勢力であることを疑わせる情報の1つとして、信用保証協会からの情報も含むとされている。そこで、金融機関としては、自ら上記①および②の調査を行うとともに、保証委託する信用保証協会に対しても、融資先が反社会的勢力ではないことの確認をすることが望ましい。

④ 警察への照会

上記の各調査により、相手方が反社会的勢力であることの疑念が生じるなどした場合には、警察に対しても相手方が反社会的勢力か否かについて情報提供を要請することも求められる。

(4) 金融機関としての課題

平成28年判決は、金融機関は、融資に際し、「その時点において一般的に行われている調査方法等に鑑みて相当と認められる調査をすべき義務を負う」と指摘している。つまり、反社会的勢力に関する調査方法は、時の経過とともに変化する可能性があることを前提に、「その時点において一般的に行われている調査方法」に基づいて調査を行わなければならないとしている。

上記(2)および(3)において整理したポイントは、これらの裁判例が出された当時における反社会的勢力に関する一般的な調査方法となる。金融機関としては、常に警察や特防連等から情報を収集し、反社会的勢力に関する最新の調査方法を取り入れるように心掛けることが求められている。

(注1) 平成28年判決に関しては、〔本書Ⅱ-**6**〕を参照。

||| *IBA Kiyoshi* |||

8 預金約款における暴力団排除条項の遡及適用が有効とされた事例

〔D会事件〕福岡高判平成28・10・4、平成28年(ネ)第321号預金契約解約無効確認請求控訴事件、控訴棄却【上告・上告受理申立て後、最三決平成29・7・11により上告棄却・上告不受理】、金判1504号24頁、金法2052号90頁
〔S会事件〕東京地判平成28・5・18、平成27年(ワ)第20310号普通預金口座取引解約無効確認請求事件、請求棄却【確定】、金判1497号56頁、判タ1463号242頁

あぽろ法律事務所／弁護士　高橋　良裕

Ⅰ 事案の概要

1 D会事件

X₁は、暴力団員による不当な行為の防止等に関する法律（以下、「暴対法」という）上の指定暴力団D会の会長であり、X₂はD会の幹部であり、Y₁およびY₂はいずれも都市銀行である。

(1) X₁・Y₁間取引

X₁は、Y₁との間で、平成18年12月21日、預金契約（以下、「本件預金契約1」という）を締結した。

Y₁は、同行の普通預金規定に、平成22年2月8日を適用開始日として、暴力団、暴力団員、暴力団準構成員、暴力団関係企業、総会屋等社会運動等標ぼうゴロまたは特殊知能暴力集団等、またはその他これらに準ずる者（以下、「暴力団員等」という）に該当することが判明した場合、預金口座の開設を断り、預金取引を停止し、または通知により預金契約を解約することができる旨の暴力団排除条項（暴排条項）（以下、「本件暴排条項1」という）を追加した。

Y₁は、平成27年2月17日付けで、X₁に対し、本件暴排条項1に基づき、通知が到達した日の翌日から起算して10日間の経過をもって本件預金契約1を解約する旨の通知をした。

X₁は、同年3月4日頃、Y₁に対し、解約に至った経緯等について釈明を求め、これに対し、Y₁は、同年4月14日付けで、再度、本件暴排条項1に基づき、同月21日をもって本件預金契約1を解約する旨の通知をした。

(2) X₂・Y₂間取引

X₂は、Y₂との間で、平成11年2月26日および平成17年8月4日、それぞれ、預金契約（以下、「本件預金契約2および3」という）を締結した。

Y₂は、各種預金取引やその他の取引、同行が提供する各種サービス等に係る取引規定・約款に、平成22年2月1日を適用開始日として、暴力団員等に該当すると判断する場合には、取引の開始を断り、取引を停止し、または通知により取引契約を解約することができる旨の定め（以下、「本件暴排条項2」という）を追加した。

Y₂は、X₂に対し、平成27年2月20日付けで、本件暴排条項2に基づき、同年3月6日をもって本件預金契約2および3を解約する旨の通知をした。

X₂は、同年3月4日頃、Y₂に対し、解約に至った経緯等について釈明を求め、これに対し、Y₂は、X₂に対し、同年5月1日付けで、再度、本件暴排条項2に基づき、同月15日をもって本件預金契約2および3を解約する旨の通知をした。

2 S会事件

X₃は、指定暴力団S会の構成員である。

X₃は、Y₂との間で、平成3年4月22日、預金契約（以下、「本件預金契約4」という）を締結した。

Y₂は、前記のとおり、同行の取引規定・約款に本件暴排条項2を追加した。

Y₂は、X₃に対し、平成27年5月25日付けで、本件暴排条項2に基づき、本件預金契約4を解約する旨の通知をした。

Ⅱ 判決要旨

〔D会事件〕第1審（福岡地判平成28・3・4金判1490号44頁、金法2038号94頁）

1 本件暴排条項1および2の有効性について

(1) 目的の正当性・必要性

「Yらがその普通預金規定等の取引約款に本件各条項を追加した目的は、……政府指針やこれを受けた金融庁の本件監督指針等の趣旨を踏まえ、反社会的勢力との関係遮断が特に強く求められる金融機関としての社会的責任を全うすべく、近年、暴力団を始めとする反社会的勢力が資金獲得活動を巧妙化させている中で、不当な資金獲得活動の温床となりかねない取引を根絶するため、反社会的勢力との取引を拒絶し、預金口座の不正利用等によるYらの被害を防止するのみならず、反社会的勢力の経済活動ないし資金獲得活動を制限し、これを社会から排除して、市民社会の安全と平穏の確保を図ることにあると認められ、本件各条項の目的の正当性及び同条項の必要性が認められることは明らかである。

なお、……現時点において、反社会的勢力に属する者の預金口座のすべてが不正利用されているとまではいえないものの、我が国におけるマネー・ロンダリング検挙事犯のうち、暴力団構成員及び準構成員その他の周辺者（以下「暴力団構成員等」という。）に

よる事件が占める割合（事件数）は、本件各条項の追加された平成22年において、44.4％（95件）に及んでいたこと（飽くまで検挙事件数であり、実態としては更に多数に上ると考えられる。）、現実に、暴力団幹部が自己名義の預金口座に違法行為による収益を振り込ませていた事例も報告されていること……からしても、暴力団を始めとする反社会的勢力による預金口座の不正利用等は、現実に大きな脅威となっているということができる。さらに、預金口座については、現在の利用状況にかかわらず、特段の手続を経ずに、それを違法行為に転用したり、反社会的勢力の活動資金の保管・管理先として利用することも可能であるから、反社会的勢力に属する者の預金口座については、それらの者の支配下にある時点で、違法行為に転用される危険性や、反社会的勢力の活動資金の保管・管理先として利用される危険性が常に存在するというべきであり、上記目的に加え、これらの事情をも考慮すれば、……本件各条項の目的の正当性や同条項の必要性が否定されるものではない。」

　　(2)　目的達成手段の合理性

　「Ｘらが代替手段として指摘する誓約書の徴求や預金口座のモニタリングによっては、反社会的勢力による預金口座の不正利用や資金獲得等を事前に確実に防ぐことができず、一度不正利用等がされればＹらにとって看過し難い被害が生じ、事後的な対応によってその被害を回復したり、反社会的勢力が得た利益を取り戻したりすることも困難であることからすれば、上記目的達成のため、反社会的勢力に属する預金契約者に対し、解約を求めることも合理的といえる。

　一方で、これにより反社会的勢力に属する者に生じる不利益についてみるに、同人が預金口座を使用できない場合、社会経済活動において種々の不都合が生じることは否定できないものの、各種支払について口座引落し以外の支払方法による支払が可能であることが多いことからしても、電気、ガス、水道等のいわゆるライフライン契約とは異なり、預金契約については、契約が締結されなくとも社会生活を送ることがおよそ不可能なものとはいえず、これによる不利益も限定的であるといえる。また、そもそも、同不利益自体、反社会的勢力に属しなくなるという、自らの行動によって回避できるものであり、これを拒み、反社会的勢力に属し続ける者が、上記のような不利益を被るとしても、上記のとおり高い公益性を有する本件各条項の目的を達成する上で甘受せざるを得ないものということができる。

　さらに、本件各条項は、『解約することができる』という文言上も、本件各条項に該当する事由が生じた場合に当然に預金契約が解約される旨を定めたものとは解されない。給与の受領や家賃の支払のためにその銀行口座を利用せざるを得ないという、代替的手段のない場合にその利用ができなくなることは、かえって反社会的勢力からの離脱を阻害する要因になりかねず、反社会的勢力排除の趣旨に必ずしも合致しないといえなくもないし、現に、同種の条項の下において、子供の学校関係費用の引落口座については、代替性のない生活口座と認めて解約をしていない金融機関も少なくないことが認められる……。その意味でも不利益の程度は限定的であるということができる。

　これらの事情によれば、本件各条項には、上記目的を達成する手段としての合理性も認められるというべきである。」

　　(3)　「以上のとおり、その目的の正当性や必要性のほか、同目的を達成する手段としての合理性も認められる本件各条項は、憲法14条1項、22条1項の趣旨に反するものとも、公序良俗に反するものともいうことができず、有効である。」

2　不利益変更の拘束力（注1）について

　「本件各預金契約のように、ある特定の者が不特定多数の者を相手方として行う取引であって、その内容の全部又は一部が画一的であることがその双方にとって合理的であるような定型的な取引については、定型の取引約款によりその契約関係を規律する必要性が高いから、取引約款を社会の変化に応じて変更する必要が生じた場合には、合理的な範囲において変更されることも、契約上当然に予定されているということができ、既存の契約の相手方である既存顧客との個別の合意がない限り、その変更の効力が既存の契約に一切及ばないと解するのは相当でない。」

　「本件各条項は、反社会的勢力の経済活動ないし資金獲得活動を制限し、これを社会から排除して、市民社会の安全と平穏の確保を図るという公益目的を有しており、単に預金口座の不正利用等によるＹらの被害を防止することのみを目的としたものではないこと、本件各条項追加後も、暴力団構成員等によるマネー・ロンダリング検挙事犯は、平成23年から平成26年にかけて20％ないし33.5％（59件ないし85件）を占めるなど、反社会的勢力による預金口座の不正利用は、社会にとって依然として大きな脅威となっていること……、本件各条項の上記目的は、本件各条項が追加された当時に既存の預金契約にもこれを適用しなければ達成することが困難であること、これに対し、本件各条項が適用されることによる不利益は、既存の契約に遡及適用されるものであっても、上記のとおり限定的であり、かつ、預金者が反社会的勢力に属しなくなるという、自らの行動によって回避できるものであることに変わりはなく、しかも、Ｙらは、本件各条項の追加に先立ち、その内容や効力発生時期を、自行のホームページへの掲載、店頭等におけるポスターの掲示やチラシの配布等の適切な方法により周知していること……が認められ、このような本件各条

項の事前周知の状況、本件各条項の追加により既存の顧客が受ける不利益の程度、本件各条項を既存の契約にも遡及適用する必要性、本件各条項の内容の相当性等を総合考慮すれば、本件各条項の追加は合理的な取引約款の変更に当たるということができ、既存顧客との個別の合意がなくとも、既存の契約に変更の効力を及ぼすことができると解するのが相当である。」

3　信義則違反ないし権利濫用の成否について

「過去に違法な入出金がないことが解約を制限すべき事情に当たるとはいえないし、生活口座であるとする点についても、前記のような代替性のない生活口座については解約が制限される余地があり得るとしても、証拠……によれば、本件各口座については、まとまった額の入出金が数回されたほかは、利息が付加されるのみの取引状況であったり、本件各解約の4年余り前までクレジットカードの支払口座等として利用されるにとどまるものであったりしたものと認められ、原告らが社会生活を送る上で不可欠な代替性のないものであるといった事情は認められない。そうすると、本件各条項に基づき本件各解約をすることが原告らに対する信義則違反ないし権利の濫用に当たるとはいえない。」

〔D会事件〕控訴審

1　第1審において既出の争点については、第1審判決を引用。

2　限定解釈の是非（控訴審におけるX1・X2の補充的主張）について

「本件各条項は、預金者が反社会勢力に属する者であることが判明した場合に、当該預金者との取引を停止し、預金契約を解約することができる旨の規定であるところ、口座名義人の属性が暴力団員であること、すなわち反社会的勢力に属することをもって解約事由とすることに、目的の正当性、手段の合理性が認められることは、原判決も説示するとおりであって、口座名義人が反社会的勢力に属する者であることに加えて、口座の犯罪的利用が疑われるなどの取引を停止する正当性、必要性、合理性が具体的に認められる場合に限り解約が有効であると解すべきであるというXらの主張は、本件各条項の文言にも反する独自のものといわざるを得ず、採用できない。」

「また、Xらは、預金口座の不正利用の危険性は、他人名義の口座にこそ強く認められ、自己名義の口座が違法な収益の入金に利用されることがあるとしても、それは暴力団関係者に特有のものではないから、暴力団関係者の自己名義の口座を解約する必要性はないなどと主張する。

しかしながら、……本件各条項は、反社会的勢力との関係遮断が特に強く求められる金融機関としての社会的責任を全うすべく、不当な資金獲得活動の温床となりかねない取引を根絶するために、反社会的勢力との取引を拒絶し、反社会的勢力の経済活動ないし資金獲得活動を制限し、これを社会から排除して、市民社会の安全と平穏の確保を図ることを目的とするものであるから、暴力団関係者以外の者による預金口座不正利用の可能性があるとしても、暴力団員等反社会的勢力に属する者の自己名義の口座を解約する必要性がないとは到底いえない。」

〔S会事件〕

1　生活口座への不適用について

「犯罪対策閣僚会議指針及び監督指針等において、反社会的勢力の排除が強く要請されており、また、反社会的勢力の資金獲得活動が巧妙化している実情や、実際に、口座、預金取引、為替取引、貸金庫等を悪用することによって犯罪による収益の収受又は隠匿がされた事例が存在し……、Y2を含む金融機関が取り扱うサービスは、犯罪による収益移転に悪用される危険性が高い上、預金口座が悪用された場合の損害回復が困難であること等が認められるところ、Y2は、そのような反社会的勢力との取引断絶が強く要請されている状況に鑑み、反社会的勢力の資金獲得の手段として預金口座等が不当に利用されることを防ぐことによって、市民生活の安全と平穏の確保を図ることを目的として、本件排除規定を追加したものと認められる。

そして、預金口座が反社会的勢力の活動以外の目的で利用されていたとしても、反社会的勢力の活動の利用に容易に転用できることに照らすと、本件排除規定を追加した上記目的を達成するためには、預金口座の利用目的にかかわらず、反社会的勢力との取引を断絶する必要性が高いこと、また、反社会的勢力に属する者が、預金口座等を利用できなくなり、事実上不利益を被るとしても、その不利益は、電気や水道等のいわゆるライフラインが使用できなくなるような場合に比べて大きいとはいえない上、自己の意思に基づき、反社会的勢力から離脱することによって、その不利益を回避することができるため、その不利益は限定的であること等に照らすと、本件排除規定の目的を達するには、預金口座の利用目的がどのようなものであるかにかかわらず、反社会的勢力に属する者の預金契約に本件排除規定の適用があると解するのが相当であり、それによって反社会的勢力に属する者の生活に必要な預金口座の利用が制約されるとしてもやむを得ないというべきである。」

2　不利益変更の拘束力について

「本件排除規定は、普通預金規定を含む原契約と一体をなすものとして取り扱われるものであるところ、本件排除規定は、Y2の利益を目的とするものではなく公益目的を有していること、反社会的勢力排除の要請が社会的に高まっていること、既存の預金契約

にも本件排除規定を適用しなければその目的を達成することが困難であること及び本件排除規定が適用されることによる不利益が限定的なものであることに加え、Y₂において、本件排除規定の周知に努めていたこと……等に照らすと、多数の取引関係を画一的かつ合理的に処理するため、本件排除規定が追加される前に締結された本件預金契約についても、約款である普通預金規定に本件排除規定が追加されて変更された以降は、適用することができると解するのが相当である。」

3　本件暴排条項2の有効性について

「本件排除規定の目的に正当性が認められ、また、反社会的勢力による資金獲得活動を抑止するため、金融機関であるY₂において、反社会的勢力との取引を断絶する必要性が高く、本件排除規定によって生じる不利益は、限定的であると認められること……から、本件排除規定による区別は、合理的な根拠に基づくものであるというべきである。

したがって、本件排除規定は、憲法14条1項に反するものではな」い。

Ⅲ　分析と展開

1　概　観

両事件は、類似の事件であり、D会事件判決が、法的三段論法の大前提である当該暴排条項自体の審査を適用審査に先行させたのに対し、S会事件判決が、逆の順序で判断したという相違はあるものの、主要な争点（暴排条項自体の有効性〔争点1〕、当該暴排条項に係る不利益変更の拘束力〔争点2〕、生活口座への不適用ないし権利濫用・信義則違反の是非〔争点3〕）は共通している（ただし、D会事件では、控訴審において暴排条項の限定解釈の是非も争点となった）。そして、いずれの判決も、争点1・2について積極的に解するとともに、争点3について適用除外を認めなかった。ただし、争点3について、D会事件判決は限定的な適用除外の可能性を留保した。

2　暴排条項自体の有効性〔争点1〕

暴排条項の合憲性については、公営住宅の明渡しが請求された事件や暴力団員であることを秘して預金口座を開設したことが詐欺罪を構成するとされた事件において、下級審判決が合憲性を認めた後（注2）、最高裁においても、公営住宅の明渡請求事件において、これが認められた（注3）。これらの判決および本件各判決が暴排条項の合憲性を認めるにあたっては、暴力団排除に係る公益性とこれを確保するための手段の合理性が肯定され、この点については、判例上決着がついたとの評価がなされている（注4）。ただし、以下、暴排条項の公益性が認められたことの法構造上ないし法実現上の意義を指摘すると

ともに、預金取引以外の取引への影響について言及しておきたい。

古典的な法体系において、公益は、国の行政活動によって確保されるが、公益の名の下に不当な権利侵害がなされないよう、行政活動は民主的プロセスにより制定された法律（公法）によって規律される。この点、公営住宅の暴排条項は、公益を図るべき行政機関が条例として定めるものであるが、取引約款中の暴排条項は、私益を担うべき事業者（私人）が一方的に定めるものであり、それ自体は民主的プロセスにより定められたものではない。しかし、現代においては、私人に公益保護のインセンティブを付与する一方、私人の活動に対し、民主的正統化を波及させたり、代替的な統制措置（行政機関による監督、事業者団体による自主規制など）を講じたりすることにより、関係利益との合理的な調整を図ることは許される。むしろ、私人に公益保護の責任と権限を分担させることは、行政コストの削減に資するとともに、行政的規制に比しより侵害的でない規制を期待することができる。このように、適切なコントロールの下で私人が公益に係わる法の実現を担当する現象は、公私協働ないしネットワークによるガバナンス（以下、単に「公私協働」という）といわれるものであり、最適な（より効率的かつ侵害的でない）規制に適い得る（注5）。

本件各判決は、暴排条項の目的の正当性を肯定するにあたり、指針や金融庁の金融機関に対する監督の指針等を援用しているが、これらは従来の「警察対暴力団」に加え、「社会対暴力団」という構図を提示したものであり、暴力団対策の分野における、公私協働と評し得る。また、暴排条例（例えば、都条例）も、暴排条項の導入を事業者に対する努力義務である旨を定め、民事規制による最適な規制について民主的な根拠を与えるものといえる。

そうだとしても、預金取引以外の取引における暴排条項の効力をどのように理解するかは今後の課題として残されている。指針や暴排条例は事業者一般に対し暴排条項の導入を求めているから、暴排条項の目的の正当性は、事業者一般について認められ得る。しかし、本件各判決は、目的達成手段としての合理性を、暴力団の活動状況等と預金取引との関係性から判断している。また、事業者に対する統制状況は、事業分野や事業規模により相違があり、この点が目的達成手段の相当性の判断に影響する可能性もある。したがって、銀行以外の事業者の取引や預金取引以外の取引に関する目的達成手段の合理性については、今後も、暴力団の活動状況や行政庁の監督状況等を踏まえ、当該事業や取引内容に即した検討が必要になるものと思われる。また、D会事件とS会事件は、いずれも暴力団構成員を被告とする事案であったが、指針は暴力団や暴力団構成員以外の反

社会的勢力との関係遮断も求めており、これらの反社会的勢力に対する取引約款に基づく解約をどのように扱うかという問題も残されている。

3　暴排条項に係る不利益変更の拘束力〔争点2〕

契約一般について、事情変更の法理による内容変更の余地はないではないが、極めて限定的であり、少なくとも最高裁判決のレベルでその適用を肯定した例はない。本件各判決は、これとは別に、取引約款について、不利益変更の拘束力を問題にしたものである。

改正民法は、取引約款の変更について規定を設けたが（民法548条の4）、D会事件およびS会事件当時は明文の定めがなく、解釈に委ねられていた。この点、就業規則の不利益変更の拘束力との類似性から肯定する立論も見られたが（注6）、就業規則の不利益変更と取引約款の変更では問題状況が異なるとの指摘がある（注7）。契約の変更に係わる問題である以上、契約法理に沿った説明がなされるべきである上、そもそも就業規則の不利益変更の拘束力自体についても契約説により理解する見解が有力であること、民法改正により取引約款の変更が独立の問題領域として明確になったことなどからすると、当事者の（希薄化された）意思に変更の拘束力の根拠があるとする見解（注8）には説得力がある。民法改正により明文の規定が設けられた以上、今後は、取引約款の不利益変更の拘束力の根拠について議論する実益は低下することになる。しかし、取引約款変更の要件（変更の必要性、変更後の内容の相当性その他変更の合理性〔民法548条の4第1項〕）は、評価的な幅のある判断がなされるものであるから、要件解釈ないし該当性の判断において根拠論が一定の役割を果たす余地はあり得るように思われる。

そして、取引約款変更に係る拘束力の要件について、これが定型的取引の変更一般に認められる拘束の必要性により充足されるとすれば、変更後の約款がそれ自体として有効である限り、既存契約に対する拘束も当然に認められることになってしまうが、契約は守られなければならないとの原則を否定するに等しく、契約当事者の希薄化された意思によっても支持し得ない（注9）。S会事件判決が、定型的取引一般について言及しなかったのに対し、D会事件判決は、定型的取引一般につき認められる変更拘束の必要性にも触れたが、いずれの判決も、暴排条項の追加につき特に認められる変更拘束の合理性を検討している。また、本件各判決のこのような態度は、改正民法548条の4第1項に沿ったものであると評されているところ（注10）、同条項の合理性は、取引約款の有効要件としての合理性よりも厳格なものである（注11）。したがって、本件各判決が言及する暴排条項追加の合理性は、暴排条項自体の有効性判断において

検討されたところとかなりの部分で重なっているが、ここでは、本件各判決において認定された事実や評価が暴排条項自体の有効性を基礎付けるだけでなく、暴排条項追加の合理性を基礎付けるに足る程度に達していたとの判断がなされたものと理解される。なお、本件各判決は、暴排条項追加の合理性を肯定するにあたり公益との関わりに言及しているところ、この点が取引約款の変更において重視されるとの指摘がある（注12）。しかし、公益がおよそ私益に優先するとはいえず、私人による公益の実現を手放しで評価できるわけでもない（注13）。一方、私益のための約款変更であっても合理性が認められることはあり得る。したがって、今後、預金取引以外の取引に係わる暴排条項の追加や暴排条項の追加以外の約款変更が問題となり得るが、変更の合理性に係わるのが公益か私益かに配慮しつつも、当該公益や私益がどのようなものなのか、これを確保するための手段としてどの程度の合理性が認められるのかを、約款を利用する事業者の事業、取引内容、約款の変更内容、社会経済状況、当該事業・事業者に対する統制状況などから判断するほかないように思われる（注14）。

4　生活口座への不適用ないし権利濫用・信義則違反〔争点3〕および限定解釈の是非

本件各事件の預金口座は、いずれも、少なくとも解約時点において反社会的勢力の活動に利用されていない、いわゆる生活口座であったため、暴排条項の適用除外（D会事件では人権規定の私人間効力の問題として権利濫用・信義則違反を介した適用除外）が争点となった。また、D会事件控訴審では、限定解釈の主張もなされた。

預金取引約款において、暴排条項の一般的な有効性〔争点1〕が肯定される以上、D会事件控訴審判決が限定解釈の必要がないとしたのは当然であったが、D会事件判決においては、代替性のない生活口座について適用除外の余地が留保された。しかし、D会事件は、代替性のない生活口座に関する事案ではなく、この留保部分は、判決傍論にすぎない。一方、S会事件も同様に代替性のない生活口座の事案ではなかったが、同事件の判決は、この点について何ら言及しなかった。同判決は、適用審査を当該暴排条項自体の審査に先行させ、付随的違憲審査制の下での判断手順に忠実であったことにもみられるとおり、慎重な判断態度を取り、踏み込んだ判断を回避したものと評し得る。したがって、上記留保部分について、D会事件判決の先例的な価値は大きくないように思われる（注15）。

したがって、代替性のない生活口座に対する対処について、国家により確定的なルールが示されたとは言い難い。そもそも、どのようなものが代替性のない生活口座に当たるのかも必ずしも明確ではない。そも

そも、事細かに国家による判断に依存するのが適当だとは限らない。公私協働の観点からすれば、金融機関は、法令や行政機関の監督、事業者団体の自主規制などに従いつつも、私的自治の延長線上において、私人ならではの良識に従い、柔軟に、関係利益との調整を図りつつ、公益を実現することが期待される。D会事件判決が、当該暴排条項の「解約することができる」という文言について、解約事由に基づき当然に解約される旨を定めたものではないから、預金者の不利益の程度は大きくないとしたのも、金融機関の主体的な判断により適切な利益調整が行われることを期待しているものといえる。

5 暴力団離脱者対策との関係

本件各判決は、暴力団からの離脱により暴排条項の適用を回避し得ることを、暴排条項の合憲性判断の一要素とした。それゆえ、暴排条項の合憲性維持の観点からも、暴力団離脱者の社会復帰を可能とする社会環境の整備の必要性は高い（注16）。ただし、暴力団離脱者の預金口座開設が困難であるとしても、暴力団からの離脱により暴排条項の適用回避は可能であるから、暴力団離脱者の預金口座の開設に対する金融機関の対応如何は、暴排条項の合憲性判断に影響を与えるものではない。しかし、暴力団からの離脱後5年経たない者も解約対象とする、いわゆる5年条項は、暴力団からの離脱による暴排条項の適用回避を妨げる。したがって、5年条項の是非については、暴力団離脱者の社会復帰の促進という観点からはもちろん、暴排条項の合憲性を維持する観点からも議論を要する問題である（注17）。

暴力団離脱者の社会復帰の促進という観点からは、実際上、5年条項の有無にかかわらず、暴力団離脱者に対する預金口座の開設が拒否されていることについても議論がなされている。法令上締約強制されていない以上、契約自由の原則からは、金融機関は原則として預金口座の開設に応じる法的義務を負わない。しかし、公私協働の観点において、金融機関に与えられた社会的役割からは、自らのリスク回避に拘泥することなく、暴力団離脱者の社会復帰がもたらす社会政策的、刑事政策的意義および反社会的勢力対策上の意義を十分に踏まえて対応することが期待される。

このうち暴力団対策上の意義については、暴力団離脱者の預金口座開設による暴力団離脱への誘引効果を指摘することができるが、D会事件判決との関係では、同判決が、傍論ではあったが、代替性のない生活口座について適用除外を認める余地を留保する理由として、さもないと却って暴力団からの離脱を阻害することになりかねないと判示した点が注目される。同判示部分については、これを反対解釈し、暴力団からの離脱を阻害する状況がないならば、代替

性のない生活口座であっても暴排条項の適用は制限されないとの指摘がなされているところ（注18）、暴力団離脱者に対する預金口座開設の許容は、このような状況を解消し、暴排条項の適用を徹底させる方向に作用し得るという意味において、暴力団対策に対し促進的だといえるからである。

（注1） D会事件判決は、当該問題を「遡及適用」と称するが、過去に遡った適用の可否が問題にされているのではなく、不利益変更された取引約款の現在および将来に向けた効果（拘束）が問題になっているのであるから、「不利益変更の拘束力」と称するのが適切である（大野徹也「契約締結後の約款変更による暴排条項の導入および適用を認めた福岡高判平28．10．4の保険暴排実務に与える影響」金法2060号22頁（2017年））。

（注2） 広島高判平成21・5・21（公営住宅明渡請求事件）、大阪高判平成25・7・2判タ1407号221頁（預金口座開設詐欺事件）。

（注3） 最二判平成27・3・27民集69巻2号419頁（〔本書 I −**2**〕）。

（注4） 竹内朗「判批」銀法802号8頁（2016年）。

（注5） 以上につき、山本隆司「日本における公私協働の動向と課題」新世代法政策学研究2巻277頁（2009年）。ここでは、「公私協働」は、「公的組織が公益実現課程（の一部）を私的主体に委ねる」ものとされ、「こうした協働関係までは形成せずに、私的主体が公益の実現に寄与するための制度的枠組」「ネットワークによるガバナンス」と称されているが、ネットワークによるガバナンスも含めて「公私協働」の問題として議論する例もある（吉田克己編著『競争秩序と公私協働』（北海道大学出版会・2011年）。吉田克己編著『環境秩序と公私協働』（北海道大学出版会・2011年））。いずれにしても、私的主体には、これに対し認められる権利義務の強度や性質に応じた統制が問題になるとされている。

（注6） 鈴木仁史「判批」金法2043号7頁（2016年）。

（注7） 潮見佳男「判批」金法2049号77頁（2016年）。

（注8） 潮見・前掲（注7）77頁、大澤彩「判批」リマークス55号33頁（2017年）。

（注9） 大澤・前掲（注8）31頁。

（注10） 潮見・前掲（注7）77頁。

（注11） 潮見佳男『民法（債権関係）改正法の概要』234頁（金融財政事情研究会・2017年）。

（注12） S会事件コメント・判タ1463号243頁。

（注13） 大澤・前掲（注8）33頁。

（注14） 生命保険契約の取引約款について検討したものとして、大野・前掲（注1）22頁。

（注15） 鈴木・前掲（注6）12頁。

（注16） 竹内・前掲（注4）9頁。

（注17） 鈴木仁史「判批」金法2053号5頁（2016年）。

（注18） 竹内・前掲（注4）10頁。

TAKAHASHI Yoshihiro

9 保険会社がした、保険契約者の代表取締役が反社会的勢力と社会的に非難されるべき関係があることを理由とする保険契約の解除の有効性

広島高岡山支判平成30・3・22、平成29年（ネ）第170号保険契約者地位確認請求控訴事件、控訴棄却【確定】、金判1546号33頁

松田綜合法律事務所／弁護士　**森田　岳人**

Ⅰ　事案の概要

1　当事者等

Xは、土木工事等を目的とする株式会社であり、Aが代表取締役を務めている。

Y₁（1審被告・被控訴人）は、生命保険会社であり、Y₂（1審被告・被控訴人）は、損害保険会社である。

Bは、指定暴力団であるE組の中核団体に属する組の会長であり、Aの中学時代の知人である。

2　本件保険契約

Xは、Y₁およびY₂との間で、Aを被保険者とする経営者大型総合保障制度による生命保険と損害保険とのセット保険に係る契約を締結した。

本件保険契約には、保険約款において、保険契約の解除事由として、①反社会的勢力に該当すると認められること、②反社会的勢力に対して資金等を提供し、または便宜を供するなどの関与をしていると認められること、③反社会的勢力を不当に利用していると認められること等に加えて、「保険契約者、被保険者または保険金の受取人が、『その他反社会的勢力と社会的に非難されるべき関係を有していると認められること』に該当する事由が発生した場合」との規定がある（本件排除条項）。

3　本件傷害事件

Aは、Cと共に本件飲食店において飲食をしていたところ、当時、同店に居合わせたBが、Cの態度に腹を立て、Cに対しコップを投げつけたことなどから、Cは、Bが投げつけたコップで右手に怪我をした（本件傷害事件）。

Aは、その場を収めるとともに、Cに対しては、本件傷害事件を警察沙汰にしないよう約束させたが、翌日、Cが警察に被害申告したことから、Bは傷害容疑で逮捕され、起訴されて罰金刑を受けた。

4　本件恐喝事件

Aは、本件傷害事件でBが逮捕され罰金刑を受けたことに因縁を付け、Cに対し、Bの属性と威力を告知するなどして畏怖させ、工事代金の一部である30万円の回収を断念させ、その支払いを免れて財産上不法の利益を得たという恐喝の疑い（本件恐喝事件）で逮捕された（本件逮捕）。

本件逮捕後、Aは、D弁護士を代理人として、Cとの間で、本件和解契約書を取り交わした。本件和解契約の内容は、①Aの行為によって、Cが精神的および経済的苦痛を被ったことに対し、AはCに対し、心より謝罪すること、②86万円余の工事代金を支払い、同日以降、Cに対し連絡しないことおよび清算条項、③Cは、和解の成立によってAを宥恕し、本件傷害事件に係る被害届を取り下げ、告訴を取り消すことなどを内容とするものであった。

Cは、上記恐喝に係る被害届を取り下げ、Aは、本件恐喝事件につき不起訴処分となった。

5　本件排除条項の適用

岡山県は、岡山県警察本部刑事部長からの通報を受け、平成27年9月1日付けで、同日から1年間、Xを入札指名業者から排除する旨の本件排除措置を行い、このことが報道された。本件排除措置に係る指名除外理由は、Aが代表取締役を務めるXについて、「有資格者、有資格者の役員等又は有資格者の経営に事実上参加している者が、暴力団又は暴力団関係者と社会的に非難されるべき関係を有していると認められたこと」であった。

そこで、Yらは、本件排除条項を適用して、Xに対し、本件各保険契約を解除する旨の意思表示をした（本件解除）。

6　本件請求

Xは本件解除に納得せず、XはYらに対し、Xが保険契約者たる地位を有することの確認を求めた。

主な争点は、本件排除条項の有効性、およびXの代表取締役であるAが反社会的勢力と「社会的に非難されるべき関係」を有していると認められるかである。

7　第1審判決（岡山地判平成29・8・31金判1546号39頁）

第1審判決は、要旨、以下のように判示して、Xの請求を棄却した。

まず、Xが、本件排除条項は、曖昧かつ広範で保険契約者または被保険者にとって不利な特約であり、保険法30条3項あるいは58条に違反する場合は無効というべきである、本件排除条項は、保険法30条・57条の趣旨に鑑み、保険金不正請求を招来する高い蓋然性がある場合に限って適用される規定と限定的に解釈すべきである、と主張したのに対し、第1審判決は、本件排除条項の趣旨は、反社会的勢力を社会

から排除していくことが社会の秩序や安全を確保する上で極めて重要な課題であることに鑑み、保険会社として公共の信頼を維持し、業務の適切性および健全性を確保するところにあると解されるところ、その趣旨は正当なものとして是認できるから、Xの主張は採用できないと判示した。

そして、AがBと普段から飲食を共にするなど親しい関係にあることだけでなく、本件傷害事件が起きた際、被害者であるCに対して被害申告しないことを約束させ、さらに、Cに対し、本件傷害事件でBが逮捕され罰金刑を受けたことに因縁を付け、迷惑料名目でCに対する工事代金の支払いを免れようと企てたことからすると、AおよびBの関係は、もはや単なる中学時代の知人同士という幼なじみの人間関係の延長線上にあるものとはいえず、社会的に非難されるべき関係と評価すべき域に達するものと解するのが相当であるとして、本件排除条項に基づく本件解除は有効であると判示した。

Xは第1審判決を不服として、控訴した。

Ⅱ　判決要旨

本判決は、概要以下のように判示して、Xの控訴を棄却した。

まず、Xが、本件排除条項は、保険法30条・57条の趣旨に鑑み、保険金不正請求を招来する高い蓋然性がある場合に限って適用される規定と限定的に解釈すべきと主張したことに対し、本判決は、本件排除条項の趣旨について、第1審判決の判示に加えて、本件排除条項は、保険金の詐取のような場合とは異なり、公共の信頼や業務の適法性および信頼性の観点から、外形的な基準によって、これらを害するおそれがある類型の者を保険契約者から排除しようとしたものと言えると指摘し、Xの主張を排斥した。

また、Xが、どのような場合に「社会的に非難されるべき関係」と評価されるのか明らかではないと主張したことに対し、本判決は、上記の本件排除条項の趣旨や、本件排除条項の規定ぶりから、本件排除条項の「社会的に非難されるべき関係」とは、反社会的勢力を社会から排除していくことの妨げになる、反社会的勢力の不当な活動に積極的に協力するものや、反社会的勢力との関係を積極的に誇示するもの等をいうことは容易に認められると判示した。

さらに、本判決は、Xが反社会的勢力と「社会的に非難されるべき関係」を有していたかについては、第1審判決と同様に、AとBの関係がもはや単なる中学時代の知人同士という幼なじみの人間関係にあったというに止まらず、AにおいてBが反社会的勢力の構成員であることを利用して、BやA自身の利益を図ることができるといった点において、社会的に非難さ

れるべき関係と評価すべき域に達していたものと解するのが相当であるとして、本件排除条項に基づく本件解除は有効であると判示した。

Ⅲ　分析と展開

1　保険法と本件排除条項の関係

（1）　保険法上の暴排条項の位置付け

平成19年6月に出された「企業が反社会的勢力による被害を防止するための指針」（犯罪対策閣僚会議幹事会申合せ）や、平成20年3月の「保険会社向けの総合的な監督指針」（金融庁）の改訂等を受け、平成23年以降、生損保各協会が保険約款に導入すべき暴力団排除条項（以下、「暴排条項」という）の規定例を策定・公表し、生損保業界の各社の契約約款に暴排条項が順次導入された。本事案における本件排除条項も、生損保各協会の規定例と同様の内容である。

生損保各社の暴排条項は、保険法上の重大事由解除の解除事由の1つとして位置付けられている。すなわち、保険法では、保険者による保険契約の解除権の1つとして重大事由解除を規定し（保険法30条・57条・86条）、その解除事由を各条1号から3号まで限定列挙しているところ、暴排条項は、「前2号に掲げるもののほか、保険者の保険契約者、被保険者又は保険金受取人に対する信頼を損ない、当該損害保険契約の存続を困難とする重大な事由」（保険法30条3号。57条3号・86条3号も同旨）に該当すべき事由の一類型を、約款にて明確化ないし具体化したものとして解されている。

（2）　暴排条項の有効性に関する従前の議論

一方、保険法は、重大事由解除の規律に反する特約で保険契約者または被保険者に不利なものは無効としており（保険法33条1項・65条2号・94条2号。片面的強行規定）、暴排条項が、かかる片面的強行規定により無効にならないかについては、実務上、見解が分かれている。

①　非限定説

反社会的勢力との関係遮断の取組みが強く義務付けられている保険会社を保険者とする保険契約に関しては、反社会的勢力等の属性は、それ自体が信頼関係破壊・契約継続困難を基礎付けるとする見解（大野徹也「保険契約における暴力団排除条項と重大事由解除の規律」金法2035号38頁（2016年）、鈴木仁史「生命保険・損害保険約款への暴排条項の導入」金法1938号62頁（2012年）等も同旨）。

②　限定説1

重大事由解除ができるのは、反社属性のみでは足りず、保険契約者等の「意図的行為」により当該保険契約におけるモラルリスクが不当に高まったことや、保険金の不正取得目的が必要であるとする見解

(甘利公人「共済契約をめぐる最近の法律問題—保険法施行後3年を経過して」共済と保険668号25頁（2014年））。

③　限定説2

反社会的勢力のうちモラルリスクを招来する高度の蓋然性がある者との関係においては暴排条項を有効とする見解（藤本和也「重大事由解除に基づく反社会的勢力排除の法理」保険学雑誌633号85頁以下（2016年）等）。

（3）　本判決の内容

本件排除条項について、Ⅹは、保険法30条・57条の趣旨に鑑み、保険金不正請求を招来する高い蓋然性がある場合に限って適用される規定と限定的に解釈すべきと主張していた。

しかし、本判決は、「本件排除条項の趣旨は、反社会的勢力を社会から排除していくことが社会の秩序や安全を確保する上で極めて重要な課題であることに鑑み、保険会社として公共の信頼を維持し、業務の適切性および健全性を確保するところにあると解されるところ、その趣旨は正当なものとして是認できる。そして、このような本件排除条項の趣旨に鑑みれば、本件排除条項は、保険金の詐取のような場合とは異なり、公共の信頼や業務の適法性及び信頼性の観点から、外形的な基準によって、これらを害する恐れがある類型の者を保険契約者から排除しようとしたものといえ」るとして、Ⅹの主張のように限定的に解釈する必要はないとした。

本判決は保険約款上の暴排条項の有効性を初めて認めた裁判例として、保険実務において重要な意義を有するものである。

2　「社会的に非難されるべき関係」の具体的内容

（1）　組織犯罪対策要綱および暴排条例

一般的な暴排条項において、排除対象に「社会的に非難されるべき関係」（暴力団関係者、密接関係者、密接交際者などと表現されることもある）を有する者を含めることが少なくないが、「社会的に非難されるべき関係」の具体的な内容はどのようなものであろうか。

この点、警察庁の組織犯罪対策要綱では、暴力団に利益を供与することにより、暴力団の威力、情報力、資金力等を利用し自らの利益拡大を図る者のことを「共生者」と呼称し、検挙対象や、公共事業や企業活動からの排除対象と捉えている。

さらに、組織犯罪対策要綱は、「共生者」とまでは至っていないものの、「暴力団員と社会的に非難されるべき関係にある者」についても、暴力団がその関係を利用して社会・経済に不当な影響を及ぼすおそれがあることに加え、その関係が共生関係へと変化するおそれもあることから、公共事業や企業活動からの排除をすべき対象として位置付けている。

また、各地方公共団体において制定されているいわゆる暴力団排除条例においても、暴力団や暴力団員と密接な関係を有する者を排除対象と定めていることが多い。例えば平成23年10月1日に施行された東京都暴力団排除条例（以下、「都条例」という）においては、「暴力団関係者」を「暴力団員又は暴力団若しくは暴力団員と密接な関係を有する者」と定義しており（都条例2条4号）、その中には、いわゆる「共生者」や「暴力団又は暴力団員と社会的に非難されるべき関係を有していると認められる者」が該当すると解されている。

⑵　「社会的に非難されるべき関係」に関する裁判例

これまで「社会的に非難されるべき関係」の該当性が争われた主な裁判例は以下のとおりである。なお、各裁判例における論点は複数存するが、「社会的に非難されるべき関係」に関する部分の判示を中心に紹介する。

①　大阪高決平成23・4・28（原審：大阪地決平成22・8・4）公刊物未登載（東京弁護士会民事介入暴力対策特別委員会編『反社会的勢力を巡る判例の分析と展開』74頁〔森田岳人〕（経済法令研究会・2014年））

建設業者であるF社らが、平成22年3月、大阪府および堺市から、「暴力団員と社会的に非難される関係」を有している業者であるとの理由で、大阪府暴力団等排除措置要綱および堺市建設工事等暴力団対策措置要綱に基づき公共工事における入札参加除外措置等を取られ、その旨をホームページで公表されたため、F社らが大阪府および堺市に対して、名誉回復措置等を求めたという事案である。

裁判所は、「『暴力団員と社会的に非難される関係』とは、例えば、暴力団員が関与する賭博や無尽等に参加していたり、暴力団員やその家族に関する行事（結婚式、還暦祝い、ゴルフコンペ等）に出席し、自己や家族に関する行事に暴力団員を参加させるなど、暴力団員と密接な関係を有していると認められる場合をいうのが相当である」「また、具体的な事案の当てはめにおいては、入札資格参加者と暴力団員とが関係を有するに至った原因、入札資格参加者が当該関係先を暴力団員であると知った時期やその後の対応、暴力団員との交際の内容の軽重、その他情状を総合して判断すべきである。」と判示した。そして、本件においては、F社の実質的な経営者が暴力団員と共に営業活動を行っていたこと、F社の実質的経営者と暴力団員が勤務していた会社の経営者は、長年の親しい交友関係があり、両者は、当該暴力団員が役員を務める同和団体に加盟していたこと、F社の実質的経営者は暴力団員にF社の名刺を使用させていたこと等の事実関係からすれば、F社らが「暴力団員と社会的に非難される関係」にあたると認定し、F社らの請求を棄却した。

②　東京地判平成24・12・21金判1421号48頁

G（個人）が、ゼネコンであるH社と建物建築工事請負契約を締結したところ、Gが「暴力団と密接な関係を有する者」であることを理由に、H社が上記請負契約の錯誤無効を主張して工事の実施を拒絶したことから、GがH社に対し、工事の実施等を求めたという事案である。なお、請負契約書において明確な暴排条項はなかった。

裁判所は、Gが、「暴力団員であるI会会長やJと共に繰り返し海外旅行や飲食、ゴルフをする仲であり、特にJとは、詐欺罪等の犯罪行為に手を染めてまで、住宅の調達やゴルフ場の利用といった便益を供与する仲なのであるから、たとえG自身は現に暴力団員でなく、また、過去に暴力団員であったことがないとしても、暴力団と共生し、社会的に非難されるべき関係を有する者、すなわち暴力団と密接な関係を有する者であることが明らかである」などと判示し、H社の錯誤無効の主張を認め、Gの請求を棄却した。

③　東京地判平成28・2・24LLI/DB07130381

KがLらに対し建物等を賃貸していたところ、Lらが反社会的勢力と密接な関係を有するとして、KがLらに対し、賃貸借契約書の暴排条項に基づき、賃貸借契約の解除等を請求した事案である。

裁判所は、Lは、暴力団の系列右翼団体の代表者等である（とKが主張する）Mと同じ機会に逮捕されたが、その後不起訴処分になっていること、Lの逮捕に係る被疑事実が反社会的勢力とどのように関係するのか、Mの被疑事実とどのように関係するかを具体的に確定し得る証拠がないことなどから、Lが密接交際者とは認められず、暴排条項に基づく賃貸借契約の解除等も認められないと判示し、Kの請求を棄却した。

（3）　本判決による「社会的に非難されるべき関係」の内容

本判決は、本件排除条項の趣旨、および本件排除条項が、被保険者等が①反社会的勢力に該当すると認められること、②反社会的勢力に対して資金等を提供し、または便宜を供するなどの関与をしていると認められること、③反社会的勢力を不当に利用していると認められること等に加えて、「その他反社会的勢力と社会的に非難されるべき関係を有していると認められること」と規定していることから、本件排除条項の「社会的に非難されるべき関係」とは、前記①ないし③に準じるものであって、反社会的勢力を社会から排除していくことの妨げになる、反社会的勢力の不当な活動に積極的に協力するものや、反社会的勢力との関係を積極的に誇示するもの等をいう、と判示した。

本判決が判示する「社会的に非難されるべき関係」の具体的内容は、あくまで本件における個別具体的な解釈であって、ただちに一般化されるものではないが、暴排条項の趣旨や規定ぶりが、「社会的に非難されるべき関係」の解釈に影響を及ぼし得ることは、今後の暴排条項の作成において留意すべきと思われる。

3　「社会的に非難されるべき関係」の評価根拠事実の立証方法

「社会的に非難されるべき関係」の内容がある程度具体化されたとしても、当該事実は一定の評価を伴うものであり（規範的要件）、訴訟においては、その評価の根拠となる具体的な事実（評価根拠事実）の立証が必要となる。

本判決も、AがBと普段から飲食を共にするなど親しい関係にあることだけでなく、本件傷害事件が起きた際、被害者であるCに対して被害申告しないことを約束させ、さらに、Cに対し、本件傷害事件でBが逮捕され罰金刑を受けたことに因縁を付け、迷惑料名目でCに対する工事代金の支払いを免れようと企てたことなどの事実（評価根拠事実）を丁寧に認定したうえで、Aが反社会的勢力と「社会的に非難されるべき関係」にあると評価している。

ただ、民間企業のYにとって証拠収集手段は限られており、上記の評価根拠事実を立証することは、通常は容易ではない。筆者は本訴訟において提出された証拠を直接確認してはいないが、判決文を見る限り、Yは報道された事実の他、Yが警察当局に対し行った照会に対する回答、裁判所が警察当局に対し行った調査嘱託の結果、警察官の証人尋問などから、上記の「社会的に非難されるべき関係」の評価根拠事実を立証したようである。

このように「社会的に非難されるべき関係」の立証においては、警察が有している情報や証拠が極めて重要である。

この点、平成31年3月20日に警察庁が発した「暴力団排除等のための部外への情報提供について」と題する通達（注1）では、「事業者が、取引等の相手方が暴力団員、暴力団準構成員、元暴力団員、共生者、暴力団と社会的に非難されるべき関係を有する者等でないことを確認するなど条例上の義務を履行するために必要と認められる場合には、その義務の履行に必要な範囲で情報を提供するものとする。」とされており、排除にあたっては、当該通達に基づき警察と情報交換をしながら進めることが有用である。

（注1）　警察庁丙組組企発第105号、丙組暴発第7号、平成31年3月20日警察庁刑事局組織犯罪対策部長

‖‖‖ MORITA Taketo ‖‖‖

II　関係遮断

10 名義借暴力団員の損害保険金請求を棄却した事例

宇都宮地判平成29・11・30、平成28年(ワ)第629号保険金請求事件、請求棄却【確定】、LLI/DB07251368

虎ノ門桜法律事務所／弁護士　**伊澤 大輔**

I　事案の概要

指定暴力団甲会乙家内○○代目総長であったAの相続人ら(原告ら)が、保険会社(被告)に対し、Aが自動車を運転中に交通事故が発生し、その事故によりAが後遺障害を伴う傷害を受けたとして、上記自動車を被保険自動車とする保険契約(以下、「本件契約」という)に基づき、人身傷害保険金および搭乗者傷害保険金を請求した事案である。

本件契約の契約者および記名被保険者はBであり、上記自動車の所有名義もBであったが、上記自動車は、実際にはAが使用するためのものであり、BはAから依頼されて名義を貸したものであった。なお、Aは、上記事故の約8ヵ月後に死亡し、その妻子である原告らが相続した。

II　判決要旨

本判決は、要旨、次のように判示して、保険会社による本件契約の解除を有効と認め、原告らの請求を棄却した。

1　本件契約の普通保険約款(以下、「本件約款」という)における重大事由を理由とした解除の規定には、後に導入された暴力団排除条項(以下、「暴排条項」という)は含まれていない。そして、本件約款第4章基本条項13条の規定の仕方からして、同条1項3号の解除事由(以下、「3号解除事由」という)における事情はモラルリスクに関連するものが中心となることは明らかである。しかし、3号解除事由は、同条同項1号、2号の事由がある場合と同程度に保険会社の保険契約者等に対する信頼を損ない、この保険契約の存続を困難とする重大な事由を生じさせたことと規定しているのであって、3号解除事由がモラルリスクの場合のみの規定であると解する根拠はない。モラルリスクとは直接関係がないものであっても、それと同程度に保険会社の信頼を損なうような事情があれば、3号解除事由に該当すると解するべきである。

2　本件契約締結当時においても、保険会社にとって重要な情報である保険契約者等が反社会的勢力か否かという点について、Aは「名義貸し」という方法で実際と異なる者を保険契約者等とする契約を締結させたものであり、これは3号解除事由が規定する「当会社のこれらの者(保険契約者等)に対する信頼を損ない、この保険契約の存続を困難とする重大な事由」であると認めるのが相当である。

III　分析と展開

1　本判決の意義

本件契約締結当時、本件約款には、暴排条項が含まれていなかったが、保険実務の整備途上にあった過渡期において、社会的要請に応えて、3号解除事由のような包括条項(バスケット条項)に基づく解除を有効と判示して、反社会的勢力を排除したことに本判決の意義がある。本判決以外に、反社会的勢力からの損害保険金請求について、重大事由解除の可否が争われた裁判例は、公刊物上見当たらず、本判決は、先例としての意義もある。

2　本件契約時の保険約款

(1)　企業は反社会的勢力と関係を断つべきであるという政府の方針などを受けて、各保険会社は、反社会的勢力との関係遮断の取組みを実施することになり、平成25年9月には日本損害保険協会により、「反社会的勢力への対応に関する保険約款の規定例」がとりまとめられ、同年秋以降に損害保険各社の約款にいわゆる暴排条項が導入された。

被告である保険会社も、本件契約のような総合自動車保険契約の内容となる普通保険約款4章基本条項13条(重大事由による解除)を変更し、暴排条項を導入した。もっとも、本件契約が締結されたのはそれよりも前の平成24年11月のことであり、被告が普通保険約款に暴排条項を導入したのは本件契約を締結した後のことであった。

(2)　普通保険約款に暴排条項が導入される前、本件契約が締結された当時の本件約款第4章基本条項13条(重大事由による解除)は、次のような規定であった。

(1)　当会社は、次のいずれかに該当する事由がある場合には、保険契約者に対する書面による通

知をもって、この保険契約を解除することができます。

①　保険契約者、被保険者または保険金を受け取るべき者が、当会社にこの保険契約に基づく保険金を支払わせることを目的として損害を生じさせ、または生じさせようとしたこと。

②　被保険者または保険金を受け取るべき者が、この保険契約に基づく保険金の請求について、詐欺を行い、または行おうとしたこと。

③　①及び②に掲げるもののほか、保険契約者、被保険者または保険金を受け取るべき者が、①及び②の事由がある場合と同程度に当会社のこれらの者に対する信頼を損ない、この保険契約の存続を困難とする重大な事由を生じさせたこと。

(2)　(1)の規定による解除が損害の発生した後になされた場合であっても、次条の規定にかかわらず、(1)①から③までの事由が生じた時から解除がなされた時までに発生した事故による損害に対しては、当会社は、保険金を支払いません。この場合において、既に保険金を支払っていたときは、当会社は、その返還を請求することができます。

(3)　損害保険契約は継続契約であり、保険事故の発生という不確定な事由により保険給付請求権の発生が左右される射倖契約であることから、契約当事者間の信頼関係が契約の大前提として強く求められ、保険契約者等の側でモラルリスク（注1）事案のように信頼関係を破壊するような行為が行われた場合には、もはや当該契約関係を維持することができないものとして、保険者（保険会社）に解除による契約関係からの解放を認める必要がある。

そこで、学説や下級審裁判例で認められてきた保険者の特別解約権と、その理論を約款上、保険者の重大事由解除として定めた規定を基に、保険法30条に重大事由解除の要件を整理した規定が定められたが、本件約款第4章基本条項13条はこれと趣旨を同じくするものである。

なお、解除の効果は将来効となっており（同法31条1項）、解除事由が生じた時から解除された時までに発生した保険事故については、保険者の免責が認められている（同条2項3号）。また、重大事由解除については、除斥期間の定めはなく、因果関係不存在特則の定めも設けられていない。因果関係の有無に関係なく、重大事由が生じた後のすべての保険事故や給付事由について保険者の免責を認めることとするのが、重大事由解除の規定を設けた趣旨に合致するからである。

3　本判決の解説

(1)　本訴訟においては、まず3号解除事由に基づく解除は、保険契約者等が保険金の不正取得目的を有しているなどモラルリスクに関連する事情がある場合に限定されるか否かが争点となった。

この点、被告は、3号解除事由は、同項1号、2号の規定からモラルリスクに関連する事情が中心をなすことは言うまでもないが、モラルリスクには直接は関連しない事情であっても、保険契約を成立、存続させるに足りる信頼関係を破壊し得る事情であれば解除事由になると主張した。これに対し、原告らは、1号または2号の規定と同程度に強度の背信行為を行った場合は解除権を認めるものであることから、保険金の不正取得目的その他モラルリスクが疑われても致し方ない状況が必要であると主張した。

本判決は、被告の主張と同様、「3号解除事由がモラルリスクの場合のみの規定であると解する根拠はない。モラルリスクとは直接関係がないものであっても、それと同程度に保険会社の信頼を損なうような事情があれば、3号解除事由に該当すると解するべきである。」と判示した。

不正請求目的がある場合は、1号または2号で解除できるのであるから、3号解除事由は不正請求目的がなくても適用されるべきである。また、重大事由解除の法理がそもそも一般私法領域における信頼関係破壊法理に由来する点に鑑みれば、その信頼関係破壊の評価根拠事実を、保険特有の観念であるモラルリスクに関連する事情に限定しなければならない必然性はなく、契約自体を締結・維持させるために必要な一般的な信頼関係の存否を問うことが許されてもよいことからすれば、上記判示に賛成である。

(2)　このように、3号解除事由は、モラルリスクに関連する事情に限定されないとしても、前述の通り、3号解除事由は「信頼関係破壊」および「契約存続の困難性」という2つの要件からなるため、これら要件を充足しているかが問題となる。

「信頼関係破壊」が充足されるには、単に保険者と保険契約者等との関係が悪化したというだけでは不十分であり、また、「信頼関係破壊」が充足される場合であっても、保険契約者側が保険契約をその後適切に履行することが依然として不可能ではない場合には、「契約存続の困難性」を充足しないとされる。

まず、「信頼関係破壊」に関しては、反社会的勢力という属性のみで解除に値するだけの「信頼関係破壊」があったと言い得るかとの問題点が指摘されている。この点、暴力団構成員から共生者に至る反社関係者を一人一人個別に考察した場合、保険金詐欺等を行う可能性が高い者とそうでない者とが存在

し、すべての者が保険金の不正請求を行うわけではないと考えられる。しかし、反社会的勢力が用いる違法な資金獲得手段の中には保険金不正請求も含まれるのであり、暴力団員が保険金詐欺等のモラルリスクに親和性が高いことは従来から指摘されてきた。実際、過去に生命保険金詐欺で検挙された者のうち実に半数弱が暴力団構成員等が占めていたとのデータや、保険金詐欺による逮捕事例において、逮捕者が暴力団関係者である場合が20％強を占めていたという新聞報道がある。保険者は、保険契約者等が将来において保険金の不正請求等の保険制度の健全性を害する行為を行わないことを信頼して保険契約を締結するのであり、保険契約者等が将来において保険金の不正取得等を行う蓋然性の高い集団に属すること自体、保険者との信頼関係を破壊する事情であるというべきである。

また、「契約継続の困難性」に関しても、反社会的勢力に属する者は保険金不正請求を招来する高い蓋然性があることから、そのこと自体で契約継続が困難といえる。のみならず、政府方針や保険会社向けの総合的な監督指針において、保険会社が反社会的勢力との一切の関係を排除することが求められていること、暴排条例の多くは、反社会的勢力に利益を与えることを禁じる定めを置いており、保険契約者等が反社会的勢力に該当することを知りつつ、あえて保険会社が保険契約を維持した場合、利益供与に該当すると判断されるおそれがあることなどから、この要件も認められる。

（3）　ただし、本判決は、Ａが反社会的勢力であるという属性だけで重大事由に該当し、解除が有効であると判示しているわけではなく、保険会社にとって重要な情報である保険契約者等が反社会的勢力か否かという点について、「名義貸し」という方法で実際と異なる者を保険契約者等とする契約を締結させたことが3号解除事由に該当するとして、解除が有効であると判示していることに注意する必要がある。

この点、「名義貸し」という行為も信頼関係の破壊に影響するのか、あるいは単に契約に至った経緯を説明しているだけなのか明らかではないとし、保険契約者等が反社会的勢力であるということ自体で信頼関係が破壊されている、あるいは存在しなかったことになるので、Ａ自身が保険会社は反社会的勢力とは契約しないことを知っていて、属性を「申告しなかった」としても、「名義貸しにより偽った」としても、「信頼関係破壊」の程度に差は生じないという考え方からすれば、「名義貸し」という方法で実際と異なる者を保険契約者等とする契約を締結させたという行為の認定は、単に契約に至った経緯を説明しているだけと解する見解もある。

しかし、そうであれば、3号解除事由に該当すると判示した直前の一文で、あえて「Ａは『名義貸し』という方法で実際と異なる者を保険契約者等とする契約を締結させたものであり」などと判示する必要はなく、「名義貸し」は保険会社を騙す行為を故意に行った悪質性の高い行為であり、信頼関係の破壊に影響するものとして判示したと解するのが素直である。

（4）　以上のとおり、本判決は、保険契約者等が反社会的勢力であるという属性だけで重大事由に該当し、解除が有効と判示したと解することはできないが、他方において、保険契約者等が反社会的勢力であるという属性だけでは契約が解除できないとか、契約が取消し・無効にはならないなどと明らかに判示しているわけではなく、保険契約者等が反社会的勢力であるという属性だけでも、重大事由解除や、詐欺取消、錯誤無効等によって契約終了が認められる余地がある。

暴排条項の導入は、反社会的勢力は契約できない旨の動機の表示に関し重要な要素になるとの見解もあり、契約締結後に保険契約者等が反社会的勢力であることが判明した場合には、錯誤を主張する余地が大きくなる。また、反社会的勢力という属性のみを理由とした重大事由解除について肯定する立場からも、否定する立場からも、反社会的勢力でないことについて、表明確約を求め、暴排条項の法的安定性や実効性を向上させるという提案がなされており、このような実務を強化することは詐欺取消しによる対処を可能にすることにつながる。

この点、反社会的勢力からの保険金（共済金）請求の可否が争われた裁判例として、福岡高判平成26・5・30（公刊物未登載）があるが、暴排条項導入前の生命共済保険契約の契約締結当時、反社会的勢力とは当然に共済契約を締結しなかったとの事実認定をしていない。当該福岡高判は、錯誤無効等が争点となった事案であるが、「被告（共済団体）は当該被共済者に対して反社会的勢力ではないことの申告を求めた形跡はなく、暴力団排除条項も設けていない」とし、「明示的にも黙示的にも当該被共済者が暴力団員でないことを意思表示の動機として表示していたとまではいえない」と判示して、錯誤無効等を否定している。しかし、この事案では、共済契約の初回契約が平成15年10月に締結され、以降、自動更新されているなど本訴訟とは前提の違いがある。平成19年6月に反社会的勢力との関係遮断を求めた指針が策定され、平成20年3月に金融庁監督指針改正等がなされ、反社会的勢力との関係遮断が企業のコンプライアンスにおける最重要課題の1つとなっていた状況下では同様に事実認定することはで

きない。

(5)　なお、本判決は、本件契約当時、保険会社にとって保険契約者等が反社会的勢力か否かが重要な契約締結の際の考慮要素であったといえ、A自身、それを知っていたから、Bに名義貸しを依頼したものと推測できるとも判示している。

この点について、暴力団員は、対立する組織の構成員に自動車の登録番号（ナンバー）から自己の居所を知られ襲撃されることを防ぐため、第三者の名義で自動車の購入・登録を行うことが多く、自動車保険契約の名義貸しは、単に自動車の名義貸しに付随してなされることが多いことからすれば、保険会社が反社会的勢力とは保険契約を締結しないことをAが知っていたから名義貸しを行ったと認定する根拠は乏しいようにも思われるとする見解もある。

(6)　また、本訴訟では、暴排条項が遡及適用されるか否かは争点になっておらず、この点について、判示されていない。改正民法では、定型約款の変更が、契約をした目的に反せず、変更の必要性、変更後の内容の相当性、定款変更の定めの有無、変更に係る事情に照らして合理的なものであるときは、個別に相手方と合意をすることなく契約の内容を変更することができる旨が定められたため（548条の4第1項2号）、今後、改正民法が適用される定型取引については、これら要件を充足するか否かで判断されることになる。

4　暴力団排除条項の位置付け・有効性

(1)　平成25年秋以降に損害保険各社の約款に暴排条項が導入され、保険契約者または被保険者が反社会的勢力であることが判明した場合、その属性のみを理由として契約を解除し、保険金の支払いを拒めることが明確になった。

(2)　保険法における保険契約解除事由は、告知義務違反による解除（28条等）、危険増加による解除（29条等）、重大事由解除（30条等）の3つに限定され、かつて暴排条項は、これらのうちどれに位置付けられるかが検討されたが、暴排条項を重大事由解除として整理した場合、約款に暴力団排除条項の定めがなくとも重大事由に該当する事実が認められるならば解除可能となる余地があること、保険法附則3条ないし5条により、保険法施行前の保険契約にも保険法の重大事由解除規定を適用できるため既存契約に対しても対処可能になること、重大事由解除には因果関係不存在特則が適用されないこと、除斥期間が設けられていないこと等により、告知義務違反解除や危険増加解除として整理した場合の問題を回避できることから、暴排条項は重大事由解除の1つとして位置付けられることになったのである。

(3)　そして、反社会的勢力に該当することは、保険法30条1号事由および2号事由に直接該当しないことから、暴排条項は、同条3号の包括的条項を具体化する条項として導入されたわけであるが、同号は3号解除事由と同様、「信頼関係破壊」および「契約存続の困難性」という2つの要件からなるため、暴排条項がこれら要件をそれぞれ充足しているかが問題となる。これらについては、3号解除事由について前述したのと同様である。

このように、暴排条項が保険法30条3号の要件を充足すると解した場合も、本条の片面的強行規定性（注2）との関係が問題となる。この点、片面的強行規定が保険法に導入された趣旨は、付合契約であることが一般的な保険契約においては、保険契約の内容につき保険契約者と保険者との間の交渉の余地が少ないため、常に約款内容が保険法の規定に優先するならば、保険契約者等の保護を図ろうとした保険法の趣旨が十分に実現できなくなるからである。しかし、モラルリスク事案等の保険制度の健全性を害する行為の排除を目的とした重大事由解除の保険法の趣旨は暴排条項の規定目的と合致すること、暴排条項がもたらす効果も重大事由解除の予定する範囲内にあることから、暴排条項に基づく解除により保険契約者等が不当に害される事態は生ぜず、暴排条項が片面的強行規定に実質的には反することにならないと解される。

(4)　なお、損害保険協会作成の反社会的勢力への対応に関する保険約款の具体例においては、損害保険の種類の多様性から、対象となる被保険者の範囲等の限定がなされている。例えば、賠償責任条項に基づき保険金を支払うべき場合、反社会的勢力と関係がない被保険者や被害者に生じた損害については、保険会社の免責を認める条項の適用を排除するなど、交通事故の被害者に対する救済の点が配慮されている。

(注1)　保険金を不正な目的で取得するなどの、保険制度の悪用や道徳的な危険のこと。
(注2)　本条に反する特約のうち、保険契約者または被保険者に不利なものは無効となる（保険法33条1項）。

<参考文献>
　高見直史「反社会的勢力に対する保険契約の名義貸しと重大事由解除」共済と保険2018年8月号25～31頁。
　山下友信ほか編『論点体系 保険法1〔初版〕』278～289頁（第一法規・2014年）。
　藤本和也「暴力団排除条項と保険契約」保険学雑誌621号93～103頁（2013年）。

IZAWA Daisuke

Ⅱ　関係遮断

11 銀行持株会社の取締役に銀行子会社での反社会的勢力への融資を防止・解消する善管注意義務の違反が認められなかった事例

東京地判令和2・2・27、平成26年（ワ）第7784号、平成27年（ワ）第13924号損害賠償請求（株主代表訴訟）事件、共同訴訟参加事件、請求棄却【控訴】、LLI/DB07530462

プロアクト法律事務所／弁護士　竹内　朗

Ⅰ　事案の概要

　株式会社みずほフィナンシャルグループ（以下、「みずほFG」という）の完全子会社である株式会社みずほ銀行（以下、「みずほ銀行」という）が、その関連会社である株式会社オリエントコーポレーション（以下、「オリコ」という）との間で取り扱っていた販売提携ローン（以下、「キャプティブローン」という）において多数の反社会的勢力向け融資を行っていた。

　みずほFGの株主である原告らは、みずほFGの取締役であった被告らに対し、本件キャプティブローンにおいて、融資先にみずほFGの内部の基準によれば反社会的勢力に該当する者が含まれていることを認識したにもかかわらず、みずほFGの取締役として、①新たに反社会的勢力との取引が発生することを防止するための体制を構築する義務、②みずほ銀行に対し、認識した当該反社会的勢力との取引を解消するために具体的な措置を講じるよう求める義務、を負っていたにもかかわらず、これを怠ったという善管注意義務違反によって、みずほFGが業務停止や信用毀損等の合計24億1,419万3,419円の損害を被ったなどと主張して、会社法423条1項、847条3項に基づき、被告らに対し、連帯して、みずほFGに同損害に相当する額の損害賠償およびこれに対する遅延損害金の支払いを求める株主代表訴訟を提起した。

　なお、本訴訟に先立ち、金融庁は、2013年12月26日、みずほ銀行に対して業務一部停止命令と業務改善命令を発出し、みずほFGに対しても業務改善命令を発出した。金融庁が示した詳細な処分理由は、事案の概要を理解する一助となるので、以下に引用する（下線は筆者、処分理由の名宛人を示す）。

みずほ銀行
1．平成22年12月にキャプティブローンに多数の反社取引があることを認識した後も、当時の<u>頭取</u>をはじめとする取締役は、オリコの営業への配慮や、キャプティブローンに係る取引は比較的短期で解消されるとの認識などから、キャプティブローンに係る入口チェック及び反社取引解消策を含めた課題の洗出しや、課題解決に向けての時間

軸の設定等、反社取引排除の態勢整備について、具体的かつ明確な方策を立てることなく、現場（コンプライアンス統括部）任せにして放置していたこと。

2．キャプティブローンを担当する<u>個人グループ担当役員</u>は、キャプティブローンに反社取引が相当数存在し得ることや、その後課題解決が図られていないことを承知していたにもかかわらず、個人業務部及びローン営業開発部に、コンプライアンス統括部と連携してオリコ社の支援・指導を行わせておらず、入口チェック導入等の態勢整備に主体的に取り組んでいなかったこと。

3．旧（株）みずほコーポレート銀行の<u>業務管理部担当役員及び業務管理部</u>は、オリコ独自の不芳属性先データがみずほに比べ極端に少ないことや、事後チェックにより反社認定先が認められている事実を把握していたにもかかわらず、グループ会社の経営管理の観点から、オリコに対して、反社管理の態勢整備について適切な指導・管理を主体的に行っていなかったこと。

4．平成23年7月以降、当時の<u>頭取</u>をはじめとする取締役は、反社会的勢力への対応に係る社会的要請が高まる中、金融機関の信頼維持には法令等遵守の徹底が決定的に重要であるにもかかわらず、フロント部署に業務推進を優先させ、反社管理に当事者意識を持つようコンプライアンス意識を醸成していなかったほか、コンプライアンス担当役員等に適材適所の観点から専門性のある適切な人材を配置していなかったこと。

　このような中、当時のコンプライアンス担当役員やコンプライアンス統括部長は、キャプティブローンの内容を理解することなく、事後チェック結果のコンプライアンス委員会等への報告や、入口チェック導入及び反社取引解消策の検討を行っていなかったこと。

5．<u>経営陣</u>は、前回検査における指摘以降も業務改善命令（平成25年9月27日付）を受けるまでの間、キャプティブローンに関する問題の重大性を認識することなく、組織的な課題引継ぎや縦割り組織の弊害などガバナンスを含めた根本的な問題の洗出しや、これを踏まえた抜本的な改善対応を迅速に行っていなかったこと。

6．<u>経営陣</u>は、平成23年3月に発生したシステム障害時の「縦割り意識（連携・コミュニケーション不足）の払拭」という教訓を活かさず、関係する

各部署・各職員が組織として問題認識を共有し連携を図る態勢を構築できていなかったこと。

7.　取締役会の会議資料は総じて大部で、限られた会議時間の中で経営判断に付すべきポイントが明確になっていないこと。
　また、コンプライアンス委員会においても、会議資料は総じて大部で重要なポイントが明確でないほか、議事録の記載が簡略であり、議事内容の詳細が確認できるものとなっていないこと。
　このように、<u>取締役会</u>は、重要事項の審議を行う会議体として、実質的な議論をほとんど行っておらず、その機能を発揮していないほか、経営政策委員会の一つであるコンプライアンス委員会が有効に機能するような方策を講じていないこと。

8.　<u>取締役会</u>は、担当役員や所管部の不注意や恣意的な判断により経営陣が課題として認識した事項が欠落することがないよう、これら課題を組織的に引き継ぎ、ＰＤＣＡによる進捗管理を行う態勢を構築できていなかったこと。このため、キャプティブローンに係る経営課題は組織として引き継がれなかったこと。

9.　前回検査及び銀行法第24条報告において、前提となる事実を誤って回答していること。その際、当該報告が一人の担当者の記憶のみに基いてなされ、過去の会議等資料の確認や関係者への確認が行われないなど、組織的な検査・監督対応を怠ったこと。

みずほＦＧ

1.　<u>取締役会</u>は、反社取引排除というグループ一体となって取り組むべき課題に対して、平成22年5月にオリコの関連会社化の課題として不芳属性対応を認識していたにもかかわらず、グループ内で横展開しておらず、このような課題について子会社の各部任せにしていたこと。
　このように<u>取締役会</u>は、持株会社として、平成23年3月に発生したシステム障害時の教訓等を踏まえつつ、適切なグループ経営管理機能を発揮していなかったこと。

2.　<u>取締役会</u>は、会議資料が総じて大部で、限られた会議時間の中で経営判断に付すべきポイントが明確となっておらず、十分な議論を行う態勢が整備されていないなど、グループ経営管理に係る重要事項を審議する会議体の運営において、グループガバナンスを有効に機能させる方策を講じていないこと。

Ⅱ　判決要旨

1　銀行持株会社の取締役のグループ内部統制システムの構築義務と監視義務について

　銀行持株会社であるみずほＦＧの取締役である被告らは、本件キャプティブローンが反社会的勢力に対する融資になりかねないという点で問題となり、みずほ銀行からみずほＦＧのコンプライアンス委員会に報告されて被告らが認識した平成22年から平成23年当時、反社会的勢力に対してグループの組織全体で対応することができるよう、倫理規定や社内規則等の規程を制定するとともに、専門の部署を設置するなどして反社会的勢力に対し一元的に対応する組織体制を整備し、反社会的勢力からの被害を防止するために、みずほグループ全体として顧客の属性判断を行う体制を内部統制システムとして構築する義務、そしてこれが適正かつ円滑に運用されるように監視する義務を負っていた。

　具体的には、みずほＦＧにおいて子会社の業務に関して反社会的勢力への対応に関する基本方針を定め、この基本方針が遵守されているかを監督し、必要に応じて是正を求めることをみずほＦＧの取締役会で決議するなどの義務を負っていた。そして、具体的な反社会的勢力排除の方法は種々考えられるため、このような組織体制の整備にあたっては、取締役の判断に一定の裁量が認められる。

　被告らが、銀行持株会社であるみずほＦＧの取締役として、子会社である銀行の業務やリスク管理等に関して、あたかも銀行の一内部部門であるかのように銀行持株会社がコントロールすることが銀行法上求められており、銀行持株会社の取締役もそのような会社法上の義務を負っていると解することはできない。

2　グループ内部統制システムの構築義務の違反について

　みずほＦＧは、コンプライアンス統括部やコンプライアンス委員会といった組織を整備し、グループ経営管理規程を設けてみずほグループに属する各社について管理区分に応じた経営管理を行い、コンプライアンス管理に関する基本方針を策定していた。また、みずほ銀行とグループ経営管理契約を締結し、みずほ銀行からコンプライアンス管理上必要な事項について定期的または随時報告を受け、必要に応じて事前に承認を得ることとしており、こうしたグループ管理体制は当時の他のいわゆるメガバンクにおけるものと概ね同様であった。さらに、平成12年、反社会的勢力との関係の遮断をコンプライアンス管理の一環とすること等を内容とする企業行動規範を策定し、平成15年3月、みずほグループにおいてコンプライアンス遵守を図るための基本的な事項を定めた基本方針やマニュアル等を策定した。その後、基本方針細則等を改定し、みずほ銀行を重点管理会社に分類し、みずほＦＧやその子会社が定める反社会的勢力との取引排除推進体制を整備することとし、みずほＦＧが求めた場合または定期的に、同社に対し、傘下の会社を含めた反社会的勢力との取引に係る報告を行うこととしていた。

　以上によれば、みずほグループとしての反社会的勢力防止のための内部統制システムの構築は相当な

ものであり、被告らが同構築義務に違反するところはない。

3 グループ内部統制システムの監視義務の違反について

みずほFGおよびみずほ銀行は、属性チェックの必要性について検討し、オリコとの間でも関連会社化の前後において、属性チェックの実施に向けた交渉を行っていた。もっとも、みずほFGのコンプライアンス委員会や取締役会における第1回および第2回の事後チェックの結果の報告は簡略なものにとどまっており、第3回以降の事後チェックについては報告さえされていない。しかし、属性チェックの結果によれば、本件キャプティブローンにおける反社会的勢力との取引の割合は、みずほ銀行の一般与信取引における割合に比してあまり差がないものであった。そして、反社会的勢力との取引であるとされたもののうちでも実際に取引先が反社会的勢力であると警察に確認されるものはわずかである。また、取引先が事後的に反社会的勢力になることもある。そして、みずほグループには多数のグループ会社が存在し、これらの委員会や取締役会の開催時間が1時間弱程度と限られており、報告事項が多岐にわたっていて、コンプライアンス委員会関係では5分程度しか時間を割かれなかった。さらには、本件当時はまだ社会的にも反社会的勢力の排除が大きな潮流となりかける時期であり、過去の対応事例や他のメガバンクの参考事例もなかった。

これらを総合的に考慮すれば、被告らにおいて、みずほFGないしみずほグループにおける反社会的勢力防止のための内部統制システムに支障が生じていたとはせず、監視・是正を行わなかったことについて、その判断に裁量違反はなく、本件全証拠を精査しても、監督・是正が必要となる特段の事情があったと認めるに足りる証拠はない。

4 新たに反社会的勢力との取引が発生することを防止するための体制を構築する義務の違反（原告ら主張①）について

被告らには、みずほFGの取締役として、反社会的勢力に対し、一元的に対応する組織体制を整備し、反社会的勢力からの被害を防止するために、みずほグループ全体として属性判断を行う体制を内部統制システムとして構築する義務、そしてこれが適正かつ円滑に運用されるように監視する義務はあるといえるものの、これを超えて、関連会社ではあったとはいえ、別会社であるオリコに対し、子会社であるみずほ銀行に強いて、みずほFGデータベースを用いた入口チェック体制を構築させる義務があったとまでいうことはできない。

事後チェックの結果のモニタリングに関しても、みずほFGないしみずほ銀行は、これを行っていた

といえる。そして、事後チェックの結果において、不芳属性先や反社会的勢力との取引数や本件キャプティブローン取引数全体に占める割合に大きな変化がなく、反社会的勢力と認定された取引も順次解消されていた以上、被告らに、当時の体制以上に属性チェックの体制を強化する義務が生じていたということもできない。

本件キャプティブローンは、オリコが与信判断や回収等の顧客窓口業務をすべて行っていたものではあったが、あくまでみずほ銀行による個々の顧客に対する直接の貸付であることを踏まえると、みずほグループ内で行われていたのと同程度の属性チェック、特に入口チェックを行うことが選択肢としてなかったとまでは言い難い。実際、みずほ銀行は、金融庁から、本件キャプティブローンについて反社会的勢力との取引が存在することを把握した後も、抜本的な対応を行っていなかったなどとして、業務改善命令や業務停止命令を受けており、みずほFGも、金融庁から、銀行持株会社の子会社であるみずほ銀行の業務の健全かつ適切な運営を確保するための態勢の強化等を内容とする業務改善命令を受けている。その結果、みずほ銀行は、平成25年11月には、本件キャプティブローンの取引開始時にみずほFGデータベースを用いた入口チェックを導入している。しかし、みずほFGの取締役として、法律上要求される善管注意義務の内容は、あくまで、みずほFGにおいて反社会的勢力排除の取組みについて子会社の業務に関する基本方針を定め、これが遵守されているかを監督し、必要に応じて是正を求めることをみずほFGの取締役会で決議するといった義務に止まる。みずほFGにおいては、グループ経営管理規程等が整備されており、本件においては、監視・是正義務の一環として何らかの対応を行うことが必要となる特段の事情もなかった以上、結果的に入口チェックを導入することが可能であったからといって、この点のみを強調して被告らにみずほFGの取締役としての義務違反を問うことはできない。

5 みずほ銀行に対し、認識した当該反社会的勢力との取引を解消するために具体的な措置を講じるよう求める義務の違反（原告ら主張②）について

銀行持株会社のみずほFGの取締役である被告らに求められる体制構築義務、監視・是正義務に加え、被告らにおいて、子会社であるみずほ銀行に対し、本件キャプティブローンにおける反社会的勢力との取引に関して、具体的な取引解消のための措置、つまり、保証債務履行請求を行い、代位弁済をさせることをみずほFGの取締役会で決議する義務を負担していたとまで認めることはできない。

もちろん、みずほ銀行は、金融庁の検査官から指摘されたことを踏まえ、業務改善命令の後、直ちに

オリコに対して保証債務履行請求を行い、平成25年4月までに本件キャプティブローンにおける反社会的勢力との取引を解消しており、このような措置を取ることも不可能であったというわけではない。しかし、グループ内で代位弁済を行ったとしても、グループ全体でみれば、反社会的勢力排除の抜本的解決につながらない。その上、保証債務履行請求が手段として可能であったからといって、このことから被告らがみずほＦＧの取締役としての義務に違反したということもできない。

6　その他

　銀行は預金者から預かった資金を貸し付けて業務を行うものであり、その貸付先に反社会的勢力があることは安易に許されるものではない。そして、本件については、金融庁検査後に大きく報道され、社会に大きな不安を与えたといえるのであり、このことは、銀行の業務が公共性を有し、銀行はその信用性を維持しなければならないとされること（銀行法1条1項）からしても、決して軽視されることではない。

　このような結果に至った過程では、グループ内外の法人としての会社の独立性、本件キャプティブローンの特質から生じる対策実行の難しさなどといった事情があったといえる。また、反社会的勢力排除についても、その時々の社会情勢や実際の取引状況、業務遂行過程の諸事情を考慮しつつ、段階的に実現していかざるを得ないことも確かである。実際、反社会的勢力排除の流れは、当初は企業が反社会的勢力から被害を防止することから始まり、その後取組みが拡大したものの、本件当時はまだ社会的にも反社会的勢力の排除が大きな潮流となりかける時期であり、過去の対応事例や他のメガバンクの参考事例もなかった。

　こうした本件における諸般の事情を考慮すると、本件キャプティブローンにおける取引先に反社会的勢力が結果的に入っていたとしても、みずほＦＧやみずほ銀行が政策的な観点から非難され、あるいは改善を求められることは格別、そのような結果のみをもって、みずほＦＧの取締役であった被告らについて、法的義務違反として責任追及をすることができるものでもない。

Ⅲ　分析と展開

1　行政処分と本判決との落差

　金融庁の処分理由がみずほ銀行とみずほＦＧの実務対応を厳しく非難しているのに対し、本判決はみずほＦＧの取締役のグループ内部統制システムにおける善管注意義務を限定的に捉え、義務違反はなかったと結論付けており、両者間には大きな落差がある。

　しかし、行政処分があるべき実務対応（ベストプラクティス）の目線から不備不足を指摘して改善を求めるものであるのに対し、株主代表訴訟はこの義務を懈怠すれば取締役に損害賠償責任を負わせるという最低限の要求水準（ボトムライン）を画するものであるから、両者間に落差が生じるのは当然である。

　とはいえ、反社会的勢力排除のグループ内部統制システムを整備する実務家としては、損害賠償責任スレスレのボトムラインを目指すのではなく、ベストプラクティスを目指して努力すべきであることも、また当然である。

　また、みずほ銀行で起きた反社会的勢力への融資の問題について、親会社のみずほＦＧの取締役に求められる要求水準よりも、当事者であるみずほ銀行の取締役に求められる要求水準の方が、より高くなることは明らかである。本判決は、前者についての判示であり、後者については判示していない。したがって、金融機関の役員が本判決を読んで楽観的な見通しを持つとしたら、それは早計である。

2　時代の流れと要求水準の高度化

　本判決は、取締役を免責する理由の1つとして、平成22年から平成23年当時は、まだ社会的にも反社会的勢力の排除が大きな潮流となりかける時期であり、過去の対応事例や他のメガバンクの参考事例もなかった、という点を述べている。

　逆にいえば、本件によってみずほ銀行とみずほＦＧが行政処分を受け、金融機関による反社会的勢力への融資問題が社会問題化したことが契機となって、企業社会に対する反社会的勢力排除の要求水準が一気に高度化したという現実を受けとめる必要がある。

　金融庁は、みずほ銀行とみずほＦＧに対して行政処分を発出したのと同日に、「反社会的勢力との関係遮断に向けた取組みの推進について」を発出し、この中で、「反社との取引の未然防止（入口）」「事後チェックと内部管理（中間管理）」「反社との取引解消（出口）」という新機軸を打ち出し、これを銀行のみならず証券会社や保険会社にも強く要請していった。そして、反社会的勢力への融資で手痛い失敗をした銀行業界は、融資先にも反社会的勢力排除を強く要請するようになったことから、銀行取引をしている事業会社も反社会的勢力排除により真剣に取り組むようになった。

　したがって、もし現時点で、反社会的勢力との取引を防止・解消できなかったことにつき金融機関や事業会社の取締役が善管注意義務違反に問われたら、本判決よりも高い要求水準、厳しい法的判断が導かれる可能性は高いといえよう。

‖‖ TAKEUCHI Akira ‖‖

Ⅲ 不動産取引

概　観

齋藤綜合法律事務所／弁護士　**齋藤 理英**

1　はじめに

　本章では、暴力団その他の反社会的勢力が、不動産取引または不動産の使用に関連して問題とされた事例について、11例の裁判例を紹介する。

　平成19年に政府犯罪対策閣僚会議より「企業が反社会的勢力による被害を防止するための指針」（以下、「企業暴排指針」という）が公表されたことにより、反社会的勢力とは取引関係を含め一切の関係をもたない、という考え方が取引社会に浸透し、その後、平成22年から23年にかけて全国で暴力団排除条例が制定、施行されたことにより、社会全体から暴力団を排除する機運が一気に高まった。その結果、不動産流通4団体よりモデル条項が定められたこともあり、不動産取引に関係する契約（賃貸・売買）を締結する際には、いわゆる暴力団排除条項（暴排条項）が入った契約書が用いられることが、いわば社会常識となった。まず本章では、この暴排条項（特に、暴力団関係者に関する条項）に基づいて契約の解除をした結果、紛争となったケースを取り上げた。

　不動産が暴力団その他の反社会的勢力の活動拠点とされる場合は、近隣住民に対し厭忌感を与え、場合によっては、その生命・身体・財産に対する脅威となる。また、社会全体に反社会的勢力排除の意識が高まっている現在の情勢からして、反社会的勢力が使用していたことが公表されている不動産をその後使用することにより、レピュテーション侵害が生じ得る。そこで次に本章では、不動産が暴力団その他の反社会的勢力により使用されることにより、当該不動産またはその近隣に生じる影響について問題とされた事例のうち、①周辺に暴力団が使用する建物があることを知らずに不動産を取得したことにより問題が生じたケース、②過去に当該不動産を反社会的勢力が使用していたことを知らずに賃借したことによる影響が問題とされたケース、③不動産が暴力団事務所として使用されている場合に、近隣住民等が当該暴力団事務所の使用差止めを求めたケースについて、重要と思われる裁判例を取り上げた。

2　暴力団排除条項による解除が問題とされたケース

　暴排条項に基づいて不動産関連契約を解除する場合、契約の相手方が指定暴力団員であれば、警察からの情報提供が得られるため、仮に相手方がその属性の該当性を争ったとしても、これを立証することは比較的容易である。しかし、相手方が指定暴力団員ではない、その他の反社会的勢力の属性（例えば暴力団関係者）である場合は、相手方からこれを争われると、自ら情報や立証資料を収集し、暴排条項に定める属性に該当することを立証する必要が生じることになる。

　東京地判平成28・2・24〔本書Ⅲ−**13**〕では、賃貸人から、賃借人が暴力団員そのものではないが、「暴力的集団」ないし「反社会的勢力」との密接な関係を有する者であるとして、暴排条項に基づく賃貸借契約の解除が主張されたが、裁判所はかかる主張を認めず、請求を棄却した。原告が主張する、暴排条項該当性の根拠となる事実として、被告が、反社会的勢力であると疑わしき者と同時期に逮捕された事実があり、裁判所は、かかる事実それ自体は認定したものの、当該逮捕にかかる被疑事実が反社会的勢力とどのように関係するかを確定し得る証拠がないことや、その後被告が不起訴処分になったこと、その他の事情も含め、解除事由を欠くとした。暴力団関係者の立証が必ずしも容易ではないことを示す例として参考になる。

　また、東京地判平成28・11・30〔本書Ⅲ−**14**〕は、原告が所有するマンション6棟およびその敷地を代金12億円で売買した事案において、買主である被告に対し購入資金を融資することになっていた銀行が、当初は融資可能であると回答したにもかかわらず、決済当日の朝になって、突然、原告の属性に問題があるため、原告が売主の物件には融資ができないし、被告が自己資金を用意するとしても原告と取引をするのであれば、別の案件に関する被告への融資についても実行しない、と被告に通告したため、被告がやむを得ず暴排条項に基づいて契約を解除した結果、原告から約定違約金1億8,000万円の請求がなされたケースで、裁判所は原告の請求を認容し

た。企業暴排指針の公表を受けて金融庁が監督指針を改訂したことにより、金融からの暴力団排除が進んだが、平成25年9月にみずほ銀行が金融庁から業務改善命令を受けたこともあり、金融機関による対応が保守的となり、やや過剰とも思われる事象も散見され、本件もその一例といえる。反社会的勢力排除の手を緩めないためにも、硬直的な対応に終始するのではなく、その精度を上げるための努力や工夫が求められるという教訓がこの裁判例からは得られ、参考になる。

3　近隣に暴力団等が使用する建物が存在する土地を取得したことが問題とされたケース

不動産を取得するにあたり、近隣の不動産を暴力団または暴力団関係企業が使用していることが明らかであれば、買主としてはそのような不動産を取得することを避けるであろうことは当然に想定される。東京地判平成26・4・28〔本書Ⅲ－⓬〕では、売買の対象となった土地の近隣に暴力団および暴力団関係企業の事務所があったことが後に判明したという事例において、買主から当該土地の売買を仲介した不動産業者に対し、宅地建物取引業者としての調査説明義務に反するとして、主位的に売買代金相当額の、予備的に近隣に上記事務所があることによる土地の価値減価相当額（土地の価格の2割相当額）の損害賠償が請求された。

裁判所は、宅地建物取引業者は、ある事実が売買当事者にとって売買契約を締結するか否かを決定するために重要な事項であることを認識し、かつ当該事実の有無を知った場合には、信義則上、その事実の有無について調査説明義務を負う場合があるとし、暴力団事務所またはそれに類する事務所が近隣に存在することは、当該事実に該当するが、かかる事実が説明義務の対象になるのは、宅地建物取引業者がその存在を認識していた場合であり、また、その存在をうかがわせる事情を認識していた場合に限り、一定の調査義務の対象となる重要事項に該当するとした。暴力団事務所等に関する宅地建物取引業者の調査説明義務の内容について判断したものとして、参考になる裁判例である。

なお、本件の請求自体は、認定された事実からは、宅地建物取引業者である被告が、暴力団事務所等の存在またはその存在をうかがわせる事情のいずれも認識していたことが認められないとして、棄却されている。

4　過去に反社会的勢力が使用していたことを知らずに不動産を賃借したことによる影響が問題とされたケース

不動産の賃貸借において、対象となる建物内で以前自殺をした者がいたとか、殺人があったなどといった建物が心理的な瑕疵に当たるとして問題とされることがある。東京地判平成27・9・1〔本書Ⅲ－⓯〕の事案では、賃借した建物が過去に振り込め詐欺の拠点として使用されていたことが隠れた瑕疵に当たるとして、当該貸室でネット販売事業をしていた賃借人から、貸室が振り込め詐欺の金員送付先住所として警察庁等のホームページにおいて公開されていたことにより、売上が著しく減少したため転居を余儀なくされるとともに、信用を毀損された旨が主張され、賃貸人に対して損害賠償請求がなされた。

裁判所は、貸室にまつわる嫌悪すべき歴史的背景等を原因とする心理的瑕疵も貸室の瑕疵に該当し得ることを認めた上で、事業用賃貸借契約について貸室に心理的瑕疵があるといえるためには、賃借人において単に抽象的・観念的に貸室の使用継続に嫌悪感、不安感等があるというだけでは足りず、当該嫌悪感等が事業収益減少や信用毀損等の具体的危険性に基づくものであり、通常の事業者であれば当該貸室の利用を差し控えると認められることが必要であるとした。そして本件では、警察庁のホームページに公表されている振り込め詐欺に関する情報が、必ずしも一般に知られているわけではないなどの理由から、かかる事情が認められないと判断され、請求が棄却されているが、過去において当該住所が振り込め詐欺における金員送付先住所として使用され、その旨が警察庁により公表されて注意喚起を求められているという事実そのものは、一般的・抽象的にいえば当該貸室で行われる事業の収益性、信用性などに重大な影響を与える可能性があることそれ自体は認めており、反社会的勢力を嫌忌する社会全体の意識の高まりを示すものとして、興味深い。

5　暴力団事務所の使用差止めが求められたケース

暴力団事務所が存在することにより、近隣住民の生命・身体・財産に危険が生じることになる場合は、近隣住民の人格権に基づき暴力団事務所としての使用の差止めを求めることができる。平成24年4月1日に施行された改正暴力団員による不当な行為の防止等に関する法律（暴対法）により適格団体訴訟制度が導入され（暴対法32条の4）、かかる申立てに対する住民の負担が軽減されたが、平成27年8月に六代目山口組が分裂したことに端を発して生じた数々の抗争事件の影響から、近年、上記適格団体制度を利用した申立てが積極的になされている。

福井地決平成29・10・20〔本書Ⅲ－⓳〕は、福井県に所在する神戸山口組傘下組織の組事務所に対してなされた六代目山口組傘下組織の構成員による発砲事件を契機として、適格都道府県センター（暴対法32条の5）である福井県暴力追放センターが、周辺住民の委託を受けて、銃弾が撃ち込まれた組事務

所およびこれを撃ち込んだ者が所属する六代目山口組傘下組織の組事務所の双方に対し、同時に暴力団事務所としての使用差止めを求めて仮処分を申し立てたものである。

福井地方裁判所はいずれの仮処分も認容したが、銃弾が撃ち込まれた事務所に隣接する駐車場についても、そこに出入りする車両等を狙った発砲事件が発生することも十分に予想されるとの理由により、その使用の禁止を認めている点が注目に値する。

一般に、攻撃された事務所については、その周辺に居住する住民が、危険を感じて組事務所の使用差止めのために立ち上がることはあっても、攻撃した側の組織の組事務所については、そこで何らかの危険行為が行われたわけではないため、周辺住民が積極的に行動を起こすことが期待しにくいという実情がある。しかしながら、暴力団の行動原理を前提とすると、攻撃した側に対する反撃が当然に予想されるとともに、攻撃された側にだけ組事務所の使用差止めを求めることは、むしろ攻撃した側の暴力団に利益を得させることにつながり、やったもの勝ちの結果を生じさせることになるため、本件のように、双方の組事務所を対象として同時に申立てを行うことは、極めて重要な意味がある。そのような観点から、貴重な裁判例といえる。

六代目山口組と、そこから分裂して結成された神戸山口組が抗争を繰り広げる中、さらに、神戸山口組から分裂して任侠山口組（現絆會）が結成され、これらの団体が本部事務所を置く兵庫県においては、緊張が高まるとともに、暴力団排除の機運が高まっていった。かかる状況において、適格都道府県センターである暴力団追放兵庫県民センターは、周辺住民からの委託を受けて、神戸山口組の本部事務所の使用差止め（神戸地決平成29・10・31〔本書Ⅲ-⓴〕）および任侠山口組の本部事務所の使用差止め（神戸地決平成30・9・4〔本書Ⅲ-㉒〕）を順次申し立て、いずれも認容決定を得ている。

六代目山口組の分裂は、他の指定暴力団の活動にも影響を及ぼしている。平成29年1月に生じた六代目会津小鉄会の跡目争いにおいて、六代目山口組と友好関係にあるグループと、神戸山口組と友好関係にあるグループが対立し、これら団体の関係者も関与して本部事務所が占拠されるという紛争が生じた。これを受けて京都市は、所有・運営する施設の業務遂行権を被保全権利として、六代目会津小鉄会の本部事務所の使用差止めを求める仮処分を申し立て、認容する決定を得た（京都地決平成29・4・27〔本書Ⅲ-⓱〕）。当該仮処分の申立ては、地方自治体が主体として申し立てた暴力団事務所使用差止仮処分としては2例目であるが、前件は和解で事件が解

決しているため、決定が発令された初のケースである。その後、東京都足立区も同様の申立てを行い、認容決定を得ているが、このように地方自治体が主体となって暴力団事務所の使用差止めの申立てを行うことにより、周辺住民の負担がなくなるため、かかる手法が今後も積極的に利用されることが期待される。

六代目会津小鉄会の跡目争いは、対立する2つのグループがそれぞれ七代目会津小鉄会を名乗ることにまで発展し、それぞれ六代目山口組と神戸山口組がその友好団体として支援することにより、これら両山口組の代理戦争の様相を呈するようになった。かかる状況において、一方の組織の組事務所周辺住民の委託を受けた適格都道府県センターである京都府暴力追放運動推進センターは、当該組事務所の使用差止めを求める仮処分を申し立て、認容決定を得た（京都地決平成29・9・1〔本書Ⅲ-⓲〕）。その後、当該仮処分で命ぜられた不作為義務に違反する恐れが認められたため、京都地方裁判所より間接強制を一部認容する決定が出されたが、六代目会津小鉄会が分裂した結果、上記仮処分の債務者と対立する他方の組織が京都府公安委員会により七代目会津小鉄会に指定され、債務者が代表を務める暴力団は未指定の暴力団となったため、上記仮処分の効力が及ばなくなってしまった。そこで京都府暴力追放運動推進センターは、明文なき任意的訴訟担当として、あらためて当該未指定暴力団の組事務所の使用差止めを求める仮処分を申し立て、認容決定を得ている（京都地決令和元・9・20〔本書Ⅲ-㉑〕）。

当該決定は、法律に定めのない適格都道府県センターの権能を認めるものとして、極めて画期的な裁判例であり、適格都道府県センターのさらなる権能の拡大を示唆するものとして意義深いものである。

指定暴力団の代表者が変更することにより、指定暴力団の名称が変更されることがあるが、五代目山口組の代表者の交替により「六代目山口組」と名称が変更された結果、五代目山口組の下部組織に対する暴力団事務所使用禁止仮処分決定に対する義務違反を理由として、六代目山口組の下部組織となった当該組織の組長である債務者らに対して、間接強制が認められるかが争われた事件がある。原決定は、指定暴力団五代目山口組傘下の当該下部組織と、指定暴力団六代目山口組傘下の当該下部組織とが同一であるとは必ずしもいえないなどとして、当該事務所を使用させない義務違反についての申立てを却下したが、これに対する抗告事件である東京高決平成28・8・10〔本書Ⅲ-⓰〕は、五代目山口組と六代目山口組の指定番号の連続性や、当該下部組織の実態の同一性等から、当該下部組織の同一性を認定し、

五代目山口組時代の仮処分決定に基づく暴力団事務所としての使用禁止義務を認めた。

　指定暴力団の代表者が変更することにより、指定暴力団の組織としての同一性が維持されるか否かの問題は、本件のような暴力団事務所の使用禁止義務が維持されるか否かという問題のみならず、指定暴力団の代表者の責任（暴対法31条の2等）が代表者の変更に伴い承継され得るかという問題にも関わることであり、暴力団対策全般を考える上で、本裁判例は非常に意義がある。

▍ *SAITO Riei* ▍

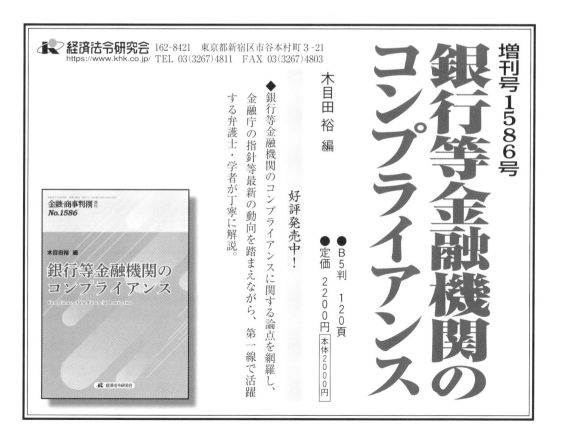

Ⅲ　不動産取引

12

暴力団事務所の近隣土地の売買を仲介した宅地建物取引業者の調査説明義務

東京地判平成26・4・28、平成25年(ワ)第8452号損害賠償請求事件、請求棄却【確定】、LLI/DB06930345

持田法律事務所／弁護士　**持田 秀樹**

Ⅰ　事案の概要

　原告Xは、宅地建物取引業者である被告Yの仲介により、A社から本件土地を購入したところ、本件土地と幅員約4メートルを挟んだ向かい側の土地にB社が敷地とともに所有するCビル(本件ビル)が存在した。Xは、本件ビルに指定暴力団D会の二次団体であるE社および暴力団関連企業であるB社の事務所が存在したとして、XはYに対し、宅地建物取引業者の調査説明義務に反し、上記事実について調査説明しなかったなどの債務不履行ないし不法行為に基づき、損害賠償を請求した。

　これに対して、Yは、本件ビルに暴力団事務所が存在するとの事実は明らかではなく、本件土地の利用に心理的、環境的な問題はないから、本件土地に心理的、環境的な瑕疵は存在せず、仮に本件ビルに暴力団および暴力団関連企業の事務所が存在するとしても、同事実は、宅地建物取引業者が負う調査説明義務の対象となる事項に該当しないとしてこれを争った。

　なお、本訴に先立ち、Xは、A社に対して、説明義務違反を理由とする損害賠償等を求める訴えを提起し、本件土地の減価相当額、実際に支払った仲介手数料と減価した額を基準とする仲介手数料との差額などの損害が認められている(東京地判平成25・8・21 LLI/DB06830648)。

Ⅱ　判決要旨

請求棄却。

　本判決は、まず、「宅地建物取引業者が、ある事実が売買当事者にとって売買契約を締結するか否かを決定するために重要な事項であることを認識し、かつ当該事実の有無を知った場合には、信義則上、その事実の有無について調査説明義務を負う場合があると解される」「E社は指定暴力団であるD会との間で『一家』や『傘下』と表現される関係を有する団体であり、本件ビルを事務所として使用していると推認される」「E社の事務所は、嫌忌施設としてその存在が不動産の価値を減損させる暴力団事務

所に類するものとして、宅建業者がその存在を認識していた場合には説明義務の対象とな(る)」ことから、「その存在をうかがわせる事情を認識していた場合には、一定の調査義務の対象となる重要事項に該当すると解するのが相当である」として、Yの「本件ビルに暴力団事務所が存在するとの事実は明らかではなく、」「仮に、本件ビルに暴力団及び暴力団関連企業の事務所が存在するとしても同事実は、宅地建物取引業者が負う調査説明義務の対象となる事項に該当しない。」とする主張を排斥した。

　しかし、Yが「E社の事務所に関する説明義務を負うのは、Yが本件ビルに暴力団と関連する団体の事務所が存在すると認識していた場合であり、同事実について調査すべき事情が存在する場合に一定の調査義務を負う」が、「宅地建物取引業者が自ら売買対象物件の周辺における嫌忌施設の存在を調査すべき一般的な義務があるとは解されない」、本件では、売買契約締結までに本件土地周辺に暴力団関係団体の事務所の存在をうかがわせる事情はなかったことなどからすると、本件ビルに存在する事務所について、「暴力団との関係など嫌忌施設に該当するか否かを調査すべき事情が存在したとも認められない」などとして、請求を棄却した。

Ⅲ　分析と展開

1　問題の所在

　本件では、不動産売買契約に際し、仲介業務を行う宅地建物取引業者は、売買の対象となった不動産の近隣に暴力団事務所が存在することについて、調査説明義務を負うかどうかが主な争点であった。

　宅地建物取引業法(宅建業法)の規定では、いわゆる嫌忌施設(「嫌悪施設」といわれることもある。本稿では裁判例を引用する場合を除き、「嫌忌施設」の語を用いる)の存在について説明義務があるかどうかは、法文上明らかではない。そこで、まず、仲介宅建業者の説明義務の範囲、暴力団事務所等が説明義務の対象となる嫌忌施設に該当するかどうかが問題となる。

　次に、近隣に暴力団事務所等が存在することが仲

介宅建業者の説明義務の範囲にあるとしても、一般的に売買対象となった不動産の近隣に暴力団事務所等が存在するかどうかを調査する義務があるのかなど、いかなる場合に仲介宅建業者が調査説明義務違反に問われるのかが問題となる。

　本稿では、これらの問題について、本件について適用された平成29年法律第44号による改正前の民法（以下、「改正前民法」という）に則して検討し、最後に、現行民法下ではどのように考えるべきかについて言及しておく。

2　嫌忌施設と宅地建物取引業者の説明義務

　宅建業法35条1項は、宅地建物取引業者は相手方等に対して、売買等の対象となる不動産に関し、書面をもって説明すべき事項を列挙しているが、この中に近隣の嫌忌施設等の存在については含まれていない。しかし、宅建業法の規定が、「少なくとも次に掲げる事項について」と定めていることから、売買等の相手方に不測の損害を被らせることのないように説明すべき最低限のものを例示的に列挙したものであることは、明らかである。本裁判例も、「宅建業法35条は……宅地建物取引業者が調査説明すべき事項を限定列挙したものとは解されないから、宅地建物取引業者が、ある事実が売買当事者にとって売買契約を締結するか否かを決定するために重要な事項であることを認識し、かつ当該事実の有無を知った場合には、信義則上、その事実の有無について調査説明義務を負う場合があると解される。」としている。

　販売した不動産の近隣に嫌忌施設が存在した場合、宅地建物取引業者に説明義務があるかどうかについて本裁判例と類似の判断をしたものとして東京地判平成21・2・9公刊物未登載がある。この事件は、原告が不動産売買等を業とする被告（ただし、判決文からは被告が宅地建物取引業の免許を受けているかどうかは不明である）から買い受けた土地建物の近隣に地方公共団体が運営する資源物の中間処理、保管施設が存在し、さらに同施設を改修して廃プラスチックの中間処理を開始する計画があり、原告はこれら施設等の存在を知っていれば土地建物を買い受けなかったとして、主位的に錯誤無効による不当利得金の返還を求め、予備的に告知義務違反の債務不履行または瑕疵担保責任に基づき、損害賠償を求めたものである。裁判所は、錯誤の主張に対しては動機の錯誤であり、動機が表示されていないとしてこれを排斥し、告知義務違反については「宅地建物取引業法35条1項は、不動産を購入する者に対して説明しておくべき重要事項を規定しているが、いわゆる嫌悪施設は重要事項説明の対象となっているものではない」としつつ、信義則上、契約締結の可否

を判断するについて重要な影響を及ぼす事項であり、居住者の生命、身体の安全および衛生に影響を与える特定の施設の存在のうち、社会通念上、購入希望者がその存在を認識したならば、居住用の不動産としての購入を断念することになるような事実については、告知や調査の対象となり得る事項であるとしながら、上記施設等の存在はこれに該当しないとして、請求を棄却した。この裁判例は、近隣の嫌忌施設の存在について、本裁判例と同じ枠組みで説明義務の有無を判断しており、一般的な理解に沿ったものといえよう。

3　暴力団事務所等の嫌忌施設該当性

　近隣の暴力団事務所等の存在について、宅地建物取引業者は説明義務を負うかを論ずるに先立って、嫌忌施設とは何かを考えておきたい。嫌忌施設とは、読んで字のごとく、近隣に存在することで不動産の価値を下落させ、また、生活上の問題を惹起すると考えられるような忌み嫌われる施設をいう。これには、多分に主観的な判断も含まれているため、何が嫌忌施設であるかについては、明確な基準はないが、一般的には、煤煙・悪臭・騒音・振動などの公害を発生させる施設（ごみ焼却施設、下水道処理場、畜舎、飛行場など）、危険を生じさせる施設（ガソリンスタンド、高圧線、化学工場など）、風紀上問題があると考えられる施設（パチンコ店、雀荘、キャバレーその他風俗営業店など）、心理的に忌避される施設（墓地、納骨堂、葬祭場など）、治安上の問題を生じさせるおそれがある施設（刑務所、更生保護施設、暴力団事務所）などが問題となる。近年では学校や幼稚園なども騒音との関係で、嫌忌施設として扱われることもあり、東京都港区で児童相談所の建設に周辺住民が反対したことも記憶に新しいことから分かるとおり、「嫌忌施設」といわれることのあるすべての施設について、売主や仲介の宅地建物取引業者に説明義務が生ずるわけではない。説明義務を負うのは、売買当事者が契約するか否かを決定するために重要な事項に限られる。具体的には、対象不動産と当該嫌忌施設の距離、当該嫌忌施設の性質、居住・利用環境への影響、居住者・利用者に対する危険の有無・程度などを総合して判断することになるが、先に嫌忌施設として挙げたものの多くは、当事者が特に重要な事項であると明示した場合を除き、説明義務の対象とならない場合が多いであろう（もちろん、後日の紛争を予防する趣旨から嫌忌施設とされる施設の存在を説明しておいた方がよいことはいうまでもないが、そのことと信義則上説明義務があるかどうかは別論である）。

　それでは、近隣に暴力団事務所が存在する場合、売買の対象となった不動産の取引を仲介した宅地建

物取引業者は説明義務を負うか。この点は、近隣の暴力団事務所の存在が対象不動産の瑕疵に該当するかという点と関連して論じられることがあるので、このような観点から考えてみたい。

売買目的物の瑕疵とは、売買の目的物が通常期待される性質を欠く場合または当事者が予定した性質を欠くために目的物の使用価値、交換価値を減少させるものである。暴力団は、その威力・威信を背景に、集団的、常習的に暴力的不法行為等を行い、組織の拡大に伴い、必然的に対立する暴力団との抗争を生ずる。暴力団事務所は当該暴力団の拠点であることから、抗争の際には対立する暴力団の攻撃対象となる。暴力団の抗争が生じた場合、暴力団事務所に対する攻撃や当該暴力団員に対する襲撃には多くの場合銃器が使用され、しかも攻撃は一度にとどまらず、反復することから暴力団事務所周辺は極度に危険な状態となり、警戒に当たっていた警察官や一般住民が巻き添えになったケースも見られる。このような暴力団事務所の有する危険性からすると、購入する不動産の近隣に暴力団事務所が存することは、これが存しない場合に比して不動産の利用に伴う危険が大きく、通常期待される性質（＝治安環境）を欠くことからこれを瑕疵ということができる。

そして、かような瑕疵の存在は、対象不動産の居住者、利用者の生命、身体の安全に関わることであり、売買当事者が契約するか否かを決定するために重要な事項であるから、説明義務の対象となる。

売買の目的土地の近隣に暴力団事務所が存することが目的土地の隠れた瑕疵に当たるかどうかが問題となったケースとして東京地判平成7・8・29判時1560号107頁がある。このケースは、事務所兼賃貸マンションを建設するために購入した土地の近隣に暴力団事務所が存することが判明した場合において、「小規模店舗、事業所、低層共同住宅等が点在する地域に所在する本件土地の交差点を隔てた対角線の位置に暴力団事務所が存することが、本件土地の宅地としての用途に支障を来たし、その価値を減ずるであろうことは、社会通念に照らし容易に推測される」「本件暴力団事務所と交差点を隔てた対角線の位置に所在する本件土地は、宅地として、通常保有すべき品質・性能を欠いているものといわざるを得ず、本件暴力団事務所の存在は、本件土地の瑕疵に当たる」として、原告の瑕疵担保責任に基づく損害賠償請求を一部容認したものである。

本裁判例では、Yは売主ではなく仲介業者であるため、本件ビルないしE社の存在が本件土地の瑕疵に当たるかどうか問われてはいないが、「E社は指定暴力団であるD会との間で『一家』や『傘下』と表現される関係を有する団体であり、本件ビルを事

務所として使用していると推認される。」「E社とD会の関係に照らせば、E社の事務所は、嫌忌施設としてその存在が不動産の価値を減損させる暴力団事務所に類するものとして、宅建業者がその存在を認識していた場合には説明義務の対象とな（る）」として暴力団事務所に類するE社の事務所の存在が説明義務の対象となり得るとした。妥当な判断である。

4　いかなる場合に仲介宅建業者は説明義務を負うか

暴力団排除の気運の高まりなどから、近時は代紋を掲げるなど暴力団であることを示す外観を有する暴力団事務所はほとんどなくなっている。このため、暴力団事務所の存在は外部からは容易に知り得ないことが多い。そこで、近隣に暴力団事務所が存在することが説明義務の対象となり得るとしても、仲介宅建業者は、どこまで調査をすべきか、いかなる場合に調査義務が生ずるかは別途検討する必要がある。

仲介宅建業者が近隣に暴力団事務所またはこれに類する事務所が存すると知っていれば、説明義務がある。このことは先に述べた暴力団事務所の性質から明らかであろう。では、仲介宅建業者は近隣に暴力団事務所が存在するかどうかを一般的に調査する義務はあるか。一般的な調査義務がないとすると、いかなる場合にこれを調査する義務があるか。

この点について、本裁判例は仲介宅建業者の一般的な調査義務を否定した。

判例には、山林を宅地造成の上分譲する目的で買い受け、造成工事を行い分譲を開始したところ、購入した山林の一部が保安林に指定されていることが判明し、造成工事を取り壊して原状回復を行い、また購入者に対して売買代金を返還するなどして損害が生じたケースについて、売主の委託を受けた仲介宅建業者は、仲介物件たる山林について保安林指定の有無を照会して調査する義務があるとして買主に対する不法行為の成立を認めたものがある（最一判昭和55・6・5裁判集民130号1頁）。このケースは、保安林指定の有無について一般的な調査義務を認めたものであるが、これは買主の目的が造成、分譲を目的とするものであったことから、法令上の制限（宅建業法35条1項2号）に準じて一般的な調査義務を認めたものであると考えられる。これに対して、本裁判例における暴力団事務所等の存在は、宅建業法35条1項所定の各号に該当しないこと、対象不動産の利用を直接制限するものでないこと、嫌忌施設は暴力団事務所だけではなくすべての嫌忌施設について調査することは困難であることなどからすると、本裁判例のケースは上記判例のケースとは事案

を異にし、一般的な調査義務は否定せざるを得ない
であろう。

　このように、本裁判例は、暴力団事務所等の存在
について一般的な調査義務を否定したが、その一
方、暴力団事務所等の存在をうかがわせる事情があ
れば、調査義務が生ずるとした。一般論として、異
論は少ないと思われる。では、具体的にいかなる事
情があれば、調査義務が生ずるか。これを一概に述
べることはできないが、例えば、問題となる建物の
外観、暴力団員風の人物の出入りやそのような人物
が使用する自動車の往来、近隣におけるトラブルや
迷惑行為、警察官の警戒状況、過去の抗争などの事
実から暴力団事務所の存在が疑われる場合は調査義
務が生ずるといってよい。本裁判例のケースでは、
本件ビルの外観上異状がなかったこと、Y従業員が
対象不動産の周辺に赴いて測量、境界立会などの作
業をした際も暴力団事務所の存在をうかがわせる事
情がなかったこと、Xが周辺物件の所有者や使用者
について反社会的勢力であるか否かの調査を要望し
た事実はないことなどから、対象となる土地周辺の
所有者の名称等を認識していても、個々の所有者や
使用者の属性について調査すべき義務があったとま
で解することができないとされた。もっとも、Xが
A社に対して提起した別件訴訟においては、過去に
本件ビル1階の組事務所で暴力団関係者による発砲
事件が発生したとの報道がなされていることが認定
されており、このことからすると本裁判例のケース
でYの調査義務を否定したことに疑問がないわけで
はない。しかし、この発砲事件はXが本件土地を購
入する約10年前の事件であり、Xが本件土地を購
入した当時、Yにおいて発砲事件を知らなかったこと
は無理もないところであって、このことからYの調
査義務を肯定するのはYに酷に過ぎよう。そうする
と、Yの調査義務を否定した本裁判例は、結論にお
いて肯認できる。

5　民法改正の影響

　本裁判例の事案は改正前民法下のものであること
から、改正前民法によって検討してきたが、現行民
法下でも上記の考え方は妥当するかについて言及し
ておきたい。

　仲介宅建業者の調査説明義務については、売主側
仲介宅建業者の買主に対する説明義務は信義則に基
づくものであり、買主側仲介宅建業者の買主に対す
る説明義務は媒介契約に基づくものであって、調査
説明義務の内容に民法改正の影響はない。

　また、売主の買主に対する説明義務も信義則に基
づくものであるから、これも民法改正の影響を受け
ない。ただし、売主の説明内容が誤っていたような
場合には、説明義務違反による不法行為責任が生ず

るのみならず、説明内容が契約の内容となり、現行
民法に新たに定められた契約不適合責任が生ずる場
合もあるであろう。

　売買目的物の瑕疵について述べた部分について
は、従来の瑕疵担保責任は売買目的物が通常有する
性質を欠く場合のみならず、売主が特に保証した性
質を欠く場合もこれが瑕疵とされていたことから、
改正前民法における瑕疵の存在と現行民法における
契約不適合の事実の存在とはほとんどの場合重なる
のではないかと思われる。

‖ *MOCHIDA Hideki* ‖

13

暴力団排除条項による建物賃貸借契約の解除が認められなかった事例

東京地判平成28・2・24、平成26年（ワ）第16307号建物明渡等請求事件、請求棄却【控訴後、東京高判平成28・7・14により控訴棄却・確定】、LLI/DB07130381

京橋法律事務所／弁護士　望月　克也

Ⅰ　事案の概要

原告は不動産事業等を目的とする株式会社であるところ、本件マンションの居室等を、以下のとおり、被告らに賃貸した。

(1)　甲号室について、医療法人社団Aを借主とする賃貸借契約。なお、居住者は夫婦である被告Y₁およびY₂とされていた（賃貸借契約①）。

(2)　甲号室付の駐車場について、Aを借主とする賃貸借契約（賃貸借契約②）。

(3)　乙号室について、借主をY₁、居住者をY₁およびY₂とする賃貸借契約（賃貸借契約③）。

(4)　乙号室付の駐車場について、Y₁を借主とする賃貸借契約（賃貸借契約④）。

(5)　居室とは関連しない別の駐車場について、Y₁を借主とする賃貸借契約（賃貸借契約⑤）。

原告は、上記全ての賃貸借契約について、被告らが占有権原なく占有している、あるいは、原告と被告らとの間の賃貸借契約にはいずれも暴力団排除条項（以下、「暴排条項」という）が存在しており、Y₁が暴力団関係者ないし反社会的勢力であること等を根拠に、当該条項違反を理由として賃貸借契約が解除された等と主張して、被告らに対し、明渡し等を求めるなどした事案である。

Ⅱ　判決要旨

1　（賃貸借契約①および②）については、Aは名義上の賃借人であり、Y₂が賃借人であると認定した上で、Y₁はいずれも占有していないこと、Y₁が「反社会的勢力（あるいは、そこに含まれる「暴力的集団」）と密接な関係を有するとは認められないから、その他の暴力団排除条項の要件について判断するまでもなく」、「賃貸借契約についての原告の解除の意思表示……は解除事由を欠くものとして効力を有しない」旨判断し、請求を棄却した。

2　（賃貸借契約③および④）については、Y₂についてはいずれも占有していないこと、また、Y₁については、前項と同様に、原告による賃貸借契約解除の意思表示は解除事由を欠くものとして効力を有し

ない旨判断し、請求を棄却した。

3　（賃貸借契約⑤）についても、上記と同様にY₁については、前項と同様に、原告による賃貸借契約解除の意思表示は解除事由を欠くものとして効力を有しない旨判断し、請求を棄却した。

Ⅲ　分析と展開

1　はじめに

本件は、賃貸借契約の当事者性や占有の有無が争われるとともに、原告が、暴排条項に違反する事情がある等と主張した事案である。

賃料不払い、無断転貸などと異なり、かかる暴排条項に基づく賃貸借契約の解除は、客観的に明白ではない場合も多く、その主張の構成や立証に苦慮し、慎重を期するケースもあり得る。本件は、残念ながら解除が認められなかった事案であり、本稿では、賃貸借契約の解除の有効性等の争点に絞って検討する。

2　暴力団排除条項の概要

(1)　まず、暴排条項の成り立ちや意味について概観する。

平成19年6月19日に、「企業が反社会的勢力による被害を防止するための指針」（以下、「政府指針」という）が策定され、同指針により、暴排条項を盛り込むことが望ましいとされた。加えて、平成22年より暴排条例が各都道府県で施行され（例えば、東京都暴力団排除条例18条2項では、暴排条項を契約書その他の書面に定めることの努力義務が課されている）、警察庁、国土交通省と不動産流通4団体による協議を経て、不動産売買、住宅賃貸および媒介各契約書に係る暴力団等反社会的勢力排除のためのモデル条項を策定したことを受け、平成23年6月9日、警察庁より「不動産取引からの反社会的勢力排除対策の推進について」が発せられるに至った。

(2)　不動産取引・賃貸借に関連する暴排条項は、社会から暴力団を排除するにあたって、極めて大きな役割を果たす。暴力団の活動にあたっては、何らかの拠点が必要であることが多く、暴排条項は、その拠点を使用させないことにより暴力団の活動に大

きな打撃を与えることになるからである。

　(3)　暴排条項の違反の形態は様々であるが、不動産が暴力団事務所として使用されたり、暴力団員の住居として使用されると、暴力団という属性自体の危険性、すなわち、対立抗争事件等の巻き添えとなったり、暴力団員の出入りが増えること等から、周辺住民の生命身体の危険があるとともに、所有者にとっては、財産的価値にも影響する。また、暴力団員が入居することにより、危険、迷惑行為（例えば近隣住民への威嚇、嫌がらせ、常習的な違法駐車、ゴミの不法投棄、等）が避けられないことも理由となる。

　(4)　なお、最高裁判所は、市が、入居者が暴力団員であることが判明した場合に明渡しを請求できる旨の市営住宅条例の規定に基づいて明渡しを求めたという事案において、同規定は、合理的な理由のない差別といえない、公共の福祉による必要かつ合理的な制限である等として、憲法14条、憲法22条には違反しないとの判断を下した（最二判平成27・3・27民集69巻2号419頁、判タ1414号131頁〔本書Ⅰ-**2**〕）。この趣旨は契約書上の暴排条項にも同様に該当すると考えられ、憲法上の問題点はクリアしたことになろう。

3　本件における暴力団排除条項の内容と背景事情

　(1)　上記を踏まえて、本件の具体的な検討に入る。

　本件は上記のとおり複数の賃貸借契約が締結されているが、そこで定められた暴排条項の具体的内容は以下のとおりである。

　甲号室・乙号室は、「賃借人または居住者が暴力的集団（または、これに類する者を含む）に関係する者であることが判明したとき」、「貸室に暴力的集団の構成員、準構成員等を居住させたとき」は、賃貸人は無催告で当該契約を解除できるとの規定が置かれている。なお、ここにいう「暴力的集団（または、これに類する者を含む）」の定義は明確に定められていない。

　甲号室・乙号室にそれぞれ付随する駐車場については、賃貸借契約書上、暴排条項は置かれていなかったようであるが、それぞれ、対応する居室の賃貸借契約が解除されたときに失効すると定められており、居室が暴排条項違反で解除された場合、連動して、駐車場の契約も失効することになる。

　ホテル駐車場については、「自己が暴力団、暴力団関係企業・団体、その他反社会的勢力（以下、「反社会的勢力」という）ではないこと、反社会的勢力の支配・影響を受けていないこと、及び自己の役員、従業員、関係者等が反社会的勢力の構成員又はその関係者ではないこと」について表明・保証した

上、この表明・保証に違反したときは、賃貸人が無催告で当該契約を解除できるとされている。

　(2)　本件で、原告は、①甲号室・乙号室の暴排条項の「賃借人または居住者が暴力的集団（または、これに類する者を含む）」とは、暴力団に限らず、犯罪活動を行う右翼団体等も含めて広く暴力的な活動を行う集団を指し、関係企業・団体等も含むものであり、下記B、D、E、Fがこれにあたり、Y₁はこれらと密接な関係を有するから「関係する者」に当たる、②同じく甲号室・乙号室の暴排条項の、「暴力的集団の構成員、準構成員等」には、「関係する者」も含まれるので、Y₁は当然これに該当し、これを居住させたことになる、③ホテル駐車場の暴排条項の「暴力団、暴力団関係企業・団体、その他反社会的勢力」は、上記①の「暴力的集団」と同旨であり、「関係者」とは上記①の「関係する者」と同旨であるから、Y₁はこれに該当すると主張し、その根拠として、下記の基礎事実を主張した。

・Bは団体Cの代表であるところ、Y₁は、このBとともに平成25年11月、詐欺の疑いで逮捕され（注1）、その後勾留がされたが、同年12月24日付けで不起訴処分となった。Cは、単なる右翼思想団体ではなく、暴力的集団・反社会的勢力である。また、C組の構成員が過去に複数の発砲事件などの暴力事件を起こしている。

・Y₁は、元暴力団組長であり、現在暴力団のフロント（企業舎弟）であるDと親密な関係にあった。

・暴力団幹部と関係を有し、金融ブローカーとして暴力団に資金提供をしてきたEと懇意にし、Eの参謀ともされている。

・暴力団のフロント（企業舎弟）であるFと密接な関係にあった。

　(3)　この点、裁判所は、甲号室・乙号室の賃貸借契約書に定められた「暴力的集団」の内容を、暴力団またはこれに類する暴力的活動を常習的に行う集団を指すとした。また、これらと「関係する者」ないし「関係者」については、東京都暴力団排除条例2条4号における「暴力団関係者」が「暴力団若しくは暴力団員と密接な関係を有する者」を指すと定義されていることを例に挙げ、上記暴力的集団と「密接な関係を有する者」と解すべきとした。

　そして、Bとの関係について、「上記のY₁の逮捕に係る被疑事実が反社会的勢力とどのように関係するか、あるいは、Bの被疑事実とどのように関係するかを具体的に確定しうる証拠はなく」「Y₁について不起訴処分がされたことも考え合わせると、Y₁の逮捕の事実をもって、Y₁と反社会的勢力が密接な関係を有するとは認められない」とした。ま

た、原告は証人尋問を行ったようであり、証人が、Y₁の逮捕前に捜査員から協力を求められた際にY₁について「反社会的な事件に関与している」と聞いたと供述しているが、「具体的な事件の内容等については聞いておらず、その点について上司等が警察に確認したかも分からない旨供述するものであるから、証人Bの上記供述は、Y₁と反社会的勢力との密接な関係を裏付けるものとはいえない」とした。

また、Y₁とD、E、Fとの関係については、Y₁が、各人について、過去の一定時期に世話になったり取引関係にあった事実は認めるものの、近日はあまり交流がないという趣旨の供述をしているところ、裁判所は、それ以上の「関係があったことを認める的確な証拠はなく」「原告が指摘する……陳述書……や雑誌・書籍の記事……の存在を考慮しても、……交際当時におけるこれらの者と反社会的勢力との関係の有無・程度や、その点についてのY₁の認識内容については、これを確定できないと言わざるを得ない」とされ、「原告訴訟代理人弁護士は本件訴訟提起後の平成27年1月30日に反社会的勢力に関する情報提供を求めて警視庁担当者に面談したが、その際の回答結果はY₁について反社会的勢力に該当するとの情報は『なし』というものであったと」の点も相まって、Y₁が、反社会的勢力と密接な関係を有するとはいえず、その他、本件全証拠によってもこの点を認めるに足りないとされた。

4　反社会的の主張立証について

暴排条項に違反した事実は、外形的に明白でないことも多く、本件は、その主張立証に非常に苦慮した跡が見受けられる。

（1）この点、類似するケースとして、神戸地尼崎支判平成25・2・8民集69巻2号430頁、判例地方自治395号71頁（先の最二判平成27・3・27の第1審）を検討する。暴排条項に基づき、賃借人が暴力団員であったことを理由とする賃貸借契約の解除を認めたケースである。

事実関係の争点は、ほぼ賃借人が暴力団員であるかのみであり、この点については、警察の刑事部組織犯罪対策局暴力団対策課に対する調査嘱託に対して、賃貸借契約解除の時点で、賃借人を暴力団員として認定していたと回答されていた。この回答の信用性が争われたのであるが、回答の根拠は、警察の捜査員作成の暴力団関係情報（資料）報告書に捜査員が……会会長から聴き取りしたところ、舎弟として賃借人がいて、同人が……会に加入したと申し立てたと記載されていたこと、および同じく捜査員が……組の……体制についての組員名簿を入手し、それに「若中　賃借人」と記載されていたというものであった。

そして、「暴力団に所属しているか否かは、いわゆる暴力団対策法制定後、暴力団員に対する種々の不利益待遇が具体化するようになってからは、秘匿するのが普通になっていると考えられるから、警察の報告書等の間接的資料で認定するのはやむを得ないことというべきであり、その資料が明らかに誤っていると考えられる特段の事情のない限り、その判断を覆すことは困難である」として、回答の信用性を認めた。

（2）これに対して、本件は、賃借人Y₁・Y₂と暴力団・反社会的勢力との関係性が立証しきれず、請求を棄却されることになった。

もっとも、原告の主張立証には、相当工夫した跡が見受けられる。例えば、原告は、Y₁本人はもとより、B、D、E、Fらの刑事事件に関する新聞記事や、特にBが反社会的勢力であることを示唆する書籍、Bと原告担当者との間のやりとりの報告書、Bが反社会的勢力と近い関係にあること等を内容とする別事件の陳述書等を証拠として提出している。この点、裁判所は、前記のとおり、「上記のY₁の逮捕に係る被疑事実が反社会的勢力とどのように関係するか、あるいは、Bの被疑事実とどのように関係するかを具体的に確定しうる証拠はなく」と認定している。つまり、Y₁の逮捕の事実では不十分であり、Bとの関係性が深いことや、密接交際がある等の事実を立証できなかったからであると推測される。

この点は、判示のとおり、結局Y₁について不起訴処分となったことのほか、それ以上Bとの関係性を立証する証拠が得られなかったこと、原告訴訟代理人弁護士が本件訴訟提起後に反社会的勢力に関する情報提供を求めて警視庁担当者に面談したが、その際の回答結果はY₁について反社会的勢力に該当するとの情報は「なし」というものであったこと、等が影響している。

前記警察とのやりとりは、賃貸借契約を解除する前に行うべきであっただろう。

5　対策について

（1）事前の対策としては、契約締結時に借主の調査をすることが必須である（注2）。契約締結後の解除に比して、契約締結前であれば、契約自由の原則により、契約を締結しないという決断をもって排除できるからである。

借主が法人であれば、現在事項証明書等の資料の確認、インターネットによる検索は少なくとも行うべきである。また、より大量かつ精緻な情報を収集すべく、社内や業界内でのデータベースの構築・利用も大事であろう。警察や暴力団追放運動推進センターからの情報提供については、「暴力団排除等の

ための部外の情報提供について」という通達（注3）が定められている。社会から暴力団を排除するという目的に資すると認められること等を要件として、必要な範囲で情報提供を受けることが可能なので、参考にされたい。

（2）万が一、反社会的勢力に賃貸してしまった場合は、解除による排除に向けて、丹念に情報を収集することに注力するべきである。前記のような調査に加え、現場聞き取り、周辺からの反社会的な言動に関する情報を収集するとともに、要件を満たせば、刑事確定記録法等による刑事事件記録の閲覧謄写を検討してもいいだろう。加えて、賃料不払いや、利用目的違反等、暴排条項違反に加えて賃借人としての義務に違反していないかの調査も必須である。

（3）併せて、平時には、暴排条項の見直しをすることも重要である。

本件の暴排条項は、借主が反社会的勢力と関連がある場合等に限られており、いささか狭小であったとも思われる。

例えば、東京都暴力団排除条例2条4号では、「暴力団関係者」を「暴力団員又は暴力団若しくは暴力団員と密接な関係を有する者をいう」としているが、「東京都暴力団排除条例Q＆A」のホームページ（注4）上では、「暴力団又は暴力団員を不当に利用していると認められる者」「暴力団の維持、運営に協力し、又は関与していると認められる者」「暴力団又は暴力団員と社会的に非難されるべき関係を有していると認められる者」等を意味すると定めており、この「社会的に非難されるべき関係」として、「相手方が暴力団員であることを分かっていながら、その主催するゴルフ・コンペに参加している場合」「相手方が暴力団員であることを分かっていながら、頻繁に飲食を共にしている場合」等が挙げられている。

上記の程度に具体化した内容を賃貸借契約書において明文化することや、「これらに準ずる者」なども含めるよう、広く捕捉する規定も検討したい。

さらに、排除対象を広げるべく、行為要件も加えることを検討してよいであろう。この点、前記3（1）で取り上げたモデル条項が国土交通省のサイト（注5）に記載されているが、そこでは、「本物件または本物件の周辺において、著しく粗野若しくは乱暴な言動を行い、又は威勢を示すことにより、付近の住民又は通行人に不安を覚えさせること」等が禁止行為とされている。禁止行為は、属性の有無に比べて比較的客観的に立証がし易いので、前記に加え、暴力的な要求行為、法的な責任を超えた不当な要求行為、その他これらに準ずる行為、等の禁止行為を

定めてもよいと考える。

（4）また、賃貸借契約を締結する際に、重ねて、暴力団員や密接関係者でないこと、暴力的行為等をしないこと、違反した場合は即時解除に異議を述べないこと等の表明確約書を取得すれば、解除の正当性が認められやすくなるであろう。

なお、暴力団追放運動推進都民センターでは雛型を公開しているので（注6）、参考にされたい。

6　まとめ

本件は、借主が賃貸借契約書上の「暴力的集団」に属し、「反社会的勢力」に該当すると判断して賃貸借契約の解除を主張したが、立証しきれなかったという事案である。

本件原告も、過去のインターネット記事や雑誌等、別事件における借主の陳述書、貸主と借主とのやりとり等を証拠として提出しており、相当程度立証に力を注いだことが見受けられるが、借主の属性を立証するには不足していると判断された。

本件から教訓として得られることは、まず第1に、警察や暴力団追放運動推進センターとの連携に留意することである。本件では、Y₁に関する警視庁担当者の回答結果が、「該当なし」であったことが裁判上明らかになってしまっている。提訴前はもちろんのこと、契約解除の意思表示を行う前の段階で、事前に警察や暴力団追放運動推進センターと密接にやりとりを行い、解除の意思表示や提訴に踏み切るかを判断することが重要である。

第2に、借主自身の属性について十分な調査をより一層留意することであろう。上述したような証拠を収集することに加え、さらに、借主が密接交際者たり得る事情、先に述べた「東京都暴力団排除条例Q＆A」のホームページ上の「密接交際者」の例（Q6、Q7）に該当するような事情を調査すべきであろう。加えて、他の賃貸借契約の解除事由、例えば、貸主や周辺住民・ホテル利用者に対する迷惑行為や用法違反等の周辺事情をくまなく集積するべきである。

第3に、形式的に暴排条項が存在しても意味をなさないことがあるので、暴排条項の中身のアップデートを定期的に意識することである。例えば、単に「暴力団関係者」を排除する旨の記載のみがあった場合、該当範囲が狭まる可能性があるので、暴力団関係者なり反社会的勢力に「準ずる者」まで広く禁止するほか、暴力的な言動を行う場合も禁止するなどの工夫が必要である。

いずれにせよ、借主が暴力団関係者、反社会的勢力であると思われる場合、その立証、排除は容易ではないことを認識しつつ、当該貸室が反社会的行為の拠点となることもあるのだから、見て見ぬふりを

することは厳禁であることも念頭におく必要があろう。

（注１）　インターネットに記載された中傷記事を揉み消すという欺罔行為を行ったという事案である。

（注２）　政府指針では、「外部専門機関の連絡先や担当者を確認し、平素から担当者同士で意思疎通を行い、緊密な連携関係を構築する。暴力団追放運動推進センター、企業防衛協議会、各種の暴力団排除協議会が行う地域や職域の暴力団排除活動に参加する。」こと等が平素の対応として掲げられている。

（注３）　以下が、平成31年３月20日付の通達である。
https://www.npa.go.jp/laws/notification/keiji/sosikihanzaitaisakukikaku/20190320sotaiki.pdf.

（注４）　https://www.keishicho.metro.tokyo.jp/kurashi/anzen/tsuiho/haijo_seitei/haijo_q_a.html#cmskankeisya.

（注５）　https://www.mlit.go.jp/common/000148129.pdf.

（注６）　https://boutsui-tokyo.com/wp-content/uploads/kakuyaku.pdf.

＜参考文献＞
　　東京弁護士会民事介入暴力対策特別委員会編『暴力団排除と企業対応の実務』（商事法務・2011年）。
　　渡辺晋『〔改訂版〕建物賃貸借』（大成出版社・2019

年）。
　　我妻榮＝有泉亨＝清水誠ほか『我妻・有泉コンメンタール民法―総則・物権・債権』（日本評論社・2005年）。

‖‖‖ MOCHIZUKI Katsuya ‖‖‖

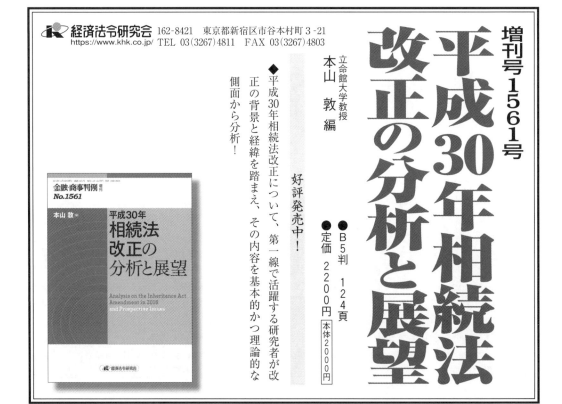

14 暴力団排除条項に基づく解除に対する違約金請求事件

東京地判平成28・11・30、平成27年（ワ）第26379号違約金請求事件、請求認容【確定】、LLI/DB0713
3046

岩崎・安達・岡本法律事務所／弁護士　**安達 桂一**

Ⅰ　事案の概要

1　本件は、Y社との間でマンション6棟の建物および敷地を代金12億円で売り渡す旨の契約を締結したX社が、その代金の支払いをしなかったY社に対し、約定違約金および約定遅延損害金の支払いを求め、請求認容された事案である。

2　当事者

X社は、不動産の売買・賃貸・管理・仲介および鑑定、コンサルティング業務等を目的とする株式会社である。同社は平成16年3月に東京証券取引所（以下、「東証」という）マザーズに上場し、平成26年12月に東証2部に市場変更した。

Y社は、不動産の売買・仲介・斡旋・賃貸および管理等を目的とする株式会社である。

3　経緯

（1）　契約に至るまで

X社は本件各マンションを平成27年7月までに代金14億円で一括して売却することを希望して、売り先を探していたところ、Y社に対し本件各マンションを一括して買い受ける話が持ち込まれた。

Y社は、X社と価格交渉をするとともに、代金の原資についてA銀行B支店に融資の申込みをした。

Y社は、本件各マンションについて、機を見て転売することを企図し、その売買代金の原資の大半を、A銀行B支店から融資を受けて調達する予定であった。

Y社とX社との交渉の結果、平成27年7月中に決済されることを前提に、代金額12億円となり、A銀行との間で打合せを重ね、A銀行B支店から、同日までに融資を実行できる旨の回答があり、X社に対しA銀行から融資を受けて代金決済をする旨を伝え、X社も特段異議を述べなかった。

（2）　契約内容

X社とY社は、平成27年7月8日にX社所有にかかる前記マンション6棟の建物および敷地をY社に売り渡す旨の売買契約（以下、「本件契約」という）を締結し、同日、X社に対し、手付金6,000万円を支払った。

本件契約の条項（抜粋）は以下のとおりであった。

①　本件契約締結時に手付金6,000万円を支払う。ただし、手付解約をすることができない。

②　平成27年7月30日限り残代金11億4,000万円を支払う。

③　売主または買主は、その相手方が本件契約に違反し、相当期間を定めた書面により履行の催促に応じない場合には、本件契約を解除することができる。

④　買主が違約した場合には、売買代金の20％相当の約定違約金の額が支払済みの額を上回るときは、買主は売主に速やかにその差額を支払う。

⑤　買主が本件契約の各条項に基づき売主に支払うべき金員を売主の承諾なく所定の期日までに支払わない場合、売主は買主に対し、当該金員に対する支払期日の翌日から支払済みまで年14.6％の割合による遅延損害金の支払いを請求することができる。

⑥　売主および買主は、それぞれ相手方に対し、自らが反社会的勢力（暴力団、暴力団関係企業、総会屋もしくはこれらに準ずる者またはその構成員）ではないことを確約し、確約に反する申告をしたことが判明した場合には、その相手方は、何らの催告を要せずに本件契約を解除することができる（いわゆる「暴力団排除条項」。以下、「暴排条項」という）。

なお、Y社は、A銀行から融資可能との返答を受けたため、本件契約締結を決定した。

もっとも、本契約においてはA銀行からの融資で代金決済されることが前提とされていたものの、いわゆるローン条項（売買代金について融資が受けられないことが確定した場合、買主において損害賠償責任を負うことなく契約を解除することができる旨の条項）が定められていなかった。

残代金については、Y社が平成27年7月30日に前記支店に赴いて送金手続を行い、決済することとされていた。

（3）　契約後の経緯

ところが、Y社は、決済当日である同日の朝、A銀行から、突然、X社が売主の物件について融資できない旨の通告を受けた。

Y社は、A銀行に対し、残代金の支払いができなければ2億4,000万円もの違約金を支払う契約となっていることなどを告げて、厳重に抗議し、その理由を問いただしたが、A銀行担当者は、X社の属

性に問題があるため、三大メガバンクを始めとする金融機関が融資を控えている状況であり、Ａ銀行も融資には応じられない旨説明したが、それ以上の具体的な説明はされなかった。

Ｙ社は、自己資金をもって代金決済をすることとし、その旨をＡ銀行担当者に伝えたが、Ａ銀行から、たとえ自己資金であっても、他行からの融資金であっても、Ｘ社と本件契約に係る取引をするのであれば、翌日にＹ社との間で予定されていた別の案件に関する融資についても、その実行をしない旨の連絡を受けた。Ｙ社としては、今後のＡ銀行との取引に支障が出ることを慮って、本件契約に係る代金の支払いを見合わせることとした。

Ｙ社代理人弁護士は、Ｘ社に対し、平成27年7月30日付け通知書により「Ａ銀行より、貴社が反社会的勢力に該当するおそれがあるとの理由もあり、融資を実行できない旨の通知を受けました。」Ｙ社としては「貴社が反社会的勢力に該当するものと判断せざるを得ません」などとして、暴排条項（前記⑥）に基づき本件契約を解除する旨の意思表示をした。

Ｘ社代理人弁護士は、Ｙ社代理人弁護士に対し、同年7月31日付け通知書により、Ｘ社は東証2部に上場する企業であり、反社会的勢力と関与することは東証の上場廃止基準に該当するものであるから、Ｘ社が反社会的勢力であるなどということはあり得ないことを指摘するとともに、Ｙ社がＸ社を反社会的勢力に該当すると判断した根拠を具体的・客観的に示すことを求めた。

Ｙ社代理人弁護士は、Ｘ社代理人弁護士に対し、電話で、Ａ銀行からの融資にあたり、支店決済は下りたが、本店稟議において、Ｘ社がグレーであることを理由に総合的な判断で融資が下りなかった旨の説明をした。しかし、この電話による説明以外に、Ｘ社が反社会的勢力であることをうかがわせる証拠等が示されることはなかった。

Ｘ社はＹ社に対し、平成27年8月21日付け通知書により、期限を定めて残代金の支払いを催告し、同期限内に支払いがない場合には、本件契約を解除する旨の意思表示をしたが、同期限を過ぎても、Ｙ社はＸ社に対し残代金の支払いをしなかった。

なお、Ｘ社は、平成27年6月30日から同年11月6日にかけて、その所有する不動産5物件をそれぞれ売却した。また、Ｘ社は、同年7月31日に所有土地を売却し、買主は当該土地についてＣ銀行との間で根抵当権設定契約を締結し、その旨登記した。

Ⅱ 判決要旨

1 裁判所の判断（要旨）

Ｘ社による約定違約金および約定遅延損害金の請求をいずれも認容した。

（1）本件契約の解除について

Ｙ社は、Ｘ社に対し、平成27年7月30日付け通知書によりいわゆる反社会的勢力排除条項（暴排条項）に基づき本件契約を解除する旨の意思表示をしたものであるが、本件訴訟において、Ｘ社が反社会的勢力である旨の主張をするものではなく、また、これを認めるに足りる証拠もないから、解除事由があるとは認められず、Ｙ社による本件契約の解除は認めることができない。

（2）違約金支払請求が権利の濫用に当たり、あるいは、信義則に基づいて制限されるかについて

Ｘ社について、「三大メガバンク等の金融機関からの直接的な融資を受けることができない状況であったものの、すべての金融機関から直接的な融資を受けられない状況にあったとはいえず、また、Ｘ社は、本件契約締結の前後の時期において、複数回にわたり、その所有する不動産を売却しており、その売買契約の1つにおいては、買主が三大メガバンクからの借入れにより購入資金を調達していることがうかがわれる。他方で、……Ｘ社の属性を理由に融資が受けられなかったという事実を認めるに足りる証拠はない。」「Ｙ社が本件契約に係る代金決済資金に銀行融資を利用することをＸ社に告げ、Ｘ社がこれを了解していたものであったとしても、Ｘ社において、本件契約の締結にあたり、三大メガバンク等の金融機関からの直接的な融資を受けられない状況にある事実をＹ社に伝えるべき義務があったとはいえず、Ｘ社がこの事実をＹ社に秘して本件契約を締結したと評価することもできない。」

「Ｙ社は、……代金総額12億円もの高額取引であるにもかかわらず、その残代金支払日が契約締結後3週間余り後とされ、手付解除をすることもできないとされており、Ｙ社の代金支払いの負担が極めて大きいものであることを指摘する。しかし、……Ｙ社は不動産業者であり、……Ｘ社と価格交渉をした上で本件契約を締結したものであり、また、Ｙ社としても、自己資金をもって本件契約に係る代金決済をすることも可能であり、……代金不払いが正当化され得るものではない。」

「Ｙ社は、……Ｘ社が本件各マンションの一部を他者に売却し、その余の物件も売却することが可能であることを指摘し、本件契約が履行されなかったからといって、Ｘ社に実質的な損失は生じない旨の主張をするが、本件契約の目的物が他者に売却できるからといって、約定の違約金の請求が不当なものであるということは到底できない。」

「Ａ銀行が何ゆえに融資の実行を拒み、Ｙ社の自己資金をもってする代金決済をも嫌がったのかについては、……明らかではなく、これがＸ社に帰責す

る事由によるものであると認めるに足りる確たる証拠はない。」「A銀行が融資の実行を拒んだことが発端であるものの、もっぱら、Y社において、A銀行との今後の取引に支障が生じることを慮って、その意向に従うという経営上の判断をしたことによるものであるといわざるを得ないのであり、そのことによって生じた不利益は、Y社とA銀行との間においては格別、少なくともX社とY社との間においては，Y社が負担すべきものと解するのが相当である。」

「……X社の約定の違約金の支払請求が権利の濫用に該当し、あるいは、信義則に基づいて制限されるものであると認めることはできない。」

Ⅲ　分析と展開

1　本件は、暴排条項により解除した事案ではあるが、決済の当日に、融資元の金融機関から融資を拒否されたことから、暴排条項に基づく解除を選択したものと思われる。自ら、調査の上、何らかの情報を元に暴排条項に該当すると判断して、解除した事案ではないようである。本件訴訟においても、Y社は「X社が反社会的勢力である」とする主張はしていない。

2　本件では、Y社は融資を受けられなくても、本件契約の代金決済は可能であったとのことであるが、金融機関からは、もし自己資金で決済した場合であっても、他行からの融資金であっても、翌日の別の融資案件についても融資実行を拒否する旨の通知があった。

Y社としては、金融機関の意向に沿い、本件につき代金の支払いをせず、「X社の属性に問題があるため、三大メガバンクを始めとする金融機関が融資を控えている状況」という支店担当者からの話を元に、暴排条項により解除をするか、それとも、金融機関の意向には従わず、本件につき自己資金で代金支払いをして、さらには他の融資案件についても同じく自己資金等で代金決済をするかという選択を迫られたといえる。

判旨は「もっぱら、Y社において、A銀行との今後の取引に支障が生じることを慮って、その意向に従うという経営上の判断をしたことによるものであるといわざるを得ない」と断ずるが、Y社において、実際に、メインバンクの1つである金融機関の意向に反することは、今後の融資等との関係で難しい判断だったと思われる。

通常、暴排条項に基づき契約解除するのであれば、それ相応の調査なり、情報なりを根拠に慎重に判断することとなるが、本件ではそれができないまま契約解除を選択したものと思われる。

3　暴排条項に該当することの立証ができなけれ

ば、暴排条項に基づく契約解除が認められないことになるが、本件では、その立証ができなかったと思われる（主張自体していない）。

暴排条項に基づき契約解除をする場合、一般論として、取引相手が反社会的勢力であるとの端緒を得た場合でも、その情報のみに頼って属性評価をすることなく、多角的な情報収集など補充調査、事実関係の精査を行うことが不可欠となる。調査・精査が不十分なまま、契約解除に踏み切れば、本件のように解除の有効性を争われ、損害賠償請求を受け、敗訴するリスクも想定できる。

調査方法としては、一般論としては、自社で構築した反社会的勢力のデータベースへの照合、新聞、雑誌、インターネット情報等の公知情報を調査する方法、調査会社を利用する方法、各業界団体からの情報提供、警察や全国の暴力追放運動推進センター（暴追センター）への照会により情報の収集・調査を行うことが考えられる（東京弁護士会民事介入暴力対策特別委員会編『企業による暴力団排除の実践』（商事法務・2013年））。

裁判例としては、①ホテル運営会社が暴力団を「破門」された元暴力団員との間で締結した結婚式および披露宴を行う契約を暴排条項に基づき解除した事案において、警察から暴力団員であることを告げられ、警察に対し弁護士法に基づく照会結果その他証拠により契約当時暴力団員であると推認できるとして、契約解除を有効と判断した事例（大阪地判平成23・8・31LLI/DB06650897）、②自動車リース契約を締結したリース会社は、相手方の会社代表者は暴力団員から依頼され不正に車検手続をしたとして加重収賄の嫌疑で逮捕されるなどしており、反復継続的に違法に不正改造車の車検手続を請け負い、暴力団等を助長したとしてリース契約の反社条項に基づきリース契約を解除した事案において、解除は有効と判断された事例（東京地判平成29・3・31LLI/DB07231238）、③保険会社から、保険契約者の代表者が反社会的勢力と社会的に非難されるべき関係があることを理由に保険契約を解除した事案において、保険契約の被保険者が、暴力団関係者に対し顔を立てさせることによって傷害事件の被害者に被害申告をしないことを約束させ、暴力団関係者からの害悪を告知して未払いの工事代金の回収を断念させるなどの事実関係において、保険契約の解除事由たる「反社会的勢力と社会的に非難されるべき関係を有している」との条項の適用による保険契約の解除が有効と判断された事例（広島高岡山支判平成30・3・22判時2387号22頁〔本書Ⅱ－9参照〕）などがある。他方、④競馬法上の馬主登録の申請に対し、競馬の公正を害するおそれがあると認めるに足りる相当な理由のあるものに該当するとして申請を拒否した事

案において、対象者が暴力団関係者と親しい間柄にあることを証明するために提出した報告書の記載内容（対象者と暴力団関係者が一緒に韓国旅行に行ったなどと記載されていた）と事実との整合性が認められないことなどを理由として、申請拒否の処分が違法であるとして取り消された事例がある（札幌高判平成22・6・25LLI/DB06520703）。

4　結局、本件訴訟の主たる争点は、違約金支払請求に対し、権利の濫用ないし信義則による制限が認められるか否かということとなっている。

　権利の濫用ないし信義則による制限について、Y社は、ⅰ）残代金の支払いができなかったのはA銀行が融資に応じなかったことが原因であり、Y社には非がない。ⅱ）X社は三大メガバンクを始めとする金融機関から融資が実行されない状況であることをY社に秘して本件契約を締結しており、これを知っていれば、Y社は契約締結しなかった。ⅲ）代金が高額であり残代金支払日が同月30日とされ手付解除できないとされており、Y社の代金支払いの負担が極めて大きい。ⅳ）X社は本件各マンションの一部を他社に売却し、その余も売却することは可能であるから、X社に実質的な損失は生じていない。という点を挙げている。

　ⅰ）について、A銀行が融資に応じなかった点について、Y社に非がないとしても、X社に非があるとの立証もない。ⅱ）三大メガバンク等の金融機関からの融資の実行状況について、告知義務を直ちに認めることはできないことは判旨のとおりであろう。なお、他の物件について、X社からの買主はC銀行から融資を受けて代金決済をしていることがうかがわれることは、A銀行担当者の話からすると整合しないようにも思われる。ⅲ）については、判旨の指摘のとおり、双方、不動産業者であり、対等な関係にあり、公平の見地から不合理とはいえないであろう。ⅳ）も、「約定」違約金であり、実質的な損失が生じているか否かは問われない。

　結論として、判旨のとおり、代金支払いがなされなかったことによる不利益について「少なくともX社とY社の間においては、Y社が負担すべきものと解する」のは相当であり、約定違約金支払請求が権利濫用に該当し、あるいは信義則に基づいて制限されるということは認められないとの判断は妥当と考えられる。

5　本件のように、決済当日、金融機関から突然融資拒否がなされた場合の対応について、事前に契約条項にいわゆるローン条項や手付解除条項を盛り込むことが考えられる。

　売買代金が高額になる場合で、かつ、金融機関からの融資金を代金に充てる場合には、万が一に備え、いわゆるローン条項を契約条項に加えることを

検討する必要があろう。

　本件では、もちろん代金額や決済日を含めた交渉の中で、これらの条項をあえて入れないという判断をしたものと思われるが、想定外の理由により契約を解除せざるを得なくなる場合も考えておかなければならないのだろう。

6　また、判旨において、「そのことによって生じた不利益は、Y社とA銀行との間においては格別」とされている。この点、決済日当日、融資ができない何らの客観的合理的な根拠もなく、突然融資拒否を行った金融機関は損害賠償責任を負う可能性も否定できない。

　金融機関においては、取引にあたり暴排条項を定めることとなるが、暴排条項に基づき契約を解消する場合には、前記の通り、相応の根拠に基づき行う必要がある。そして、取引相手が反社会的勢力であるとの端緒を得た場合でも、その情報のみに頼って属性評価をすることなく、多角的な情報収集など補充調査、事実関係の精査を行うことが不可欠となる。

　本件において、「X社の属性に問題があるため、三大メガバンクを始めとする金融機関が融資を控えている状況」という話だけで、どのような「属性」という情報で、それがどのようなところから得られた情報なのかなどは、全く分からない。金融機関としても契約を解消するか否か、また、本件のように、特に一旦了承した融資を当日拒否するか否かなどの場合、単に「属性に問題があるので、三大メガバンクが融資を控えている」という情報のみで解消や拒否に踏み切ったのだとすれば、この点の対応は問題であったのではないかと思われる。仮に、本件において、A銀行が前記のような情報があったとしても、暴排条項に該当する相応の根拠がないとして、融資を実行したからといって、非難されるとは思われない。また、さらにA銀行はY社に対し、たとえ自己資金であっても、他行からの融資金であってもX社と本件契約に係る取引をするのであれば、翌日にY社との間で予定されていた別の案件に関する融資についても、その実行をしない旨通告しており、ここまでの対応が果たして必要だったのであろうか。

　繰り返しになるが、取引相手が反社会的勢力であるとの端緒を得た場合でも、過剰反応をして、その情報のみに頼って属性評価をすることなく、多角的な情報収集など補充調査、事実関係の精査を行うことが不可欠である。

ADACHI Keiichi

振り込め詐欺拠点の賃貸と瑕疵担保責任の否定事例

15

東京地判平成27・9・1、平成26年（ワ）第8713号損害賠償請求事件（第1事件）、平成26年（ワ）第12246号原状回復費請求事件（第2事件）、請求棄却（第1事件）・認容（第2事件）【控訴後、東京高判平成28・2・10により原判決変更・確定（第1事件・第2事件）】、判タ1422号278頁

弁護士法人みなとパートナーズ／弁護士　**佐藤　嘉寅**

Ⅰ　事案の概要

1　事業用賃貸借契約の締結

Ｘは、平成24年9月から個人事業を行っていたが、業績が伸びたことから、平成25年3月1日、服飾雑貨等の輸入、卸販売、小売りおよびインターネットオークションストアの運営等を行う株式会社を設立し、同年5月20日、不動産仲介業者であるＹ₂、Ｙ₃の仲介によりＹ₁から事務所（以下、「本件事務所」という）を借りた。

2　賃借建物の住所が「振り込め詐欺」の金員送付先住所であることが発覚

Ｘは、営業を継続していたが、アマゾンを利用して行っていた中古書籍販売の売上が減少していることに気付き、また、同年10月中旬ころ、本件事務所に警察官から前の居住者について質問を受けるといったことがあったため確認したところ、本件事務所の住所（以下、「本件住所」という）はいわゆる「振り込め詐欺」の金員送付先住所（以下、「振り込め詐欺関連住所」という）として警察庁等のホームページに公開されており、個人のホームページないしブログには、警察庁等のホームページから本件住所が削除された後も、本件住所を公表しているものがあることが判明した。

3　賃貸借契約の解除と賃借建物からの退去

Ｘは、平成25年11月15日付けで本店住所地を移転し、同月29日付け「賃貸契約解除届および退室確約書」と題する書面を提出したうえ、同年12月9日に本件事務所を退出した。しかし、ＸＹ間の賃貸借契約の原状回復条項に基づく本件事務所の原状回復を行わず、また、自由解約条項に基づく解約金のうち1ヵ月分の賃料相当の金員しか支払わなかった。

4　ＸはＹらに対し、本件事務所の住所が、振り込め詐欺関連住所として警察庁等のホームページに公開されていたこと（以下、「本件瑕疵」という）は本件事務所の「隠れたる瑕疵」に当たり、本件瑕疵のためＸはインターネット販売の売上が著しく減少して本件事務所からの移転を余儀なくされるとともに、信用も毀損されたなどと主張し、Ｙ₁に対し、瑕疵担保責任、不法行為に基づく損害賠償を請求し、Ｙ₂、Ｙ₃に対し、不法行為ないし債務不履行に基づく損害賠償を請求した（以下、「第1事件」という）。

これに対し、Ｙ₁はＸおよびＸの代表者で賃貸借契約の連帯保証人に対し、賃貸借契約解除に伴う約定解約金および原状回復費用を請求した（第2事件）。

裁判所は、第1事件について棄却し、第2事件について認容した。

ここでは、第1事件についての解説を行う。

Ⅱ　判決要旨

1　瑕疵担保責任の成否

（1）　本件では、本件事務所が、「過去に事務所の住所が振り込め詐欺における金員振込先として利用されていた」ことが隠れた瑕疵に当たるかが問題とされており、また、Ｘは、ここでいう瑕疵の内容について、「振り込め詐欺という犯罪行為に関係した部屋であったということに対する心理的嫌悪感」が本件事務所の瑕疵であると主張していた。

（2）　この点、本判例は、「建物賃貸借における建物の隠れた瑕疵には、建物にまつわる嫌悪すべき歴史的背景等を原因とする心理的瑕疵も含まれると解するのが相当である」として、隠れた瑕疵に、心理的瑕疵が含まれることを明示した。

そのうえで、「本件賃貸借契約が貸室を事務所として使用するための事業用賃貸借契約であり、その主たる目的が事業収益の獲得にあることに照らせば、本件事務所に心理的瑕疵があるといえるためには、賃借人において抽象的・観念的に本件事務所の使用継続に嫌悪感、不安感等があるというだけでは足りず、当該嫌悪感等が事業収益減少や信用毀損等の具体的危険性に基づくものであり、通常の事業者であれば本件建物の利用を差し控えると認められることが必要であると解するのが相当である」と判示し、心理的瑕疵があると言えるための要件として、抽象的・観念的な嫌悪感、不安感では足りず、事業収益減少、信用毀損等の具体的な危険性を求めている。

そして、本判例では、本件住所が振り込め詐欺関

連住所として警察庁に公表された事実が、一般的抽象的に、本件事務所で行われる事業の収益性、信用性に重大な影響を与える可能性があることを認めながら、次の点を挙げて、Xの事業収益減少や信用毀損に具体的な影響を及ぼすものと認めなかった。

すなわち、①本件事務所における振り込め詐欺事件が、テレビ、新聞などで報道されたと認めるに足る証拠がなく、警察庁のホームページ等を確認しなければ本件事務所に関連して詐欺犯罪があったと認識することは極めて困難であったこと、②警察庁のホームページ等において振り込め詐欺関連住所が公表されている事実は一般に周知されておらず、ネット販売業者であるXも、この事実を知らなかったこと、③インターネット販売業者の信用性は、購入者による評価が重要であり、販売業者の住所を精査することは稀であること、④本件事務所について、原状回復工事後1ヵ月あまりで新たな賃貸借契約が締結されているが、新たな賃料は1,000円増であり、また、振り込め詐欺関連住所としてネット情報があることが重要事項として説明されていることを、裁判所は詳細に認定している。

また、Xが本件事務所に転居後のネット販売の売上の激減の主張に対し、裁判所は、売上高の推移からXの売上が安定していないこと、また、売上高激減の原因は他にもあったと考えられること、売上高の推移から原告の売上高の変化と本件住所が振り込め詐欺関連住所であることの因果関係が乏しいとして、Xの主張を排斥している。

2 不法行為ないし債務不履行の成否

本件で、Xは、Yらに対し、不法行為ないし債務不履行を理由に損害賠償の請求をしている。Yらに責任が認められるためには、賃貸人ならびに賃貸借契約の仲介業者に、賃貸物件につき過去に犯罪に使用されたことがないかについて調査・確認すべき義務があるかが問題となるが、この点、裁判所は、Yらが、「本件賃貸借契約締結時に、本件住所が振り込め詐欺関連住所としてインターネットに公開されていたと知っていたと認めるに足る証拠はない」としたうえで「事業用事務所の賃貸借契約の締結にあたり、特段の事情がない限り、当該事務所の賃貸人および同賃貸借契約の仲介業者において、当該賃貸物件につき過去に犯罪に使用されたことがないかについて調査・確認すべき義務があるとは認められない」として、調査・確認義務を否定した。

Ⅲ 分析と展開

1 瑕疵担保責任と契約不適合責任

(1) 令和2年4月の改正民法で、「契約内容不適合制度」が創設された。契約内容不適合制度では、売買契約の買主の権利として、追完請求権と代金減額請求権を明文化している。

契約責任説に基づくものなので、売買以外でも問題となる契約解除の条文構造とよく似た構造となっており、契約内容不適合制度は、一般の債務不履行責任の特則と考えられている。

また、瑕疵担保責任では、目的物に隠れたる瑕疵があることを要件としており、これは、買主の善意無過失（知らなかったことに過失がないこと）が必要とされていた。しかし、今回の改正で、契約不適合が、隠れたものである必要はなく、外形上、契約内容不適合であることが明白であっても、買主は、追完請求を求めることができることになった。

すなわち、契約内容不適合責任制度においては、「契約の内容に適合しないこと」のみが、買主の責任追及の要件となっており、買主の善意無過失は不要である。

そして、契約不適合とは、引き渡された目的物が「種類、品質又は数量に関して契約の内容に適合しない」ことをいう（民法566条）。

旧民法の瑕疵担保責任における「瑕疵」は、「当該売買契約締結当時の取引観念上、その種類のものとして通常有すべき品質・性能、又は当該売買契約に基づき特別に予定されていた品質・性能を欠くこと」とされていた（最三判平成22・6・1民集64巻4号953頁、判タ2083号77頁）。

よって、従来の「瑕疵」の意味と「契約不適合」は、ほぼ同義と言え、従前、瑕疵担保責任において、「瑕疵」に当たるかが問題となってきたものについては、契約不適合制度のもとにおいても、同様に問題となる。

(2) 本事案で問題となっているのは、賃貸借契約であるが、契約不適合制度は、民法559条で有償契約に準用されていることから、賃貸借契約にも適用される。

(3) そして、「瑕疵」には、不動産そのものに物理的な欠陥が存在する物理的瑕疵、法律に照らし何らかの欠陥がある法的瑕疵、不動産の買主（借主）に心理的な抵抗が生じる恐れのある心理的瑕疵がある。

賃貸借契約でも、貸室内で過去に自殺者がいて、賃貸人がこれを知っていたのに、これを知らせずに契約した場合に、賃貸人に不法行為責任を認めた判例があり、心理的瑕疵が問題となっている（大阪高判平成26・9・18判時2245号22頁）。

2 不動産取引と心理的瑕疵

不動産取引において心理的瑕疵が問題となる場合の多くは、対象不動産で殺人があったり、自殺者が

生じた場合である。

　この点、大阪高判昭和37・6・21判時309号15頁では、売買から7年前に家屋内で縊死があった事案で、縊死の事実が、隠れた瑕疵に該当するかが争われているが、「売買の目的物に瑕疵があるというのは、その物が通常保有する性質を欠いていることをいうのであつて、右目的物が家屋である場合、家屋として通常有すべき『住み心地のよさ』を欠くときもまた、家屋の有体的欠陥の一種としての瑕疵と解するに妨げない」として、住み心地のよさを欠くという心理的欠陥を、「瑕疵」として認めたうえで、心理的瑕疵に該当するためには、「右建物にまつわる嫌悪すべき歴史的背景など客観的な事情に属しない事由に原因するときは、その程度如何は通常これを受取るものの主観によつて左右されるところが大であり、本件で控訴人が瑕疵ありと主張する右事由は正にこの種のものに該当することが明らかである。売買における売主の瑕疵担保責任は、売買が有償契約であることを根拠として、物の交換価値ないし利用価値と対価として支払われる代金額との等価性を維持し当事者間の衡平をはかることにあるから、右制度の趣旨からみると、前記後者のような事由をもつて瑕疵といいうるためには、単に買主において右事由の存する家屋の居住を好まぬというだけでは足らず、さらに進んで、それが、通常一般人において右事由があれば『住み心地のよさ』を欠くと感ずることに合理性があると判断される程度にいたつたものであることを必要とする」と判示し、縊死があってから売買までの7年の期間が経過していること、縊死のあった座敷蔵は売買当時取り除かれていたこと、この事実を意に介しない買受希望者が従前から多数あったことを理由に、心理的瑕疵の該当性を否定した。

　裁判所の心理的瑕疵該当性の判断基準としては、事件の重大性、物件の利用目的（居住用・事業用）、経過年数等を総合的に考慮して、通常一般人が「住み心地のよさ」を欠くと感じる合理性の有無から判断しているものと評価できる。

3　振り込め詐欺関連住所と瑕疵

　(1)　事業用賃貸借契約において貸室が振り込め詐欺関連住所として警察庁等のホームページに公開されていた場合の瑕疵担保責任の問題については、本判例は「隠れた瑕疵」に「建物にまつわる嫌悪すべき歴史的背景等を原因とする心理的瑕疵も含まれる」として、心理的瑕疵が瑕疵となることを認めている。これは、前記の大阪高判昭和37・6・21の趣旨にも則ったものである。そして、本事案は、単純に、通常一般人が「住み心地のよさ」を欠くと感じる合理性の有無が問題となる居住用の賃貸借ではな

く、事業用賃貸借であることを理由に、心理的瑕疵は、抽象的観念的な嫌悪感、不安感では足りず、当該嫌悪感が、事業収益減少や信用毀損等の具体的危険性に基づくものが必要であるとしていると考えられる。借主にとって貸室が、過去に振り込め詐欺関連住所として使用されていたことについて、多かれ少なかれ嫌悪感を抱くのは当然であるが、事業目的で建物を使用する場合、建物にまつわる嫌悪すべき歴史的背景があっても、建物の事業としての使用に対して影響を及ぼすことは、通常、考えがたいから、建物を事業目的で使用する場合は、心理的瑕疵該当性の判断基準として、経済的に影響を及ぼす具体的危険性の有無を挙げたものと思われる。

　本判決では、売上減少の原因についても具体的に論じているが、仮に、売上減少の原因の多くが、貸室が振り込め詐欺関連住所として警察庁等のホームページに公開されていたことに関連しているとの事実があれば、事業収益減少や信用毀損等の具体的危険性があるといえ、心理的瑕疵に該当する可能性もある。今後、警察庁等のホームページに、振り込め詐欺関連住所が公開されていることが、世間一般に広く認知されるようになれば裁判所の判断も異なってくる可能性はあるものと思われる。

　(2)　不動産取引と反社会的勢力を巡る判例の分析の観点として、近隣における暴力団事務所の所在が隠れたる瑕疵に当たるかについて検討する。この肯定例としては、東京地判平成7・8・29金判1012号27頁がある。これは、自社事務所兼賃貸マンションを建設する目的で、土地を購入したところ、土地と面する交差点の対角線の位置に暴力団事務所があることが隠れたる瑕疵に当たるかが問題となっているが、同判決では、「小規模店舗、事業所、低層共同住宅等が点在する地域に所在する本件土地の交差点を隔てた対角線の位置に松葉会系の本件暴力団事務所が存在することが、本件土地の宅地としての用途に支障を来し、その価値を減ずるであろうことは、社会通念に照らし容易に推測されるところ、当裁判所の鑑定における鑑定意見は、本件暴力団事務所の存在によって本件土地の価格について生じる減価割合は二〇ないし二五パーセントであるというものであり、その減価割合の当否はともかくとして、右鑑定の結果によっても、本件暴力団事務所の存在そのものが、本件土地の価値を相当程度減じていることは明らかである。そうであるとすれば、本件暴力団事務所と交差点を隔てた対角線の位置に所在する本件土地は、宅地として、通常保有すべき品質・性能を欠いているものといわざるを得ず、本件暴力団事務所の存在は、本件土地の瑕疵に当たるというべきである」と判示し、暴力団事務所の存在が、客

観的に、土地の価値を低下させていることから、客観的な瑕疵があると判示した（注1）。

（3）これに対し、否定例としては、東京地判平成25・8・21LLI/DB06830648がある。これは、買主の購入した土地の道路を隔てた向かい側にあるビル内には暴力団系の興行事務所があり、買主はこの事実を知らず、売主はこの事実を知っていたのに説明をしていなかったという事案である。同判決では、「本件事務所は、本件土地そのものではなく、本件土地と道路を隔てた向かい側にある本件ビル内に存在するにすぎない。また、上記判示したとおり、本件事務所は、暴力団関係者により使用されている事務所であっても、暴力団の活動の拠点となっている施設であるとまでは認められず、本件契約締結当時、本件土地上の駐車場に本件事務所の関係者と思われる者による違法駐車が散見されたほかは、本件事務所の存在により、具体的に近隣住民の生活の平穏が害されるような事態が発生していたわけでもないから、本件土地上に建物を建築して利用することが困難な状況にあるとは認められない」として、買主の購入した土地が、一般の宅地が通常有する品質や性能を欠いているということはできないとして、「瑕疵」の存在を否定した。ただ、本件では、暴力団事務所ではなく、暴力団と関係の深い興行事務所と認定しているから、暴力団事務所との認定がされていれば、肯定された可能性も高いものと思われる。なお、同判決は、説明義務違反に基づく損害賠償請求を認容している。

4　賃貸人、仲介業者の調査義務と損害賠償責任

（1）本事案では、Yらが、賃貸人ならびに賃貸借契約の仲介業者として、賃貸物件につき過去に犯罪に使用されたことがないかについて調査・確認すべき義務があるかが問題となっているが、宅地建物取引業者は、「宅地若しくは建物の売買、交換若しくは貸借の相手方若しくは代理を依頼した者又は宅地建物取引業者が行う媒介に係る売買、交換若しくは貸借の各当事者に対して、重要事項の説明義務を負う」（宅地建物取引業法35条）。

（2）前記の東京地判平成25・8・21では、売主の説明義務違反を認めているが、これは、売主が暴力団系興行事務所の存在を知りながら、これを黙っていたからである。

そして、仲介業者が、暴力団事務所の存在を調査する義務があるかについては、同一の事実関係のもと、被告を不動産仲介業者とした訴訟において、裁判所は、宅地建物取引業者は、宅地建物取引業法（宅建業法）35条に基づく調査義務を負い、「当該説明義務を果たす前提としての調査義務も負うものと解される。そして、宅建業法35条は『少なくとも次

に掲げる事項について』としており、宅地建物取引業者が調査説明すべき事項を限定列挙したものとは解されないから、宅地建物取引業者が、ある事実が売買当事者にとって売買契約を締結するか否かを決定するために重要な事項であることを認識し、かつ当該事実の有無を知った場合には、信義則上、その事実の有無について調査説明義務を負う場合があると解される」として、宅建業法35条を限定列挙としたものでなく、重要事項であることを認識し、事実の有無を知った場合には、信義則上調査説明義務を認めている。そのうえで、被告が当該事務所に関する説明義務を負うのは、「被告が本件ビルに暴力団と関連する団体の事務所が存在すると認識していた場合であり、同事実について調査をすべき事情が存在する場合に一定の調査義務を負う」とし、「施設の外観から嫌忌施設であることが容易に把握できる場合を除き、宅地建物取引業者が自ら売買対象物件の周辺における嫌忌施設の存在を調査すべき一般的な義務があるとは解されない」として、一般的な調査説明義務については否定した。ただし、施設の外観から嫌忌施設であることが容易に把握できる場合や、宅地建物取引業者がすでに嫌忌施設であることを知っていた場合は、調査説明義務が認められるであろう。

（3）本事案では、賃貸人、仲介業者の責任を否定しているが、インターネットの普及により、情報収集が容易となり、振り込め詐欺関連住所か否かについての覚知も可能となっており、本事案においても、少数ながら取引先が気付いた可能性もある。ただ、裁判所は、Xのインターネット販売事業等の取引に及ぼす影響は少なかったと判断したものと思われる。仲介業者として、振り込め詐欺関連住所の情報は、法律上調査確認すべき義務があるものと思われず、本判例は結論として妥当であるが、前記(2)のとおり、仲介業者は、振り込め詐欺関連住所であることを知っていた場合、トラブル回避の点から、当該情報を含め既知の情報については積極的に説明することも検討すべきであるし、この説明を怠った場合、説明義務違反に基づく損害賠償責任が認められることもあり得ると考える。

（注1）東京弁護士会民事介入暴力対策特別委員会『反社会的勢力を巡る判例の分析と展開』128頁（経済法令研究会・2014年）

SATO Yoshinobu

16

指定暴力団を代表する者の交替に伴って暴力団の名称が変更された後に申し立てた間接強制において、債務の内容の同一性が認められた事例

東京高決平成28・8・10、平成28年（ラ）第1189号間接強制申立一部却下決定に対する執行抗告事件、変更・請求認容【確定】、判時2338号16頁

池袋市民法律事務所／弁護士　青木　知巳

Ⅰ　事案の概要

1　本件は、申立人である地域住民Ｘらが、指定暴力団六代目山口組（以下、「六代目山口組」という）傘下の組長である相手方らに対し、平成15年に発令されていた暴力団事務所としての使用差止等を認めた仮処分決定（本件債務名義）に基づき、その後に事務所を移転した建物（以下、「本件建物」という）を本件指定暴力団等の事務所もしくは連絡場所として使用しないこと、本件建物内を銃砲刀剣類所持等取締法で禁止されている銃砲刀剣類等の保存場所に供してはならないこと、本決定送達の日以降、相手方らが同各義務に違反したとき、違反をした相手方らは申立人らに対して違反行為をした日１日につき、連帯して100万円の割合により金員を支払うことを求める間接強制の申立てを行ったところ、原審（横浜地小田原支決平成28・6・24判時2338号18頁）は、銃砲刀剣類等の保存場所に供してはならないとして、同義務に違反したときは１日につき50万円を可分債務として相手方らが支払うことを認容したものの、その余の申立てを却下したことから抗告した事案である。

2　従前の仮処分決定と事務所の移転

平成11年、指定暴力団五代目山口組（以下、「五代目山口組」という）傘下の四次団体であるＡ総業の関連企業であるＢ社がＣ市内の土地・建物を競売によって買い取り、同建物の２階をＡ総業が組事務所（以下、「旧事務所」という）として使用し始めた。

平成14年３月、Ｃ市内の繁華街において、交通上のトラブルに起因して、Ａ総業構成員と他の指定暴力団傘下のＤ組の構成員との喧嘩が勃発した。同日、旧事務所にＤ組構成員が押し掛け、乱闘の末拳銃による射殺事件が発生した。その際、流れ弾が近隣の一般商店に撃ち込まれる等の事態も発生した。

かかる事態を受けて、同年８月、地域住民が申立人となり、Ｂ社およびＡ総業組長Ｅ₁等を相手方として人格権に基づく暴力団事務所使用差止めの仮処分を申し立て、同15年１月、五代目山口組傘下のＡ総業およびその他の暴力団の事務所または連絡場所として使用してはならないこと、Ｅ₁らは旧事務所

内を銃砲刀剣類等の保存場所に供してはならないこと等を内容とする仮処分決定が発令された。

同年３月、Ａ総業組長代行が、同じＣ市内において、旧事務所から200メートルほど離れた土地・建物を競売により取得し、組事務所を移転した（以下、「新事務所」という）。

3　六代目山口組の分裂と旧事務所に対する間接強制申立て

平成17年、五代目山口組の組長であったＦが引退し、Ｇが組長に就任して六代目山口組と名称変更したところ、その後Ａ総業は六代目山口組の三次組織となっていた。

そうした中、平成27年８月、六代目山口組の組織運営等に不満を持つ傘下団体が事実上分裂し、神戸山口組を結成した。以後、各地で六代目山口組と神戸山口組との対立抗争とみられる事件が多数発生するようになった。

Ａ総業は六代目山口組傘下組織として残留していたところ、平成28年２月27日未明、旧事務所にトラックが突入して建物が損壊する事件が発生した。

かかる事態を受けて、同年５月、旧事務所に対する仮処分申立て時の地域住民Ｘらを債権者として、旧事務所に関する間接強制を申し立てたが、原決定は、前述のとおり申立ての一部を認容したものの、五代目山口組傘下のＡ総業と六代目山口組傘下のＡ総業とが同一であるとは直ちにいえず、五代目山口組傘下のＡ総業は四次組織であったが、六代目山口組傘下のＡ総業は三次組織であり、両者は異なる存在であるから義務の内容に同一性が認められないなどとして、旧事務所を使用させない義務についてはこれを却下した。

そこで、これを不服としたＸらが執行抗告したのが本事案である。

Ⅱ　決定要旨

1　原則（本債務名義の表示は形式的には不一致であること）

本決定は、「間接強制の発令においては、債務者が、債権者に対し、債務名義に定められた債務を負

うことが必要であるから、債権者が履行を求める債務の内容と債務名義に表示された債務の内容が同一であることが必要である。」との原則論を述べ、本件申立てについて、「第1項は、本件建物を『指定暴力団六代目山口組H会A総業』の事務所若しくは連絡場所として使用してはならないというものであるのに対して、本件債務名義は、本件建物を『指定暴力団五代目山口組H会Ⅰ組A総業』の事務所若しくは連絡場所として使用してはならないというものであるから、禁止の対象となる行為の相手方が表示上一致していない。」とした。

その上で、以下の事実を認定して、義務の内容は同一であるとしてXらの申立てを認容した。

2　上部団体である五代目山口組と六代目山口組の同一性

兵庫県公安委員会は、平成4年6月23日、「五代目山口組」の名称で代表する者を「F」とする団体について、指定番号を「＜省略＞」として暴力団員による不当な行為の防止等に関する法律（以下、「暴対法」という）3条に規定する要件を満たす暴力団と指定し、官報にその旨を告示した。

同団体は、その後、平成7年6月16日、同10年6月16日、同13年6月15日、同16年6月15日、同19年6月15日、同22年6月15日、同25年6月17日、同28年6月13日にそれぞれ再指定され官報に告示されたが、指定番号はいずれも同一であった。また、同団体は、平成17年10月3日、名称を「六代目山口組」、代表する者を「G」とそれぞれ改めたことが官報により告示されたが、指定番号は従前と同一であり、その後の再指定も上記のとおり「五代目山口組」の更新時期に行われていた。

上記のような公安委員会による指定番号の連続性によれば、「六代目山口組」は「五代目山口組」が代表する者の交替に伴い名称を変更したに止まり、団体としては同一であると認められる。

3　A総業の同一性

本件申立てに係るA総業と本件債務名義上のA総業については、名称が同一である上に、その組長は発足以来E₁であり、本件債務名義に表示された債務者であるE₂およびE₃が幹部であることも同一である。本件申立てに係るA総業と本件債務名義上のA総業はいずれも山口組の傘下であり、E₁が上部組織からの指示をA総業の定例会で構成員に対し伝達するという運営方法や、E₁が組員の加入および破門を行うという組員の管理形態も同様である。なお、本件債務名義発令時のA総業は五代目山口組の四次団体であったところ、本件申立て当時のA総業は三次団体となっているが、これは山口組内での階層的序列が上がったことによるものであり、同一

性の判断を左右するものではない。本件債務名義が発令された時のA総業は本件建物を事務所としていたが、平成15年以降、本件申立て時点の事務所に移転したものの、同事務所は、本件建物から約200メートル離れた場所に位置している。

上記のような名称・組長・幹部の同一性、管理・運営の同一性等によれば、本件債務名義発令当時のA総業は本件申立て当時のA総業と同一であると認められる。

4　結論（義務の内容は同一である）

以上の事実を認定した上で、「指定暴力団六代目山口組H会A総業」と「指定暴力団五代目山口組H会Ⅰ組A総業」は同一の団体であると認められるとした。

そして、相手方であるE₁らは、本件債務名義により、「指定暴力団六代目山口組H会A総業」に対して、本件建物（旧事務所）を暴力団事務所もしくは連絡場所として使用してはならないとの義務を負っていることを認めた。

さらに、A総業は現在も指定暴力団六代目山口組傘下にあること、旧事務所はA総業の組長代行が代表取締役を務める会社の所有であり、A総業の関連施設であって、A総業の関係者が寝起きし、立ち入っていること、平成28年2月27日に何者かが本件建物にトラックで突っ込んだ事実が認められることなどから、相手方らが本件債務名義に違反する行為を行うおそれがあると認めた。

Ⅲ　分析と展開

1　債務名義の表示の同一性の解釈

本決定が述べるように、「間接強制の発令においては、債務者が、債権者に対し、債務名義に定められた債務を負うことが必要であるから、債権者が履行を求める債務の内容と債務名義に表示された債務の内容が同一であることが必要であ」るところ、平成15年の仮処分決定は、本件建物を「指定暴力団五代目山口組H会Ⅰ組A総業」の事務所もしくは連絡場所として使用してはならないというものであり、本申立ては「指定暴力団六代目山口組H会A総業」の事務所もしくは連絡場所として使用してはならないとするものであるから、禁止の対象となる行為の相手方（団体）が表示上一致していない。

その上で本決定は、間接強制において債務名義の表示と現在の状況とに不一致がある場合であっても、外形的な表示が不一致であることをもって同一性なしとするのではなく、客観的事情等から実質的に団体としての連続性があるといえるか否かを検討すべきであるとした。

この点、原決定は、仮処分決定から13年以上経過していること、五代目山口組傘下のA総業は四次団体であったのに対し、六代目山口組傘下のA総業は三次団体であることから、両者は異なる存在であり、義務の内容の同一性は認められないとした。

指定暴力団も団体である以上、代替わりなどに伴う名称変更の可能性は常に存在するところ、現決定の論理に従えば、代替わりなどによる名称変更がなされた場合、実質的に同一の組織であったとしても名称変更ないし代替わり後の組織に対しては先行する仮処分決定の効力が及ばないこととなり、組事務所使用差止仮処分の決定やそれに基づく間接強制の潜脱を許すことにすらなりかねない。

本決定は、債務の内容としての団体の表示が異なる場合にも、当該団体の同一性の判断にあたっては、団体の名称等の外形的事情のみから判断するのではなく、当該団体に関する客観的事情等から団体としての連続性が認められるか否かを検討して判断すべきであるとしたものであり妥当である。

2　同一性の判断基準・要素について

(1)　最上位団体について

本件では、指定暴力団（最上位団体）について、仮処分決定時には「五代目山口組」であったものが、本申立て時には「六代目山口組」と名称変更されていたところ、本決定は、指定暴力団の団体としての連続性・同一性の判断基準として、都道府県公安委員会による指定に着目した。

具体的には、暴対法に基づいて指定暴力団と指定された際の官報に掲載された指定番号の同一性、指定された時期の近接性、代替わりに伴う団体としての名称や代表者変更後の指定番号が同一であること、名称変更後の指定が変更前と同一時期に行われたこと等の事実を認め、団体としての同一性を認めた。

今後、六代目山口組以外の指定暴力団についても代表者の交替等が想定されるところ、本決定が実質的な同一性判断にあたって挙げた上記の各要素は、本件のような組事務所使用差止訴訟（適格団体訴訟）のみならず暴対法31条の2に基づく組長責任訴訟においても参考になると思われる。

(2)　当該傘下団体について

本決定は、当該参加団体の同一性判断にあたって以下のような事実を認定し、A総業が実質的に同一の団体であることを認定した。

すなわち、A総業という名称が同一であること、主宰者である組長は発足以来E1であること、幹部がE2およびE3であることも同一であること、A総業がいずれも山口組傘下の組織であること、E1が上部組織からの指示をA総業の定例会で構成員に対し伝達するという運営方法が同一であること、E1

が構成員の加入および破門を行うという構成員の管理形態も同様であること等を認定して、A総業が実質的に同一の団体であるとした。

そして、平成15年の仮処分決定時のA総業が山口組の四次団体であった一方、本件申立て時のA総業が三次団体となっていたことは、山口組内部での階層的序列が上がったことによるものであり、同一性の判断を左右するものではないとした。

一方、四次団体から三次団体への格上げによって、組織上における機能、役割分担が相違し、構成員も変動した等とするE1らの主張については、上記認定を左右するものではないとして排斥した。

本決定は、名称は勿論のこと、組長および幹部の同一性、組織・団体としての管理・運営の同一性等に着目して団体としての同一性を認めたものであり、指定暴力団（最上位団体）に関する上記要素と同様に同種事案において参考になると思われる。

なお、本決定は、平成15年の仮処分発令時のA総業が旧事務所を事務所としていたところ、平成15年以降は新事務所に移転したものの、新事務所が旧事務所から約200メートル離れた場所に位置していることも認定しているが、これは同一性判断を補強するものとして挙げたものと思われる。

3　その他（間接強制金の額等について）

原決定は、相手らによる義務違反があった場合の間接強制金について1日当たり50万円とし、かつ、相手らの連帯債務とはしなかった。

これに対して本決定は、暴力団事務所や連絡場所としての使用を禁じるという義務の性質、義務違反があった場合の申立人ら地域住民が被る損害の程度等を考慮して、E1らの債務履行を確保するためには、E1らが義務違反をした場合、違反した相手らは間接強制金として1日当たり100万円を連帯して支払うよう命じた。また、民事執行法172条1項が間接強制金の内容として「一定の額の金銭」と定めるに止まることから、複数の債務者がある場合にこれを連帯債務とするかは執行裁判所の裁量により決すべきであるとし、組事務所のように団体（暴力団）を前提として義務違反が行われる場合、その実態に即して間接強制金債務が複数ある場合には連帯債務とすべきであるとした（相手らのうち1名が単独で義務違反行為をした場合、当該人物が単独で1日当たり100万円を支払うことになるとした）。

1日当たり100万円という高額の間接強制金を認めるとともに、実効性確保の観点から連帯債務とした点は妥当であり、今後の同種事案においても参考になるものといえる。

▌▌ AOKI Tomomi ▌▌

Ⅲ　不動産取引

17

暴力団組事務所の近隣に位置する施設の所有者・設置者である地方公共団体が、施設の平穏な業務遂行が侵害されていることを理由に暴力団組事務所の使用の差止等を求めて認められた事例

京都地決平成29・4・27、平成29年(ヨ)第45号暴力団組事務所使用禁止等仮処分命令申立事件、全部認容【確定】、LLI/DB07250424

東京ティーモス法律事務所／弁護士　**今泉 良隆**

Ⅰ　事案の概要

　本件は、指定暴力団会津小鉄会の幹部らが組事務所として使用する建物(以下、「本件事務所」という)の近隣に位置する複合施設(名称「ひと・まち交流館京都」、以下、「本件施設」という)の所有者・設置者である京都市が債権者として、債務者である会津小鉄会の幹部らに対して、本件事務所が会津小鉄会の本部事務所等として使用されており、六代目会津小鉄会会長の後継者をめぐり、六代目山口組の支持を受けるS会会長と神戸山口組の支持を受けるI会会長との間で紛争が発生し、本件施設の平穏な業務遂行が侵害されていると主張して使用の差止等を求めたのに対し、裁判所が、会津小鉄会の内部分裂、抗争状態と地方公共団体である債権者の業務の支障を踏まえ、施設の業務遂行権に基づく差止請求と保全の必要性を認め、本件では、単に暴力団組事務所等としての使用の差止命令の発令のみでは実効性に疑問があるとし、執行官にその公示を命じた事案である。

　債務者は、六代目会津小鉄会会長(Y₁)、I会会長(Y₂)、S会会長(Y₃)の他、本件事務所の所有者である法人(Y₄)の4名であった。

Ⅱ　決定要旨

1　暴力団事務所の使用禁止

　本決定は、以下の主文のとおり判示して、本件事務所を暴力団事務所として使用すること等を禁止した。

　「1　債務者らは、別紙物件目録(省略、以下同じ)記載1の建物につき、下記行為をするなどして指定暴力団七代目会津小鉄会その他の暴力団の事務所又は連絡場所として使用してはならない。

記

　(1)　上記建物内で指定暴力団七代目会津小鉄会その他の暴力団の定例会、儀式又は会合を行うこと

　(2)　上記建物内に指定暴力団七代目会津小鉄会その他の暴力団の構成員を立ち入らせ、又は当番員をおくこと

　(3)　上記建物の外壁に指定暴力団七代目会津小鉄会その他の暴力団を表象する紋章、文字板、看板、表札及びこれに類するものを設置すること

　2　執行官は、前項の趣旨を適当な方法で公示しなければならない。

　3　申立費用は債務者らの負担とする。」

　(1)　前提事実

　①　「暴力団は、その団体の構成員である暴力団員が集団的に又は常習的に暴力的不法行為等を行うことを助長するおそれがある団体であり、その共通した性格は、その団体の威力を利用して暴力団員に資金獲得活動を行わせて利益の獲得を追求するところにある。暴力団においては、強固な組織の結び付きを維持するため、組長と組員が、『杯事(さかずきごと)』といわれる秘儀を通じて親子(若中)、兄弟(舎弟)という家父長制を模した序列的擬制的血縁関係を結び、組員は、組長に対する全人格的包括的な服従統制下に置かれている。暴力団にとって、縄張や威力、威信の維持は、その資金獲得活動に不可欠のものであるから、他の暴力団との間に緊張対立が生じたときには、これに対する組織的対応として暴力行為を伴った対立抗争が生ずることが不可避である。」

　②　本件事務所は、指定暴力団会津小鉄会の主たる事務所であり、債務者Y₁は、平成20年頃、会津小鉄会の六代目会長に就任し、以後同会の会長を務め、債務者Y₃は、債務者Y₁の下で、会津小鉄会の若頭を務めていた。

　会津小鉄会は、山口組と友好関係にあったが、平成27年8月末に山口組が分裂して以降、会津小鉄会内には、神戸山口組に近い債務者Y₁とそれを支持する組員、六代目山口組に近い債務者Y₃とそれを支持する組員との間に内部対立が生じていたところ、債務者Y₁が平成28年12月、詐欺罪で実刑判決を受け、将来、収監が予想されることとなり、しかも75歳と高齢であったことから、これを機に、会津小鉄会会長の後継者を巡る紛争が表面化した。

　債務者Y₁が、平成29年1月11日、神戸山口組関係者とともに本件事務所内に入り、本件事務所を占拠したため、債務者Y₃と六代目山口組関係者が本

件事務所に出向き、周辺を取り囲むなどし、本件事務所周辺には多数の暴力団関係者が集まり、怒号が飛び交うなどした。これにより、京都府警察が機動隊を配備するなどの事態となり、その後も、債務者Ｙ₂と債務者Ｙ₃は、いずれも自らが七代目会津小鉄会会長の地位にあると主張している。

　京都府警察は、平成29年１月11日の騒動以降、会津小鉄会に対し、本件事務所に組関係者が立ち入らないよう指導しており、これを受けて、現在、本件事務所は無人の状態であるが、本件事務所周辺にはパトカー４台、警察官12名を常時配置して24時間態勢で警備をしている。

　③　本件施設は、市民活動総合センター、福祉ボランティアセンター、長寿すこやかセンター、景観・まちづくりセンターの４つのセンターからなる複合施設である。本件施設は、約200名の職員と館内に設置された会議室、老人短期入居施設や併設されたグランドを日常的に一般市民およびボランティア団体に供しており、総入館者数は、平成25年度および同26年度いずれも延べ１日平均679人、平成27年度で659人であった。本件事務所と本件施設の位置関係は、直線距離で約20メートルであり、最寄り駅から徒歩で本件施設に赴くには、本件事務所付近を通るルートが最短距離になる。

　また、債権者地域福祉課は、警察による本件事務所に対する厳重な警備体制が解除された場合、暴力団による紛争の終息が明確にならない限り、本件施設の利用制限等の措置を検討している。

　(2)　被保全権利の有無について

　①　差止請求権の根拠について

　「法人の業務は、固定資産及び流動資産の使用を前提に、その業務に従事する自然人の労働行為によって構成されているところ、法人の業務に対する妨害が、これら資産の本来予定された利用を著しく害し、かつ、業務に従事する者に受忍限度を超える困惑・不快感を与えるときは、これをもって法人の財産権及び法人の業務に従事する者の人格権の侵害と評価することができること、使用者である法人は、業務に従事する者が上記の受忍限度を超える不安を生ずる事態に曝されないよう配慮する義務を負っていることに加え、業務が刑法上も保護法益とされ、その妨害が犯罪行為として刑罰の対象とされていること（刑法233条、234条）等に鑑みると、当該法人が現に遂行し、又は遂行すべき業務は、当該法人の財産権やその業務に従事する者の人格権をも内容に含む総体としての保護法益（被侵害利益）ということができる。そして、法人の業務が、前記のとおり、当該法人の財産権やその業務に従事する者の人格権をも包含する総体としてとらえられること

に鑑みると、法人に対して行われた当該法人の業務を妨害する行為が、当該法人の資産の本来予定された利用を著しく害し、かつ、その業務に従事する者に受忍限度を超える不安を与えるなど、業務に及ぼす支障の程度が著しく、事後的な損害賠償を認めるのみでは当該法人に回復の困難な重大な損害が発生すると認められる場合には、当該法人は、上記妨害行為が、法人において平穏に業務を遂行する権利に対する違法な侵害に当たるものとして、上記妨害行為を行う者に対して、業務遂行権に基づいて、上記妨害行為の差止めを請求することができるものと解するのが相当である。

　本件において、債権者は、普通地方公共団体（地方自治法１条の３第２項）であるところ、地方公共団体は法人とされており（同法２条１項）、上記と別異に解すべき根拠はない。なお、本件施設の場合は、多数の市民の利用を前提とする施設であるから、本件施設の利用のために来館する者の安全が脅かされることがないことも本件施設の平穏な業務遂行のためには不可欠であって、その意味で、本件施設の平穏な業務遂行が違法に侵害されているか否かを判断するに際して、本件施設の利用のために来館する者の安全が脅かされているか否かも考慮するのが相当である。」

　②　被保全権利について

　ア　「本件施設は、約200名の職員を擁し、１日平均延べ650名以上の市民が出入りしているところ、本件事務所の存する場所から約20ｍと極めて近接した位置にあることからすれば、本件事務所周辺で抗争事件が発生すれば、本件施設の職員及び利用者の生命・身体の安全が危機にさらされる。

　そして、本件事務所が、長きにわたって会津小鉄会の本部事務所として利用されてきたこと、本件事務所周辺において、平成29年１月11日に会津小鉄会の組員を中心とした騒動が発生していること、会津小鉄会は、六代目山口組と神戸山口組との対立に関連して実質的な内部分裂状況にあり、実際に、神戸山口組の支援する債務者Ｙ₂及び六代目山口組の支援する債務者Ｙ₃が、それぞれ会津小鉄会会長の継承式を行い、いずれも自身が会津小鉄会会長であると主張していること、六代目山口組から神戸山口組が分裂した後、六代目山口組と神戸山口組の対立に伴う抗争事件が全国各地で発生していることに加え、暴力団は、そもそもその団体の構成員である暴力団員が集団的に又は常習的に暴力的不法行為等を行うことを助長するおそれがある団体であり、暴力団にとって、縄張や威力、威信の維持は、その資金獲得活動に不可欠のものであるから、他の暴力団との間に緊張対立が生じたときには、これに対する組

織的対応として暴力行為を伴った対立抗争が生ずることが不可避であるという暴力団特有の性格を併せ考慮すれば、会津小鉄会における組織内分裂によって、本件事務所の利用をめぐり、本件事務所周辺で抗争事件が発生する蓋然性は高いといえる。上記騒動によって、債権者に対する利用者からの問合せが増え、債権者は、本件施設の利用停止を検討し、緊急事態が生じたときの対応や連絡体制を整備し、本件施設の一部の出入口を閉鎖するなどの対応を余儀なくされ、現に本件施設の業務に支障が生じている。そして、今後も同様の騒動が発生すれば、施設の安全な利用を確保することは極めて困難な状況になり、債権者は、施設の利用停止も検討せざるを得ない。そうだとすると、債務者らによる暴力団組事務所等としての本件事務所の使用は、債権者の資産の本来予定された利用を著しく害し、かつ、その業務に従事する者に受忍限度を超える不安を与え、その業務に及ぼす支障の程度が著しいもので、今後も、このような行為が繰り返される蓋然性が高いといえる。そうすると、債権者には、事後的な損害賠償では回復の困難な重大な損害が発生する。

したがって、債権者は、本件施設の業務遂行権に基づいて、会津小鉄会の会長もしくはこれに類する立場にある債務者Y₁、同Y₂及び同Y₃、本件事務所の所有者であり、会津小鉄会に本件事務所を暴力団組事務所等として使用することを許している債務者会社Y₄に対し、暴力団組事務所等としての使用の差止めを求めることができるというべきである。

イ 債務者Y₃等は、㋐会津小鉄会内部の対立については、平成29年1月11日に発生した騒動以降、特に何らの騒動は起きていないし、上記騒動も小競り合いという程度のものにすぎないこと、㋑本件事務所は、平成元年12月6日に保存登記がされて以降現在に至るまで一貫して会津小鉄会の本部事務所として使用されているが、それによって、付近住民に危険が及んだことはないこと、㋒本件事務所は、平成29年1月11日の騒動以降、警察からの指導に従って組関係者は本件事務所から退去しており、現在無人の状態である上、本件事務所周辺は、現在、警察が24時間態勢で警備していることから、債権者には被保全権利が認められない旨主張している。

しかしながら、上記㋐については、小競り合い程度の騒動で済んだのは、警察がすみやかに出動して規制したことによるところが大きいものと推認でき、他の暴力団との間に緊張対立が生じたときには、これに対する組織的対応として暴力行為を伴った対立抗争が生ずることが不可避であるという暴力団特有の性格と現在もなお、債務者Y₂と債務者Y₃がいずれも七代目会津小鉄会会長の地位にあるこ

とを主張して会津小鉄会の内部分裂が解消していないことを考慮すれば、警察の警備がなければ、より大きな騒動が発生する蓋然性が高いといえ、上記㋐をもって、債権者の被保全権利が否定されるものではない。また上記㋑については、少なくとも平成27年8月末までの間は、会津小鉄会に内部分裂は生じておらず、その原因となった六代目山口組と神戸山口組の抗争も発生していなかったのであるから、これまで本件事務所周辺が比較的平穏であったことをもって、債権者の被保全権利を否定する根拠とすることはできない。さらに上記㋒については、警察の警備は、警察独自の判断に基づいて行われているのであって、いつどのような形態に変更されたり中止されるとも限らず、警察の警備が現にされていることをもっても、債権者の被保全権利は否定されない。

したがって、債務者Y₃等の上記主張はいずれも採用できない。

ウ よって、本件事務所を暴力団組事務所等として使用することの差止め等を求めることについて、債権者には被保全権利を肯定することができる。」

(3) 保全の必要性の有無について

「会津小鉄会内部での抗争が続いている状況下では、会津小鉄会の暴力団組事務所として使用されている本件事務所周辺で抗争事件が発生する可能性は高い。そのような事態になれば、本件事務所の周辺にある本件施設の利用者や職員の生命身体に危険を及ぼすという取り返しのつかない結果が生じる可能性がある。また、抗争事件の発生に至らなくても、債権者はいつ抗争事件が発生するとも限らない状況のもとで、施設の利用者への対応や施設の利用制限をするなど平穏にその業務を遂行する権利を害され続けることになるのであるから、仮処分により、本件事務所を暴力団組事務所等として使用することの差止めを求める必要性は極めて高いというべきである。したがって、保全の必要性も認められる。」

(4) 仮処分の方法について

「法律上は、仮処分の方法については特に限定はなく、裁判所はその裁量により必要な処分をすることができるところ、本件では、本件事務所について、単に暴力団組事務所等としての使用を差し止める命令を発するのみでは、暴力団の性格に照らし、その実効性に疑問が残るところであり、さらにその命令の趣旨を執行官に公示させることが適当といえる。」

III 分析と展開

1 本決定の特色

(1) 地方自治体を主体とする組事務所使用差止仮

処分事件であること

　本決定は、自治体が暴力団組事務所に対し使用差止禁止仮処分の申立てをし、裁判所が使用差止等を認めた全国初の決定である。

　全国で初めて自治体が申し立てた暴力団組事務所に対する使用差止仮処分事件は、水戸市柳河小学校事件（注1）である。同事件は、六代目山口組と神戸山口組との抗争で六代目山口組側が、柳河小学校の目の前に位置する神戸山口組側の組事務所にトラックで突っ込み、翌日には、同組事務所に銃弾が撃ち込まれる事件が発生し、水戸市が債権者となり、被保全権利を「児童らの生命、身体を守るため小学校を安全に管理運営する権利」（学校保健安全法26条）として申立てをしたという事案であり、その後、債務者との間で和解が成立し、債務者は組事務所を退去している。

　また、本決定後に自治体が債権者となって申し立てた組事務所使用差止仮処分事件としては、足立区事件（注2）がある。

　(2)　差止請求権の根拠を業務遂行権としたこと

　①　本決定は、仮処分の主体が、周辺住民から委託を受ける適格団体訴訟の場合と異なり、地方自治体という法人であるため、人格権に基づく妨害排除請求権を直接の被保全権利とすることができないことから、差止請求権の根拠を「法人に対して行われた当該法人の業務を妨害する行為が、当該法人の資産の本来予定された利用を著しく害し、かつ、その業務に従事する者に受忍限度を超える不安を与えるなど、業務に及ぼす支障の程度が著しく、事後的な損害賠償を認めるのみでは当該法人に回復の困難な重大な損害が発生すると認められる場合には、当該法人は、上記妨害行為が、法人において平穏に業務を遂行する権利に対する違法な侵害に当たるものとして、上記妨害行為を行う者に対して、業務遂行権に基づいて、上記妨害行為の差止めを請求することができるものと解するのが相当である。」と判示し、業務遂行権としたことに特色がある。

　また、本決定においては、「本件施設の場合は、多数の市民の利用を前提とする施設であるから、本件施設の利用のために来館する者の安全が脅かされることがないことも本件施設の平穏な業務遂行のためには不可欠であって、その意味で、本件施設の平穏な業務遂行が違法に侵害されているか否かを判断するに際して、本件施設の利用のために来館する者の安全が脅かされているか否かも考慮するのが相当である。」と判示し、業務遂行が違法に侵害されているかについては、本件施設の性質も考慮要素とされている。

　②　法人の業務遂行権に基づき業務妨害行為の差

止めが認められた先例としては、東京高決平成20・7・1判タ1280号329頁がある。同決定は、面談禁止等仮処分命令申立ての事案であり、組事務所使用禁止等仮処分命令申立ての事案ではないが、被保全権利としての法人の営業権が争点となっており、原決定は申立てを却下、抗告審が認容と判断が分かれている。

　原決定は、営業権が被保全権利とされていたことから、営業利益の侵害は不法行為を構成し損害賠償の対象となることがあるとしても、差止請求の根拠となるものではなく、営業をなす権利は、財産的利益であって所有権または人格権とは性格が異なること、不正競争防止法3条1項、独占禁止法24条1項のような差止めを許容する規定にも該当しないことから被保全権利の疎明を欠くとして、申立てを却下した。

　これに対し、債権者が即時抗告し、被保全権利たる営業権の内容を業務用財産の利用および業務のための人的活動からなる「業務」であるとし、認容決定を求めたところ、抗告審は、保全されるべき利益は営利行為としての営業一般ではなく、営業用資産の使用を前提に自然人たる従業員の労働行為によって構成される具体的業務であるとし、かかる財産利用権と法人としても配慮義務を負う個々の従業員の人格権との総体としての業務を遂行する権利（業務遂行権）が被保全債権であるとした。

　そして、業務遂行権に対する違法な妨害となる場合を当該行為が権利行使としての相当性を超え、法人の資産の本来予定された利用を著しく害し、かつ、従業員に受忍限度を超える困惑、不快を与え、業務に及ぼす支障の程度が著しく、当該法人、事後的な損害賠償では回復困難な重大な損害が発生すると認められる場合であるとした。

　③　また、地方自治体が申立人となる場合の被保全権利の構成について参考となる裁判例としては、大阪市に対する多数回にわたる濫用的な情報公開請求を含む面談行為等の差止請求が認容された大阪地判平成28・6・15判時2324号84頁がある。同判決においても、債権者が普通地方公共団体として法人に該当することを前提に、上記東京高裁決定と同様に判示した。なお、本決定では、法人の業務に従事している職員に加え本件施設の利用者の生命・身体の安全についても言及しており、業務遂行権についてより広く捉えていると解釈することが可能である。

2　分析と展開

　暴力団組事務所の危険性・害悪としては、①周辺住民の生命・身体への現実的な危険、精神的負担、②組員による違法・不当な言動、③児童・青少年に与える悪影響、④周辺不動産価格の下落などが指摘

されている。かかる暴力団組事務所の危険性・害悪を減少・軽減させるには、暴力団事務所の明渡し、使用禁止が有効な手段である。

いわゆる賃貸借型の場合は、目的外使用、用法違反を理由として賃貸借契約を解除し、あるいは暴力団排除条項違反を理由として賃貸借契約を解除し、暴力団組事務所の明渡しを求めることとなり、いわゆる所有型の場合は、人格権に基づく組事務所の使用禁止処分を求めることとなる（注3）。

しかし、事後的回復が困難な場合には、仮処分により、暴力団組事務所としての使用差止めを求める必要がある。これまでの暴力団組事務所使用差止仮処分については、周辺住民が申立人となり、人格権に基づく組事務所使用差止請求が認められてきた（注4）。

その後、平成24年には暴力団員による不当な行為の防止等に関する法律（暴対法）改正により、周辺住民が適格都道府県センターに委託し、適格都道府県センターが住民に代わり申立人となり、暴力団組事務所に対する使用差止請求を申し立てることが可能となった（暴対法32条の4）。

さらに、本決定のように地方自治体が申立人となり、組事務所使用差止仮処分が認められたことによって、周辺住民が申立人となる場合の精神的・経済的負担を軽減することができるとともに、適格団体が申立人となる場合の周辺住民から同団体への委託手続を必要としないため、迅速な申立てが可能となった。

したがって、本決定は地方自治体が申立人となり組事務所使用差止めが認められた先例としての意義は大きい。暴力団組事務所使用差止めの手法として、地方自治体申立てによる組事務所使用差止めは事例が少なく、今後の活用が期待されるところである。なお、上記のように迅速に申立てをするには、日頃から警察、地方自治体等関係機関との連携が重要であり、不可欠であることは言うまでもない。

（注1）日本弁護士連合会民事介入暴力対策委員会編『反社会的勢力・不当要求対策の現在と未来』153頁〔篠崎和則〕（金融財政事情研究会・2020年）。

（注2）東京地方裁判所令和2年(ヨ)第387号令和2年1月17日、足立区にある六代目山口組系の暴力団組事務所にダンプカーが突っ込む事件が発生し、実行犯として松葉会の二次団体の組員が逮捕され、同月25日には、松葉会の本部事務所（台東区）に火炎瓶のようなものが投げ込まれるという事件が発生した。

上記事件を受け、足立区は、上記組事務所の周辺に複数の小学校があること等から令和2年3月11日、債権者として東京地方裁判所に対し、上記組事務所を組事務所、連絡場所として使用することや構成員の立入禁止等を求めて上記組事務所の使用差止仮処分を申し立て、仮処分決定が発令された。さらに、足立区は、当該仮処分決定に基づき、間接強制も申し立て、間接強制の決定も発令された。

（注3）東京弁護士会民事介入暴力対策特別委員会編『反社会的勢力を巡る判例の分析と展開』122頁〔齋藤理英〕（経済法令研究会・2014年）。

（注4）日本弁護士連合会民事介入暴力対策委員会編・「暴力団事務所排除の法理」（立花書房・1998年）。

‖ *IMAIZUMI Yoshitaka* ‖

18

暴力団追放運動推進センターを債権者とする暴力団組事務所使用禁止等仮処分命令申立て

京都地決平成29・9・1、平成29年（ヨ）第186号暴力団組事務所使用禁止等仮処分命令申立事件、請求認容【確定】、ウエストロー・ジャパン2017WLJPCA09019001

虎ノ門南法律事務所／弁護士　**市川　穣**

Ⅰ　事案の概要

平成26年末の時点で構成員が2万3,400人に及ぶ日本最大の指定暴力団である六代目山口組が、直系組長13名の離脱により平成27年に分裂し、これにより新たな暴力団神戸山口組（平成28年4月15日に指定暴力団とされた）が結成され、両者が対立状態となったことにより、もともと分裂前の六代目山口組と友好関係にあった六代目会津小鉄会内において、六代目山口組に近い債務者（当時六代目会津小鉄会若頭、同会下部組織B会会長）とそれを支持する構成員と神戸山口組に近いC（当時会津小鉄会会長）とそれを支持する構成員の間に内部対立が生じていた。

その後、Cの跡目問題が生じ、債務者および六代目山口組関係者とCおよび神戸山口組関係者が六代目会津小鉄会本部事務所（本件の対象となった建物とは別件の建物。以下、「別件建物」という）を奪い合う対立状態が生じ、平成27年1月11日にはCおよび多数の神戸山口組関係者が占拠した別件建物を債務者および六代目山口組関係者が取り囲み、別件建物周辺では怒号が飛び交うなど騒然とした状態となった。同月21日には債務者とCから会長の地位を承継したDがそれぞれ七代目会津小鉄会会長を名乗るという事態となり対立状態が継続している。

本件は、このような状況下において、債務者が会長である六代目会津小鉄会下部組織B会の事務所として使用されている建物（以下、「本件建物」という）について、付近に居住する住民らから委託を受けた暴対都道府県暴力追放運動推進センターが債権者となり、暴力団員による不当な行為の防止等に関する法律（暴対法）32条の4第1項に基づき近隣住民である委託者らのために申立てを行った適格団体訴訟であり、本件建物が指定暴力団六代目会津小鉄会の下部組織であるB会の事務所として使用されていることにより、付近に居住する住民である委託者らの平穏に生活する権利が侵害されていると主張し、人格権に基づきB会会長である債務者に対して本件建物をB会その他の指定暴力団の事務所等として使用することの禁止、およびその旨を公示することの仮処分を求めた事案である。

なお、京都府警察本部とQ警察署は、平成29年4月19日および同月20日、債務者らB会暴力団員9名に対し、同年3月25日から同年4月2日までの間、本件建物およびその周辺において、敵対する暴力団関係者からの襲撃に備え、同会暴力団員等が集団で屯し、通行人等を睨み付けるなどの威勢を示しその付近の住民または通行人に不安を覚えさせる行為をしたとして、暴対法30条に基づく中止命令を発令している。

債権者は、①被保全権利について、債務者とDのそれぞれが七代目会津小鉄会会長に就任したと主張するという異例の事態であり、抗争事件が多発している六代目山口組と神戸山口組との分裂騒動と密接な関連性を有すること、本件に先立って本件建物周辺で暴力団員が屯すること等について中止命令が出されていること等を理由に、本件委託者らは平穏に生活する権利は侵害されているとして人格権を根拠に差止請求権を有すると主張し、②保全の必要性については、本件建物周辺で抗争事件が発生する危険性は高いことを主張し、③仮処分の方法については特に限定されておらず、裁判所はその裁量により必要な処分をすることができる（民事保全法24条）ことを法律上の根拠とし、執行官による公示により本件建物を組事務所として使用することが禁じられていることを示すことができ、本件建物の占有を巡る紛争等を未然に防ぐ効果があると主張している。

これに対して、債務者は①六代目会津小鉄会の内部抗争は平成29年1月11日の騒動以降沈静化していることや、これまでB会の事務所として使用されてきた本件建物の周辺で抗争事件が発生したことがないこと、35年にわたってB会事務所として使用しており近隣住民と共存してきたこと、住民票を置いているB会構成員の住居を奪うことになることなどを理由に周辺住民の平穏に生活を送る権利が受忍限度を超えて侵害されていないと主張し、②執行官による公示は、不作為を公示しても法律上何らの効果も生ぜず無意味であり、また債権者は実体法上の公示請求権を有していないと主張し、執行官による公示を命じることはできないとしてこれを争った。

なお、本件建物の所在地は、近隣が第1種住居地

域に指定されており、北東約400mの位置に小学校が、北に約300mの位置に大学が、南西約100mの位置に児童館が存在し、本件委託者らは、いずれも本件建物から500m以内に居住している。

Ⅱ 決定要旨

1 被保全権利の有無について

「会津小鉄会においては、Cの後継者をめぐり、債務者とDとが共に正統な七代目会長を名乗って、相容れない状況下にあり、内部的に強い緊張状態にあるところ、会津小鉄会のこのような状態は、単なる同会の内紛にとどまるものではなく、六代目山口組と神戸山口組との分裂騒動と密接に関連しており、実際に、平成29年1月10日及び同月11日には、債務者及び六代目山口組関係者とC、D及び神戸山口組関係者との間で、衝突が起きた。

六代目山口組と同組から離脱した神戸山口組との対立に関連する抗争事件は、全国規模で生じているところ、京都府警察も対策本部を設置して警戒に当たっていることは前記認定のとおりであり、この分裂騒動に関連する抗争事件が京都府内でも現実に生じる危険性があると認められる。

本件建物自体に関する危険性についても、上記のとおり、本件建物が債務者が正統性を主張する七代目会津小鉄会の本部事務所として使用されていること、平成29年1月以降同年7月中旬頃までは、本件建物に六代目山口組関係車両が立ち寄っていたこと、京都府警察本部とQ警察署は、同年4月19日及び同月20日、債務者らB会暴力団構成員9名に対し、暴力団対策法30条に基づく中止命令を発令したことなどから容易に推認できるものである。」

「また、六代目山口組と神戸山口組との抗争事件においては、拳銃による射撃、火炎瓶による放火、ダンプカーによる突入等が行われていることは前記認定のとおりであり、一般市民に被害が及ぶ危険性の高い形態による攻撃が実際に繰り返されているということができる。」

「イ 以上のとおり、現在、本件建物又はその周辺において、債務者やこれを支持する者が攻撃を受けるなど、暴力行為を伴う抗争事件が生じる蓋然性が高く、かつ、その際には一般市民にも被害が及びかねない危険な攻撃が行われる可能性も十分にあるといえるのであるから、本件建物から約500mにすぎない範囲に居住する本件委託者らにとっては、本件建物が債務者を会長とする指定暴力団六代目会津小鉄会B会その他の指定暴力団の事務所として使用されることにより、生命、身体又は財産に被害を生じる蓋然性も認められ、人格権としての平穏に生活

する権利が受忍限度を超えて侵害されているものというべきである。」

2 債務者の主張について

「債務者は、平成16年に暴力団対策法が改正され、……暴力団においては、抗争事件で一般市民に被害を生じさせることは禁忌となり、そのため、現在では、仮に抗争事件が生じたとしても一般市民に被害が及ぶ可能性は乏しくなっていると主張する。」

「しかしながら、同年以降も抗争事件においては一定の割合で銃器が使用され続けており、平成28年の六代目山口組と神戸山口組との抗争事件においては、銃器の他にも火炎瓶やダンプカーが使用されるなど、上記法改正以降も現在に至るまで、客観的には一般市民への二次的な被害も生じかねない危険な攻撃方法が採られているものといわざるを得ず、これに反する内容の疎明資料は何ら提出されていない。そうすると、抗争事件の危険性を客観的に評価すると、債務者の主張を採用することは困難といわなければならない。」

「また、債務者は、会津小鉄会の分裂騒動、六代目山口組と神戸山口組との対立抗争は、いずれも現在までに沈静化していると主張する。

しかしながら、会津小鉄会においては、債務者とDが共に七代目会長を名乗っている状態が依然として継続していて、相容れない状況下にあることから、強い緊張状態にあり、その対立状態が解消したことを認めるに足りる疎明資料は存しない……。」

「債務者は、会津小鉄会における六代目山口組と神戸山口組の対立抗争に関連する衝突は、同年1月11日の一回だけしかないことを強調するが、……一回衝突が生じたこと自体、会津小鉄会について、対立する者の間で衝突が生じる危険性が現実化する可能性を示す事情とみることもできる。」

「ウ 債務者は、本件建物は、これまで約35年もの長期間にわたって、B会の事務所として使用しており、周辺住民と共存してきたと主張するが、仮にそのような事情があるとしても、前記のとおり、平成29年1月には会津小鉄会の分裂騒動が表面化し、同会の本部事務所において現実に構成員同士の衝突が生じており、本件建物はB会の事務所のみならず、債務者が正統性を主張する七代目会津小鉄会の本部事務所としても使用されているのであって、現在では、本件建物と周辺住民との関係についても、従前とは異なる状況に至っているというべきである。」

3 仮処分の方法（不作為義務の公示）について

「仮処分の方法については、本件建物につき、指定暴力団六代目会津小鉄会B会その他の指定暴力団の事務所又は連絡場所としての使用することを禁止

する（主文第1項）とともに、前記3記載の事情に照らし、本件委託者らの生命、身体又は財産に被害を生じる危険を避ける目的を達するために必要な処分として、執行官をして、上記使用禁止の趣旨を公示させる（主文第2項）こととする。

　債務者は、執行官による公示を認めることの問題点を指摘するが、法文上『必要な処分』（民事保全法24条）には限定がないところ、本件においては、指定暴力団という、その暴力団員が集団的に又は常習的に暴力的不法行為等を行うことを助長するおそれが大きい団体の下部組織の代表者を債務者とするものであり、不作為命令のみであると債務者がこれに従わないおそれがあること、単に抗争事件が生じる危険性がある暴力団の事務所が存在しているというにとどまらず、会津小鉄会において、七代目会長が並立する内部的な緊張状態が今なお継続している上、これと密接に関連する六代目山口組と神戸山口組との対立抗争が継続している状態にあることなどから、本件建物及びその周辺において、本件委託者らの生命、身体又は財産に被害を生じる危険が現に切迫しているという特別な事情が存することなどからすると、上記の危険を回避する本件仮処分の目的を達するためには、本件建物につき債務者に対してB会等の事務所等としての使用禁止を命ずるのみでは足りず、その旨を公示し、本件建物がB会等の事務所等として使用することが禁止されている旨を対外的にも明らかにする必要があるものと認められる。」

Ⅲ　分析と展開

1　本判決の背景

　指定暴力団六代目会津小鉄会における平成29年1月頃からの跡目継承を巡る内部紛争に伴う暴力団事務所の使用差止めに関する裁判例であり、本件に先立ち、京都市は自ら所有する市民センターの近隣に存在した別件建物について、本件と同様の申立ての趣旨（別件建物の使用差止めおよびその公示）により仮処分申立てを行っており、京都地方裁判所はこの申立てを認め、平成29年4月27日、債務者らを債務者として、別件建物について、暴力団事務所としての使用を禁止すること、およびそのことを公示することについて仮処分決定（以下、「別件仮処分」という。京都地決平29・4・27〔本書Ⅲ−**17**〕）を下している。

　別件仮処分は、別件建物が近隣に位置する京都市による市民センターの利用を妨げるものであり、業務遂行権を侵害するものとして事務所の使用差止めおよびその旨の執行官による公示を求めて仮処分申立てを行っており、近隣住民の人格権侵害を根拠とする本件とは被保全権利が異なっていること、および別件仮処分では六代目会津小鉄会本部事務所であった別件建物を六代目山口組関係者および神戸山口組関係者によりそれぞれ債務者とCが占拠し合うといった占有を奪い合う騒動が発生しているが、本件仮処分の対象となった本件建物ではそのような事態は発生していないという、本件とは異なった事情も認められるものの、六代目山口組と神戸山口組の対立によって生じた六代目会津小鉄会の内部紛争という共通の火種に基づく裁判所の判断であり、いずれも使用差止等、債権者の請求を容れた内容の決定となっている。

　なお、両事件はいずれも京都地裁第5民事部で係属しており、裁判長裁判官は同一である。

2　評　価

　人格権侵害に基づく暴力団事務所の使用差止めは、一力一家事件（静岡地浜松支決昭和62・10・9判タ654号241頁）以降、過去の裁判例においても認められているところであり、本決定もこれに倣ったものである。

　また、本件は近隣住民からの委託を受けた京都府暴力追放運動推進センターが債権者となり、指定暴力団である債務者に対して申立てを行った、適格団体訴訟（暴対法32条の4）である。国家公安委員会から適格団体として認定を受けた各都道府県の暴力追放運動推進センターは、指定暴力団の事務所の使用によりその生活の平穏等が害されていることを理由として、当該事務所の使用等の差止めの請求をしようとする付近住民等から委託を受けた場合に、当該委託をした者のために自己の名をもって、当該請求に関する一切の裁判上または裁判外の行為をする権限を有することとなり、自ら当事者となって差止等請求の申立てを行うことができるが、後述するとおり、本件においては債務者が本件決定後、指定暴力団ではなくなったため問題が生ずることとなる。

（1）　被保全権利について

　暴力団の組事務所に対する使用差止めの仮処分申立ては、本件のように平穏な生活を享受するための人格権に基づく場合（上記一力一家事件他）、区分所有法57条に基づく共同利益に反する行為の停止等請求権や同法58条に基づく占有部分の使用差止等請求権による場合（東京地決平成10・12・8判タ1039号271頁、福岡地決平成24・2・9裁判所ウェブサイト）、別件仮処分のような業務遂行権に基づくものなどがあるが、多くは近隣住民等の人格権に基づくものであり、本件も同様の事件である。

　人格権に基づく組事務所の使用差止めの仮処分申立ては、債権者において生命、身体または財産に被

害を生じる蓋然性も認められ、人格権としての平穏に生活する権利が受忍限度を超えていることが必要とされるが、以下の事情から裁判所はこれを肯定している。

① 本件委託者らの範囲

本決定では、本件建物は第1種住居地域に指定された住宅街に存在しており、本件委託者らはいずれも本件建物から約500メートル以内の距離に居住しており、日常的に本件建物付近を往来しているものと推認できるとし、抗争事件が発生すればその生命、身体に危害が及ぶ蓋然性は高いと認定している。

暴力団の事務所からの距離が遠ざかれば生命、身体に危害が及ぶ危険性は減少することになるが、過去の判例（福岡地久留米支決平成21・3・27判タ1303号302頁、東京地判平成24・9・25ウエストロー・ジャパン2011WLJPCA09258001）においても、事務所から半径500メートルという距離内にある近隣住民からの差止請求が認められているところであり、本決定も従前の判例に従ったものといえよう。

② 内部紛争状態についての評価

本件は、六代目会津小鉄会内部における対立による本件委託者らへの生命、身体の安全への危険性が問題とされているが、内部対立であっても債務者やCは暴力団員である以上、いつ対立抗争が生じてもおかしくはない状況下にあり、周辺住民への危険性の増大は肯定することができよう。

さらに、背景事情として、六代目山口組と神戸山口組との分裂騒動と密接に関連していることを前提に、六代目山口組と神戸山口組の抗争の経緯について当事者に争いのない認定事実として詳細な認定を行った上で、かかる点も加味して抗争の危険性について判断を下しているが、これは、かつて六代目山口組が全国最大の指定暴力団であり、しかも近県に本部が所在するなど、六代目山口組および神戸山口組がそれぞれ六代目会津小鉄会およびB会に対して極めて強い影響力を行使し得る地位にあることを重視したものと言えよう。現に債務者およびCがそれぞれ六代目山口組および神戸山口組の構成員を伴って別件建物を奪い合ったという事情が存在している以上は、これも当然のことであろう。

また、本件において債務者は、暴対法の改正後、暴力団においては、抗争事件で一般市民に被害を生じさせることは禁忌となり、仮に抗争事件が生じたとしても一般市民に被害が及ぶ可能性は乏しいと主張しているが、意図的に一般市民を狙って行っていないにもかかわらず、一般市民が巻き込まれる危険性が問題とされているのであって、客観的に一般市民が巻き込まれる危険性のある行為が行われている

のであれば、禁忌とされているかどうかについてはほとんど意味がない。裁判所も、現に暴対法の改正後の抗争事件においても銃器等が使用され続けており、六代目山口組と神戸山口組との抗争事件では銃器の他にも火炎瓶やダンプカーなども使用されたこと等、一般市民が巻き込まれかねない危険な攻撃方法が用いられているといった客観的な危険行為の判断を前提に債務者の主張を排斥しているところである。

内部抗争状態にある暴力団の事務所の差止めに関する事案であり（抗争状態にない暴力団の事務所の使用差止めも判例上認められているところである。前掲東京地判平成24・9・25）、同市内に存在する別件建物では、実際に事務所を占拠し合うといった事態も発生しており、加えて暴対法30条に基づく中止命令も発令されている事案であり、非常に差止めが認めやすかったものと思われる（抗争状態にない暴力団の事務所の使用差止めを認めたものとして、前掲東京地判平成24・9・25）。

(2) 仮処分の方法（公示）について

仮処分の方法として、不作為命令の公示が認められるか否かという点について、別件建物の仮処分事件でも認められていたが、本件においても単に抗争事件が生じる暴力団の事務所が存在しているというにとどまらず、内部抗争状態にあり、委託者らの生命、身体または財産に被害を生じる危険が現に切迫しているという特別な事情が存在することを理由として執行官による公示を認めている。

人格権侵害を理由とする妨害予防請求の場合には、危険が切迫していることが必要であるとされており、過去の判例（東京地決平成10・12・8判タ1039号271頁）においても不作為命令の公示は「当該事案において仮処分の申立の目的を達するために真に必要かつ適切であり、かつこれを許すことに特段の弊害もないならば、場合によってはこれを命じることができる」とされており、若干表現は異なるものの、本決定も差止めに伴う公示についても同様の枠組みで判断したものと考えられる。

なお、不作為命令の公示については、本決定後の暴力団の事務所の使用差止めの仮処分においても認められており（神戸地決令和元・12・17ウエストロー・ジャパン2019WLJPCA12176005、東京地決令和2・3・10判例集未登載、大阪地決令和2・5・21ウエストロー・ジャパン2019WLJPCA12176005）、暴力団事務所の差止請求の仮処分においては、一般的な執行方法となったものといえよう。

3 その後の経緯

本件では債務者に対する本件建物の使用を差し止める仮処分決定が下されたが、債務者はこれに従わ

ず、Ｂ会の組員２名が本件建物に居住し続けるな
ど、Ｂ会による本件建物の使用はその後も継続した
ため、京都府暴力団追放センターは、本決定に従わ
なかったことに対して間接強制の申立てを京都地方
裁判所に行い、平成30年５月30日に債務者に対して
１日100万円の制裁金を支払わせる間接強制の決定
が下されている。

　しかし、その後、平成31年４月１日付け京都府公
安委員会の指定官報公示によりＢ会は暴対法の指定
を受けないこととなったため問題が生じることにな
る。

　本決定では、本件建物は指定暴力団六代目会津小
鉄会Ｂ会その他の指定暴力団の事務所として使用さ
れていたことから、本件仮処分における申立ての趣
旨および仮処分決定における主文では、「債務者は、
……指定暴力団六代目会津小鉄会Ｂ会その他指定暴
力団の事務所又は連絡先として使用してはならな
い」とされていたため、指定暴力団ではなくなった
Ｂ会の事務所や連絡先としての使用は本決定の射程
外となり、本決定の効力が及ばないこととなった。

　そのため、Ｂ会による使用を差し止めるために
は、再度、債務者に対して「指定暴力団」という限
定を外した申立てを行うことが必要となったが、暴
対法32条の４第１項は適格団体訴訟について「当該

都道府県の区域内に在る指定暴力団等の事務所の使
用により付近住民等の生活の平穏又は業務の遂行の
平穏が害されることを防止するための事業を行う場
合」と定めているため、京都府暴力団追放センター
には、債務者に対する差止請求との関係で当事者適
格が認められず、適格団体訴訟を提起することがで
きない状況となった。

　このような状況下において、任意的訴訟担当の形
で債務者に対して本件建物の使用を差し止める仮処
分申立てが行われ、京都地方裁判所により指定暴力
団ではない暴力団の事務所の使用差止めを認める初
の判断が下されている（京都地決令和元・９・20判時
2459号１頁。詳細は〔本書Ⅲ－**21**〕参照）。

‖‖ ICHIKAWA Yutaka ‖‖

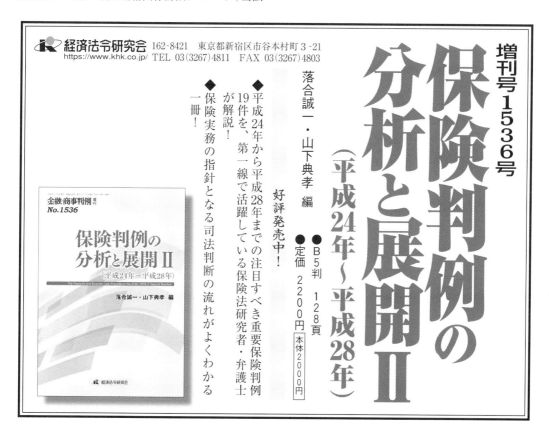

19 対立組織双方の事務所と駐車場の使用差止め

福井地決平成29・10・20、平成29年(ヨ)第33号暴力団事務所使用差止仮処分命令申立事件、認容【確定】、ウエストロー・ジャパン2017YLJPCA10206005

長尾敏成法律事務所／弁護士　**中村　剛**

Ⅰ　事案の概要

　指定暴力団六代目山口組からの神戸山口組の分裂(平成27年8月末)を機に、全国各地で両団体の傘下組織の組員らによる銃器発砲事件や傷害事件等が繰り返し発生する中、同28年2月、六代目山口組傘下A組の幹部組員Y(A組傘下B組組長)らが共謀して、神戸山口組傘下C組の組事務所に向けて実弾5発をけん銃で発射。うち3発が事務所建物の窓ガラスを貫通して内壁などに着弾し、うち1発は隣接する駐車場に駐車されていた自動車のフロントガラス等を貫通して車内に着弾するという発砲事件(以下、「本件発砲事件」という)が発生した。

　いわゆる適格団体である福井県暴力追放センターは、同29年8月、C組事務所の周辺に居住ないし就業する住民らから暴力団員による不当な行為の防止等に関する法律(以下、「暴対法」という)32条の4の委託を受け、住民らの人格権に基づき、組事務所の建物(以下、「本件建物」という)とこれに隣接する駐車場(以下、「本件土地」という)について、それらを実質的に管理するC組組長Xを債務者とし、暴力団事務所としての使用差止めを求める仮処分を申し立てた(注1)。

Ⅱ　決定要旨

　福井地方裁判所は、発砲事件の現場となった指定暴力団神戸山口組傘下C組の事務所建物(本件建物)とこれに隣接する駐車場(本件土地)について、無審尋、無担保で、指定暴力団神戸山口組C組の事務所としての使用差止めとその趣旨の公示を命じた(注2)。決定主文および理由の要旨は以下のとおり。
(主文)
　「1　債務者は、物件目録記載の建物及び土地につき、以下の行為をするなどして、指定暴力団神戸山口組傘下C組の事務所として使用してはならない。
　①　上記土地及び建物内でC組の定例会、儀式又は会合を行うこと
　②　上記土地及び建物内にC組構成員や他の暴力団構成員を立ち入らせ、又はその立入りを容認すること

　③　上記土地及び建物内に連絡員を常駐させること
　④　上記建物の外壁にC組又は指定暴力団神戸山口組を表示、表象する紋章、文字版(原文ママ)又は表札等を設置すること
　2　執行官は、前項の趣旨を適当な方法で公示しなければならない。
　3　申立費用は債務者の負担とする。」
(理由)
　「(被保全権利につき)本件建物は、福井県警察本部において暴力団事務所として把握され、以前からC組の構成員をはじめとする暴力団関係者が常駐したり多数参集したりする状況が確認されていること、平成29年7月19日時点で、本件建物の1階ないし3階には、神戸山口組の綱領ないしC組の組長の写真、暴力団を表象する文字が記載された鏡や達磨等、暴力団事務所に特有の物品が備えられ、大規模な集会を開催できる大広間を備え、監視カメラ用モニターなど対立抗争への備えともいうべき設備も備えられていたというのであるから、本件建物は、現に暴力団事務所として使用されており、今後も暴力団事務所として使用される蓋然性が高いことは明らかというべきである(なお、本件建物の4階は債務者の居室部分であるが、債務者がC組の組長であることからすれば、居室部分も一体として暴力団事務所として使用され得るものというのが相当である。)。

　また、多数の構成員等を抱える山口組と神戸山口組とが対立抗争状態にあり、銃器が使用された事件も含め、両組織の対立抗争の可能性がある事件が全国各地で多数発生している状況にある上、現に本件土地建物の付近で上記対立抗争の一環として本件発砲事件が発生していることも考慮すれば、今後も、対立抗争の一環として、C組が直接の当事者となる抗争が発生する可能性は否定し難いというべきである。これに加え、暴力団は、その団体の構成員である暴力団員が集団的に又は常習的に暴力的不法行為等を行うことを助長するおそれがある団体であり(暴対法2条2号)、暴力団にとって縄張りや威力、威信の維持がその資金獲得活動に不可欠のものであって、他の暴力団との間に緊張対立が生じたと

きには、縄張りや威力、威信の維持回復のための組織的対応として暴力行為を伴った対立抗争が生じることが不可避であるという暴力団特有の性格をも考慮すれば、本件土地建物が暴力団組事務所として使用されることにより、今後も本件建物の付近で発砲事件等を含む抗争事件が発生することも十分に予想されるところである。

　さらに、本件土地は、本件建物と隣接して設けられたＣ組専用のアスファルト舗装された駐車場であり、本件建物の通用口を利用すれば本件建物内へと容易に出入りでき、監視カメラも設置されているなど、本件建物と一体のものとして使用されていることに加え、約12台もの自動車が駐車可能な広さも確保されているのであるから、本件土地自体も、Ｃ組の構成員等の連絡拠点等として暴力団事務所の機能の一部を果たし得るものといえる。また、上記駐車場は従前からＣ組専用の駐車場として構成員等が利用してきたところであり、Ｃ組自身が２台の監視カメラを向けるなどして抗争等に備えていることがうかがわれることや、現に本件発砲事件では本件土地上に駐車中の車両のフロントガラス部分に実弾が着弾していることも合わせ考慮すれば、本件土地について暴力団事務所としての使用が続けられれば、今後、山口組と神戸山口組との対立抗争の一環として、本件土地を出入りする車両等を狙った発砲事件等が発生することも十分に予想されるものといわなければならない。

　本件土地建物の付近には、多くの住宅や商業施設、公共施設、観光地等のほか、小学校や幼稚園等も点在しており、集団下校が行われるなど、多くの一般市民が日常生活を営む環境にあるのであるから、本件土地建物の付近で発砲事件等が発生するような事態になれば、付近を通行する一般市民が巻き込まれるなどして、その生命や身体を害されるおそれは少なくないというべきであるし、抗争事件の発生に至らなくても、いつ抗争事件が発生するとも限らない状況におびえながら日常生活を営むというだけで、本件土地建物の付近を日常的に通行する機会のある一般市民の平穏に生活を営む権利は侵害されているということができる。

　以上によれば、本件土地建物が今後も暴力団事務所として使用されることにより、本件土地建物の付近を日常的に通行する機会のある一般市民の人格権が受任限度を超えて違法に侵害されるおそれがあるということができるところ、本件住民等は、いずれも半径500ｍの範囲内に居住または就業しており、上記の本件土地建物の付近を日常的に通行する機会がある者と解されるから、本件住民等については、人格権侵害のおそれが疎明されているものというのが相当である。

　したがって、本件住民等から委託を受けた債権者は、債務者に対し、人格権に基づき、その侵害行為又は侵害の原因となる行為を差し止めるため、本件土地建物を暴力団事務所として使用することの差止めを求めることができるというべきである。

　（保全の必要性につき）……（抗争事件が発生するような事態になれば）本件住民等の生命や身体が害されるという取り返しのつかない結果が生じるおそれは少なくないというべきであるし、抗争事件の発生に至らなくても、いつそれが発生するとも限らない状況におびえながら日常生活を営むというだけで、本件住民等の平穏に生活を営む権利は侵害され続けることになるのであるから……保全の必要性も疎明されている……。

　（保全処分の内容につき）……債権者は、上記使用差し止めの方法として、申立ての趣旨１項(1)ないし(4)記載の各行為（注３）の禁止を求めている。

　これらの各行為は、いずれも本件土地建物を暴力団事務所として使用するのに最も重要な要素であるとともに、それ以外の目的で使用するのには必要ないものといえるから、上記使用差止めを実効あらしめるとともに、本件土地建物が対立抗争の標的となるなどして本件住民等がこれに巻き込まれるような事態を防止するため、上記各行為の禁止を命じるのが相当といえる。

　また、債権者は……同１項の趣旨の公示を求めているので検討すると、法律上、仮処分の方法については特に限定はなく、裁判所はその裁量により必要な処分をすることができる（民事保全法24条）ところ、山口組と神戸山口組が対立抗争状態にあり、現にＣ組を対立抗争の標的とする本件発砲事件まで発生している状況等に照らせば、本件土地建物について、単に暴力団事務所として使用することを差し止める命令を発するのみでは、本件土地建物が対立抗争の標的とされる危険性を払しょくすることができず、上記命令の実効性に疑問が残るというべきである。

　したがって、申立ての趣旨１項の命令の趣旨を執行官に公示させることが相当である。

　以上のとおり、債権者の本件申立てはいずれも理由があるから、これを認容することとし、事案の性質に照らし、債権者に担保を立てさせないで、主文のとおり決定する。」

Ⅲ　分析と展開

1　本事件の意義

　本件は、いわゆる適格団体訴訟制度（暴対法32条の４）を用いた暴力団組事務所使用差止仮処分の例である。暴力団事務所としての不動産使用の差止めが、無審尋、無担保で債権者の申立てのとおりに認

容された。暴力団組事務所である建物そのもののほか、これに隣接する駐車場についても使用差止めの対象として認められた点は、わが国で最初の裁判例と見られ、先例としての価値がある。なお、発砲事件を起こした対立組織側の事務所の使用差止めに関する別件があり、こちらについても、本件と同時に債権者側の申立てを全部認容する仮処分決定が発令され、ともに同日のうちに公示執行が行われた。具体的な抗争事件を端緒とする事案において、襲撃を受けた組織の組事務所のみならず、襲撃を敢行した攻撃側の組事務所についても、一挙に使用差止めを実現したという点で類を見ず、組事務所排除に関する今後の取組みの模範となるべき案件と評価されている。

2 端緒

本件においては、神戸山口組傘下主要組織であるC組の本部事務所（敦賀市）を標的にした発砲襲撃事件（以下、「本件発砲事件」という）が、仮処分申立ての端緒となった。その頃、債務者Xは指定暴力団神戸山口組の幹部（総本部長）であり、神戸山口組傘下2次組織であるC組の組長であった。本件発砲事件当日の平成28年2月23日、実行犯である六代目山口組B組の構成員Zが現行犯逮捕されている。さらに、その後、同年6月2日に六代目山口組傘下2次組織A組若頭でありかつA組傘下B組組長であるYがZと共謀して本件発砲事件を行ったとして逮捕された。

当時は六代目山口組分裂後の騒動の最中にあった。平成27年8月に六代目山口組から神戸山口組が分離独立した後、同28年3月6日までの間に、両団体の関係者が関与する事件が全国各地で49件発生しており、このうちの5件で銃器が使用された。本件発砲事件はそのうちの1件となる。かかる状況を受け、警察庁は同年3月7日に両団体が対立抗争の状態にあると判断した（注4）。しかし、その後も両組織による対立抗争と見られる事件が全国各地で発生し、不穏な状況は続いていた。

社会を騒がせる暴力団に対する市民の反感は高まり、Y逮捕後の同年7月16日、敦賀市においては暴力追放市民会議（暴追市民会議）の決起大会が開催され、約200人が街頭行進を行った。その後、C組事務所およびB組事務所（福井市）の周辺においては、暴力団組事務所排除の機運が高まり、翌29年5月には、双方の組事務所の周辺住民からなる「住民の会」が設立され、それぞれ20余名の住民らから福井県暴力追放センターに対して、人格権に基づく組事務所使用差止請求の委託（暴対法32条の4）が行われた。同センターと同センターから委任を受けた弁護団は、C組およびB組の組事務所使用差止めという2件の仮処分申立ての準備を併行して行い、平成29年8月19日、福井地方裁判所本庁に対して2件同時に仮処分命令の申立てを行った。

3 抗争当事者双方の組事務所の使用を差し止めることの意義

暴力団組事務所に対する襲撃事件が端緒となって、組事務所の使用差止めの事件化につながる例は多い。組事務所は、暴力団組織にとって、その縄張りを実効支配するための拠点であり、大勢の組員が日常的に出入りすることになる。したがって、いざ抗争ということになれば、対立組織からの格好の攻撃対象となり、組事務所の周辺で生活する者には、襲撃の巻き添えにされる危険が生じることになる。また、仮に抗争事件の発生に至らないとしても、いつそれが発生するとも限らない状況に不安を感じながら生活することを余儀なくされる。そして、現実に組事務所に対する襲撃事件が発生することで、周辺住民らの危機感は具体化し、これが組事務所排除の動機となるのである。

一方、襲撃事件を敢行した攻撃側組織の組事務所の周辺住民にとっては、身近で危険な事件が起きたわけではないため、こうした危機感を実感できていないことが多い。それゆえ、暴力団からの嫌がらせや、費用や手間の負担を面倒に感じ、事務所撤去のために自ら腰を上げようとしたがらないのが実情である。しかし、暴力団組織が資金獲得活動を行うにあたり、その組織の威力を維持することは必要不可欠である。対立組織から攻撃を受けて泣き寝入りをしていたのでは、縄張りにおいて威勢を張ることは不可能となり、対立組織に縄張り内の利権を奪われることになりかねない。そこで、攻撃を受けた組織の側では、傷ついた組織の威力を回復すべく、受けた攻撃と同等ないしそれ以上の報復を行うことが必須の課題となる（「やられたらやり返せ」）。それゆえ、加害側組織の組事務所に対する、被害側組織による報復攻撃の危険は、非常に高くなる。ただ、実際に報復事件が起きていない段階で、かかる事態に関する危機感を加害側組織の組事務所の周辺住民と共有することは、なかなかの難題である。

とはいえ、被害側の組事務所が排除されるのに対し、加害側組織の組事務所が温存されるという「襲った者勝ち」がまかり通ることになれば、組事務所を狙った発砲等の襲撃行為は、対立組織の事務所をその縄張りから追い出し、利権を奪うための効果的な手段になってしまいかねない。組事務所に対する攻撃の巻き添えにされて無辜の市民の生命・身体の安全が害される悲劇をなくすことを目指すのであれば、加害組織側に対してもまた、襲撃事件を起こせば自らの縄張りにおける活動拠点を失うことになるという、社会からの圧力を痛感させる必要がある。

本件は、攻撃を受けた側の組織のみならず、それと同時に、加害側の組織の組事務所の排除をも実現した成功例である。いわゆる適格団体訴訟の制度を用いて、面倒をおそれる事務所周辺住民の心理的負担を軽減できたこと、暴追市民会議などを通じ、県警、暴力追放運動推進センター（暴追センター）、弁護団などが協力して市民の不安を取り除くことに心を配り、周辺住民の暴力団排除の機運を大きく盛り上げられたことが成功の鍵になったものと思われる。

4　隣接駐車場の使用禁止

本決定以前に、組事務所の使用差止めの事案において、事務所に隣接する駐車場等の土地について、その使用の差止めが命じられた例は見当たらず、以後、本件が重要な先例となるだろう（注5）。

本件決定においては、組事務所に隣接する土地が同組の専用駐車場として用いられていたとの利用状況や、土地から事務所建物への出入りの容易さ、組による監視カメラの設置などから、本件土地と事務所建物が一体のものとして使用されていることに加え、多数（約12台分）の自動車が駐車可能な広さが確保されているために土地自体も組員の連絡拠点等として暴力団事務所の機能の一部を果たし得るものと認められた。このような事情の下で、使用差止めの対象が建物のみに限定されてしまえば、事務所の隣接駐車場に複数の暴力団員が車両を駐車してその内外にたむろし、連絡を取り合うなど「野外組事務所」として機能しかねず、抗争事件の標的とされる危険が継続することになりかねない。本決定は、「本件土地について暴力団事務所としての使用が続けられれば、今後、山口組と神戸山口組との対立抗争の一環として、本件土地を出入りする車両等を狙った発砲事件等が発生することも十分に予想される」として、本件土地についても組事務所としての使用を禁じる決定を下した（注6）。

5　本件で求められた主文

暴力団組事務所の使用差止めの事案において、仮処分の決定が下されるまでの時間が長引くことで、不安や倦厭から周辺住民の足並みの乱れが生じたり、それに乗じた組織側からの妨害行為を招きかねない嫌いがある。また、債務者側の権利の制約が大きくなればなるほど、債務者審尋が実施される可能性は高まり、求められる担保金の金額も高くなるのが一般である。そこで、仮処分決定において求める主文を、当該事案において適切な範囲に絞り込む方針を取ることには合理性が認められる（注7）。

本件債権者は、本件土地建物の指定暴力団神戸山口組C組の事務所としての使用、すなわち、①土地建物内での定例会、儀式または会合の実施、②C組構成員その他の暴力団構成員の立入り（その容認）、③連絡員の常駐、④建物「外壁」への代紋等の設置の各禁止のほか、⑤差止めの趣旨の公示を求めた。その一方で、従来の仮処分の事案において見られた⑥物件の執行官保管、⑦債務者である組長本人の不動産への立入り、⑧監視カメラの設置、⑨建物内での綱領や歴代組長の写真・構成員の名札等の掲示などは、債権者が求めた差止めの対象からは省かれている。この点、裁判所は、債権者の申立ての趣旨に列挙された各行為について、いずれも土地建物を暴力団事務所として使用するのに最も重要な要素であるとともに、それ以外の目的で使用するのには必要ないものだと評価し、無審尋、無担保で差止めの判断を下しており、参考になる。

（注1）　別件として、発砲事件を起こした加害組織側のB組組長Yを債務者とし、B組事務所の土地建物の使用差止めを求めた仮処分事件（福井地決平成29・10・20公刊物未登載〔平成29年（ヨ）第32号〕）がある（井上毅「正木組及び宮原組に対する組事務所使用差止仮処分命令申立事件」日弁連民暴対策ニュース2018年1月1日）。

（注2）　福井地方裁判所は、攻撃組織側のC組事務所の土地建物につき、本件と同時に、指定暴力団六代目山口組A組傘下B組の事務所としての使用の差止め等を命じている（前掲（注1））。

（注3）　債権者が求めた主文は、決定主文と同内容である。

（注4）　六代目山口組と神戸山口組の間の対立抗争の経緯につき、平成29年版警察白書58頁。

（注5）　暴対法30条の11の事務所使用制限命令に関して、指定暴力団の総裁宅の駐車場が対象とされた例はある。一方、過去に暴力団組事務所等として使用されていた建物が取り壊された後の更地について使用差止めの申立てを却下した裁判例として、福岡高決平成21・7・15判タ1319号273頁。

（注6）　暴対法32条の4にいう「事務所」とは、「暴力団の活動の拠点となっている施設又は施設の区画された部分」のことをいう（暴対法15条1項）。「施設」という文言上、建物には限られず、駐車場や公園など特定の目的で人為的な工作が加えられた土地もまた、これに含まれ得る。

（注7）　事案の悪質性や重大性、危険の切迫性の大小、対象が本部事務所であるなど当該暴力団組織における象徴的な物件かどうかといった事務所の性質による社会的反響の大小、組事務所の周辺環境等によっては、審理に多少の時間を費やしてでも、差し止めるべき行為を、漏らすことなく広汎かつ徹底的に設定すべき場合はある。

‖‖ NAKAMURA Takeshi ‖‖

Ⅲ　不動産取引

20

暴追センターが近隣住民から委託を受けて、暴力団事務所としての使用禁止等仮処分を申し立てた事例

神戸地決平成29・10・31、平成29年（ヨ）第231号暴力団事務所使用禁止等仮処分命令申立事件、申立て認容【確定】、公刊物未登載

中村・清水法律事務所／弁護士　**中村　英示**

Ⅰ　事案の概要

　本件は、暴力団員による不当な行為の防止等に関する法律（以下、「暴対法」という）32条の5第1項に基づく適格団体である暴力追放運動推進センター（暴追センター）Xが、株式会社A社の所有する建物（以下、「本件建物」という）付近に居住する委託者らから委託を受けて、同法32条の4第1項に基づき、本件建物が指定暴力団神戸山口組（以下、「神戸山口組」という）の組事務所として使用されていることにより、委託者らの平穏に日常生活を営む自由ないし権利が侵害されていると主張して、人格権に基づいて、債務者らに対し、本件建物を指定暴力団の事務所として使用することの禁止等の仮処分を求めた事案である。

1　本件建物の使用状況など

　本件建物は、平成22年9月ころから指定暴力団六代目山口組（以下、「六代目山口組」という）の二次団体Bが事務所として使用しており、平成27年9月ころからは、六代目山口組から分裂して発足した神戸山口組および神戸山口組の二次団体Bが事務所として使用していた。加えて、神戸山口組の若頭であり神戸山口組の二次団体Bの会長でもあるYが、本件建物に部下の者1名とともに居住し、Yは、本件建物所在地に住民登録をしていた。

　さらに、本件建物を所有していたA社は本件建物所在地を本店所在地としており、A社代表取締役Zは、神戸山口組の二次団体Bの幹部組員であった。

　神戸山口組は、毎月8日ころ、本件建物において定例会を開催していた。

2　本件仮処分申立て当時の暴力団の対立抗争状態について

　神戸山口組は、平成27年8月末、六代目山口組から分裂して発足し、その後平成29年4月には、神戸山口組傘下組織の一部勢力が任侠山口組と称する新団体を結成して、平成29年当時、神戸山口組と任侠山口組は、内部対立が生じている状況下にあった。

　近隣住民は、本件仮処分申立ての半年以上前の平成28年10月、「暴力団追放淡路市民の会」（以下、「市民の会」という）を立ち上げており、市民の会は、平成29年7月までに、本件建物の周辺で、暴力団追放を求めるパレード等の活動を行っていた。

　市民の会は、防犯協会・地元町内会・地元住民有志が中心となって結成した団体であり、神戸山口組が本部を設ける暴力団事務所を排除し、地元住民・市民の平穏な生活と身体生命の安全を守ることを目的としていた。

　そして、本件仮処分申立ての約1ヵ月前には、本件建物のあるC市に近接するD市内において、任侠山口組の代表者の警護役が神戸山口組の傘下組織の組員に射殺されるという事件が発生していた。

Ⅱ　決定要旨

1　被保全権利について

(1)　適格団体訴訟制度

　暴力団事務所の周辺住民が、本件のような暴力団事務所の使用差止めを、自らが手続当事者として行う場合、暴力団からの攻撃や嫌がらせを受けることを恐れるあまり、申立てを断念せざるを得ない事態に陥ることが予想される。そこで、このような事態を回避するため、改正暴対法（平成24年4月1日施行）により、国家公安委員会により認定を受けた適格都道府県センターが、周辺住民によって委託を受け、暴力団事務所の使用差止めを請求することを認める制度が新設された（いわゆる「適格団体訴訟制度」。暴対法32条の4ないし15（注1））。

(2)　適格団体制度を利用する場合の被保全権利について

　本件も、適格団体である暴追センターが、「当該付近住民等で、当該事務所の使用によりその生活の平穏又は業務の遂行の平穏が違法に害されていることを理由として当該事務所の使用及びこれに付随する行為の差止めの請求」（暴対法32条の4）を行っている。

　このように、適格団体である暴追センターが、暴力団事務所の使用禁止等仮処分申立事件を申し立てる場合、債権者（申立人）は、被保全権利として、平穏に日常生活を営む自由ないし権利、つまり人格権を根拠として主張することとなる。

本件決定も、下記のように判断し、近隣住民らの人格権に基づく妨害排除請求権を被保全権利として認めている。

（3）　人格権に基づく侵害行為の原因行為の禁止を求める権利が認められること

「何人も、人格権として、その生命、身体の安全を侵されることなく、平穏に日常生活を営む自由ないし権利を有し、受忍限度を超えてこれを侵され、またはこれを侵されるおそれがある場合には、人格権に基づいて、侵害行為あるいは侵害行為の原因となる行為の禁止を求めることができると解される。」

（4）　銃器等を使用した襲撃等の事件が発生する危険性が高いこと

「これを本件についてみるに、上記認定事実の通り、平成27年8月に神戸山口組が六代目山口組から分裂した後、両組織間の抗争に起因するとみられる銃器等を使用した殺人事件を含む暴力事件等が多数発生し、平成29年6月にも神戸山口組系関係者とみられる男性が刺殺され六代目山口組下部組織組長が逮捕される事件が発生している。さらに同年4月に神戸山口組から任侠山口組が内部分裂した後、神戸山口組と任侠山口組との対立に起因するとみられる傷害事件が発生し、同年9月12日には、神戸市内において任侠山口組代表者の警護役が射殺され、神戸山口組の暴力団員が指名手配されている。このように神戸山口組と六代目山口組及び神戸山口組と任侠山口組の対立に起因するとみられる死者発生を含む多数の事件が発生している状況に鑑みれば、今後もこれら各組織間の対立に起因するとみられる暴力団員や暴力団事務所等に対する銃器等を使用した襲撃等の事件が発生する危険性は高いといえる。」

「そして、本件建物は、神戸山口組及び神戸山口組の二次団体Bの事務所として使用され、暴力団員が当番員等として常駐し、定例会を開催するなど神戸山口組及び神戸山口組の二次団体Bの活動の本拠として使用されていることが明らかであって、今後、本件建物及び本件建物に出入りする神戸山口組及び神戸山口組の二次団体Bの暴力団員やその使用する車両を狙って、本件建物及びその周辺道路において銃撃等の事件が発生することが十分に予想されるところ、そのような事態になれば、本件建物及びその周辺道路等を通行利用する機会のある周辺住民などの生命、身体に危害をもたらすおそれがあることは明らかである。」

（5）　日常生活において銃撃事件等に巻き込まれるとも限らない危険と不安があること

「本件委託者（注：近隣住民）らは、いずれも本件建物から500メートルの範囲に居住もしくは就業する者であり、上記の本件建物の周辺状況などに照らせば本件建物近くの国道や本件建物前の路地あるいは周辺店舗を日常生活において利用する機会を有する者と認められ、本件建物が神戸山口組及び神戸山口組の二次団体Bの事務所として現に利用されていることにより、日常生活上の影響を受けるだけでなく、いつ銃撃事件等が発生し、それに巻き込まれるとも限らない危険と不安の中で日常生活を営まなければならない状態にあるといえる。」

（6）　人格権に基づく妨害排除請求が認められること

「したがって、本件委託者ら（注：近隣住民）は、その生命、身体を害されることなく平穏な生活を営む権利について、受忍限度を超えて侵害されており、その人格権に基づく妨害排除請求として、債務者らに対し、本件建物を神戸山口組及び神戸山口組の二次団体Bその他の暴力団事務所について使用すること、及びこれに付随する行為の禁止を求める権利を有すると認められる。」

2　保全の必要性について

本件決定は、要旨下記の通り認定し、保全の必要性を認めている。

「上記の通り、神戸山口組と六代目山口組、及び神戸山口組と任侠山口組の対立抗争が続いている状況下において、神戸山口組及び神戸山口組の二次団体Bの暴力団事務所として使用されている本件建物及び本件建物に出入りする暴力団員、車両等に対する銃撃事件等が発生することが十分に予想され、その場合には、委託者らの生命、身体が侵害される危険が生じることに照らせば、本件建物が神戸山口組及び神戸山口組の二次団体Bの暴力団事務所として使用されることにより、本件委託者らに生ずる著しい損害または窮迫の危険を避けるため、本件仮処分を発する必要性が高いといえる。」

3　仮処分の方法について

申立人は、組事務所として使用してはならない行為の例示として、①暴力団の定例会の開催、暴力団構成員の集合、②建物内への暴力団構成員の立入り、立入りの容認、③暴力団の当番員または連絡員を常駐させること、④暴力団の綱領、写真、名札、紋章、提灯等を掲示すること、⑤外壁に暴力団を表示、表象する紋章、文字版、看板、表札を設置することを示したところ、本決定は「いずれも本件建物を暴力団事務所として使用するのに最も重要な要素であるとともに、暴力団事務所以外の目的で使用するのに必要のないものといえるから、これらの行為の禁止は、本件建物の暴力団事務所としての使用差止の方法として相当である。」とした。

さらに、申立人は、本件仮処分申立ての中で、執行官に対し、命令の趣旨を適当な方法で公示するこ

とを求めたところ、本決定は、「本件仮処分の実効性を担保するためには、本件仮処分を公示し、本件建物が神戸山口組及び神戸山口組の二次団体Bその他の暴力団事務所として使用することが禁止されていることを対外的にも明らかにすることが適切であると認められる」と判断してこれを認めている。

4 担保について

本件決定では、「事案の性質上、債権者に担保を立てさせない」と判断した。

Ⅲ 分析と展開

1 仮処分手続を選択する意義について

暴力団事務所(「暴力団の活動の拠点となっている施設または施設の区画された部分」。暴対法15条1項)については、法律上、その設置・運営を一般的に禁止する規定は存在しない(注2)。しかし、ひとたび対立抗争が発生すると、暴力団事務所は、抗争相手からの攻撃対象となり、その場合、周辺住民が巻き添えになるおそれがあるなど、周辺住民の生命・身体・財産の安全を脅かす存在となる。

本件仮処分申立当時、六代目山口組と神戸山口組との分裂抗争が勃発しており、本件仮処分申立ての約1ヶ月前には、本件建物のあるC市に近接するD市内において、六代目山口組の代表者の警護役が神戸山口組の傘下組織の組員に射殺された事件が発生していたという状況下にあった。

そのような状況下において、暴力団事務所使用禁止請求を訴訟手続によって行うのでは、判決取得までに時間がかかってしまう。したがって、現に抗争事件が勃発している本件のような場合、訴訟手続は解決手段として必ずしも適切とは言えない。そこで、暫定的判断ではあるものの、迅速に裁判所の判断を取得できる仮処分手続によって暴力団事務所の使用禁止を行うことに意義がある。

2 被保全権利である人格権と受忍限度論について

(1) 人格権の法的根拠

人格権に基づいて、暴力団の組長またはその関係者が所有する建物を、暴力団事務所として使用することの差止めを求める申立てが初めてなされたのは、いわゆる一力一家事件における仮処分の申立てが最初である(注3)。

しかし、このような人格権に基づく差止請求権には明文の根拠はない。これは、いわゆる公害訴訟等によって形成されてきた判例法理を根拠としている。

(2) 人格権に基づく差止請求権(大阪空港夜間飛行禁止請求事件)

人格権が妨害排除や妨害予防請求権の根拠となり

得ることを最初に明確に判示したのは、大阪空港夜間飛行禁止請求事件控訴審判決である(注4)。

同判決は、「およそ、個人の生命・身体の安全、精神的自由は、人間の存在に最も基本的なことがらであって、法律上絶対的に保護されるべきものであることは疑いがな」く、「このような、個人の生命、身体、精神および生活に関する利益は、各人の人格に本質的なものであって、その総体を人格権ということができ、このような人格権は何人もみだりにこれを侵害することは許されず、その侵害に対してはこれを排除する権能が認められなければならない。すなわち、人は、……その侵害行為の排除を求めることができ、また、その被害が現実化していなくともその危険が切迫している場合には、あらかじめ侵害行為の禁止を求めることができるものと解すべきであって、このような人格権に基づく妨害排除および妨害予防請求権が私法上の差止請求の根拠となりうる」とした。

そして、最高裁においても、いわゆる北方ジャーナル事件判決において、人格権が排他性のある権利であり、差止請求の根拠となることが承認され、先例となっている(注5)(注6)。

(3) 本決定の判断

この点について、本決定は、「何人も人格権として、その生命、身体の安全を侵されることなく、平穏に日常生活を営む自由ないし権利を有し、受忍限度を超えてこれを侵され、またはこれを侵されるおそれがある場合には、人格権に基づいて、侵害行為あるいは侵害行為の原因となる行為の禁止を求めることができること」と述べており、人格権に基づく差止請求権が発生することを当然の前提としている。

その上で、「今後も両組織間の対立に起因するとみられる暴力団員や暴力団事務所等に対する銃器等を使用した襲撃事件が発生する危険性が高いこと、建物の利用状況に鑑みれば本件建物に出入りする神戸山口組の組員等を狙って銃撃等の事件が発生することが十分に予想されること、本件委託者らは本件建物から500メートルの範囲に居住もしくは就業する者であるから、本件建物が神戸山口組の組事務所として利用されることにより、いつ銃撃事件に巻き込まれるとも限らない危険と不安の中で日常生活を送っている」と認定した。

(4) いわゆる受忍限度論

人格権には排他性が認められながらも、全ての場合に侵害行為の差止めが認められるわけではない。行為を差し止められる者が制約される権利との調整が必要だからである。

そこで、多くの裁判例において、いわゆる受忍限

度論が採用されている（注7）。

受忍限度論は、当該行為の態様、当該行為による侵害の程度または侵害の危険の程度、被侵害利益の性質と内容等の諸般の事情などを総合的に考慮して、「被害が一般社会生活上受忍すべき程度を超えるものであるかどうか」によって決するという理論である。

本件決定でも、前記のとおり、「何人も人格権として、その生命、身体の安全を侵されることなく、平穏に日常生活を営む自由ないし権利を有し、受忍限度を超えてこれを侵され、またはこれを侵されるおそれがある場合には」と述べて受忍限度論を採用し、「本件委託者ら（注：近隣住民）は、その生命、身体を害されることなく平穏な生活を営む権利について、受忍限度を超えて侵害されており」と述べ、受忍限度の侵害を認定している。

（5）受忍限度論による組事務所差止請求の判断要素

受忍限度論によって、暴力団事務所の使用差止請求における人格権の侵害またはそのおそれの有無を判断するに際しては、当該暴力団の実態、当該建物およびその付近の状況、当該暴力団ないし関連団体による現在および過去の抗争事件の有無・内容、暴力団および暴力団抗争事件の実態・特色等の諸事情を、総合考慮するものとされている（注8）。

（6）本決定の事実認定

本決定では、本件建物の利用状況や周辺環境について詳細な事実認定をしている。

具体的には、本件建物の近く（約500メートル）に小中高等学校があり本件建物が面する国道が通学路として使用されていること、本件建物において神戸山口組が毎月のように定例会などを開催していること、本件建物には、複数の暴力団員が当番員または連絡員として待機し警戒を行っていることなどを認定している。

さらには、神戸山口組の定例会開催時の状況について、暴力団員が乗車した多数の車両が周辺道路を走行し、本件建物の駐車場などに暴力団員が乗車しているとみられる車両が多数駐車していること、周辺住民らが周辺道路や店舗の使用を控えるなど日常生活への影響があること、学校関係者らが児童の安全確保のために周辺の通学路で立ち番をして警戒に当たるなどの対応を余儀なくされていることなどを認定している。

現在および過去の抗争事件の有無・内容については、警察庁が、六代目山口組と神戸山口組とが対立抗争状態にあることを認定し全国の都道府県警察に態勢や摘発の強化を指示していたこと、具体的事案を列挙しつつ、六代目山口組と神戸山口組との間

で、銃器などを使用した殺人事件を含む暴力事件等が多発していること、両組織間の抗争事件が全国で97件に及び、同抗争事件による死者が5人に及ぶことなどを指摘し、さらには神戸山口組内でも内部分裂が生じていることなどを認定している。

（7）今後の検討課題（距離的近接性）

被保全権利との関係で、本決定の検討課題を挙げるとしたら、暴力団組事務所と近隣住民の居住地の距離の限界は、どこまで認められるのかという点である。

前記のとおり、多くの暴排条例では、学校や図書館など、青少年が立ち寄る可能性が高い施設の敷地の周囲200メートルの区域内において、暴力団事務所を「新規に開設」することができないという規定を設けている。

本決定における委託者である近隣住民は、全員、本件建物から半径500メートルの範囲内に居住ないし就業する者らであった。

この事実を前提に本決定は、「上記の本件建物の周辺状況などに照らせば本件建物近くの国道や本件建物前の路地あるいは周辺店舗を日常生活において利用する機会を有する者と認められ、本件建物が神戸山口組及び神戸山口組の二次団体Aの事務所として現に利用されていることにより、日常生活上の影響を受けるだけでなく、いつ銃撃事件等が発生し、それに巻き込まれるとも限らない危険と不安の中で日常生活を営まなければならない状態にあるといえる。」と述べている。

この、申立人（委託者）の居住範囲を500メートルとするのは、これまで積み重ねられた実務の結果、落ち着いた基準である。

今後、暴追センターが、委託を受ける周辺住民の獲得に困難をきたすような事例において、問題の建物から範囲500メートル以上に居住する者（本決定でいう「本件建物近くの国道や本件建物前の路地あるいは周辺店舗を日常生活において利用する機会を有する者」）が人格権に基づく妨害排除請求権を主張した場合、対象建物からどの程度までの距離まで離れた居住者に認められるのかという論点があり得る。

（8）今後の検討課題（今後、暴力団事務所として使用しないとの主張に対して）

本件において、債務者らは、今後、本件建物を暴力団事務所として使用するつもりがないと主張していた。しかし、本件決定では、本件仮処分申立後にも、神戸山口組が本件建物において定例会を開催していた事実があったことに基づいて、同主張を排斥している。

今後、実際に、債務者らが、表面上、暴力団事務所として使用していないかのような行動を取るなど

の仮装をし、何らかの方法でその仮装を立証してきた場合の対応は、事前に検討しておくべき論点である。

建物が暴力団事務所として使用されていること自体が争われた場合の理想的な立証は、神棚、代紋入りの物品、破門状などの他、組織の綱領、組員の名札、上部組織の組長の写真の存在、監視カメラの設置、暴力団員の会合の実態、儀式の実施、電話当番など交代での泊まり込みが行われていることなどである。しかし、それらの立証は容易ではない。そこで、使用している自動車の登録番号や新聞記事など公開されている情報から出入りしている人物が暴力団員であると認められるかどうか、郵便物の宛名が暴力団となっているかどうか、警察において暴力団事務所と認定しているかどうかなどの事実の積み重ねによって立証することになる。

3 保全の必要性について

(1) 保全の必要性について

暴力団事務所としての使用禁止等仮処分が認められるためには、被保全権利のほかに、保全の必要性が認められなければならない。

過去の裁判例では、暴力団事務所の使用を禁止する前提として、当該暴力団が対立抗争の最中にあり、当該建物が敵対する暴力団組織から襲撃されるおそれがあるなどということが周辺住民側から主張され、その生命・身体に対する危険性を疎明することになる。

この点について、本決定は、六代目山口組と神戸山口組との分裂抗争が勃発していること、本件建物を神戸山口組の組事務所として利用する暴力団員などに対する銃撃事件等が発生することが十分に予想されることから、本件委託者らに生ずる著しい損害または窮迫の危険を避ける必要性が高いと認定している。

(2) 本決定の検討課題

では、対象となる暴力団それ自体は対立抗争を行っておらず、対象となる暴力団の関係者が建物の周辺で危険行為・迷惑行為等を行っていたという事実もない場合、保全の必要性が認定されないのであろうか。つまり、使用禁止が認められるための危険性の程度はどの程度まで必要であろうか。

参考となる事例として、対象となる暴力団が平時の状況において、組長が実質的に所有する不動産を暴力団事務所として使用することの禁止が認められた判例がある（注9）。同判例は、上部組織の危険性からくる対立抗争・内部抗争の蓋然性などを根拠として、現に対立抗争を行っていない下部組織の暴力団事務所の使用差止めを認めた判例である。その論拠は、暴力団の抗争事件は、これが一旦発生すれば、系列対系列の抗争へと全国的に拡大発展しがちであって、ある系列末端の組員から相手方系列の現に抗争に参加していない他の組員に対する襲撃事件も予想されることなどにあるとしている。

では、上部組織にどの程度の危険性や対立抗争の蓋然性があることが疎明・立証されれば、下部組織の事務所の使用禁止を認め得るのであろうか。この点は、当該暴力団組織の実情などを、個別具体的に主張・立証することにならざるを得ないと考える。今後の判例の集積を待つしかない。

4 仮処分の方法（主文）について

仮処分申立てにおいては、実効性ある仮処分にするべく、申立ての趣旨で何を求めるのかが重要課題となる。

暴力団事務所の使用禁止を、仮処分手続を利用して請求する場合、その趣旨において抽象的に「暴力団事務所としての使用」の禁止を求めるのみでは、請求の特定として十分ではない。そこで、禁止されるべき暴力団事務所としての使用を徴表・構成する行為を具体的に特定する必要がある。

(1) 組事務所として使用してはならない行為の例示

本件決定における申立人は、組事務所として使用してはならない行為の例示として、①暴力団の定例会の開催、暴力団構成員の集合、②建物内への暴力団構成員の立入り、立入りの容認、③暴力団の当番員または連絡員を常駐させること、④暴力団の綱領、写真、名札、紋章、提灯等を掲示すること、⑤外壁に暴力団を表示、表象する紋章、文字版、看板、表札を設置することを示したところ、本決定は「いずれも本件建物を暴力団事務所として使用するのに最も重要な要素であるとともに、暴力団事務所以外の目的で使用するのに必要のないものといえる」として、上記5点は、使用差止めの方法として相当であるとした。

今後も、暴力団事務所としての使用禁止等仮処分を申し立てる場合、組事務所として使用してはならない行為の例示として、前記の5点の禁止は必須事項となると思われる。

(2) 検討課題

近年、暴力団は活動を潜在化・不透明化させる傾向にある。

今後は、暴力団事務所であることが一見して明らかとなるような、前記④のような行為は行われなくなる傾向が予想される。

また、投光器および監視カメラの設置の禁止を求めるべきかについても、検討すべき課題である（なお、投光器および監視カメラの設置禁止を認めなかった裁判例は過去に複数存在する（注10））。

しかし、監視カメラが、暴力団事務所としての機能を果たすために必要かつ重要な設備であること、暴力団事務所としての使用を封ずるためにはその設置を禁止することが効果的であると考えられること、外部から確認し得る数少ない要素の1つであることからして、設置・使用の禁止を求めるべき対象にすべきと考える。

（3）　命令の趣旨の公示について

対外的にも暴力団事務所として使用することが禁止されていることを明らかにすることまで求めるべきであろうか。具体的には、執行官に対し、命令の趣旨を適当な方法で公示することを求めるべきであろうか。

命令の趣旨の公示には、命令の趣旨を公示することにより、当該物件を事実上使いにくくするという効果がある。したがって、実効性確保という観点からは、暴力団事務所としての使用禁止等仮処分を申し立てる際には、必須の申立事項であると考えられる。

本決定も、「本件仮処分の実効性を担保するために対外的にも暴力団事務所として使用することが禁止されていることを明らかにすることが適切である」と判断し、これを認めている。

（4）　自宅として使用したいとの申入れについて

仮処分手続において、債務者らから、「申立の趣旨については争わない」と答弁する一方で、「Y（組長）らの自宅使用を認めてほしい」旨の和解の申入れがあった場合はどのように対応すべきであろうか。

このような申入れがあった場合であっても、建物があること自体が許容できないという住民らの意向や自宅使用であっても組長の使用を認めることは望ましくないという点から、和解に応じるべきではない。

5　間接強制について

本件では、仮処分決定以降においても、債務者とその配下の組員が、従来から住民票記載の自宅として使用していることを理由に本件建物に居住していた。このため、債権者らは、前記仮処分以降も、24時間体制の監視を行い、本件建物の出入り状況を記録していた。

その後、本件仮処分決定が出された約3ヵ月後、前記組員のみならず、他の組員も本件建物に出入りするようになり、また、他の組員も本件建物に住民登録するに至った。

これらをきっかけとして、債権者は、暴力団組事務所として使用していることを理由に間接強制の申立てを行っている。

債務者は、本件建物の使用は組事務所としての使用ではなく、今後も組事務所として使用することはない等と主張したものの、裁判所は、この主張を排斥している。

（注1）　適格団体訴訟制度の導入に至る経緯、および制度の内容については、河野憲壮「暴力団対策法の改正について」自由と正義762号16頁（2012年）に詳しい記載がある。

（注2）　全国各都道府県の多くの暴排条例において、学校や図書館など、青少年が立ち寄る可能性が高い施設の敷地の周囲200メートルの区域内において、これを新規に開設することができないという定めが置かれている。

（注3）　静岡地浜松支決昭和62・10・9判時1254号45頁。

（注4）　大阪高判昭和50・11・27判時797号36頁。

（注5）　最大判昭和61・6・11判時1194号3頁（ただし、名誉侵害に関する判例である。）。

（注6）　周辺住民の人格権に基づき、暴力団事務所の使用禁止を認めた裁判例は、前記の①一力一家事件のほか、主要なものとして、②沖縄事件（那覇地決平成3・1・23判タ761号229頁）、③秋田事件（秋田地決平成3・4・18判時1395号130頁）、④赤心会事件（大阪地堺支判平成4・5・7判時1452号87頁、大阪高判平成5・3・25判時1469号87頁）、⑤加藤総業事件（神戸地決平成6・11・28判時1545号75頁）、⑥中野会事件（神戸地決平成9・11・21判時1657号98頁）、⑦道仁会事件（福岡高決平成21・7・15判タ1319号273頁）などがある。

（注7）　最三判昭和42・10・31判時499号39頁。

（注8）　寺本明広「近隣住民による暴力団組事務所使用差止めの仮処分」判タ1078号182頁（2002年）。

（注9）　東京地判平成24・9・25。

（注10）　（注6）における①一力一家事件、④赤心会事件、⑤加藤総業事件の差戻審等。

ⅢⅢ *NAKAMURA Eiji* ⅢⅢ

Ⅲ　不動産取引

21

適格都道府県センターが付近住民の委託に基づき申し立てた未指定の暴力団事務所使用禁止仮処分について、任意的訴訟担当として当事者適格を認めた事例

京都地決令和元・9・20、平成31年（ヨ）第104号暴力団組事務所使用禁止仮処分命令申立事件、認容【確定】、判時2459号11頁

齋藤綜合法律事務所／弁護士　**齋藤　理英**

Ⅰ　事案の概要

　京都地決平成29・9・1〔本書Ⅲ－**18**〕により、適格都道府県センターが債権者となった本件建物を指定暴力団の事務所または連絡場所として使用することを禁止する内容の仮処分決定がなされた後、債務者がこれに従わず、組員2名が本件建物に居住し続けるなど、本件建物の使用がその後も継続されたため、仮処分決定に違反する事実があるとして、京都地方裁判所は、平成30年5月30日に、債務者に対して1日100万円の制裁金を支払わせる内容の間接強制決定をした（注1）。

　ところが、その後債務者が会長を務めるB会が、六代目会津小鉄会から分裂することが明らかとなり、平成31年4月19日付け京都府公安委員会の指定官報公示により、債務者と対立するDが七代目会津小鉄会の代表者として指定され、債務者が会長を務めるB会は暴力団員による不当な行為の防止等に関する法律（暴対法）3条の指定を受けないことになったため問題が生じた。すなわち、上記仮処分決定では、債務者に対し、「指定暴力団六代目会津小鉄会B会その他の指定暴力団の事務所又は連絡場所として使用してはならない。」と命じているところ、B会が暴対法で指定されない団体となった場合、本件建物をB会の事務所として使用する行為は、前記主文で禁ずる「指定暴力団の事務所又は連絡場所として（の）使用」に該当しないことになり、上記仮処分の効力が及ばないことになる（注2）。

　そのためB会による本件建物の事務所または連絡場所としての使用の禁止を継続するためには、あらためて、債務者に対して「指定暴力団」という限定を外した申立てを行うことが必要となったが、適格都道府県センターの権限を定める暴対法32条の4第1項は、「当該都道府県の区域内に在る指定暴力団等の事務所の使用により付近住民等の生活の平穏又は業務の遂行の平穏が害されることを防止するための事業を行う場合」と定めているため、適格都道府県センターである京都府暴力追放運動推進センター（以下、「京都府暴追センター」という）には、少なくとも同条項を利用した申立てをすることができない

ことが明らかであった。

　そこで、京都府暴追センターは、暴対法32条の4第1項の権限を行使するのではなく、いわゆる明文なき任意的訴訟担当として、近隣住民の委託を受けて、暴対法2条2号の暴力団であるB会が本件建物をその事務所として使用していることにより、上記委託者らの平穏に生活する権利が侵害されている等と主張して、B会会長である債務者に対し、上記委託者らの人格権に基づき、本件建物をB会その他の暴力団の事務所等として使用することの禁止の仮処分を求めた。

　なお、本件仮処分事件において裁判所が認定した本件建物の使用状況の概要は、B会および債務者は、債務者の七代目会津小鉄会会長承継式以降、本件建物を（債務者が会長を務める）会津小鉄会の事務所として利用していたが、債務者は、平成29年9月5日頃、本件建物の「B会ビル」と記載された看板や債務者の苗字（通称名）が記載された表札、監視カメラや投光器等を撤去し、平成30年7月頃、本件建物内の応接セットや事務機器等を撤去した。また、間接強制決定時点で、B会構成員数名が本件建物に居住していたが、これらの者は、同決定後本件建物を退去していた、というものであった。

　上記申立てに対し、裁判所は、下記のとおり、無担保により申立てを認容する決定をした。

Ⅱ　決定要旨

【主　文】

　「1　債務者は、別紙物件目録記載1の建物につき、下記の行為をするなどして、B会その他の暴力団（以下「B会等」という。）の事務所又は連絡場所として使用してはならない。

記

　(1)　上記建物内でB会等の定例会、儀式又は会合を行うこと

　(2)　上記建物内にB会等の暴力団の構成員を立ち入らせ、又は当番員を置くこと

　(3)　上記建物の外壁にB会等を表象する紋章、文字板、看板、表札及びこれに類するものを設置する

こと

2　申立費用は債務者の負担とする。」

【前提事実（掲記の疎明資料および審尋の全趣旨によって容易に認められる事実）】

　「イ　債務者及びその関係者等

　㋐　債務者は暴力団Ｂ会の会長である（なお、暴力団とは『その団体の構成員（その団体の構成団体の構成員を含む。）が集団的に又は常習的に暴力的不法行為等を行うことを助長するおそれがある団体』をいう。法2条2号）。

　債務者は、指定暴力団（暴力団であって法3条の指定を受けたものをいう。）六代目会津小鉄会の若頭であった。また、債務者は、平成29年2月7日以降、暴力団七代目会津小鉄会の会長であると主張している。

　Ｂ会は、指定暴力団六代目会津小鉄会の構成団体であったが、それ自体は法3条に基づく指定を受けていない。平成31年4月22日現在、Ｂ会の構成員及び準構成員（以下「構成員等」という。）は13人である。」

【当裁判所の判断】

1　当事者適格について

　「(1)　適格都道府県センターは、指定暴力団等の付近住民等から委託を受けて、裁判上又は裁判外において、自己の名をもって、その事務所の使用等の差止めを請求できる（法32条の4）。この規定は、暴力団事務所の付近住民等が、当該事務所の存在によって平穏に生活を営む権利（人格権）を侵害されているとして、同事務所の使用差止めを請求した事案で、住民のリーダーに対して暴力団が妨害や報復をする例があり、付近住民等がこの種の請求を躊躇するという状況があることに鑑みて設けられたものと解される。

　(2)　本件申立ては、指定暴力団ではない暴力団であるＢ会等の事務所の使用の仮の差止めを求めるものであるから、法32条の4の適用はなく、債権者は、いわゆる任意的訴訟担当として、本件委託者らから委託を受けて本件委託者らの人格権に基づく妨害排除請求権を行使しようとするものと解される。そして、一般に任意的訴訟担当は、本来の権利主体からの訴訟追行権の授与があることを前提として、弁護士代理の原則（民事訴訟法54条1項本文）を回避し、又は訴訟信託の禁止（信託法10条）を潜脱するおそれがなく、かつ、これを認める合理的必要性がある場合には許容することができると解される（最高裁昭和45年11月11日大法廷判決・民集24巻12号1854頁参照）。なお、法32条の4の規定は指定暴力団に対する事務所の使用等差止請求に関するものであるが、これは、指定暴力団の事務所の使用等差止請求

については適格都道府県センターによる任意的訴訟担当の要件を事案ごとに審査することを不要とするものと解され、指定暴力団でない暴力団の事務所の使用等差止請求について適格都道府県センターによる任意的訴訟担当を否定する趣旨に解することはできない。

　本件についてこれをみると、まず、債権者に対する訴訟追行権の授与は前提事実(1)ｱ(ｲ)のとおりである。

　次に、弁護士代理・訴訟信託禁止との関係をみると、債権者は、差止請求関係業務の権限を行使する場合、民事訴訟等に係る手続については弁護士に追行させなければならず（法32条の4第3項）、また、適格都道府県センターの認定においては、同条第1項の委託を受ける旨の決定及び当該委託に係る請求の内容についての検討を行う部門において暴力追放相談委員及び弁護士が共にその専門的知識経験に基づいて必要な助言を行い又は意見を述べる体制が整備されていることその他差止請求関係業務を遂行するための人的体制に照らして、差止請求関係業務を適正に遂行することができる専門的知識経験を有すると認められることが要件とされており（法32条の5第3項）、本件でも代理人弁護士が手続の追行に当たっている。そうすると、債権者が本件手続を追行することによって弁護士代理の原則を回避し、訴訟信託の禁止を潜脱するおそれがあるということはできない。

　そして、暴力団（指定暴力団に限られない。）の事務所の使用により付近住民等の生活の平穏又は業務の遂行の平穏が害されることを防止することは都道府県センターの事業の一つであり（法32条の3第2項6号）、債権者の定款上も同趣旨の目的が定められており、暴力団事務所の付近住民等が自らその使用差止請求や差止仮処分の当事者となることに困難が伴うことは経験則上明らかであることに照らし、債権者が指定暴力団でない暴力団事務所の使用差止めのための訴訟手続や保全手続を提起追行することも、上記の事業に含まれると解することができる。なお、債権者は、適格都道府県センターとして、指定暴力団事務所の使用差止請求関係業務を適正に遂行するための体制及び業務規程が適切に整備され（法32条の5第3項1号）、同業務を適正に遂行することができる専門的知識経験及び経理的基礎を有する（同項2号及び3号）ものと認められるから、指定暴力団でない暴力団に対する事務所使用差止訴訟又は仮処分の追行についても、体制や業務規程が整備され、専門的知識経験及び経理的基礎を有しているということができる。

　そうすると、債権者が本件手続を追行することに

より弁護士代理の原則を回避し、訴訟信託の禁止を潜脱するおそれは認められず、かつ、これを認める合理的必要性が認められるから、債権者は、本件手続において、本件委託者らのための任意的訴訟担当の要件を満たす者として、当事者適格を有する。

（3）　なお、暴力団事務所の使用差止請求権の内容や権利行使の可否が、付近住民等の個別事情により異なるとは解されないから、本件で、債権者が複数の委託者の訴訟追行権を行使することが困難であり、それが債務者の防御を困難にするとは認められない。債権者が、本件と主要な事実関係・争点が共通する前件仮処分決定の申立て及び手続追行に当たったことも、債権者が本件委託者らのために訴訟追行権を適切に行使することを期待し得る根拠ということができる。」

2　被保全権利の有無について

「債務者は、Ｂ会会長であるとともに、Ｃが六代目会津小鉄会会長を退いた後の平成29年2月以降、七代目会津小鉄会会長を称し、四代目Ｉ会会長であるＤも七代目会津小鉄会会長を称していて、債務者と対立関係にある。債務者は平成27年8月に分裂した後の六代目山口組と、Ｄは神戸山口組とそれぞれ近い関係にあり、平成29年1月10日及び同月11日に別件建物（会津小鉄会事務所）及びその周辺で債務者及び六代目山口組関係者とＣ、Ｄ及び神戸山口組関係者との間で紛争が起き、平成30年5月19日にＤが六代目山口組構成員に襲撃されたことなどに照らし、債務者とＤとの対立は、分裂後の六代目山口組と神戸山口組との対立と関連していると認められる。」

「本件建物はＢ会及びＥ会津小鉄会（注：債務者を代表者とする会津小鉄会）の事務所として公然と使用されてきたのであるから、本件建物又はその周辺において、債務者並びにＢ会、Ｅ会津小鉄会及び分裂後の六代目山口組の各関係者と、Ｃ及びＤ並びに四代目Ｉ会、Ｆ会津小鉄会（注：Ｄを代表者とする会津小鉄会）及び神戸山口組の各関係者との間で対立抗争に関わる紛争が生じるおそれが認められる。

前件仮処分決定後、本件建物からＢ会の事務所である旨の看板、債務者の通称名の表札、監視カメラ・投光器等、応接セット、事務機器等が撤去され、また、前件間接強制決定後、本件建物に居住していた構成員が退去したことは前提事実……のとおりであり、本件建物は、外観上Ｂ会の事務所であることが明らかでなくなり、実態としても、Ｂ会の事務所として使用されることは少なくなったということができる。しかし、上記……の事実によれば、現在もＢ会構成員が本件建物に出入りしてこれを使用していることは明らかであり、Ｂ会が他に事務所を

設けたことの主張・疎明もないから、本件建物がＢ会の事務所としての機能を失ったということはできない。」

「本件建物が従前公然とＢ会及びＥ会津小鉄会の事務所として使用されてきたこと……からすれば、上記対立する暴力団ないしその構成員間で抗争が発生した場合に、本件建物が攻撃の目標とされる蓋然性は高く、本件建物及びその周辺において襲撃事件等の紛争が発生するおそれがあるといえる。」

「本件委託者らはいずれも本件建物（第1種住居地域内に所在する。）からおおむね500m以内の位置に居住しており、債務者による本件建物の使用によって日常的に威圧や危険を感じ、平穏な生活を阻害されている上、本件建物やその周辺で暴力団間の抗争に関わる紛争が生じれば、近隣に居住する本件委託者らの生命、身体に危害が及ぶ蓋然性が高い。」

「以上によれば、債務者が本件建物をＢ会等として使用することによって、本件委託者らの生命、身体及び平穏に生活を営む権利等の人格権が受忍限度を超えて侵害されており、本件委託者らは、債務者に対し、本件建物を暴力団事務所として使用することの禁止等を求める権利（被保全権利）を有していることが疎明される。」

3　保全の必要性について

「債務者が本件建物をＢ会等の事務所として使用することにより、本件委託者らの生命、身体及び平穏に生活を営む権利等の人格権が受忍限度を超えて侵害されているということができるから、保全の必要性が認められる。

債務者は、前件間接強制決定後に居住者が本件建物から退去し、本件建物は、洗濯機置き場として利用されているにすぎず、抗争事件が発生する可能性はないから、保全の必要性を欠くと主張するが、Ｂ会構成員が本件建物に出入りするなどして本件建物を使用していることは上記2のとおりであり、前件仮処分決定及び前件間接強制決定により債務者による使用の実態がなくなったとはいえないし、前件仮処分決定及び前件間接強制決定後に形成された使用状況が今後も当然に継続し、債務者が現在以上の程度・頻度で本件建物を使用することはないというべき根拠の疎明はない。そして、上記2に判示したところによれば、本件建物がＢ会等の事務所として使用されることにより、本件委託者らの生命、身体又は財産に被害を生じる蓋然性が認められ、本件委託者らに生じる著しい損害又は急迫の危険を避けるため本件仮処分を発する必要性の疎明があるというべきである。」

Ⅲ　分析と展開

1　未指定暴力団事務所使用差止事件における当事者適格（明文なき任意的訴訟担当）

「Ⅰ　事案の概要」に記載したとおり、本件においては、指定暴力団ではない暴力団（暴対法2条2号）に対して、適格都道府県センター（暴対法32条の4第1項）が、暴力団事務所の使用を差し止めるための法的手続（訴訟・仮処分等）をするにあたり、当事者適格が認められるか否かが問題とされた。

当事者適格とは、現に当事者となった者が、訴えにおいて特定された請求の当否（すなわち訴訟物である権利関係の当否）について本案判決を受けることのできる適格をいう（注3）。当事者についての他の訴訟要件である当事者能力や訴訟能力が、事件の内容とは無関係に認められる一般的な要件であるのに対し、当事者適格は、当事者と特定の訴訟物との関係に着目して、裁判所が本案判決をすべきかどうかを判断するための要件である。それゆえ、当事者適格は、訴訟物たる権利または法律関係について管理処分権を有する権利主体に認められるのが原則である。ところが、例外的に権利義務の主体以外の第三者が、主体に代わって特定の訴訟物についての当事者適格を認められる場合がある。それを、講学上、第三者の訴訟担当といい、これが認められる場合には、当該第三者に対する判決の効力は、当該訴訟物の権利義務の帰属主体に及ぶことになる（民事訴訟法115条1項2号）。

第三者の訴訟担当が認められる場合は、大きく分けて、法律が定める効果に基づく法定訴訟担当と、権利義務の帰属主体の意思に基づく任意的訴訟担当がある。法定訴訟担当の例には、株主代表訴訟を追行する株主や、破産管財人などがあるが、暴対法32条の4第1項により適格都道府県センターが当事者適格を有する場合は、「当該付近住民等で、当該事務所の使用によりその生活の平穏又は業務の遂行の平穏が違法に害されていることを理由として当該事務所の使用及びこれに付随する行為の差止めの請求をしようとするものから委託を受けたとき」であるので、任意的訴訟担当である。

任意的訴訟担当は、これを無制限に認めると、弁護士代理の原則（民事訴訟法54条1項）および訴訟信託の禁止（信託法10条）を潜脱する恐れがあるため、暴対法32条の4第1項のように、法が明文の規定をもって認める場合以外については、何らかの基準によりその範囲を制限する必要がある。そして、この点に関するリーディングケースである最大判昭和45・11・11は、①弁護士代理の原則および訴訟信託の禁止など、法が定める制限を回避、潜脱するお

それがなく、かつ、②これを認める合理的必要がある場合には許容するに妨げないとしている。

本件事件において裁判所は、上記の通り①、②のいずれも認めているが、暴対法2条2項に定める暴力団が、「その団体の構成員が集団的に又は常習的に暴力的不法行為等を行うことを助長するおそれがある団体」である以上、同法3条の指定の有無によりその危険性に差異がなく、かつ、現に関係者間に対立抗争に関わる紛争が生じるおそれが認められること、事務所の使用により付近住民等の生活の平穏または業務の遂行の平穏が害される恐れがあることや、付近住民が差止請求を躊躇する状況があることが、指定の有無により変わることがないことなどからして、裁判所の判断は妥当である。

2　本決定例の射程

本件事件においては、裁判所の判断内容をみる限り、B会が暴対法2条2号の「（未指定の）暴力団」であることは特に争点とされていないようである。これはおそらく、B会が自ら「七代目会津小鉄会」を名乗っていたことがその理由であると思われる。本件のように、指定暴力団が内部分裂した結果生じた、かつての二次団体以下の下部組織を、暴対法2条2号の「暴力団」と認めることは容易であろうが、そのような経緯がない場合、実質をみると同条同号の「暴力団」というべき団体について、その事務所の使用差止めを求める訴訟・仮処分の当事者適格が適格都道府県センターに認められるかは、検討を要する。

最終的には、当該団体が暴対法2条2号に該当する実質を有するか否かの判断によって決せられるものと思われるが、都道府県公安委員会による指定という判断がないことから、該当性について個別の立証（疎明）を要するうえ、具体的にどのような条件が備わっていれば、適格都道府県センターが、その団体の事務所の使用差止請求について当事者適格を有することになるのかは、必ずしも明らかではない。近年、暴力団に加えて治安を脅かす存在として指摘されている、準暴力団として把握される集団なども、場合によっては暴対法2条2号の実質を備える場合があり得るが、こういった集団の活動拠点の使用差止めを、適格都道府県センターが請求することの可能性を模索することも重要である。

また、本件は、指定暴力団がその内部の権力闘争により分裂を起こした事案であり、対立抗争が発生する差し迫った恐れが現実に存在するが、仮にこのような状況がなくとも、暴力団特有の危険性から、暴力団事務所の使用差止めを認めた裁判例は存在する（注4）。本決定の判断を見る限り、本件のような内部分裂から生じた緊張状態を前提としない事案

においても、未指定の暴力団に対する事務所使用差止めについて、適格都道府県センターに当事者適格を認めるべき適正は備わっているといえ、今後はこのような事案においても適格都道府県センターの活用が期待される。

3 適格都道府県センターの権能拡大の可能性

本決定により、適格都道府県センターの訴訟追行権が、法律の明文で定められていることに限られないことが明らかとされたが、適格都道府県センターは、法律上当然に都道府県暴力追放運動推進センターでもあり（暴対法32条の3）、その行うべき事業として、法律上「暴力団の事務所の使用により付近住民等の生活の平穏又は業務の遂行の平穏が害されることを防止すること」（同条2項6号）のみならず、「暴力団員による不当な行為の被害者に対して見舞金の支給、民事訴訟の支援その他の救援を行うこと」（同条2項9号）が定められている。

それゆえ、「民事訴訟の支援その他の救援」の一内容として、指定暴力団の代表者の責任を追及する訴訟を提起することを躊躇する暴力団の被害者に代わり、その委託を受けて、適格都道府県センターが、暴対法31条の2に定める威力利用資金獲得行為に係る損害賠償責任の追及を行うことも検討に値しよう。本決定が適格都道府県センターに当事者適格を認めた理由として、民事訴訟等に係る手続については弁護士に追行させなければならないことになっており、現に弁護士が追行していること、差止請求関係業務を適正に遂行することができる専門的知識経験を有すると認められること、周辺住民が当事者となることの困難性等を挙げるが、これらの点について、差止請求関係業務と損害賠償請求業務において何ら変わることがなく、上記最高裁判例の基準に照らしても、適格都道府県センターに損害賠償請求についても当事者適格を認めるべき必要性・許容性はともにある。

そのような意味において、本決定例は、適格都道府県センターの機能を広げる可能性を示唆するものとして、高く評価できる。

（注1）本件の前提となる事実は、〔本書III－**18**〕の事案の概要を参照されたい。
（注2）なお、前提となる仮処分決定が、暴対法3条で指定されない暴力団B会の暴力団事務所としての使用の禁止も含むものであるか否かについて、執行裁判所に判断を仰ぐということもあり得ようが、本件においては、仮処分決定の主文にある「指定暴力団」との限定は、申立ての趣旨の変更に基づくものであるという経緯があったため、そのような主張が認められる見通しが低かったという事情がある。

（注3）なお、本件は民事訴訟の本案の権利関係につき仮の地位を定めるための仮処分なので、原告として本案判決を受けることのできる適格を有する者が、当然に債権者としての適格を有することになる。
（注4）神戸地決平成6・11・28判時1545号75頁（加藤総業事件）、東京地判平成24・9・25（竜泉事件）

‖ *SAITO Riei* ‖

Ⅲ　不動産取引

22 適格団体訴訟制度を利用した暴力団事務所使用差止仮処分命令申立て

神戸地決平成30・9・4、平成30年(ヨ)第135号暴力団事務所使用差止仮処分命令申立事件、認容【確定】、公刊物未登載

木下綜合法律事務所／弁護士　**木下　渉**

Ⅰ　事案の概要

1　本件は、平成29年4月30日に任侠山口組が結成され、六代目山口組と神戸山口組の分裂、神戸山口組と任侠山口組の分裂という三つ巴の抗争状態にあった中で、本件建物において、同年6月、同年7月、平成30年1月に任侠山口組の定例会が実施されるなどしたことから、暴力団員による不当な行為の防止等に関する法律（以下、「暴対法」という）32条の5第1項所定の認定を受けた都道府県暴力追放運動推進センターである債権者が、同法32条の4第1項のいわゆる適格団体訴訟制度により、本件建物付近に居住し、もしくは就業する委託者らからの委託に基づき、本件建物が指定暴力団の事務所として使用されていることによって委託者らの平穏に日常生活を営む権利が侵害されていると主張して、委託者らの人格権に基づき、債務者らに対し、本件建物を指定暴力団の事務所として使用することの禁止等を命ずる仮処分を申し立てた事案である。

2　事実関係

本決定が認定した事実関係は、概ね以下のとおりである。

(1)　当事者等

債務者Y₁は、指定暴力団である任侠山口組の代表者たる組長であり、債務者Y₂は、任侠山口組の幹部構成員たる若頭であるとともに、任侠山口組の二次団体であって指定暴力団であるA組の代表者たる組長である。

債務者Y₃は、本件建物の所在地を本店所在地とする株式会社であり、その代表取締役はA組の幹部構成員たるBである。

(2)　本件建物等の概況

本件建物は、平成18年に本件敷地とともに前主から債務者Y₃に譲渡され、本件土地（本件建物および本件建物敷地と併せて「本件不動産」という）は、本件建物敷地の北側に隣接する土地であり、平成21年に前主から債務者Y₃に譲渡された。

本件建物から半径500メートル圏内には多数の住民が密集して居住する全15棟の市営住宅のほか、不特定多数の市民が利用する公民館やバス停などの公共施設、複数の医療施設や学校・保育施設、コンビニエンスストアやゴルフ練習場などの商業施設が存在している。

(3)　任侠山口組の結成に至る経緯等

①　神戸山口組の結成

神戸山口組は、平成27年8月末、神戸市に本拠たる事務所を置く国内最大規模の指定暴力団である六代目山口組から直系組長13人が離脱して新たに結成された暴力団であり、平成28年4月に指定暴力団に指定された。

②　六代目山口組と神戸山口組との対立抗争

警察庁は、平成28年3月7日、六代目山口組と神戸山口組が対立抗争状態にあると認定し、全国の都道府県警察に体制や摘発の強化を指示した。

③　任侠山口組の結成

任侠山口組は、平成29年4月に債務者Y₁を含む神戸山口組の直系組長の一部が離脱して新たに結成された暴力団であり、平成30年3月22日に兵庫県公安委員会によって指定暴力団に指定された。

(4)　本件不動産の使用状況等

本件建物は、昭和46年7月頃からA組の前身となった暴力団の事務所として使用されており、任侠山口組が結成され、本件建物において幹部会が開催された平成29年5月26日以降は、任侠山口組・A組の本拠たる事務所として使用されている。本件建物においては、同年6月28日、同年7月28日および平成30年1月28日に傘下の直系組長らが参集した定例会が開催され、平成29年8月27日には、任侠山口組の幹部構成員による神戸山口組の組織運営を批判する内容の記者会見が開かれた。また、本件土地は、本件建物敷地の北側に位置し、本件建物と接している南側を除く周囲は高さ約2メートルの塀と東側に設置された高さ約3メートルのシャッターで囲われ、本件建物専用の屋外駐車場として本件建物と一体的に使用されている。

本件建物が任侠山口組・A組の本拠たる事務所として使用されていることは広く一般に認知されている。また、本件不動産の周辺では、学校関係者が児童生徒の安全確保のために本件不動産が接する道路を通学路から除外する等の対応をしており、多くの

住民も周辺道路の通行をなるべく回避するなどの対応を余儀なくされている。

（5）　対立抗争に起因する襲撃事件等

①　神戸山口組結成から任侠山口組結成前までに発生した事件等

神戸山口組が結成された平成27年8月末から任侠山口組が結成された平成29年4月までに、対立組織の事務所や駐車場、幹部構成員の私邸といった関係先に対する凶器を用いた襲撃や対立組織の構成員に対する拳銃等を用いた襲撃や乱闘等、六代目山口組およびその構成組織と神戸山口組およびその構成組織（離脱前の任侠山口組およびその構成員を含む）との対立抗争に起因して生じたと目される襲撃事件等が全国で多発し、複数の死傷者も出ている。

②　任侠山口組結成後に発生した事件

任侠山口組が結成された平成29年4月以降、六代目山口組およびその構成組織、神戸山口組およびその構成組織ならびに任侠山口組およびその構成組織の三者間での対立ないし抗争に起因して生じたと目される以下の事件が発生した。

ア　平成29年5月6日、神戸市所在の任侠山口組関連施設前の路上において、車中で警戒に当たっていた任侠山口組の構成員が複数人から襲撃を受けて頭部に重傷を負い、神戸山口組傘下の暴力団構成員4人が逮捕された。

イ　同年6月8日、大阪府東大阪市内の路上において、本拠たる事務所で開催される定例会に向かって走行中であった神戸山口組直系組織の会長が乗車する車両が何者かに銃撃された。

ウ　同月20日、兵庫県加古郡所在の神戸山口組の関連施設とされる住宅から複数の弾痕が発見された。

エ　同年9月12日、神戸市所在の市営住宅前の路上において、債務者Y₁を含む任侠山口組の幹部構成員数人が乗車した車列が複数人から銃撃され、債務者Y₁の警護役が射殺された。この事件の実行犯として神戸山口組傘下の暴力団構成員が指名手配された。

オ　同年11月19日、兵庫県尼崎市所在の任侠山口組傘下の暴力団事務所において、何者かによって窓ガラスが割られ、消火剤と思しき粉末が室内に撒かれた。

カ　平成30年3月7日、兵庫県尼崎市所在の飲食店前の路上において、神戸山口組の幹部構成員が2人組の男にバットのようなもので襲撃されて負傷した。

キ　同月24日、大阪市所在のパチンコ店内において、任侠山口組系組織の会長が男に襲撃されて負傷した。

3　本決定は、上記の事実関係のもと、被保全権利および保全の必要性を認めて、指定暴力団の事務所としての使用を禁止する仮処分命令を発令したものである。

Ⅱ　決定要旨

本決定は、上記の事実関係のもと、被保全権利および保全の必要性を認めて、指定暴力団の事務所としての使用を禁止する仮処分命令を発令した。

1　主　文

主文は、以下のとおりである。

「1　債務者Y₁及び債務者Y₂は、下記行為をするなどして、別紙物件目録記載1の建物を指定暴力団任侠山口組、A組その他の指定暴力団の事務所として使用してはならない。

記

（1）　上記建物又は別紙物件目録記載2の土地内で指定暴力団任侠山口組、A組その他の指定暴力団の定例会を開催すること

（2）　上記建物又は上記土地内に指定暴力団任侠山口組、A組その他の指定暴力団の構成員を集合させること

（3）　上記建物又は上記土地内に指定暴力団任侠山口組、A組その他の指定暴力団の構成員を立ち入らせ、あるいはその立入りを容認すること

（4）　上記建物又は上記土地内に指定暴力団任侠山口組、A組その他の指定暴力団の当番員や連絡員を常駐させること

（5）　上記建物又は上記土地内に指定暴力団任侠山口組、A組その他の指定暴力団の綱領、写真、名札、紋章あるいは提灯等を掲示すること

（6）　上記建物の外壁又は上記土地の周囲の塀に指定暴力団任侠山口組、A組その他の指定暴力団を表示ないし表象する紋章、文字版、看板あるいは表札等を設置すること

2　債務者Y₃は、債務者Y₁又は債務者Y₂をして、前項に掲げる行為をさせるなどして、上記建物を指定暴力団任侠山口組、A組その他の指定暴力団の事務所として使用させてはならない。

3　執行官は前2項の命令の趣旨を適当な方法で公示しなければならない。

4　申立費用は債務者らの負担とする。」

なお、担保については、「事案の性質に照らして債権者に担保を立てさせないこととして……」と述べ、無担保で発令している。

2　被保全権利

被保全権利については、本決定は以下のとおり述べて被保全権利の存在を認めた。

「……六代目山口組から離脱した直系組長らによって神戸山口組が結成された平成27年8月以降、六代目山口組及びその構成組織と神戸山口組及びその構成組織とが対立抗争状態となり、これに起因して生じたと目される襲撃事件等が全国で多発する事態となり、さらに、神戸山口組から離脱した直系組長らによって任侠山口組が結成された平成29年4月以降は上記2つの暴力団組織に任侠山口組及びその構成組織を加えた3つの暴力団組織の間での対立ないし抗争に起因して生じたと目される事件が頻発する事態に至っている。これらの事件では、対立組織の事務所を始めとする関係先を標的とした攻撃のほか、公道上や民間施設内における対立組織の構成員を標的とした襲撃が繰り返されており、複数人での襲撃のほか、銃器を含む凶器や大型車両が用いられるなど、その態様は苛烈であって死傷者も発生している。このような経過に加え、緊張対立関係にある他の暴力団組織に対して組織的に暴力行為を伴う対応に及ぶことが多い暴力団の基本的性格を併せ鑑みると、今後も上記3つの暴力団組織間での対立ないし抗争に起因する襲撃事件等が発生する蓋然性は相当程度高いものと考えられる。とりわけ、二度の離脱を経て結成された任侠山口組及びその構成組織は、離脱前に属していた他の両組織による標的として襲撃対象となるおそれが相対的に高いといえ、同年9月には、代表者である債務者Y₁を含む複数の幹部構成員が乗車した車列が路上で襲撃され、警護役が射殺される事態が現に発生している。」

そして、本件建物は任侠山口組・A組の本拠たる事務所として使用されているところ、従前、神戸山口組の組織運営を批判する内容の記者会見や複数回の定例会が開催されるなど、幹部構成員が参集する重要な活動拠点としての機能を果たしており、かつ、そのことが対立組織の構成員を含む一般に広く認知されている。そのため、今後、本件不動産（本件土地の周囲に設置された塀を含む。以下同じ。）そのもののほか、本件不動産に出入りする任侠山口組及びその構成組織の構成員やその使用車両等を標的とする襲撃事件等が本件不動産の周辺道路等において発生することが現実的に十分に予想される。そのような事態に至った場合には、本件不動産の周辺道路等を通行等の用で利用する機会がある一般市民が巻き込まれ、その生命や身体に重大な危害が及ぶおそれがあることも否めない。」

「本件委託者らは、いずれも本件建物から半径500メートル圏内に居住し、もしくは就業している者であって、本件建物の周辺状況（上記2⑵エ）等に照らすと、本件不動産の周辺道路等を通行等の用で利用する機会が少なからずあると認められるため、本件建物が任侠山口組・A組の事務所として使用されていることにより、日常生活における種々の事実上の影響や制約を受けるにとどまらず、上記のような襲撃事件が突発的に発生し、それに巻き込まれて生命や身体に重大な危害が及ぶおそれを常に内包した日常生活を余儀なくされる状況下にあるというべきである。

そうすると、本件委託者らは、人格権の一内容たる平穏な日常生活を営む権利を受忍限度を超えて侵害しているものと認められるため、同権利に基づく妨害排除・予防請求として、本件建物を事務所として使用している任侠山口組・A組の各代表者たる債務者Y₁及び債務者Y₂並びにこれらの債務者らをして上記使用をさせている債務者Y₃に対し、本件建物を任侠山口組・A組その他の指定暴力団（以下「対象指定暴力団」という。）の事務所として使用し、あるいは使用させること（これに付随する行為を含む。）の禁止を求めることができる。」

3　保全の必要性

保全の必要性については、「六代目山口組及びその構成組織、神戸山口組及びその構成組織並びに任侠山口組及びその構成組織の3つの暴力団組織間での対立ないし抗争が継続している状況下においては、任侠山口組・A組の本拠たる事務所として現に使用されており、そのことが広く一般に周知されている本件建物や周辺道路等において襲撃事件等が発生することが現実的に十分に予想され、これに本件委託者らが巻き込まれて生命や身体に重大な危害が及ぶおそれがあることは、上記3で説示したとおりである。そして、本件申立てに対し、債務者らが審尋期日に出頭せず、答弁書その他何らの主張書面も提出しない姿勢に終始していることを併せ鑑みると、今後も本件建物が任侠山口組・A組の本拠たる事務所として使用され続け、上記おそれが継続する蓋然性は極めて高いといえることから、本件委託者らに生ずる著しい損害又は急迫の危険を避けるため、本件仮処分決定を発する必要性が認められる。」と述べて、保全の必要性を認めた。

Ⅲ　分析と展開

1　適格団体訴訟制度

本件は、暴対法32条の4に基づく適格団体訴訟制度を利用した仮処分事件である。

暴力団事務所の存在により人格権が侵害されている近隣住民等は、暴力団事務所を地域から追放したいと考えても、実際に自ら原告となって訴訟等を提起することは躊躇することが通常である。そこで、平成24年の暴対法改正によって、国家公安委員会の

認定を受けた都道府県暴力追放運動推進センターが、指定暴力団等の事務所の使用により付近住民等の生活の平穏または業務の遂行の平穏が害されることを防止するため、付近住民等から委託を受け、当該委託者のために、自己の名をもって、当該事務所の使用により委託者の生活の平穏または業務の遂行の平穏が違法に害されていることを理由として、当該事務所の使用およびこれに付随する行為の差止めの請求に関する一切の裁判上または裁判外の行為をすることができるとされた。これが適格団体訴訟制度である。

現在、47都道府県のすべてにおいて、国家公安委員会による適格団体の認定がなされており、人格権に基づく暴力団事務所等の使用差止請求を行う場合に適格団体訴訟制度を活用することが可能である。

適格団体訴訟制度による暴力団事務所等の使用差止請求の要件としては、指定暴力団等の事務所の使用により住民の生活の平穏または業務の遂行の平穏が違法に害されていることが必要である（暴対法32条の4第1項）。

本件仮処分は、かかる適格団体訴訟制度を利用して、本件建物付近に居住し、もしくは就業する委託者らからの委託に基づき、公益社団法人暴力団追放兵庫県民センターが債権者となって仮処分の申立てをしたものである。

同種の仮処分事件としては、同じく公益社団法人暴力団追放兵庫県民センターを債権者とする神戸山口組本部事務所についての平成29年10月31日決定（注1）がある。

2 被保全権利

本件の主要な争点は、被保全権利の存在および保全の必要性と考えられるところ、本件の被保全権利は、人格権に基づく妨害排除・妨害予防請求権である。

一般に、何人にも生命・身体・財産権等を侵害されることなく平穏な生活を営む自由ないし権利（人格権）があり、この人格権が違法に侵害されたり、またはそのおそれがある場合には、その被害者は、加害者に対し、人格権に基づいて、現に行われている侵害を排除し、または将来の侵害を予防するため、その行為の差止め、またはその原因の除去を請求することができるとされる。暴力団事務所等の存在は、正に近隣住民らの平穏な生活を脅かすものであり、人格権侵害に基づく暴力団事務所等の使用差止請求が実務上認められている。

もっとも、侵害行為の差止等が認められるか否かは、被害が社会生活上受忍すべき限度を超えるものかどうかといういわゆる受忍限度論によって決するとされており、本決定も受忍限度論を採用してい

る。

そして、本決定は、上記の認定事実のとおり、六代目山口組と神戸山口組との対立抗争に起因して生じたと目される襲撃事件や、六代目山口組、神戸山口組および任侠山口組の三者間での対立ないし抗争に起因して生じたと目される襲撃事件等を詳細に認定した上、「今後も上記3つの暴力団組織間での対立ないし抗争に起因する襲撃事件等が発生する蓋然性は相当程度高いものと考えられる。」と述べ、本件建物の活動拠点としての重要性やそのことが対立組織の構成員を含む一般に広く認知されていることから、「襲撃事件等が本件不動産の周辺道路等において発生することが現実的に十分に予想される。」として、本件建物から半径500メートル圏内に居住し、もしくは就業している本件委託者らが、「上記のような襲撃事件が突発的に発生し、それに巻き込まれて生命や身体に重大な危害が及ぶおそれを常に内包した日常生活を余儀なくされる状況下にあるというべきである。」「そうすると、本件委託者らは、人格権の一内容たる平穏な日常生活を営む権利を受忍限度を超えて侵害しているものと認められるため……」と述べて、受忍限度を超える人格権侵害を認めた。

本件申立当時は、六代目山口組、神戸山口組、任侠山口組の三つ巴の抗争状態にあり、襲撃事件等が多発していたのであるから、受忍限度を超える人格権侵害は当然に認められるべきであるが、暴力団にとって縄張りや威力、威信の維持は資金獲得活動に不可欠であり、その維持のため暴力行為を伴った対立抗争が生じることは不可避であって、暴力団において対立抗争が本質的なものであることに鑑みると、対立抗争が表面化していることは必須ではないと考えるべきである。

3 仮処分の方法

仮処分の方法については、法律上特に限定されておらず、裁判所は申立ての目的を達するために必要な処分をすることができるところ（民事保全法24条）、本件申立ての目的は、付近住民等の生活の平穏または業務の遂行の平穏が害されることを防止することである。そして、本件建物が暴力団の事務所として認知され、構成員が出入りしている限り、付近住民の生命身体等に危害が及ぶおそれを払拭することはできない。

そこで、本決定は、「……主文第1項各号に掲げる行為は、いずれも、本件建物の対象指定暴力団の事務所としての使用において、それ自体が重要な機能や役割を果たすか、あるいは、少なくとも本件建物が対象指定暴力団の事務所として現に使用されていることを外部に表章ないし表明するものであっ

て、それぞれ単独であっても本件建物や周辺道路等における襲撃事件等を誘発しかねない性質を有するものといえるため、本件申立ての目的に照らすと、これらの行為をそれぞれ禁止することは、本件建物の対象指定暴力団の事務所としての使用差止めの方法として必要かつ相当なものといえる。」と述べ、主文のとおり、本件建物における指定暴力団の定例会の開催、構成員の集合、立入りのほか、暴力団の事務所として使用されていることを外部に表す行為である、建物内に綱領や紋章等を掲示することや、建物の外壁等に指定暴力団を表示ないし表象する紋章や看板等を設置することも禁止した。

また、本決定は、「また、本件仮処分決定の実効性を担保するためには、債務者らに対する禁止命令（主文第1項及び第2項）に加えて、その趣旨を公示し、本件建物の対象指定暴力団の事務所としての使用が禁止されていることを対外的にも明らかにする必要がある（同第3項）。」と述べて、暴力団事務所としての使用禁止を対外的にも明らかにするため、主文のとおり、「執行官は、前2項の命令の趣旨を適当な方法で公示しなければならない。」として執行官による公示も認めた。

暴力団事務所等の使用禁止の仮処分においては、申立ての趣旨において、禁止されるべき行為を具体的に特定して記載する必要があるところ、本決定の主文は同種の事案において大いに参考になると思われる。

さらに、本決定の主文を超えてより使用禁止を徹底するためには、暴力団事務所等の執行官保管も検討に値する。前述のとおり、仮処分の方法については、法律上特に限定されていない以上、人格権に基づく暴力団事務所等の使用差止めの仮処分において も、執行官保管の仮処分が理論的に否定されるわけではない。なお、対立抗争状態が解消されていない暴力団事務所の執行官保管を認めた裁判例もある（秋田地決平成3・4・18、福岡高決平成21・7・15）。

（注1）〔本書Ⅲ－**20**〕参照。

‖‖‖ KINOSHITA Wataru ‖‖‖

Ⅳ 被害の予防・排除

概　観

アンダーソン・毛利・友常法律事務所外国法共同事業／弁護士　**松村　卓治**

1　はじめに

　本章では、特定危険指定暴力団への指定処分に関連する諸問題を検討した裁判例、いわゆる振り込め詐欺救済法に基づく取引停止措置等に関連する問題を検討した裁判例、地方公共団体が主体となって行った面談強要行為等の差止請求に関する裁判例を取り上げている。本章で紹介する裁判例は、いずれも被害の予防・排除等の観点から、実務上も注目される裁判例である。

2　特定危険指定暴力団指定処分取消請求事件

　暴力団員による不当な行為の防止等に関する法律（暴対法）30条の8第1項は、「公安委員会は、暴力的要求行為等が行われた場合において、指定暴力団員又はその要求若しくは依頼を受けた者がこれに関連して凶器を使用して人の生命又は身体に重大な危害を加える方法による暴力行為を行ったと認められ（暴力行為要件）、かつ、更に反復して同様の暴力行為が行われるおそれがあると認めるときは（おそれ要件）、1年を超えない範囲内の期間及び警戒区域を定めて、当該指定暴力団員の所属する指定暴力団等を特定危険指定暴力団等として指定するもの」（（　）は筆者挿入）としている。すなわち、暴対法30条の8第1項は、特定危険指定暴力団等の指定要件として、いわゆる暴力行為要件およびおそれ要件の充足を要求している。

　この点、福岡地判平成27・7・15、平成25年（行ウ）第4号特定危険指定暴力団指定処分取消請求事件および山口地判平成27・11・25、平成25年（行ウ）第2号特定危険指定暴力団指定処分取消請求事件〔本書Ⅳ－**23**〕は、いずれも暴対法30条の8以下に新設された「特定危険指定暴力団」に原告が指定されたことから、原告が、その指定処分および指定の延長処分の取消等を求めた事案である。

　本件の争点は多岐にわたるが、いずれの判決も、特定危険指定暴力団の発令要件（暴対法30条の8第1項）のうち、暴力行為要件については諸々の事案について事実認定を行い判断するとともに、おそれ要件について、福岡地判平成27・7・15は、「おそれ」とは、暴力行為要件が認められる場合において、指定暴力団員またはその要求もしくは依頼を受

けた者がさらに反復して同様の暴力行為を行う可能性をいうものであり、暴力行為の発生頻度、当該暴力行為に関する構成員の言動、暴力行為における凶器の使用状況、暴力的要求行為等または請求妨害行為（暴対法30条の2）の発生状況等に照らしてかかる要件を満たすか否かについて客観的に判断すべきものであると判示した。また、山口地判平成27・11・25も、「おそれ」とは、暴力行為要件に該当する暴力行為が繰り返し行われる可能性をいい、それが客観的に認められる必要性があるところ、おそれ要件が認められるかどうかは、暴力行為の発生頻度、これに関する構成員の言動、凶器の使用状況、暴力的要求行為等または請求妨害行為の発生状況等の事情を総合的に勘案して判断するのが相当であるとして、福岡地判平成27・7・15と同様の判示をしている。

　いずれの裁判例も、暴対法30条の8以下に新設された特定危険指定暴力団等に関連する多岐にわたる論点を詳細に検討した裁判例として注目に値するものであり、今後の暴力団対策行政実務の参考になる裁判例である。

3　振り込め詐欺救済法に基づく取引停止措置等

　犯罪利用預金口座等に係る資金による被害回復分配金の支払等に関する法律（以下、「振り込め詐欺救済法」という）は、預金口座等が振り込め詐欺等の犯罪に用いられている疑いがあるときに、金融機関に当該預金口座等に係る取引停止措置を適切に講じさせ、預金保険機構による公告を経て当該預金等債権を消滅させ、さらに預金保険機構による公告を経て、これを原資とする被害回復分配金の支払手続等を定め、もって当該犯罪行為の被害者の財産的被害の回復に資することを目的とした法律である。

　東京地判令和元・12・17、平成30年（ワ）第38098号預金払戻請求事件（〔本書Ⅳ－**24**〕。金判1588号26頁）は、投資詐欺の被害金の疑いがある資金が海外口座を経由して資金移転された場合における振り込め詐欺救済法3条1項に基づく取引停止措置の適法性などが争われた事案である。本判決は、預金消滅手続（同法4条1項）に着手された後において、口座名義人からの預金払戻請求を拒絶する場合には、銀行側

が、取引停止措置をとった預金口座等に「犯罪利用預金口座等である疑い」（同法3条1項）があることの立証責任を負うと判断している（振り込め詐欺救済法4条1項の預金消滅手続に着手後も、同法3条1項の取引停止措置が存続することを当然の前提にしていると解される）。この点、これまでも、本事案と同様に、振り込め詐欺救済法3条1項に基づく取引停止措置の適法性が争われた預金払戻請求事件についての裁判例は多数存在しており、そのうち、東京地判平成22・7・23金法1907号121頁や東京地判平成22・12・3金法1921号112頁などは、預金者の側にて、当該預金口座が犯罪利用預金口座等でないことを立証しなければ預金の払戻しを受けられないことを前提として判示している。これらの裁判例では、解説にもあるとおり、原告側が、取引停止措置そのものの適法性を争っておらず、実際には犯罪利用預金口座でないから払戻請求に応ずるべきと主張していたことから、預金者たる原告自らが犯罪利用預金口座ではないことについて立証責任を引き受けた形になっていた。

　他方、東京地判令和元・12・17は、銀行側が、取引停止措置をとった預金口座等に「犯罪利用預金口座等である疑い」（振り込め詐欺救済法3条1項）があることの立証責任を負うと判示した点にポイントがある。また、本判決は、資金移転先口座（同法2条4項2号）の該当性について、特定の期間の預金取引につき、入金額の大部分を振込先口座（同項1号）からの資金移転が占め、かつ、取引停止措置時点の口座残高の一部につき当該資金移転との実質的な同一性があると認められれば足りると判示しており、実務上参考になる裁判例である。

4　面談強要行為等の差止請求等

　大阪地判平成28・6・15、平成26年（ワ）第1236号面談強要行為等差止等請求事件（〔本書Ⅳ-25〕。判時2324号84頁）は、大阪市内に居住する被告が原告（大阪市）に対して、情報公開請求を多数回にわたって濫用的な態様で行ったり、質問文書の送付や架電等による不当な要求行為を繰り返したりして、原告の平穏に業務を遂行する権利を侵害しており、今後も、被告による同様の権利侵害行為が繰り返されるおそれがあるとして、原告が、被告に対し、上記権利に基づき、面談強要行為等の差止めを求めるとともに、不法行為に基づく損害賠償請求を求めた事案である。

　法人が業務妨害に対する差止めをなし得ることには争いがなく、これを認めた先例も数多くあるが、同じく法人たる地方公共団体（地方自治法2条1項）についても同様の判断枠組みが妥当するのかという点に関して判示した裁判例である。この点、

本判決は、「法人の業務は、固定資産及び流動資産の使用を前提に、その業務に従事する自然人の労働行為によって構成されているところ、法人の業務に対する妨害が、これら資産の本来予定された利用を著しく害し、かつ、業務に従事する者に受忍限度を超える困惑・不快を与えるときは、これをもって法人の財産権及び法人の業務に従事する者の人格権の侵害と評価することができる」とした上で、法人の業務が、「当該法人の財産権やその業務に従事する者の人格権をも包含する総体としてとらえられることに鑑みると、法人に対して行われた当該法人の業務を妨害する行為が、当該行為を行う者による権利行使として相当と認められる限度を超えており、当該法人の資産の本来予定された利用を著しく害し、かつ、その業務に従事する者に受忍限度を超える困惑・不快を与えるなど、業務に及ぼす支障の程度が著しく、事後的な損害賠償を認めるのみでは当該法人に回復の困難な重大な損害が発生すると認められるような場合」には、当該法人の平穏な業務遂行権に対する違法な侵害に当たるとして、平穏な業務遂行権に基づく妨害行為の差止請求ができると判示した。

　このような判断枠組みは、従前の裁判例の判断枠組みを地方公共団体にもあてはめ、維持したものであり、もとより妥当な判示であるし、行政に対する濫用的請求等に対応する際の一定の視座となる裁判例である。もっとも、本件訴訟の前段階で、架電・面談禁止等の仮処分決定が発令されていたようであり、その後も執拗に濫用的な情報公開請求等を行っていたというのであるから、そうであれば、本訴ではなく、実効性の観点から、むしろ間接強制の申立ても考えられた事案のようにも思われる。

　なお、近時、地方公共団体の運営する施設の平穏な業務遂行権の内容に、法人業務の従事者だけではなく、施設利用者の安全が脅かされているか否かを考慮すべきだとする決定例（京都地決平成29・4・27平成29年（ヨ）第45号暴力団組事務所使用禁止等仮処分命令申立事件）〔本書Ⅲ-17〕も出ているところであり、地方公共団体の平穏な業務遂行権の内容についてのさらなる議論の深化、蓄積が望まれるところである。

▌▌ MATSUMURA Takaharu ▌▌

23

特定危険指定暴力団への指定処分を受けた指定暴力団による当該指定処分の取消請求等がいずれも棄却等されたという事例

福岡地判平成27・7・15、平成25年（行ウ）第4号特定危険指定暴力団指定処分取消請求事件、一部訴え却下、残部請求棄却【確定】、LLI/BD07050401
山口地判平成27・11・25、平成25年（行ウ）第2号特定危険指定暴力団指定処分取消請求事件、一部訴え却下、残部請求棄却【確定】、LLI/BD07050614

サン綜合法律事務所／弁護士　**小川　幸三**

Ⅰ　事案の概要

　本件は、平成24年に「暴力団員による不当な行為の防止等に関する法律」（以下、「暴対法」という）30条の8以下に新設された「特定危険指定暴力団」に、原告が指定されたことから、原告が、その指定処分および指定の延長処分の取消等を求めた裁判であり、原告の請求はいずれも棄却等されている。

1　特定危険指定暴力団制度

(1)　立法趣旨

　平成24年暴対法改正前、暴力団との関係の遮断を図るため、暴力団員からのみかじめ料要求を拒絶した事業者等に対し、暴力団員が、その報復として、けん銃の発砲、手りゅう弾の投てき、ガソリンによる放火といった危険な暴力行為をするという事案が相次いで発生し、事業者等への大きな脅威となっていた。

　平成24年改正前の暴対法においても、みかじめ料要求を始めとする暴力団の威力を示して行う不当な要求行為（暴対法2条7号の暴力的要求行為）は禁止されてはいたが（同法9条）、違反者に対して中止命令等を発出することができるのみであり、命令違反に対する罰則は設けられていたものの、危険な暴力行為に発展するおそれのある暴力的要求行為を抑止する上では十分とはいえなかった。また、中止命令等は、個別の指定暴力団員に対して発出されるものであることから、異なる組員によって次々と暴力的要求行為が行われた場合に対処することが困難であるという問題点があった。

　そこで、暴対法は、資金獲得行為等に伴う市民への危害行為を防止するための規制の強化として、特定危険指定暴力団制度を設けたのである。

(2)　特定危険指定暴力団の発令要件（暴対法30条の8第1項を分析する）

①（暴力行為要件）

　i）次の各号のいずれかに掲げる行為が行われた場合において、

　　a）第1号

　　　当該指定暴力団等の指定暴力団員がした暴力的要求行為（第9条の規定に違反する行為）

または

　　　当該指定暴力団等の指定暴力団員がした第12条の3の規定に違反する行為に係る準暴力的要求行為（一の指定暴力団等の暴力団員以外の者が当該指定暴力団等またはその第9条に規定する系列上位指定暴力団等の威力を示して同条各号に掲げる行為をすること）

であって、その相手方が拒絶したもの

　　b）第2号

　　　当該指定暴力団等の指定暴力団員がした第30条の2の規定（請求妨害禁止）に違反する行為

　ii）指定暴力団員またはその要求もしくは依頼を受けた者が当該行為に関連して凶器を使用して人の生命または身体に重大な危害を加える方法による暴力行為を行ったと認められ、

かつ、

②（おそれ要件）

　当該指定暴力団員の所属する指定暴力団等の指定暴力団員またはその要求もしくは依頼を受けた者が更に反復して同様の暴力行為を行うおそれがあると認めるとき

は、

公安委員会は、「1年を超えない範囲内の期間」および「当該暴力行為により人の生命又は身体に重大な危害が加えられることを防止するため特に警戒を要する区域（警戒区域）」を定めて、当該指定暴力団等を特定危険指定暴力団等として指定するものとする。

(3)　指定延長処分の要件（暴対法30条の8第2項）

　公安委員会は、前項の規定による指定をした場合において、当該指定の有効期間が経過した後において更にその指定の必要があると認めるときは、1年を超えない範囲内で期間を定めて、その指定の期限を延長することができる。

(4)　効果（規制内容）

①　暴力的要求行為等を直ちに処罰（暴対法46条3号）

　「特定危険指定暴力団等の指定暴力団員で、警戒区域において又は当該警戒区域における人の生活若しくは業務の遂行に関して、暴力的要求行為又は暴

対法30条の２の規定（請求妨害禁止）に違反する行為をしたものは、３年以下の懲役若しくは500万円以下の罰金に処し、又はこれを併科する。」として、中止命令等の発出を待たずに直ちに処罰できるようにした。

　②　新たな中止命令・再発防止命令

　特定危険指定暴力団等の指定暴力団員が、暴力的要求行為を行う目的で、警戒区域においてまたは当該警戒区域における人の生活もしくは業務の遂行に関して、その相手方に対し、面会を要求すること（30条の９第１号）、電話をかけ、ファクシミリ装置を用いて送信し、または電子メールを送信すること（同条２号）、つきまとい、またはその居宅もしくは事業所の付近をうろつくこと（同条３号）を禁止し、これらの行為を新たに規制の対象とするとともに（同条柱書）、これに違反する行為がされた場合には、公安委員会は、違反行為をした当該特定危険指定暴力団等の指定暴力団員に対し、「その相手方の生活の平穏又は業務の遂行の平穏が害されていると認める場合であること」を要件として、当該行為を中止することを命じ、または当該行為が中止されることを確保するために必要な事項を命ずることができ（30条の10第１項）、「当該指定暴力団員が更に反復して違反行為をするおそれがあると認めるときであること」を要件として、１年を超えない範囲内で期間を定めて、違反行為が行われることを防止するために必要な事項を命ずることができる（同条２項）とした。

　③　事務所の供用制限

　公安委員会は、警戒区域内にある特定危険指定暴力団等の事務所が、暴対法30条の８第１項の暴力行為に関し、当該特定危険指定暴力団等の指定暴力団員により次の各号に掲げる用に供されており、または供されるおそれがあると認めるときは、当該事務所に係る管理者または当該事務所を現に使用している指定暴力団員に対し、３ヵ月以内の期間を定めて、当事務所を上記の用等または当該特定危険指定暴力団等の活動の用に供してはならない旨を命ずることができる（暴対法30条の11）。

　ⅰ）多数の指定暴力団員の集合の用

　ⅱ）当該暴力行為のための謀議、指揮命令または連絡の用

　ⅲ）当該暴力行為に供用されるおそれがあると認められる凶器その他の物品の製造または保管の用

2　本件の特色

　このように、特定危険指定暴力団は１年を超えない範囲内の期間および警戒区域を定めて指定されるところ、福岡県公安委員会と山口県公安委員会が平成24年12月27日付けで、原告をそれぞれの県内に警戒区域を定め、期間を１年と定めて特定危険指定暴力団に指定したことから、原告は福岡地裁には福岡県公安委員会を被告とし、山口地裁には山口県公安委員会を被告として指定処分の取消（予備的に警戒区域の一部の指定の取消し）等を求めて提訴し、そして両事件の訴訟係属中にいずれの公安委員会も２回の指定延長処分を行ったため、それらの指定延長処分の適法性も審判の対象となったのであり、両事件ではほぼ同一の主張がなされ、裁判所の判断もほぼ同一のものとなっている。

3　争　点

　本件の争点は多岐にわたり、そのすべてをここで論ずることはできない。合憲性判断基準、特定危険指定暴力団の指定処分・指定延長処分の手続的要件上の問題、行政訴訟上の争点については、重要ではあるが、筆者は特定危険指定暴力団の発令要件（暴対法30条の８第１項）、指定延長処分の実体的要件（同条２項）に限定して論ずる。読者の皆様には是非、判決文自体にあたってもらいたい。

Ⅱ　判決要旨

　ここでは、特定危険指定暴力団の発令要件該当性、指定延長処分の実体的要件該当性についてのみ判決要旨を押さえることとする。

1　「暴力行為要件」該当性

　山口県公安委員会も福岡県公安委員会も、暴対法30条の８第１項の暴力行為要件に該当することを主張立証するために、同一の７事案を主張し、証拠を提出している。

　しかしながら、福岡地裁は第３事案および第５事案については「暴力行為要件」該当性を否定し、他方、山口地裁は７事案すべてに「暴力行為要件」該当性を認めている。

　そこで福岡地裁の第３事案および第５事案に係る判旨を紹介する。

　「被告は、第３事案において原告の構成員であるＨがエステ店を営んでいる被害者に対し『工藤會の方針だから中国人は出てくれ。』と述べてビルからの立ち退きを要求したことが、原告の威力を示して被害者の意思に反して明渡しを要求する行為に当たり、暴対法９条13号の暴力的要求行為に該当する旨主張する。しかしながら、上記……のとおり、Ｈが上記発言をしたと認めることはできず、その他同人が『指定暴力団等の威力を示して』被害者に対して明渡しを要求したと認めるに足りる事実を主張立証していないから、暴対法９条13号の暴力的要求行為に該当するものと認めることはできない。したがって、上記行為が暴力的要求行為に該当することを前

提として第3事案が暴力行為要件を満たす旨の被告の主張は採用することができない。」

「被告は、第5事案について原告の構成員であるOがホテルの土地・建物の競売に関し、原告の意に反し同不動産を落札した会社の実質的経営者に対してホテルの経営から撤退することを要求したことが被害者の意思に反して同ホテルの土地・建物の明渡しを要求することと同視することができるから暴対法9条13号の暴力的要求行為に該当する旨主張する。しかしながら、上記……認定のOの被害者に対する脅迫文言の内容に照らしても、被告も自認するとおり上記各不動産の明渡しを求めることまで含む趣旨と解することはできず、Oが被害者に対して建物の明渡しを要求したものと認めることはできないし、これと同視し得るとして同号の要件に該当する旨の被告の主張は暴対法9条ひいては同条所定の暴力的要求行為を要件とする同法30条の8第1項の適用範囲を不明確にするものであり、採用することができない。」

2 「おそれ要件」該当性

以下2〜5においては、福岡地裁も山口地裁もほぼ同一の規範を定立している。そこで、便宜的に言渡しが後だった山口地裁の判決を引用することとする。

「(ア)……おそれ要件における『おそれ』とは、暴力行為要件に該当する暴力行為が繰り返し行われる可能性をいい、それが客観的に認められる必要性があるところ、おそれ要件が認められるかどうかは、上記暴力行為の発生頻度、これに関する構成員の言動、凶器の使用状況、暴力的要求行為等又は請求妨害行為の発生状況等の事情を総合的に勘案して判断するのが相当である。」

「(イ)a これを本件についてみると、前記認定事実のとおり、7事案(第1事案から第7事案まで)は、いずれも原告の構成員によって暴力行為要件に該当する暴力行為が敢行されたものであり、その発生状況をみると、第1事案に係る暴力行為が敢行された平成12年10月22日から第7事案に係る暴力行為が敢行された平成22年8月30日までの約10年間にわたって断続的に発生している。7事案において敢行された暴力行為の内容及びこれに関する構成員の言動をみると、………というものであり、その態様は、いずれも、原告の構成員の意に反する行為に出た者に対しては凶器をもって対応するという極めて危険かつ悪質なものである。

……確かに、各事案相互に事実としての関連性があるとまでいうことはできないが、そうであるにもかかわらず、その具体的行為者、行為場所及び日時を問わず、原告の構成員の意に反する行為に出た者に対しては凶器をもって対応するという行動傾向が

いずれの事案にも現れているという点では、共通項があるといえる。

b また、………の事実によれば、Aが原告の代表者となった平成12年1月以降本件処分直前の時点である平成24年11月15日までの間に、原告の構成員による暴力的要求行為等に係る中止命令又は再発防止命令が少なくとも71件発出され、このうち14件は発生場所を山口県内とするものであった。

さらに、上記期間中、原告の構成員による恐喝事件等が21件敢行されているほか、原告の構成員により32件の報復等目的の暴行行為(第1事案から第7事案までを構成する9件を含む。)が敢行され、検挙されているが、そのうち27件(全体の84%)では凶器が使用され、うち21件(全体の66%)では凶器を使用して人の生命等に重大な危害を加える方法が執られたものであった上、同期間中に、原告の構成員が敢行した銃器、手りゅう弾その他高度の殺傷能力のある凶器等の所持又は使用に係る事件は、検挙されているものだけで少なくとも29件に達していて、平成12年から平成23年までの間では、平成18年を除いて毎年検挙されている。

c 加えて、……の事実によれば、本件処分直前の時点における原告の代表者等14名のうち、第1事案から第7事案が敢行された際に原告の代表者等であった者は11名(約78%)であったほか、平成12年1月から本件処分直前の時点である平成24年11月15日までの間に、前記報復等目的の暴力行為32件(第1事案から第7事案までを含む。)の敢行に関与したとして検挙された原告の構成員は41名であるが、これらの者のうち同日の時点で生存している38名のうち、当該暴力行為が敢行された直後の指定暴力団としての指定時にも引き続き原告の構成員であった者は37名(97%)に達し、そのうちの32名(84%)は、本件処分直前の時点においても引き続き原告の構成員であった。

(ウ) 以上のような原告の構成員による要件該当暴力行為の発生頻度、これに関する構成員の言動、凶器の使用状況、及び、暴力的要求行為等又は請求妨害行為の発生状況等の事情、さらには前記(イ)cの暴力行為等に関与する構成員の不動性を総合的に考慮すれば、本件処分がされた平成24年12月27日の時点で、原告の指定暴力団員等について暴対法30条の8第1項柱書き所定のおそれ要件が存在していたことは明らかである。」

3 指定期間の定めについて

「暴対法30条の8第1項柱書きは、同項所定の特定危険指定処分をするに当たり、1年を超えない範囲内の期間を定める旨規定しているところ、本件処分は、その指定期間を『1年』とするものである。

……で認定説示した要件該当暴力行為の発生頻度、暴力的要求行為等又は請求妨害行為の内容・敢行状況、原告の代表者等及び構成員の変動状況等に照らせば、暴力行為が繰り返し行われる可能性があると評価できる客観的な状況が解消されるとは思われず、特定危険指定処分の効果をある程度の期間存続させる必要性は高いということができるから、山口県公安委員会が、本件処分に係る暴対法30条の8第1項柱書き所定の期間を1年と定めたことには合理性があり、その判断に裁量権の逸脱・濫用はないというべきである。」

4　警戒区域の定めについて

「暴対法30条の8第1項柱書きは、同項所定の特定危険指定処分をするに当たり、暴力行為により人の生命又は身体に重大な危害が加えられることを防止するために特に警戒を要する区域（警戒区域）を定める旨規定しているところ、本件処分は、同区域を『下関市、……』とするものである。これについて、原告は、上記のような警戒区域の定めに根拠はなく、この点に関する山口県公安委員会の判断には裁量権の逸脱・濫用がある旨を主張する（本件予備的請求は、原告が、本件処分に係る警戒区域として山口市及び下関市を指定した部分の取消しを求めるものである。）。

ところで、警戒区域とは、暴力的要求行為等又はこれに関連して危険な暴力行為が発生するおそれがある区域をいい、当該区域についてそのおそれがあるか否かは、暴力行為やその前提となる暴力的要求行為を行った指定暴力団及びその所属組織の活動拠点や資金獲得活動等の状況、当該団体や組織が関与する過去の同種事案の発生状況等を勘案して判断するのが相当である。

　(ア)　下関市

　　……

これらの事情に照らせば、下関市は、暴力的要求行為等又はこれに関連して危険な暴力行為が発生するおそれがある区域に該当するということができ、山口県公安委員会が、本件処分をするに当たり、下関市を警戒区域として定めたことが合理性を欠くとはいえず、その判断に裁量権の逸脱・濫用はない。」

5　指定延長処分（暴対法30条の8第2項）の実体的要件である「更にその指定の必要があると認めるとき」の意味

「……暴対法30条の8第2項は『公安委員会は、前項の規定による指定をした場合において、当該指定の有効期間が経過した後において更にその指定の必要があると認めるときは、1年を超えない範囲内で期間を定めて、その指定の期限を延長することができる。』と規定するところ、『その指定』とは、

『前項の規定による指定』、すなわち、同条1項の特定危険指定処分を指すものであることが明らかである。そして、同処分に係る要件は、暴力行為要件とおそれ要件であるところ、暴力行為要件は過去に暴力行為が行われたという事実であって、時間の経過に伴い変動するものでないのに対し、おそれ要件については、時間の経過に伴い変動し得るものであるから（同条1項の特定危険指定処分時にはおそれ要件が存在していたが、その有効期間経過時には同要件が存在しなくなるということは考えられる。）、同条2項の『更にその指定の必要があると認めるとき』とは、特定危険指定処分の有効期間が経過した後においても、おそれ要件があると認められるときを意味するものと解するのが相当である。したがって、同条2項に基づき、特定危険指定処分の指定の期限が延長される際には、特定危険指定処分の有効期間が経過した後においても、おそれ要件が存在するかどうかについて公安委員会による判断が行われることとなる。」

「前示のとおり、暴対法30条の8第2項の『更にその指定の必要があると認めるとき』とは、特定危険指定処分の有効期間が経過した後においても、おそれ要件を充足することを意味するものと解するのが相当であるから、第2回延長処分の実体的要件は、同処分時におそれ要件を充足することであり、それをもって足りるのであり、原告が主張するような、別途の『必要性』という要件を要するものではない。」

「暴対法30条の8第1項の指定の期限を延長する処分の実体的要件は、同処分時におそれ要件を充足することであるところ、上記ア、イのような原告の構成員による要件該当暴力行為の発生頻度、これに関する構成員の言動、凶器の使用状況、及び、暴力的要求行為等又は請求妨害行為の発生状況、構成員の不動性等の事情を総合的に考慮すれば、本件処分がされた時点（平成24年12月27日の時点）はもとより、第2回延長処分がされた平成26年12月25日の時点においてもなお、原告の指定暴力団員等について暴対法30条の8第1項柱書き所定のおそれ要件が存在していたことは明らかである。したがって、第2回延長処分は、その実体的要件を満たすものであり、適法であるから、その取消しを求める原告の請求（第2回延長処分取消請求）は理由がない。」

Ⅲ　分析と展開

1　はじめに

本件では、裁判所はこれだけ大量の事実や証拠から、原告を特定危険指定暴力団に指定することは適

法であると判断しているが、特定危険指定暴力団に指定するためにはここまで大量の事実や証拠が必要なわけではない。

そこで、暴対法30条の8第1項・第2項について分析することによって、特定危険指定暴力団の適用範囲を検討してみる。

2　特定危険指定暴力団指定の発令要件（暴対法30条の8第1項）の構造

暴対法30条の8第1項は、特定危険指定暴力団の発令要件として、①いわゆる「暴力行為要件」と②いわゆる「おそれ要件」を規定している。「おそれ要件」というと判りにくいが、法文どおり「更に反復して同様の暴力行為を行うおそれがあると認めるとき」というと判りやすい。すなわち、まず、法が想定した①「暴力行為」が現実に過去に発生していることを前提として、その前提事実①「暴力行為」に諸事情を＋αして、指定暴力団員等が①の暴力行為と同様の「暴力行為」を、さらに1回ではなく反復して行う「おそれ」があると認められる必要があるのである。

式にすれば、次のようになる。

「過去の①暴力行為」＋α→さらに①と同様の暴力行為を反復して行う②「おそれ」

3　「おそれ」の捉え方

「おそれ」とは可能性のことだから、たとえ可能性が1％でも「おそれ」がないとは言えないとなると、この要件を設定した意味がなくなる。原告も、「おそれ」は漠然不明確な要件で、恣意的運用の可能性があり憲法31条に違反すると主張している。

この点、山口地裁は「暴対法30条の8第1項は、各号に掲げる行為が行われた場合であって、かつ、前記行為に関連して一定の方法による暴力行為を行ったと認められるという前提のもとに、反復する同種の暴力行為を行うおそれがあると認めるときと定めているのであり、その規定振り及び暴対法1条の定める目的、あるいは暴対法30条の8第1項の趣旨目的に照らせば、同項の『おそれ』はその前提となる行為等の<u>客観的な事実に裏付けられたもの</u>、すなわち、指定暴力団員等による暴力行為の発生状況等の客観的な事実に基づき、指定暴力団員等による更なる反復した暴力行為が現実的に起こり得るものとして実質的に認められるものを指すというべきであり、通常の判断能力を有する一般人においても、その要件の充足を理解することが十分可能である。」（傍点・傍線は筆者）と判示し、客観的事実に裏付けられていない空想的・抽象的・形式的な可能性ではないことを明らかにしている。

4　「おそれ要件」該当性を判断するための客観的な事実の具体的内容（＋αの中身）

では、ここで取り上げるべき客観的な事実とは具体的には何だろうか。ヒントは、暴対法30条の8第1項の規定の「暴力行為」は複数の要素から構成された複合的行為だということにある。すなわち、暴力行為を構成する要素がなければ「暴力行為」が発生するおそれはなくなり、逆に暴力行為を構成する要素が多数存在すればするほど「暴力行為」が発生するおそれは大きくなるのである。

そこで、前記Ⅰ1(2)①で分析したとおり、「暴力行為」の構成要素を順不同でみると、①指定暴力団員等、②暴力的要求行為、③準暴力的要求行為、④相手方の拒絶、⑤請求妨害行為、⑥凶器使用、⑦人の生命や身体に重大な危害を加える方法、⑧暴力行為が挙げられる。これらが多数存在すると「暴力行為」に発展するおそれが大きくなるといえる。また、過去の暴力行為そのものが多ければ将来も暴力行為が発生するおそれは大きくなるといえる。また、これらの行為を行った指定暴力団員が組織内に留まり続けていれば将来の暴力行為の発生の確率も高まるといえるだろう。

さらに、暴力行為を行った指定暴力団員等の言動（例えば「またやってやる」と言ったこと）や、指定暴力団員が行った暴力行為に対する指定暴力団組長や幹部の態度（例えば破門しない等）によっても「暴力行為」が発生する確率が変わるであろう。（ただ、この指定暴力団側の主観的要素は容易に偽装できるので、客観的事実としては慎重に判断する必要があると考える。）

こうやって考えてくると、前記Ⅱ2(ア)で示した山口地裁の「おそれ要件」該当性の判断基準である「上記暴力行為の発生頻度、これに関する構成員の言動、凶器の使用状況、暴力的要求行為等又は請求妨害行為の発生状況等の事情を総合的に勘案して判断する」というのは合理的であることが判る。なお、定立された規範には挙げていないが、あてはめの段階では「構成員の不動性」を斟酌している。山口地裁は規範に挙げることを躊躇する何かがあったのかも知れないが、私は含めてよいと考える。

5　暴力行為の認定が分かれた点について

前記Ⅱ1のとおり、山口地裁は7事案すべてに「暴力行為要件」該当性を認めたが、福岡地裁は第3事案および第5事案については「暴力行為要件」該当性を否定した。その理由は、判示したとおり裁判官の証拠の評価の差であり、何らかの対処をしなければならない根本的な問題ではない。

そもそも法文上は「暴力行為」に該当する事案が1つあれば十分なのであるが、「おそれ」の判断にあたっては暴力行為該当事案が多数存在した方がよい、ということから多数提示しているのであって、

「暴力行為」に該当しないと認定された２事案でも、指定暴力団員が、被害者の拒絶に対して嫌がらせ目的・報復目的で凶器を用いて人の生命を侵害する危険性のある加害行為に及んでいることは、十分に「おそれ」の認定の中で生かされるのである。

6　「暴力行為要件」「おそれ要件」の場所的制約の有無

(1)　両公安委員会は、両裁判において「暴力行為要件」該当性の主張立証として７事案を提出している。この７事案のうち第４事案の暴力行為は大阪府内で、第６事案の暴力行為は山口県内で、それ以外は福岡県内で行われている。両裁判所とも７事案の暴力行為が県外で行われたものであったとしても、関係なく「暴力行為」該当性を判断している。このことは、特定危険指定暴力団の発令要件である「暴力行為」には場所的制約がないことを意味する。

(2)　また、「おそれ要件」該当性の判断のための客観的事実についても、両裁判所は県内の客観的事実を指摘しつつも県外のそれも含めて判断している。このことは、特定危険指定暴力団の発令要件である「おそれ」には場所的制約がないことを意味する。

(3)　確かに法文上は「警戒区域」という場所的要素を含む要件が含まれているが、これは特定危険指定暴力団の発令要件ではない。

したがって、原告が特定危険指定暴力団の発令要件である「暴力行為要件」「おそれ要件」に該当する以上、理論的には、日本全国どこの都道府県公安委員会も原告を特定危険指定暴力団に指定することができることを意味する。ただし、公安委員会は警戒区域を定めて発令しなければならないことから、自ずと制限されているのである。

7　「暴力行為要件」「おそれ要件」の時間的制約の有無

それでは「暴力行為要件」該当事実や「おそれ要件」該当性を判断するための客観的事実について、時間的制約はないのか。

確かに法文上は「１年を超えない範囲内の期間」という時間的要素を含む要件が含まれているが、これも特定危険指定暴力団の発令要件ではない。そうすると、理論的には「暴力行為要件」該当事実にも「おそれ要件」該当性を判断するための客観的事実にも時間的制約はないことになる。ただし、「おそれ要件」は、発令時点で、反復して暴力行為が発生する可能性があることを意味するので、発令時に関係付けることができない過去の客観的事実は、「おそれ要件」該当性の判断資料にはならない可能性がある。

8　指定期間・警戒区域の定めについて

(1)　公安委員会が、当該指定暴力団を特定危険指定暴力団と指定するためには、「１年を超えない範囲内の期間」および「当該暴力行為により人の生命又は身体に重大な危害が加えられることを防止するため特に警戒を要する区域（警戒区域）」を定めなければならない。

この定める行為は公安委員会の裁量行為であるが、制度の趣旨からの合理性が必要である。したがって、その判断過程に一応の合理性があることを否定できないのであれば、他に特段の事情のない限り、定める行為に裁量権の逸脱・濫用の違法はないこととなる（最一判昭和63・7・14参照）。

(2)　特定危険指定暴力団制度の趣旨は、当該指定暴力団員等の暴力行為を未然に防止することであるから、反復して暴力行為が発生する可能性、すなわち、暴力行為を構成する要素を解消するのにどれくらい時間を要するかという観点で期間を定めるものと考える。

前記Ⅱ３で示した山口地裁の「前記……で認定説示した要件該当暴力行為の発生頻度、暴力的要求行為等又は請求妨害行為の内容・敢行状況、原告の代表者等及び構成員の変動状況等に照らせば、暴力行為が繰り返し行われる可能性があると評価できる客観的な状況が解消されるとは思われず、特定危険指定処分の効果をある程度の期間存続させる必要性は高いということができる」という認定も合理的であることが判る。なお、「おそれ要件」の定立規範に比べると、構成員の変動状況のみならず、「代表者等の変動状況」が追加されている。この差異については今後の研究を待ちたい。

(3)　当該特定危険指定暴力団員等の暴力行為を未然に防止するという特定危険指定暴力団制度の趣旨から、警戒区域の定めも行わなければならない。そうすると、反復して暴力行為が発生する可能性、すなわち、暴力行為を構成する要素がその区域に存在する必要がある。例えば、当該特定危険指定暴力団員の住所・居所がある、過去に暴力的要求行為が行われた事実がある、暴力的要求行為の被害者になり得る繁華街等がある等が考えられる。また、特定危険指定暴力団指定の効果として事務所の使用制限があることから、事務所が所在することも、特に警戒する必要があることになる。

このように考えると、前記Ⅱ４で示した山口地裁の「警戒区域とは、暴力的要求行為等又はこれに関連して危険な暴力行為が発生するおそれがある区域をいい、当該区域についてそのおそれがあるか否かは、暴力行為やその前提となる暴力的要求行為を行った指定暴力団及びその所属組織の活動拠点や資金獲得活動等の状況、当該団体や組織が関与する過

去の同種事案の発生状況等を勘案して判断するのが相当である。」という判示は、正に正解である。

9 指定延長処分の実体的要件である「更にその指定の必要があると認めるとき」

(1) これについては、前記Ⅱ5を見てもらうのが一番判りやすい。暴対法30条の8第1項の特定危険指定暴力団の指定処分の指定期間が満了を迎えるにあたって、「おそれ要件」該当性が認められる場合には、依然として暴力行為の発生を未然に防止する必要があるので、指定延長処分をする必要があるのである。

したがって、「更にその指定の必要があると認めるとき」の判断基準は、「おそれ要件」該当性の判断基準と全く同一であり、かつ、それで足りるというのである。すなわち「原告の構成員による要件該当暴力行為の発生頻度、これに関する構成員の言動、凶器の使用状況、暴力的要求行為等又は請求妨害行為の発生状況、構成員の不動性等の事情を総合的に考慮して判断する」ことになる。

(2) 問題は、判断の対象となる客観的事実は特定危険指定暴力団の指定処分以後指定延長処分までの間の事実に限られるのかという点である。両裁判所とも期間を限定して、その間の客観的事実のみで判断していることからすると、限定された期間内の事実のみで判断しているように見える。

しかしながら、「おそれ要件」該当性の判断基準と同一であるならば、対象事実には時間的制約はないはずである。本件においては、両県の公安委員会は、限定された期間内の事実のみで十分に「更に反復して暴力行為をする可能性」を証明できると考えて主張する事実を限定し、裁判所は時間的に限定された事実のみで認定しただけのことと考える。

仮に、限定された1年という期間内に原告の構成員が暴力的要求行為等の反社会的行為を行ったという客観的事実を主張できなかった場合でも、構成員の不動性、凶器の存在、事務所の存在等で「おそれ要件」の立証は可能と考える。

(3) なお、ここでの判断の対象となる客観的事実に場所的制約がないことは「おそれ要件」該当性の判断基準と同一である。現に、山口地裁が認定した事実は1つを除いてすべて福岡県で発生したものであり、残りの1つも場所が特定できないものであったが、それでも「更にその指定の必要がある」と認めているのである。

(4) 指定延長処分における指定期間の定めについては、前記8(2)がそのままあてはまると考える。

‖ OGAWA Kozo ‖

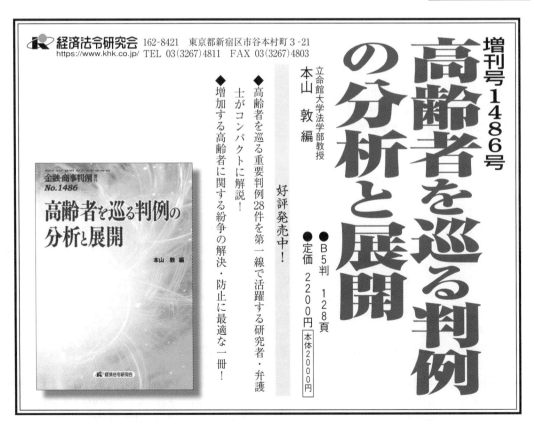

24 資金移転先口座が「犯罪利用預金口座等」（振り込め詐欺救済法2条4項2号）に該当すると判断された事例

東京地判令和元・12・17、平成30年（ワ）第38098号預金払戻請求事件、請求棄却【控訴後、東京高判令和2・9・2により控訴棄却。上告・上告受理申立て後、最三決令和3・2・16により上告棄却・上告不受理】、金判1588号26頁

プロアクト法律事務所／弁護士　**渡邉 宙志**

Ⅰ　事案の概要

本件は、X社が、取引停止の措置を受けた自己名義のY銀行の普通預金口座（以下、「本件口座」という）について、預金のうち1万円の払戻しをY銀行に求めた事案である。

本口座については、弁護士から、犯罪利用預金口座等に係る資金による被害回復分配金の支払等に関する法律（以下、「振り込め詐欺救済法」または「救済法」という）3条1項に基づく口座情報提供および取引停止の要請が提出されており、Y銀行は、これに基づき本件口座の取引停止措置を取ったうえ、振り込め詐欺救済法4条1項に基づく預金等債権消滅手続を行っていた。本件訴訟に至るまでの経緯は以下のとおり。

1　本件口座

X社は、平成23年に本件口座を開設した。Y銀行の普通預金規定には、本件口座に係る預金が法令や公序良俗に反する行為に利用され、またはそのおそれがあると認められる場合には、Y銀行が預金契約を解約できる旨が規定されている（以下、「本件規定」という）。

2　弁護士からの口座凍結要請および別件訴訟

(1)　Y銀行は、平成27年11月26日、訴外A社、B社、C社の3社の代理人である弁護士Gから、本件口座が犯罪利用預金口座に当たるとして、口座情報の提供および預金取引停止の要請を受けたため、同月27日、振り込め詐欺救済法3条1項および本件規定に基づき取引停止の措置（以下、「本件取引停止」という）を行った。

(2)　A社、B社、C社は、平成27年、X社から提案を受けて出資したファンド利用の投資事業スキームは当初から実体がなく、同出資につき不法行為が成立すると主張し、X社に損害賠償を求める訴訟を提起した（以下、「別件訴訟1」という）。

同訴訟は、地裁および高裁にて請求棄却されているが、X社の代表者とA社、B社、C社の実質的支配者Fは、共謀のうえで実体のないスキームを提案し、B社またはC社が顧客から集めた出資金の一部を海外経由でX社に還流させた事実などを認定している。

(3)　その後、訴外D社およびA社は、平成27年、X社からの提案による仮想通貨買付等の事業は実体がないものであり、D社およびA社から行われた同事業に関する送金に不法行為が成立するとして、X社およびX社代表者Eに損害賠償を求める訴訟を提起した。

同訴訟も、地裁および高裁にて請求棄却されているが、①X社代表者Eが第三者およびその海外口座を支配して仮想通貨を循環させる架空取引を実施している事実、②Fが支配するD社において顧客から出資を受けた金員の約2割が前記海外口座を経由して本件口座に還流されている事実、③前記出資金の一部が、平成26年11月から平成27年2月までの間に、前記海外口座から別の第三者の口座を経て本件口座に送金されている事実などを認定している。

3　預金等債権の消滅手続開始の告知

Y銀行は、平成30年11月30日、本件規定に基づき本件口座を解約するとともに、X社に対し、振り込め詐欺救済法4条1項に基づく預金等債権の消滅手続を開始する予定であると告知し、本件口座の残高について本件取引停止を継続している。

X社は、同年12月7日、本件訴訟を提起した。

Ⅱ　判決要旨

本判決は、以下のように述べてX社の請求を棄却した。

1　犯罪利用預金口座等であると疑うに足りる相当な理由の立証責任

「本件訴えは、被告において、救済法4条1項に基づく預金等に係る債権の消滅手続の開始を予告した後に提起されたものであり、当該訴えの提起は、上記消滅手続に係る除外事由（同条2項1号）に該当する。これを考慮すると、被告は、預金払戻請求に対する抗弁事由（阻止の抗弁）として、本件口座につき、同条1項の規定する『犯罪利用預金口座等（本件においては資金移転先口座）であると疑うに足りる相当な理由』があることにつき主張立証責任を負うものと解するのが相当である。」

「救済法に係る立法担当者は、……かつて別の目的に利用されていた口座が、特定の時点以降、専ら振込先口座からの資金の移転を目的として利用され……た場合にも、救済法4条1項に基づく債権消滅手続の対象になるとの解釈を前提として」おり、かかる「立法者の意思を考慮すると、被告は……一定の期間の取引につき、専ら資金移転目的で利用されたと疑うに足りる相当な理由の存在を主張立証すれば足りるものと解するのが相当である」。

「また、金融機関において、特定の期間の預金取引の全体を網羅して上記事由を主張立証することが困難であることに照らせば、救済法2条4項2号の『専ら』は、特定の期間の入金額の大部分を振込先口座からの資金移転が占める場合を含む趣旨と解するのが相当である」。

2 本件へのあてはめ

(1) 本稿Ⅰ2(2)に記載した前記事実関係に照らせば「被告において、①訴外3社による顧客に対する投資勧誘が振込利用犯罪行為（詐欺）に該当し、C社らの前記口座が振込先口座に該当すること、また、②前記の期間につき、本件口座が振込先口座からの資金の移転目的で利用されたことを疑うに足りる相当な理由があることは明らかである。なお、別件訴訟1の判決においては、顧客からの出資の方法等は明記されていないものの、前記の投資スキームが不特定の個人を勧誘対象とするものであることに照らせば、被告において、前記出資金の振込の存在を疑うに足りる相当な理由があることは明らかである」。

(2) 本稿Ⅰ2(3)に記載した前記事実関係に照らせば「被告において、本件口座が振込先口座からの資金の移転先口座として利用されたことを疑うに足りる相当な理由があるというべきである。」

(3) 「以上によれば、平成26年5月から平成27年2月までの期間において、本件口座について、専ら振込先口座からの資金移転を目的として利用されていたと疑うに足りる相当な理由が存在するものというべきである」。

3 資金の実質的同一性について

振り込め詐欺救済法2条4項2号は、資金移転先口座に該当する要件として、当該預金口座の資金が振込先口座への振込みに係る資金と実質的に同じであることを要求しているが、「実質的同一性の要件は、これを厳格に解釈すると、口座名義人による出金及び入金の操作により、資金移転先口座への該当性を容易に潜脱し得ることとなり、被害者救済という救済の目的に反することとなる」。

本件では、原告が「上記各社（A社ないしD社）の口座から本件口座までの資金移転の流れを自ら掌

握していたことに照らせば、本件口座については、資金の実質的同一性の観点から、原告を保護すべき実質的理由は存在しないものというべきである。以上の事情の下では、本件においては、……本件措置の時点における口座残高の一部につき、本件外国経由送金等との実質的同一性が認められれば足りるものというべきである」。

Ⅲ 分析と展開

1 本件の争点と特色

本件は、投資詐欺の被害金である疑いがある資金が海外口座を経由して資金移転された場合における振り込め詐欺救済法3条1項に基づく取引停止措置（いわゆる口座凍結）の適法性が争われた事案である。

主な争点は、本件口座が犯罪利用預金口座等に該当するか否かであり、本判決はその立証責任と判断基準についても言及している。また、付随的な論点として、振り込め詐欺救済法2条1項2号による取引停止措置にあたっての、取引停止の時点における預金債権と犯罪獲得資金との実質的同一性の有無についても判断している点で、マネー・ローンダリング対策との関係においても注目に値する。

2 振り込め詐欺救済法の定め

(1) 法の趣旨

振り込め詐欺救済法は、振り込め詐欺等の犯罪被害者の救済のため、これら犯罪行為に用いられた疑いがある預金口座等について、①取引停止措置を金融機関に求めるとともに、②預金債権を消滅させ、③これを原資とした被害回復分配金の支払手続を定める法律である。

(2) 犯罪利用預金口座等

取引停止および債権消滅手続の対象となる「犯罪利用預金口座等」は以下の2種類である。

① 振込先口座

振込利用犯罪行為（振り込め詐欺救済法1条3項）における振込先となった口座

② 資金移転先口座

専ら振込先口座からの資金を移転する目的で利用された預金口座で、その資金が振込利用犯罪行為に係る振込資金と実質的に同じと認められる口座

(3) 取引停止措置

振り込め詐欺救済法3条1項は、金融機関が「捜査機関等」から提供された不正口座利用に関する情報その他の事情から「犯罪利用預金口座等である疑い」を認めたときは、「当該預金口座等に係る取引の停止等の措置を適切に講ずるものとする」と定める。ここでいう「取引の停止等の措置」には入金・出金双方の停止のほか口座の解約を含むとされてお

り、同規定の要件に該当する場合、金融機関は取引停止措置をとるべき義務を負担すると解釈されている（注1）。

また、「捜査機関等」の範囲について、全国銀行協会が定める「振込め詐欺救済法に係る全銀協のガイドライン（事務取扱手続）」（以下、「事務取扱手続」という）は、「警察、弁護士会、金融庁及び消費生活センターなどの公的機関及び弁護士及び認定司法書士を指す」としており（注2）、複数の裁判例（注3）が、弁護士からの通報に基づく取引停止措置を適法と判断しているなど、かかる運用は実務で定着している。

（4）　消滅手続

振り込め詐欺救済法4条1項は、金融機関に対して、諸般の事情を考慮のうえ預金口座が「犯罪利用預金口座等であると疑うに足りる相当な理由」がある場合には、当該預金口座の預金債権消滅手続を開始する公告を預金保険機構に求める義務を課している。ただし、かかる義務は、①当該預金口座について預金払戻しの訴えが提起されているときまたは強制執行等が行われているとき、または、②手続実施が不適当な場合として主務官庁令に定められた場合に該当するときには適用されない（同条2項）。

3　犯罪利用口座等であることの疑いについての立証責任

本判決は、口座名義人からの預金払戻請求を拒絶する場合には、銀行側が、取引停止措置をとった預金口座等に「犯罪利用預金口座等である疑い」（振り込め詐欺救済法3条1項）があることを立証する責任を負担すべきと判断している。

これまで、本事案と同様に振り込め詐欺救済法3条1項に基づく取引停止措置の適法性が争われた預金払戻請求事件の裁判例は多数存在するが（注4）、そのうち、東京地判平成22・7・23金法1907号121頁（以下、「平成22年判決」という）は、口座名義人により①判決等によって当該口座が犯罪利用預金口座等に当たらないことが明らかにされるか、あるいは、②当該口座が犯罪利用預金口座等に当たると主張する者が長期間にわたり原告に損害賠償等を求めず、事実上その権利行使が放棄されているといった事実を立証する必要があると判示し、実質上預金者の側に払戻請求権についての立証責任を負担させており、実務上もかかる解釈が通用していた状況であるところ、本判決は、平成22年判決による運用について方向転換の必要性を示しているように見える。

この点、もともと、平成22年判決は、原告側が取引停止措置そのものの適法性を争っていなかったことが結論に影響していると考えるべきである。つまり「犯罪利用預金口座等である疑い」があることは

争わずに、しかし実際には犯罪利用預金口座でないから払戻請求に応じるべきと主張していたため、原告自らが犯罪利用預金口座ではないことについて立証責任を引き受けた形になっていたといえる。

一方、本判決のY銀行は、犯罪利用預金口座である「疑い」に基づき、振り込め詐欺救済法3条1項に基づく取引停止を実行し、その後3年近くを経過してから「犯罪利用預金口座等であると疑うに足りる相当な理由」があると判断して振り込め詐欺救済法4条1項による手続を実施している。このため、Y銀行は、犯罪利用預金口座である「疑い」を持っていたにとどまらず、相応の資料収集・検討の時間的猶予を経て、その疑いの「相当な理由」があると判断して本件取引停止に至っている。これに加え、そもそも、金融機関は、犯罪利用預金口座である疑いについて、捜査機関等からの通報、他の金融機関からの情報提供（振り込め詐欺救済法3条2項、4条3項）や消費者等からの苦情・問合せ、口座名義人から申告された口座の利用目的や当該口座の取引状況などの情報から多角的な判断を下しているのが通常であって、口座名義人との間に情報格差があることにも鑑みれば、金融機関に立証責任を負担させる本判決の結論は基本的に妥当であろう。

しかし、振り込め詐欺救済法3条1項に基づく取引停止措置は、被害者救済の目的を達成するために迅速な手続によって実現される必要性も強い。また、取引停止は終局的な判断ではなく、その後裁判手続等によって争う余地があることにも着目が必要である。

そこで、前記のバランスを考慮して、犯罪利用口座等であることの疑いについての立証責任は、以下のような3段階の時系列で検討することがふさわしい。

①　取引停止措置が実施されて間もない段階

被害者救済の目的を重視し、金融機関は、取引停止措置にあたって振り込め詐欺救済法3条1項の要件を満たした事実のみを立証すれば足り（注5）、口座名義人は、当該口座が犯罪利用預金口座等でないことを主張立証する責任を負担する（平成22年判決参照）。

②　取引停止措置が一定期間継続し債権消滅の公告が開始していない段階

口座名義人は、当該口座が犯罪利用預金口座でない事実を主張する責任を負担するが立証責任は負担しない。金融機関は、取引停止措置を継続するに足る事由、すなわち、振り込め詐欺救済法3条1項に規定される「犯罪利用預金口座等である疑い」が残存していることを主張立証する必要がある（注6）。

③　振り込め詐欺救済法4条1項による債権消滅

の公告が開始された後の段階

金融機関側において、「犯罪利用預金口座等であると疑うに足りる相当な理由」が存在することについて立証責任を負担する（本判決参照）。

金融機関においては、上記のような整理を参考に、取引停止措置の実施および継続、振り込め詐欺救済法4条1項による公告手続の実施判断を検討されたい。

4 資金移転先口座の要件について

実際の詐欺事案等における預金口座の利用事例に鑑みれば、被害金の直接の振込先となった振込先口座に被害金が長期間留まる可能性はなく、短期間のうちに現金で引き出されるか、別口座に資金が振り替えられることとなる。このため、効果的な被害者救済を実現するには、振込先口座ではなく、資金移転先口座への取引停止措置が重要な意義を有する。そして、組織的犯罪集団等が複数の預金口座等の間で複雑な資金の流入出を繰り返している実態を考えれば、振り込め詐欺救済法2条1項2号が定める、①「専ら」資金移転目的で利用されていること、②振込先口座と資金移転先口座との資金の実質的同一性があること、の2つの要件の判断基準が重要となる。

本判決は、まず、①の「専ら」には「特定の期間の入金額の大部分を振込先口座からの資金移転が占める場合を含む」と述べている。この点、組織的犯罪集団等が様々な国・金融機関の預金口座等を利用した複雑な入出金を繰り返してマネー・ローンダリングを実行している実態からすれば、その預金取引の全てを振込先口座からの資金移動目的であると立証することは実質的に不可能であるから、犯罪被害者の救済という法の目的を達するためには、本判決のように「専ら」の意味を緩和して解釈することが妥当である。

次に、②の実質的同一性について、本判決は、本件の事情を重視したうえ、取引停止措置の時点において口座残高の一部に問題送金との実質的同一性が認められれば足りると判断している。ここで重要なのは、「取引停止の時点」における「残高の一部」に実質的同一性があれば足りるとした点である。本判決は、あくまで、本件に係る特殊な事情を前提とした判決の体裁をとっているが、その論理的根拠はその他の事例にも幅広く適用可能と解釈できる。また、振り込め詐欺救済法に基づく資金移転先口座への取引停止措置が、犯罪被害者の救済だけでなくマネー・ローンダリング対策としての重要な意義も併せて持っていること等に鑑みれば（注7）、例えば、次に述べるようなマネー・ローンダリング対策としての預金規定に基づく取引制限実施の判断にあたっ

ても、本判決の基準を準用することが望まれる。

5 預金規定に基づく取引制限への拡張の可能性

近時、金融機関ではマネロン・テロ資金供与対策が重要な課題とされている。全国銀行協会は、マネー・ローンダリング等が疑われる場合における銀行口座の取引制限を定めた預金規定参考例を平成31年に発表しており（注8）、各金融機関においても、同参考例を踏まえて預金規定を改訂し、口座利用状況の自動監視等によって犯罪利用やマネー・ローンダリングのリスクを検知した口座について、利用規定を根拠とした自主的な取引制限を行う例を増加させている。このため、今後は、このような自主的な取引制限に対する口座名義人からの払戻請求への対応が課題になるが、この場合の判断においても、上記3の①、②で示した考え方が参考になると考えられる（注9）。すなわち、取引制限の実施について口座名義人から争われた場合、金融機関は利用規定の要件（注10）への該当性について立証し、口座名義人は当該口座にマネー・ローンダリング等への利用が存在しない事実を立証することとなる。また、取引制限から相当期間が経過した後は、金融機関において利用規定の要件に該当する事情が残存していること（例えば、口座名義人の説明を前提としても未だにマネー・ローンダリング等のおそれが残存していること）について主張立証する必要があると考えられる。

マネー・ローンダリング対策としての取引制限は、各金融機関においてリスクベース・アプローチによる機動的かつ柔軟な判断に基づいて実施されるべきである。本判決は振り込め詐欺救済法に基づく措置についての判断を提供するものであり、必ずしも利用規定に基づく取引制限の場合における判断基準を提供するものではないが、その根底に流れる価値判断はマネー・ローンダリング対策と共通している。各金融機関においては、当該口座に係るリスクの程度に応じた的確な取引制限の可否を判断するための参考にされたい。

（注1）廣渡哲＝福田隆行「振り込め詐欺救済法の実務上の問題点」金法1921号92頁（2011年）。

（注2）干場力『「振込め詐欺救済法に係る全銀協のガイドライン（事務取扱手続）」の概要」金法1840号12頁（2008年）。

（注3）東京地判平成22・12・3金法1921号112頁、東京地判平成23・6・1判タ1384号212頁、東京地判平成24・10・5金法1403号24頁など。

（注4）東京地判平成22・7・23金法1907号121頁、東京地判平成22・12・3金法1921号112頁、東京地判平成24・10・5金法1403号24頁、東京地判平成27・6・23金法2030号91頁、松山地判平成28・2・10金判1490号

52頁、大阪高判平成28・11・29金法2063号72頁など。

（注5）　例えば、捜査機関等から預金口座等の不正な利用に関する情報の提供がある場合には、特段の事情がない限り提供された情報に相当の理由があるかどうかを別途調査することなく、取引停止等の措置を講ずることができるとした東京地判平成23・7・23判タ1375号121頁参照。

（注6）　例えば、情報提供元の警察署への被害届を提出した者と口座名義人との間で示談が成立したことを認定しつつも、警察が犯罪捜査を継続していることや、全国の消費生活センターに寄せられた相談件数および内容等を考慮したうえで、預金規定に基づく取引停止措置が有効であるとした東京地判平成27・6・23金法2030号91頁参照。

（注7）　立法担当者は、振り込め詐欺救済法は振り込め詐欺の被害者の救済だけでなくマネー・ローンダリング対策にも資することを期待する旨述べる（柴山昌彦「犯罪利用預金口座等に係る資金による被害回復分配金の支払等に関する法律案（振り込め詐欺等被害金返還特別措置法案、いずれも仮称）の概要」金法1801号9頁（2007年））。

（注8）　平成31年3月29日一般社団法人全国銀行協会ＡＭＬ／ＣＦＴ対策支援室「金融庁『マネー・ローンダリング及びテロ資金供与対策に関するガイドライン』を踏まえた預金規定・参考例」https://www.zenginkyo.or.jp/news/2019/n040401/

（注9）　預金規定に基づく取引制限は、振り込め詐欺救済法のような法律上の明確な定めはなく、本判決と全く同一に論じることはできないが、「犯罪による収益の移転防止を図り、併せてテロリズムに対する資金供与の防止に関する国際条約等の的確な実施を確保」するという犯罪による収益の移転防止に関する法律の目的は振り込め詐欺救済法の目的とも重なり合うものであって、預金者の利益とこれら法の趣旨の実現の調整を図るという意味において本判決の趣旨が妥当するものと考えるべきであろう。

（注10）　上記（注8）の参考例では、概ね、①預金者の情報および取引内容について、銀行からの各種確認や資料提出に預金者が応じない場合、②その回答を含め各種事情を考慮してマネー・ローンダリング等のおそれがあると銀行が判断した場合、に取引を制限できる旨を定めている。

‖‖ WATANABE Takashi ‖‖

25 濫用的な情報公開請求等を通じて地方公共団体の業務を繰り返し妨害した者に対する面談強要行為等の差止請求および損害賠償請求が認容された事例

大阪地判平成28・6・15、平成26年（ワ）第1236号面談強要行為等差止等請求事件、一部認容、一部棄却【確定】、判時2324号84頁

ゆたか法律事務所／弁護士　髙橋　優

Ⅰ　事案の概要

　本件は、X（大阪市）が、Yに対し、同市内に居住するYが多数回にわたり濫用的な態様にて情報公開請求を行ったり、質問文書の送付や架電等による不当な要求行為を繰り返したりして、Xの平穏に業務を遂行する権利を侵害しており、今後も、Yによる同様の権利侵害行為が繰り返されるおそれがあるとして、上記権利に基づき、面談強要行為等の差止めを求めるとともに、不法行為に基づく損害賠償を請求した事案である。

　本件訴訟に至る経緯とYによる妨害行為等の具体的内容等は、以下のとおり。

1　刑事事件

　Yは、平成21年頃、Xにおける不適正資金問題の発覚をきっかけに、X市内のx区役所等を訪れるなどして、X市長に対する情報公開請求を行うようになっていたところ、平成22年9月13日、x区役所の窓口で対応したX市職員に対し、胸ぐらをつかんで押したり、顔面を平手打ちしたりといった暴行を加えたとして、同年11月22日、公務執行妨害の罪によって、懲役1年6月執行猶予4年の判決を受けた。

2　情報公開請求

　(1)　Yは、平成24年3月30日から同年12月10日までの間、Xに対し、合計53件の情報公開請求を行った。その頻度は1ヵ月当たり平均すると6～7件程度であるが、1日に数件の情報公開請求を行うこともあった。Yはかかる情報公開請求に際して、公開請求書の「請求する公文書の件名又は内容」欄に、「～に関する全文書」、「～が分かる全文書」といった記載をすることが比較的多く、対象となる公文書中に個人識別情報が数多く含まれていたことから、Xの職員は、対象文書の選別や非公開情報のマスキング作業のため、相当程度の時間を費やす必要があった。

　(2)　Yは、対応の仕方が悪いと感じた特定の職員（この中には上記刑事事件の際にYから暴行を受けた職員が含まれる）等について、その採用から現在までの経歴・略歴、出退勤状況が分かる文書、採用時に署名した宣誓書の写し、市内出張交通費等に係る書類等についての情報公開請求を行った上、当該職員に対して、上記情報公開請求で取得した経歴に関する情報に基づき、「あなたも略歴聞いたわ。……もう大体わかったから、あんたの大体人間性が。」「高校出の人は大きな間違いをするからおれかちっとくんねや。」「高卒のな、おまえ、俺は高卒大嫌いやねん、ほんまに。」「高卒女のな、浅知恵や言うねや。」などといった発言をするなどした。

　(3)　Yは、平成24年3月以前からXに対する情報公開請求を行っており、XがYの情報公開請求に応じて交付した文書の総枚数は、平成21年1月19日から平成24年7月24日までの間だけでも約8,360枚に上っていた。

　また、Yは、ゴールデンウィークの直前である平成21年4月30日に1日で6件の情報公開請求をしてその対象文書が合計297枚にも上ったり、年末である同年12月24日にも対象文書が数百枚にも上る文書についての情報公開請求をしたりしたこともあった。

　さらに、Yは、前記1の刑事事件判決の言渡日に「x区役所全職員の平成22年4月～10月分の市内出張交通費請求明細書・市内出張届出データ一覧」についての情報公開請求を行ったが、その対象文書の枚数は740枚以上にも上っていた。

　(4)　Xが閲覧の方法で情報公開請求に対する公文書の開示を行う場合、当該情報公開請求を行った請求者にXの担当局の会議室等まで出向いてもらい、Xの職員が立ち会った上で対象となる文書を公開しているが、Yは、対応したXの職員に対し、「お前には能力がないから辞めてしまえ」「バカ」などと暴言を吐いたり、公開された公文書について、独自の見解に基づく意見等を延々と繰り返し述べるなどすることから、その対応には1回当たり1時間以上を要するのが通常であった。

　また、Yは、Yの情報公開請求に応じて公開され、交付された文書に誤記等が存在した場合には、当該誤記等が内容に影響がないような些細なものであっても、Xの職員に頻繁に電話をかけ、誤記等を指摘した上で、職員に謝罪を要求したり、罵声を浴びせるなどした。

　(5)　なお、Yが情報公開請求によって入手した資料によって、Xが第三者との間で締結した業務委託

契約に際して本来負担する必要のない費用を負担していることが判明したり、市営公園の管理を行っている地域団体が市民から徴収していた使用料について不適切な処理をしていたことが発覚したりし、Yによる公益通報等の結果、その是正が図られたこともあった。

3　Yによる質問文書の送付等

Yは、平成24年4月から同年12月までの間に、x区役所に対して質問文書を送付したり、電話を掛けたりして、質問に対する回答を求めたが、その質問の中には、情報公開請求によって公開された情報に関する質問や、公開された文書に関する誤記の指摘などがあるほか、防犯パトロール中の職員がガムを噛んでいたことについて当該職員の氏名の報告を求めるもの、特定の職員の昼食の弁当の中身になぜニンニクが入っていたのかや、特定の職員がいつも長袖の服を着ている理由に関する回答を求めるもの、x区役所の市民協働課のゴム印の一部を、職員が手書きで修正していることについて、Yが新しいゴム印を作ってあげるように申し入れたにもかかわらずこれを無視した理由についての回答を求めるもの、Yからの電話に対してXの職員が折り返し電話をする約束をしたところ、約束の時間よりも早く電話をかけてきた理由についての回答を求めるもの、特定の職員について退職や更迭を要求するもの、x区長が使用したキャッチフレーズについて「パクリ」ではないかなどと指摘しこれに対する回答を求めるものなどもあった。

4　Yによるx区役所に対する電話

Yは、Xに対し、平成24年4月3日から同年8月30日までの間に、平均して週に2～3回程度、多い時には1日に連続して5～6回の電話をかけるなどし、上記期間中の電話の回数は合計95回、その所要時間は合計約23時間に上った。

その内容は、Yが行った情報公開請求や質問文書に対する回答に関連して、さらなる質問や要請を行ってこれに対する回答を求めたり、x区役所の活動に関する苦情等を述べたりするものが大半を占めていたが、この際、Yは、特定の職員に対応させるよう執拗に要求したり、応対中の職員に対して、学歴を理由に能力が低いなどとして罵倒したり、容姿等を理由に侮蔑的な発言をしたり、大声で暴言を吐いたり、脅迫的な発言をしたりすることを繰り返した。

5　仮処分決定

Xの職員は、Yが行う情報公開請求への対応および送付された質問文書に対する回答の作成ならびにYがかけてくる電話に対する対応等のために相当の時間を費やさざるを得なくなっており、その他の業務が滞ったり、中断を余儀なくされるなどしていた。Xの職員の中には、勤務時間中に行うことができな

かったその他の業務を行うために、複数回にわたって1日当たり1～4時間程度の超過勤務を行うことを余儀なくされた者や、Yによって繰り返し行われる侮蔑的な発言や暴言等により精神的な苦痛を覚え体調不良を訴える者もいた。

そのため、Xは、大阪地方裁判所に対し、Yを債務者として、平成24年11月9日、Xおよびその職員に対し、架電し、面談を強要し、大声を出し、もしくは罵声を浴びせ、Yの質問に対する回答もしくはYとの交渉を強要し、または濫用的な情報公開請求をする行為の禁止を求める仮処分の申立てを行い、同裁判所は、同年12月28日、上記申立てを認容する旨の本件仮処分決定をした。

しかし、上記仮処分決定後も、Yは、Xに対する情報公開請求を繰り返し行い、また、x区役所をはじめとするXの担当部署に対して電話をかけ、特定の職員に対応させるよう強要したり、対応した職員に暴言を吐いたりしており、このうち平成25年10月8日の電話の回数は、1日のうちに9回にも上った。

6　本件訴訟提起

Xは、平成26年2月12日、大阪地方裁判所に対し、Yを被告として本件訴訟を提起した。

Ⅱ　判決要旨

本判決は、以下のように述べて、Yによる面談強要行為等の差止めを認めるとともに、Yに対して金80万円の損害賠償を命じて、Xの請求を一部認容した。なお、本判決は確定している。

1　権利侵害行為の有無と継続するおそれの有無

(1)　権利侵害行為に対し地方公共団体による業務妨害差止請求が認められるための規範

Xは、普通地方公共団体（地方自治法1条の3第2項）であるところ、地方公共団体は法人とされている（同法2条1項）。法人の業務は、固定資産および流動資産の使用を前提に、その業務に従事する自然人の労働行為によって構成されているところ、法人の業務に対する妨害が、これら資産の本来予定された利用を著しく害し、かつ、業務に従事する者に受忍限度を超える困惑・不快を与えるときは、これをもって法人の財産権および法人の業務に従事する者の人格権の侵害と評価することができる。しかしながら、法人の業務に従事する者の使用者である法人は、その業務に従事する者に対し、上記の受忍限度を超える困惑・不快を生じるような事態を避けるよう配慮する義務を負っていることに加え、業務の妨害が犯罪行為として処罰の対象とされていること（刑法233条、234条）等に鑑みると、当該法人が現に遂行し、または遂行すべき業務は、当該法人の財産権やその業務に従事する者の人格権をも包含する総体として法的保護に値する利益（被侵害利益）に当

たるというべきである。そして、法人の業務が、前記のとおり、当該法人の財産権やその業務に従事する者の人格権をも包含する総体としてとらえられることに鑑みると、法人に対して行われた当該法人の業務を妨害する行為が、①当該行為を行う者による権利行使として相当と認められる限度を超えており、②当該法人の資産の本来予定された利用を著しく害し、かつ、その業務に従事する者に受忍限度を超える困惑・不快を与えるなど、業務に及ぼす支障の程度が著しく、③事後的な損害賠償を認めるのみでは当該法人に回復の困難な重大な損害が発生すると認められるような場合（番号①～③・下線は筆者が付けたもの）には、当該法人は、上記妨害行為が、法人において平穏に業務を遂行する権利に対する違法な侵害に当たるものとして、上記妨害行為を行う者に対して、不法行為に基づく損害賠償を請求することができるのみならず、平穏に業務を遂行する権利に基づいて、上記妨害行為の差止めを請求することができるものと解するのが相当である。

（2）　本件へのあてはめ

本件において、Xが主張する、YによるXの業務に対する妨害行為は、Yが、Xに対して、条例によって権利として認められた情報公開請求を行ったり、Xが広聴活動の一環として行っている「市民の声」制度等を利用して質問等を行ったりしたことに関するもの、およびこれらに関連してYがx区役所に対して電話をかけて回答を求めるなどしたことに関するものであり、Yのこれらの行為は、いずれもその権利行使としての側面を有するものということができる。

しかしながら、Yの上記の各行為（前記Ⅰの2ないし4）は、そのほとんどが情報公開請求や、その権利行使に付随して行われているものとはいえ、その頻度や態様等に照らすと、正当な権利行使として認められる限度を超えるものであって、Xの資産の本来予定された利用を著しく害し、かつ、その業務に従事する者に受忍限度を超える困惑・不快を与え、その業務に及ぼす支障の程度が著しいもので、今後も、このような行為が繰り返される蓋然性が高いということができる。そうすると、Yに対して事後的な損害賠償責任を認めるのみでは、Xに回復の困難な重大な損害が発生するおそれがあるというべきである。

したがって、Xは、平穏にその業務を遂行する権利に基づいて、Yに対し、Yが、Xの職員に対し、電話での対応や面談を要求して被告の質問に対する回答を強要したり、大声を出したり、罵声を浴びせたりする行為の差止めを請求することができると解するのが相当である。

2　Xに生じた損害およびその額

Yの上記の行為は、その権利行使に付随して行わ

れたものとはいえ、上記諸事情に鑑みると、Xの業務の平穏な遂行を妨害するものとして不法行為に当たるというべきであるから、Yは、Xに生じた有形・無形の損害のうち、Yの行為と相当因果関係のある範囲の損害について賠償義務を負うべきである。

この点について、Xは、主位的に、Yの行為に対応するために要したXの職員の労働行為の対価たる賃金に相当する額が、予備的に、Xの職員が超過勤務を行ったり、勤務時間中の時間を費やしたことで、その他の業務を行うために残業せざるを得なくなったことによる超過勤務手当相当額が、それぞれ原告に生じた損害となる旨主張するが、先に認定・説示したとおり、Yの行為が、Yによる権利行使に付随して行われたものであることに鑑みると、Xの職員が行った労働行為の対価たる賃金相当額や、超過勤務手当相当額が、そのままYの行為と相当因果関係のある損害となるものではない。

そして、上記で説示した損害の内容・性質に照らすと、本件においてはその額を立証することがきわめて困難であるということができるので、民訴法248条に基づき、本件に現れた一切の事情を考慮して、Xに生じた損害として相当な額を検討すると、Yの行為によってXに生じた損害の額は、80万円（本件訴訟の追行を弁護士に委任したことによって生じた弁護士費用相当額を含む）と認めるのが相当である。

Ⅲ　分析と展開

1　本判決の特色

本判決は、地方公共団体からその業務を妨害した者に対して行われた差止請求および損害賠償請求を認容した裁判例として、初めて公刊物に登載されたものと思われ、極めて注目に値する。

2　濫用的情報公開請求との関係

本件事案は、権利濫用的な情報公開請求よりもさらに進んだ地方公共団体に対する業務妨害への差止請求等が問題となった事案ではあるが、差止請求の可否を判断するにあたり、当時深刻化していた国・地方公共団体に対する権利濫用的情報公開請求への対応とそれを巡る下級審裁判例の蓄積が背景にあり、差止請求認容の可否の考慮要素として、濫用的情報公開請求における判断基準が貴重な視座を提供していたものと解される（注1）。

即ち、一部の情報公開請求者から行政機関担当者の事務処理がとても追いつかないような大量の開示請求がなされてそれ以外の行政事務が停滞を余儀なくされるような濫用的情報公開請求のケースに対応するため、いくつかの地方公共団体では、その取扱指針等において、①開示請求により通常業務の遂行に著しく支障が出るような大量の公文書開示請求が行われた場合、あるいは、②情報公開法や条例の趣

旨・目的を逸脱していることが明らかに認められる
場合のいずれかを満たす場合には、開示請求権の濫
用として、非公開決定を行うとの運用を行っている。
また、不開示決定の当否を巡って争われた下級審裁
判例（注2）においても、上記①（大量請求）・②（趣
旨・目的からの逸脱）のメルクマールが考慮要素とし
て挙げられている。

　本判決においても、①の観点からは、前記Ⅰ2(1)・
(3)のとおり、情報公開請求の時期・件数や1件当た
りの対象文書の数が事実認定として挙げられ、また、
②の観点からは、前記Ⅰ2(2)・(4)や3・4のとおり、
Yの妨害行為態様等が詳細に認定されており、濫用
的情報公開請求に関する行政機関の対応策や下級審
裁判例におけるメルクマールが背景にあるものと解
される。

3　行政機関に対する業務妨害と損害賠償請求・差止めの可否

　(1)　法人に対する業務妨害と損害賠償請求の可否
　法人が業務妨害に対して不法行為に基づく損害賠
償請求を行い得ることは学説上争いがなく、判例に
おいても、風営法の距離制限規定に着目したパチン
コ業者が児童遊園を設置して競業他社が出店予定地
において営業許可を受けられないように妨害したパチ
ンコ出店阻止事件（最三判平成19・3・20判時1968
号124頁）において、競業他社の営業権の自由の侵害
を理由として損害賠償請求が認められている。

　(2)　法人に対する業務妨害と差止請求の可否
　法人が業務妨害に対する差止めをなし得ることも
争いがなく、これを認めた先例として、自動車任意
保険の契約者がその長女の起こした自損事故にかか
る保険金請求の交渉に関連して、損保会社に対して
多数回・長時間の架電を行った三井ダイレクト損保
事件（東京高決平成20・7・1判時2012号70頁（注3））
が挙げられる。

　上記東京高裁決定では、法人が現に遂行しまたは
遂行すべき「業務」とは、財産権および業務に従事
する者の人格権をも内容に含む総体としての保護法
益（被侵害利益）であるとした上、法人に対する行
為が、①権利行使としての相当性を超え、②法人の
資産の本来予定された利用を著しく害し、かつ、こ
れら従業員に受忍限度を超える困惑・不快を与え、
③「業務」に及ぼす支障の程度が著しく、事後的な
損害賠償では当該法人に回復の困難な重大な損害が
発生すると認められる場合、業務遂行権に基づき、
予期される妨害行為の差止めを請求できるとした。

　また、執拗な架電と訪問行為について差止めが
認められた日弁連事務局事件（東京地判平成19・7・
20判タ1269号232頁）や、労働組合の大学への情宣活
動が毎年のように入学試験当日になされていること
が、受験生にとって適切な環境を確保して入学試験
を実施することを妨げられないという大学の権利を

侵害するものであるとして、その差止めを認めた明
治大学事件（東京地判平成26・6・10判時2309号138頁）
なども挙げられる。

　(3)　行政権の主体である行政機関に対する業務妨
害と差止めの可否
　法人一般に対して認められる「平穏に業務を遂行
する権利」が、行政権の主体である行政機関たる地
方公共団体にも及ぶのか、地方公共団体がいかなる
権利に基づいて妨害排除のための差止請求ができる
のか、という問題については、一考を要する論点で
ある。営業の自由を直接の根拠となし得る営利法人
とは異なり、地方公共団体は当然にはこれら営業の
主体とはならないからである。

　この点、本判決は、「法人の業務が、……当該法
人の財産権やその業務に従事する者の人格権をも包
含する総体としてとらえられることに鑑み」地方公
共団体を財産権の主体と構成するとともに、職務に
従事する職員の有する人格権をも内容に含む総体と
しての被侵害法益と捉えた上で、法人において平穏
に業務を遂行する権利に対する違法な侵害（業務妨
害）に当たる場合には、「平穏にその業務を遂行する
権利に基づいて」一定の要件の下で差止めが認めら
れる、と判示して、上記東京高裁決定と同様の理論
で妨害行為の差止めを認めた（注4）。

　(4)　正当な権利行使の一環として、業務妨害行為
が行われた場合
　本件のYのように、市民としての正当な権利行使
（情報公開請求）としての側面を併せ有する場合、相
手方の当該行為が違法・不当な権利侵害（業務妨害）
行為として差止請求等が認められるのは、一定限度
を超えた場合に限られると解される（注5）。

　特に、本件では、情報公開請求それ自体は正当
な権利行使であり、その一環でなされたYの情報公
開請求によりXの誤った取扱いが是正された実例も
あった（前記Ⅰ2(5)参照）というのであるから、尚更
である。

　本判決では、前記Ⅱ1(1)の下線部分の①～③の要
件（上記東京高裁決定も同様）を定立し、Yの各行為
（業務妨害に該当する態様・問題点）を詳細に事実認定
した上、かかる限度（上記①～③の要件）を超えたY
の権利行使は、もはや正当な権利行使とはいえない
違法・不当な業務妨害行為に当たるとして差止めの
対象としたものである。

　(5)　損害額の算定
　本判決では、「Yの行為が、Yによる権利行使に
付随して行われたものであることに鑑みると、Xの
職員が行った労働行為の対価たる賃金相当額や、超
過勤務手当相当額が、そのままYの行為と相当因果
関係のある損害となるものではない。」と判示した上
で、「損害の内容・性質に照らすと、本件において
はその額を立証することが極めて困難である」とし

て、「民訴法248条に基づき」「Yの行為によってXに生じた損害の額」を80万円であると認定している。

この点、裁判所が用いた民訴法248条は、損害が発生したこと自体は明らかであるが「損害の性質上その額を立証することが極めて困難であるとき」に「口頭弁論の全趣旨及び証拠調べの結果に基づき」裁判所が損害額を認定することができる旨を定めた規定であり、事案に応じた柔軟な損害額の認定が可能となるため便利な規定ではあるが、安易にこれが適用される恐れもないではない。

本件訴訟において、Xは、主位的にはYの行為に対応するために要したXの職員の労働行為の対価たる賃金に相当する額が、予備的にはXの職員が超過勤務を行ったり、勤務時間中の時間を費やしたことで、その他の業務を行うために残業せざるを得なくなったことによる超過勤務手当相当額が、それぞれXに生じた損害であると主張立証して、金190万9,450円の損害賠償を請求している。そうであるならば、Yの行為が情報公開請求等の権利行使の一環として行われていたとしても、Yの行為に起因して超過勤務を余儀なくされたり、Yの行為の皺寄せで他の業務を行うために残業したりした部分の超過勤務手当相当額については少なくとも損害として認定することに支障はない（上記裁判例の判示と異なり、Yの行為とXの損害との間の相当因果関係は否定されない）と解される上、「損害の性質上その額を立証することが極めて困難であるとき」との要件も満たさないとも解されることから、裁判所としては、原則どおり、正面から損害額の認定を行うべきであったとの判批があり得よう（注6）。

4　他の個別事案への具体的あてはめ

地方公共団体等の行政機関は、住民の貴重な血税により、行政サービスを広く遍く平等に提供することが求められており、行政職員の住民への奉仕の意識も相俟って、行政機関が住民を相手取って妨害排除のための差止め・損害賠償請求等の法的手続に打って出ることは、余程の事態でないと憚られる。

しかしながら、近時は、権利意識の高まりやSNS等の匿名による情報発信手段の普及とともに、過剰で度を越えた（もはや権利行使とは言い難い）住民の行政機関に対する不当要求が数多く発生し、その対応に窮した行政職員が心身の健康を崩すといったケースが何件も報道されており、不当要求への対応が喫緊の課題となっている行政庁も多いと仄聞される。

そこで、不当要求に遭遇している行政機関の現場においては、本件のような情報公開請求に付随した場面に止まらず、行政機関を対象とした各種の不当要求一般に関して、「どのような行為の態様・内容・程度等が備われば、本件と同様、面談強要や訪問等の差止請求が具体的に認められるか」という問題に

高い関心が寄せられる。

こうした個別事案への具体的あてはめによる方針検討の場面においては、本判決による上記規範が一定の判断基準にはなるものの、最終的には、事案に応じた個別判断に拠らざるを得ず、本判決だけでは必ずしも判然としない面もあると言わざるを得ない。

とはいえ、Ⅲ3(2)に挙げた明治大学事件においても、憲法28条で保障された労働基本権という正当な権利行使といえども「行為の目的、態様、被侵害利益の侵害の程度その他の事情を考慮し、社会通念上相当と認められるか否か」を検討する必要があると判示され、社会通念上の観点からしても度を越した権利行使は制約されることが明言されていることは一定の指針となるであろう。

不幸にも不当要求の対象となり、その中止を求めたい行政機関においては、本判決が詳細に認定した前提事実（前記Ⅰ参照）と同様の具体的事情を、なるべく多く、詳細に、多面的・客観的に、そして、適時かつ可及的速やかに、収集・保全（記録化）して、本件のような法的手続による解決（差止請求・損害賠償請求等）を図るための準備を整えることが何よりも重要であることを申し添えたい。

5　行政機関を対象とした不当要求ー行政対象暴力ーとその対応策

(1)　「行政対象暴力」の概念

本件は、行政機関を対象とした不当要求ー行政対象暴力ーのケーススタディー等で頻繁に引用・参照される著名事案といえる。

ここで、「行政対象暴力」について、警察庁は「暴力団等反社会的勢力又は右翼が不正な利益を得る目的で、国や地方公共団体等の行政機関又はその職員を対象として行う違法又は不正な行為をいう」と定義付けているところ、その行為主体を暴力団をはじめとする反社会的勢力に限定しなければならない理由はない。むしろ、近時は、本件のように、一般市民による過剰な要求により職員が対応に窮する（反社会的勢力による不当要求にも比して悪質なケースもある）事例が多くみられる。

その意味で、暴力団をはじめとする反社会的勢力に行為主体を限定していては、行政の現場の職員を守り、行政作用の公正・中立を維持することが著しく困難になるといえることから、本件のような事案の存在にも鑑み、「行政対象暴力」とは、「暴行、威迫する言動、その他の不当な手段により行政機関又はその職員に対し、違法又は不当な行為を要求したり、行政の公正・中立を害する行為」（注7）を意味すると広く解すべきである（注8）。

(2)　「行政対象暴力」への対応策

行政対象暴力という概念が提唱される以前から、「行政対象暴力」として定義されるような行為自体

は存在していたところであり、暴力団をはじめとする反社会的勢力から不当な要求を受ける企業が不当要求対策を講じるようになったことに即応して、民間企業に代わり行政機関に不当な要求の矛先が向けられ反社会的勢力の資金源になっていった経緯があるといわれている。そして、その背景には、行政機関においては、民間企業と同様の「反社会的勢力対策」「不当要求対策」の専門部署が存在していなかったことや、市民からの要求を容易に断ることができないという行政職員の意識があるといわれている。

「行政対象暴力」対策は、上記の背景事情を払拭して、行政機関においても不当要求に応じない組織的対応力をつけること、各職員においても不当要求に応じないという強い意思と具体的な対応ノウハウを身につけることが基本である（注9）。

その意味から、行政機関（特にその首長・幹部ら）は、本判決はもちろんのこと、「行政対象暴力」対策と通底する企業対象暴力対策（いわゆるクレーマー対策を含む）における具体的事例等を題材にした研修・講習等の重要性を理解し、そうした研鑽の機会を各職員に積極的・定期的に提供するとともに、自らの理解を深める不断の努力を行う必要があり、不当要求者の対応に直接当たらざるを得ない職員らが問題を一人で抱え込むことなく、組織を上げた毅然たる一貫対応（必要に応じて、弁護士会・弁護士や警察等の関係機関とも連携し、本件のように面談強要行為等の差止めの仮処分・訴訟や損害賠償請求等の法的手続、刑事告訴等の対応を適時に敢然と行う）を可能とするような組織づくりが肝要である。

6　企業対象暴力対策への展開

本判決は、何も行政対象暴力対策にのみ限定して、検討場面を狭く捉える必要は全くない。前述のとおり、一般市民による過剰な不当要求行為に起因した行政対象暴力の対策と、企業の一般消費者・取引先等のいわゆる「クレーマー」による度を越えた企業対象暴力の対策は、両者に共通する部分が多い。

行政対象暴力の事案である本判決の事例は、企業対象暴力の対策を講じる場面においても重要な示唆を与えるものであり、研修・講習等に際して、必読の裁判例と思われる。

（注1）　濫用的情報公開を図る基準でYの行動を評価することに意義があるとして、同旨を述べる評釈につき、板垣勝彦・自治研究94巻3号142頁以下（2018年）。

（注2）　横浜地判平成14・10・23判例地方自治349号6頁、東京地判平成15・10・31裁判所ウェブサイト、横浜地判平成22・10・6判例地方自治345号25頁とその控訴審の東京高判平成23・7・20判例地方自治354号9頁、東京地判平成23・5・26訟月58巻12号4131頁などがある。

（注3）　同決定は抗告審であり、原審（さいたま地熊谷支決平成20・1・8）では、被保全権利として営業権

に基づく差止請求権のみを主張したところ、被保全権利の疎明を欠くとしてその申立てが却下されている。

（注4）　板垣・前掲（注1）144頁では、本件で業務妨害が問題となったのは、情報公開、苦情処理、市民参加の事務であり、別に財産の最大化を目指して行う活動ではないにも関わらず「財産権の主体」という表現が出てきたのは、行政権の適正な行使のために司法権による救済を求めているという本件の状況が、宝塚パチンコ条例判決（最三判平成14・7・9民集56巻6号1134頁）のいうところの「国又は地方公共団体が専ら行政権の主体として国民に対して行政上の義務の履行を求める訴訟」との関係で意識されたのではないかと考えられ、また、地方公共団体が財産権に基づき妨害排除請求を行使するという構成を貫くことに若干の無理を感じたためか、本判決は、職員の有する人格権の総体という被侵害法益を登場させていると整理した上で、本件ではXがYに対して「行政上の義務の履行」を求めている訳ではないから本判決は同最高裁判決の射程外と解され、また、私見では行政権自体にその権限を平穏かつ適正に遂行させる権利が備わっており、司法権を用いてその権利を実現することについては上記最高裁判決を前提としても何らの障害もないと考えるが、そのような権利を行政権に特有のものとみる必要もないので、本判決は、過去の裁判例でも用いられてきた「平穏に業務を遂行する権利」という無色な概念に頼ったのであろうと分析している。

（注5）　本判決が同様の構成をとった三井ダイレクト損保事件に関する上記東京高裁決定においても、問題となった相手方との交渉は、法人が本来的に予定している顧客、取引先等との折衝、交渉に含まれ、本判決と同様の利益状況にある。

（注6）　板垣・前掲（注1）145頁では、「この手の行政への業務妨害が大きな問題となっているのは、職員への多大な負担となって、行政資源を費消しているからである。職員の賃金等相当額の算定は不可能ではないし、何よりも、本判決が法人への業務妨害を認定するに当たり援用した財産権侵害という論理にも整合する。」「法政策的に見ても、一部の市民による強要がいかに税金を侵食しているのかについて警鐘を鳴らす意味で、裁判所は正面から損害額を認定すべきであったろう。」として、本判決に反対意見を述べる。

（注7）　平成13年10月5日開催の第57回民事介入暴力対策島根大会において初めて提唱された概念である。

（注8）　尾崎毅「行政対象暴力根絶のための行政との連携―国交省・文科省との連携を中心に―」日本弁護士連合会民事介入暴力対策委員会40周年記念論文集『反社会的勢力・不当要求対策の現在と未来』252頁（金融財政事情研究会・2020年）。

（注9）　以上につき、尾崎・前掲（注8）252頁。

‖‖ *TAKAHASHI Yutaka* ‖‖

Ⅴ　被害の回復

概　観

プロアクト法律事務所／弁護士　**大野　徹也**

1　指定暴力団トップの損害賠償責任

第Ⅴ章では、暴力団員による不法行為の被害者が、当該暴力団員が所属する指定暴力団のトップに対して損害賠償請求を行った事例を取り上げる。

暴力団員による不法行為の被害者は、実行犯である当該暴力団員に対して損害賠償請求を行い得るが、当該暴力団員に資力がある場合は少なく、被害回復の実現は期待し難い。そこで、平成の初期ころより、当該暴力団員が所属する指定暴力団のトップに対して損害賠償請求訴訟（いわゆる組長責任追及訴訟）を提起することで被害回復を実現し、爾後の不法行為を抑止し、暴力団の資金源に打撃を与えようとする取組みが全国的に展開されてきた。

指定暴力団トップに損害賠償責任を負わせる根拠としては、「使用者責任」（民法715条1項）と「代表者等責任」（暴力団員による不当な行為の防止等に関する法律（暴対法）31条および同法31条の2）とがある。

使用者責任は、最二判平成16・11・12民集58巻8号2078頁によって確立した法理であり、同最判は、指定暴力団の事業を、「（指定暴力団）の威力を利用しての資金獲得活動に係る事業」と捉えた上で、対立抗争に際して暴力団員がした警察官誤殺行為は、同事業の執行と密接関連性があるとして、使用者責任を肯定した。

代表者等責任は平成16年および20年の暴対法改正によって導入された使用者責任の特則である。暴対法31条は指定暴力団間の対立抗争に係る不法行為につき、同法31条の2は指定暴力団員が威力利用資金獲得行為を行うについてした不法行為につき、代表者等が賠償責任を負う旨をそれぞれ規定している。

本書では、前著（東京弁護士会民事介入暴力対策特別委員会編『反社会的勢力を巡る判例の分析と展開〔別冊金融・商事判例〕』（経済法令研究会・2014年））以降のこれら責任にかかる主要な裁判例を収録している（注1）。

2　伝統的資金獲得活動に係る事案

まず、暴力団員が、不法行為の被害者に対して明示的に威力を行使した事案に関し、指定暴力団トップの使用者責任を肯定した裁判例として、①暴力団員が恐喝行為を行い、かつ、被害者に和解合意を強いた事案に関する大阪高判平成27・1・29判時2251号53頁〔本書Ⅴ-㉖〕、②暴力団員が元警察官を襲撃した事案に関する福岡高判令和元・12・13（LLI/DB07420471）、③暴力団員が利権や資金を得る目的で市民を襲撃した事案に関する福岡地判平成31・4・23（LLI/DB07450270）がある。

次に、④ヤミ金融事案に関して指定暴力団トップの使用者責任を肯定した裁判例として、大阪地判平成28・5・27判時2318号69頁〔本書Ⅴ-㉗〕がある。同裁判例は、暴力団員のヤミ金融行為は「暴力団の資金獲得活動（いわゆるシノギ）の代表的な例」であり、貸付行為は当該指定暴力団の「資金獲得活動の一貫であった」と判示している。

また、みかじめ料徴収行為に関連して指定暴力団トップの使用者責任を肯定した裁判例として、⑤みかじめ料徴収行為そのものを不法行為と認定した名古屋地判平成29・3・31判時2359号45頁〔本書Ⅴ-㉙〕、⑥みかじめ料要求に応じなかった事業者を襲撃して金員を喝取した事案に関する広島高判平成31・2・20LLI/DB07420131〔本書Ⅴ-㉚〕がある。

みかじめ料は、依然、暴力団の有力な資金源になっているものとみられるが、今後は、指定暴力団トップに支払済のみかじめ料返還を求める取組みの全国的な展開が期待されるところである。

3　特殊詐欺等の詐欺型事案

近時、暴力団の資金獲得活動に関し、「数次にわたる暴力団対策法の改正による規制の強化、社会における暴力団排除活動の進展等により、暴力団の威力をあからさまに示して行う資金獲得活動が困難化したこと」から「必ずしも暴力団の威力を示す必要のない詐欺の割合が増加している」とされている（注2）。かかる状況を踏まえ、暴力団員が関与する特殊詐欺等の詐欺型事案について、その被害者が、指定暴力団トップの使用者責任および代表者等責任を追及する訴訟が相次いで提起されている。

詐欺型事案について指定暴力団トップの使用者責任を認めた最初の裁判例であり、かつ、暴対法31条の2を適用した最初の裁判例となるのが、⑦東京地判平成28・9・29LLI/DB07132042〔本書Ⅴ-㉞〕である。同裁判例は、聴覚障害者である暴力団員が他の多数の聴覚障害者から金員を喝取・詐取した事案につき、「恐喝行為や詐欺行為により資金を獲得

する行為は、暴力団組織の事業と位置付けることができる」として指定暴力団トップの使用者責任を肯定し、喝取型の不法行為については威力利用資金獲得行為に該当するとして代表者等責任も肯定した。

次に、暴力団員が関与する振り込め詐欺等の特殊詐欺事案について、指定暴力団トップの使用者責任ないし代表者等責任の有無が争われた事案が⑧東京高判令和元・12・19LLI/DB07420515〔本書Ⅴ－31〕、⑨東京高判令和2・3・4LLI/DB07520154〔本書Ⅴ－33〕、⑩那覇地判令和2・9・9LLI/DB07550791、⑪東京地判令和2・9・25（2020WLJPCA09258007）〔本書Ⅴ－35〕、⑫東京高判令和3・1・29LLI/DB07620122〔本書Ⅴ－32〕、⑬東京地判令和3・2・26（2021WLJPCA02266004）および⑭東京高判令和3・3・22LLI/DB07620125〔本書Ⅴ－34〕の一連の裁判例群である。最初の一審・控訴審判決である〔本書Ⅴ－31〕は、威力利用資金獲得行為には「資金獲得行為の実行に至る過程において当該指定暴力団の威力を利用する場合も含まれる」とし、指定暴力団員の詐欺グループ内における威力利用の事実を認定した上で代表者等責任を肯定し、各掲記の裁判例も、これと同旨の判断枠組みにより、詐欺グループ内部での威力利用の事実を認定した上で代表者等責任を肯定している（前掲那覇地判は一審で確定し、〔本書Ⅴ－31〕、〔本書Ⅴ－33〕および〔本書Ⅴ－28〕は、上告棄却および上告不受理により確定している）。

暴対法31条の2にいう「威力利用資金獲得行為」とは、当該指定暴力団の威力を利用して、生計の維持、財産の形成もしくは事業の遂行のための資金を得、または当該資金を得るために必要な地位を得る行為をいう。立法担当者の解説によれば、資金獲得行為とは、およそ何らかの使途のための資金を得る行為を指し、「当該指定暴力団の威力を利用」するとは、指定暴力団員が、当該指定暴力団に所属していることにより、上記の資金獲得行為を効果的に行うための影響力または便益を利用することをいい、当該指定暴力団の指定暴力団員としての地位と、上記資金獲得行為とが結びついている一切の場合をいうとされている（注3）。暴対法31条の2を初めて適用した〔本書Ⅴ－28〕は、この「威力」が不法行為の被害者に示されていることを要する旨を判示したが、その後の上記各裁判例は、「威力」が不法行為の被害者に示されていることは要せず、実行過程等における威力利用の事実があれば足りる旨を判示している（注4）。

問題は、実行過程等における威力利用の事実を、どの程度、個別具体的に主張立証することを要すると解すべきかである。この点、〔本書Ⅴ－31〕以降の上記各裁判例は、個別具体的な事案における指定暴力団員による威力利用の事実を認定して、威力利用への該当性判断を行っているが、〔本書Ⅴ－35〕や前掲東京地判令和3・2・26などは、指定暴力団員が下位の指定暴力団員に指示を出していた場合や、指定暴力団員が、共犯者（非構成員）が、自身が暴力団員であることを認識していることを知りながら指示を出した場合にも威力利用を肯定しており、威迫的な言動や現実の畏怖は要件としていない。このような威力利用に係る判示傾向は概ね妥当と考えられるが、猪原誠司「特殊詐欺への暴力団の関与の実態について」警察學論集73巻4号91頁（2020年）も指摘するとおり、「指定暴力団員が関与する特殊詐欺は、言わば構造的・類型的・必然的に、指定暴力団の威力が利用され、指定暴力団の威力を背景として敢行されることとなっている」との実態や、特殊詐欺事案における指定暴力団員の「威力」が、「必要な場合には、いつでも暴力団の『威力』を利用することができる」という態様でも利用されている点を踏まえれば、当該資金獲得行為が、その性質上、指定暴力団員としての地位と結びついたものと認められる限り、潜在的な方法での「威力の利用」があるものとして、威力利用資金獲得行為への該当性が肯定されるべきと思われる（注5）。

暴力団の資金獲得活動の変化により、その威力利用の態様も変化しているが、人々の「怖い」と思う心理に付け込んで資金を得るという暴力団の本質には何ら変わりがない。暴力団による被害を受けた被害者救済のための法理も、このような威力利用の態様の変化に応じて、解釈される必要がある。

（注1）筆者は、〔本書Ⅴ－28〕、〔本書Ⅴ－34〕、〔本書Ⅴ－35〕および本文引用の東京地判令和3・2・26の各訴訟に原告側代理人として関与している。

（注2）警察庁「平成27年版警察白書」6頁。

（注3）島村英＝工藤陽代＝松下和彦「『暴力団員による不当な行為の防止等に関する法律の一部を改正する法律』について」警察學論集61巻9号59頁（2008年）。

（注4）特殊詐欺事案における「威力利用」の捉え方につき、拙稿「暴対法31条の2を活用した特殊詐欺被害の回復と抑止」ＮＢＬ1057号47頁（2015年）。

（注5）木村圭二郎「特殊詐欺事犯に関し暴力団の組長責任を論じた裁判例の検討（下）」捜査研究830号81頁（2019年）、拙稿「特殊詐欺事案における指定暴力団トップの損害賠償責任」日本弁護士連合会民事介入暴力対策委員会編『日本弁護士連合会民事介入暴力対策委員会40周年記念論文集　反社会的勢力・不当要求対策の現在と未来』142頁（金融財政事情研究会・2020年）。

||| OHNO Tetsuya |||

26 暴力団員の恐喝行為および和解強要行為について指定暴力団トップの責任を認めた事例

大阪高判平成27・1・29、平成26年（ネ）第2227号損害賠償請求控訴事件、控訴棄却【確定】、判時2251号53頁

かすが・國塚法律事務所／弁護士　**國塚 道和**

Ⅰ　事案の概要

本件は、

① 養母の遺産約5億円を相続したXの勤務先同僚であった指定暴力団である一次組織の下部組織（三次組織）の組員であるAが、相続税の節税話に関与することにより暴力団の活動に必要な資金を獲得しようと企図したが、Xがこれを断ったことから、面子を潰された見返りとして2,000万円の金員を支払わせたこと（第一行為という）

② その後、Xが依頼した弁護士がXに対して直接接触をしないよう求めたにもかかわらず、同組の二次組織の組員が直接接触した上、和解契約の締結を強要したこと（第二行為という）

に対し、第一行為についてAの所属する三次組織の組長（Y₃）、同二次組織の組長（Y₂）および一次組織の組長（Y₁）に対し、民法の使用者責任または暴力団員による不当な行為の防止等に関する法律（以下、「暴対法」という）31条の2に基づく損害賠償請求を求め、第二行為についてY₂に対し共同不法行為に基づく、Y₁に対し民法の使用者責任または暴対法31条の2に基づく、それぞれ損害賠償請求を求めた事案である。

原審（大阪地判平成26・7・16判時2241号112頁）および控訴審が認定した事実は以下のとおりである。

1　第一行為に至る経緯

Y₁は指定暴力団である一次組織の組長であり、Y₂は同組の二次組織（本件二次組織）の組長、Y₃は三次組織（本件三次組織）の組長で、同三次組織はAが所属する組でもあった。なお第一行為当時、Y₃は収監中であり、Aは三次組織の事務所に居住し、Y₃の留守を預かっていた。Aはタクシーの運転手として勤務するかたわら、暴力団組員として一本立ちしたいと考えていた。XとAは同じタクシー会社で働いていて、XはAが暴力団の組員であることを知っていた。

Xは、平成22年12月に死亡した養母の遺産約5億円を取得し、平成23年3月ころにAとの間で相続税の節税について話をしたところ、AはXの相続税の節税に関与して、大金を手に入れこれを元手に暴力団員一筋でやっていけると考え、Xの相談に乗ること

となった。Aは、友人やその知り合いのBおよびCに節税話をもちかけた上、Xとレストランで会って、節税額を5名で頭割りにして分配することに合意した。

ところが、XはAが主導する節税話に不安を感じ、同年3月30日ころ、断りの電話を入れた。Aは面子を潰された見返りとしてしかるべき金額の金銭をXに支払わせて、ケジメをとらせる必要があると考えた。

AはBおよびCと共謀の上、Xの相続税節税に向けて協力したことに対する報酬等の名目で現金を喝取しようと企て、同年4月4日午後1時15分ころ、大阪府内のレストランで、Aが「俺の顔に泥塗ってくれたな。今更、やめるってどういう事やねん。」などと怒鳴り、Bが「今やめても続けても2,000万円は出せ。」「今すぐ農協に電話して、2,000万円用意するように言え。」などと30分以上にわたり語気鋭く申し向けて現金の交付を要求してXを畏怖させた上、BがXから2,000万円の交付を受けた。

Aは、その後Xと連絡が取れなくなったことに腹を立て、平成23年6月20日ころ、BおよびCとともに、X宅近くにおいて、Xを無理矢理自動車に乗せた上、Aが「ヤクザ何人動いとると思うねん。」「また連絡取れんようになると、今度は俺の側で探さなあかんことになるぞ。」などと怒鳴りつけ、今度連絡がとれなくなった場合は暴力団の組織でXを探すことになる旨脅迫した。

なお、Aは恐喝罪で起訴され、懲役3年、執行猶予4年の有罪判決の言渡しを受け確定しており、また、XはBから460万円の被害弁償を受けている。

2　第二行為に至る経緯

Xの委任を受けた代理人弁護士らは、平成24年8月ころ到達した書面により、A、BおよびCのほかY₃、Y₂に対し、①の行為に基づく損害賠償を請求した上、支払いがない場合は、Y₂、Y₃に加え、一次組織組長であるY₁に対しても訴訟を提起すること、今後はXまたはその関係者に直接接触をしないよう求めるとともに、直接接触を求めた場合は面談禁止仮処分命令の申立て等の法的手段をとる旨通知した。

本件二次組織の組員であるDは、XのY₂、Y₁に対する訴訟提起の意向を知り、これを阻止するため、同年9月ころ、XとDの共通の友人を介して、前記弁護士からの通知に反してXへの接触を図り、Xと

会うこととなった。

Dは、平成24年9月21日、レストランでXに対し「和解書」に署名、捺印するよう要求した。「和解書」には本件三次組織組員Aによる金員喝取行為に関し、本件二次組織組長のY₂がXに対し解決金を支払うこと、Y₂およびその関係者に対し損害賠償請求訴訟を提起しないことおよびXとY₂との間に何らの債権債務がないことを確認することなどの和解条項が印字されていて、書面末尾の乙欄にはY₂の署名捺印がすでになされていた。

Xは、書面末尾のY₂の署名捺印により、Dが本件二次組織の組員であると認識するとともに、署名捺印に応じない場合は後でどうなるかわからないとの著しい不安に陥り、委任していた代理人弁護士に相談する時間的余裕も与えられないまま、Dの要求にやむをえず応ずることとし、前記和解書の解決金欄に200万円と記載し、書面末尾の甲欄に署名、指印をした。Dはその場でXに対し解決金200万円を交付した。

Xは、平成24年10月5日、委任していた代理人弁護士らを一旦解任したものの、本件訴訟代理人弁護士らに再度委任して、同年11月7日、本件訴訟を提起するに至った。

Ⅱ　判決要旨

原審が第一行為に関するY₁、Y₂およびY₃の使用者責任に基づき、第二行為に関するY₁の使用者責任およびY₂の共同不法行為責任に基づき、各損害賠償を認めたところ、控訴審も原審の判断を支持し、Xの請求を全部認めた（判決確定）。

控訴審判決は原判決の事実認定、判断を基本的に踏襲しているが、Y₁、Y₂の控訴審での主張（Y₃は控訴せず）に応えて、原審の事実認定、判断に補充して判示している。

1　一次組織について

暴力団は、組長が、服従統制下においた暴力団員に対して、その団体の威力を利用した資金獲得活動を行わせ、利益の獲得を追求することを目的とする団体であるところ、Y₁が組長である一次組織は、我が国最大の広域暴力団であり、……Y₁が組長として直接杯を交わして親子、兄弟の擬制的血縁関係を結んだ組員（直参）から成る一次組織（総本部）、一次組織の組員が組長（直系組長）として同様の擬制的血縁関係を結んだ組員から成る二次組織（直系団体）、同様に二次組織の組員が組長となる三次組織、三次組織の組員が組長となる四次組織、四次組織の組員が組長となる五次組織から構成され、組長であるY₁を頂点とするピラミッド型の階層的組織を形成している。

2　不起訴合意の有効性について

Xは、第一行為及びその後において、一次組織系暴力団の本件三次組織組員のAらから畏怖させられており、また、本件和解契約は、XのY₂、Y₁に対して損害賠償請求訴訟の提起をしないこと、すなわち不起訴合意をその契約内容として含み、わずか200万円の解決金で1500万円超の喝取金の返還請求等を断念するという、Xにとって著しく不利益な内容であったということができる。本件和解契約の締結にXが応じたのは、暴力団員であるDの要求に応じなければ、自らの生命、身体、財産に重大な危害を加えられるとの恐怖感によるものであることが明らかである。……本件和解契約は、不起訴合意の部分を含め、その契約全体が暴利行為として公序良俗に違反して無効であり、Xの主張する取消原因としての強迫も認められる。……本件訴えは適法なものである。

3　第一行為に関するYらの使用者責任の成否について

（1）　Aは……（筆者注：本件三次組織の組長である）Y₃の身柄拘束中も同人の留守を預かる形で同組の資金獲得行為を行うことについて包括的な指揮監督を受けていたと推認される。……第一行為は、Aにおいて、Xの相続税節税に関与して多額の報酬を得ることにより、……専ら暴力団の構成員として活動するための資金を調達するためであったというのであるから、第一行為における2000万円の喝取が（筆者注：Y₃が組長である）本件三次組織の事業の執行につき行われたことは明らかである。

（2）　第一行為後の事情としてではあるが、（筆者注：Xの代理人弁護士から直接接触を禁止する）通知を受け、Y₂及びY₁に対する損害賠償請求訴訟の提起を免れるために、Y₂自らが当事者となる和解書用紙を用意して、本件二次組織の組員であるDに命じてXに直接接触させ、暴力団の威力を利用して、わずかな和解金の支払をもって和解契約を締結させたことが、優に推認されるというべきである。とりわけ、あらかじめ用意された和解書には、Y₂に限らず、Y₂の関係者に対しても民事上の損害賠償請求訴訟を提起しない旨が明記されていた。以上によれば、第一行為をしたAはその当時、（筆者注：自身が所属する）本件三次組織のみならず、その上部組織である本件二次組織の会長Y₂や、更にその上部組織である一次組織の組長Y₁の指揮監督にも服していたことと推認され、第一行為は、単に本件三次組織の資金獲得行為として行われたというにとどまらず、その上部組織である本件二次組織や一次組織の資金獲得行為としての性質も併有していたというべきである。

（3）　したがって、Y₃のほか、Y₂及びY₁も、第一行為について民法715条1項の使用者責任を負う。

（4）　（筆者注：控訴審で）Y₁、Y₂は、一次組織や本件二次組織の構成員らが第三者にその名称、代紋を明示することや、一次組織の威力を利用して資金獲得活動をすることを容認しておらず、本件当時、い

わゆる上納金制度は廃止されており、一次組織や本件二次組織は本件三次組織の収益を取り込んでいなかった……当時、Y₃は収監されており、本件三次組織はY₁Y₂の服従統制下に置かれていなかったから、Y₁Y₂らの使用者責任は認められないと主張する。

しかし、前記1のとおり、一次組織はいわゆる『杯事』を通じ、……Y₁を頂点とするピラミッド型の階層的組織を形成しており、……暴力団の共通した性格が、その団体の威力を利用して暴力団員に資金獲得活動を行わせて利益の獲得を追求することにあることに照らせば、上記の擬制的血縁関係やピラミッド型の段階的組織の形成は、組織内又は上下組織間の強固な結び付きや服従統制関係の維持を目的とするほか、そのような資金獲得活動の手段の一環であるべきであって、一次組織やその下部組織の構成員は、それらを通じてY₁を頂点とする包括的な服従統制下に置かれており、Y₁、Y₂は、表面上や名目はともかく、実質的には自らの組織又はその下部組織の構成員が一次組織の威力を利用して資金獲得活動をすることを容認しており、その収益がY₁に取り込まれる体制が採られていたものと認めることができ(る。)……Y₃が身柄拘束された後も、Aが(筆者注：本件三次組織の)事務所に居住し、同所において同組織の定例会が行われていたこと(から)、……第一行為の当時、現に本件三次組織に収益があり、それが本件二次組織に取り込まれていたかどうかはともかく、(筆者注：Y₃の収監中であったとしても)少なくとも潜在的にそのような体制(筆者注：下部組織の構成員が一次組織の威力を利用して資金獲得活動をすることを容認しており、その収益がY₁に取り込まれる体制)が存在していたものと認められる。

以上によれば、……Y₁、Y₂の使用者責任は否定されない。

4 第二行為に関するY₂の共同不法行為、Y₁の使用者責任の成否

(1) Y₂が組員であるDを用いて和解契約の締結をXに強要したことは明らかであり、Y₂にはDとの共謀……を優に認めることができるから……共同不法行為責任を負うというべきである。

(2) Y₂は、一次組織の下部組織である二次組織の組長であるというにとどまらず、一次組織の組長であるY₁と直接の擬制的血縁関係を結んでいた……Y₁の指揮監督を受ける関係にあったということができ、また、Y₂は、本件三次組織の組員Aが行った不法行為(第一行為)に関し損害賠償責任の追及がY₂にとどまらずY₁に及ぶことを阻止するためにXに対して本件和解契約の締結を強要したというのであるから、Y₂による第二行為がY₁の事業の執行として行われたことも明らかである。

したがって、Y₁は第二行為について民法715条1項所定の使用者責任を負うというべきである。

5 本件各行為によりXの被った損害

(1) 第一行為について

①喝取金2000万円②治療費1万5735円③慰謝料100万円④弁護士費用200万円から、既払い金460万円を既発生の遅延損害金、元金の順に充当した1904万6303円

(2) 第二行為について

①慰謝料100万円②弁護士費用20万円

なお、本件和解契約締結時にXがDから交付を受けた解決金200万円については、不法原因給付として返還の義務はない。」

Ⅲ 分析と展開

1 本件判決の位置付け

本件判決は、わが国最大の指定暴力団の三次組織の組員が行った不法行為により、一次組織組長らに対し、民法715条1項を根拠として、使用者責任を認めた事案である。

末端の組員が行った行為につき、民法715条1項の使用者責任により一次組織の組長に対し損害賠償責任を認めた最初の最高裁判決(京都事件・最二判平成16・11・12民集58巻8号2078頁)から、裁判例がいくつも積み重なっているが本件判決はこれらの一連の判決に連なるものである。

2 本件判決の分析

(1) 概観

本件事案では、末端の組員が被害者の相続税節税に関与して暴力団の活動に必要な資金を獲得しようと企図したが、被害者がこれを断ったことに対し、「面子をつぶされた見返りとして、ケジメをつけるため」に金員を喝取したという、ある意味典型的な暴力団の資金獲得活動であり、金員喝取について、三次組織組長、二次組織組長および一次組織組長に対し、民法715条1項に基づく使用者責任を認めた第一行為、さらに、この第一行為による被害の回復を図ろうとした被害者に対し、直接の行為者の三次組織の組長ではなく、その上部団体である二次組織の組長が、自己および上部団体である一次組織組長へ責任が及ぶことを回避するため、所属する組員を用いて被害者に対し和解を強要した第二行為について、二次組織の組長は、民法719条1項の共同不法行為、一次組織組長は民法715条1項に基づく使用者責任を認めた第二行為に分けられる。

以下では、本判決(原審も含む)の判示の重要な部分、特に民法715条1項の使用者責任の要件である、「指揮監督関係」(使用者性)「事業の執行につき行われたこと」(事業執行性)に関する判示について検討する。

(2) 第一行為について

ア 原審の判示

　原審は、一次組織が、組長が組員と杯事を通じた擬制的血縁関係を結んだ上で、組長を頂点とするピラミッド型の階層的組織を形成した組織であることをまず認定している（一次組織の組織の構造）。

　次に、直接の実行者である組員が所属する三次組織の組長は行為当時身柄拘束されていたものの、組員が組長の留守を預かる形で資金獲得行為を行うことについて包括的な指揮監督を受けていたと認定した上、被害者の相続税節税に関与することにより暴力団の構成員として活動するための資金獲得活動は、三次組織の組長の事業の執行に当たると認定した（三次組織組長の使用者性および事業執行性）。

　そして、二次組織の組長が組員を使って被害者に署名指印させた「和解書」の文言を分析し、本件和解行為の目的が、専ら第一行為による損害賠償責任が自己のみならず、一次組織組長まで及ぶことを避けるためであるとし、このような行為を二次組織の組長が行うことそれ自体が、一次組織組長の指揮監督にも服しているとともに、第一行為は三次組織の資金獲得行為だけでなく、二次組織および一次組織の資金獲得行為としての性質も有すること、すなわち、二次組織組長および一次組織組長の事業の執行について行われたものと評価した（一次組織および二次組織の使用者性および事業執行性）。

　原審は、一次組織の組織体制を詳細に認定し、この組織体制のもとでは、上（一次組織組長）の命令は絶対であり、下（一次組織の組員、二次組織以下の組員）は上の地位と権力を保持するため、合法、違法を問わずあらゆる手段を講じなければならない構造にあることを明らかにした。そして、このような一次組織の組織体制、構造のもとで、本件和解書の記載や二次組織の組員が第二行為を行ったことの意味を分析し、「下」である二次組織組長は、「上」に責任が及ばないように第二行為を行おうとしたものであり、この点に一次組織の使用者性と事業執行性が認められるとしたことに特色がある。

　イ　控訴審の判示

　控訴審は、基本的に原審の判示を引用した上で、さらに、暴力団の性格を、「団体の威力を利用して利益の獲得を追求することにある」こととした上、一次組織組長と二次組織、三次組織、それ以下の末端の組員との擬制的血縁関係、一次組織組長を頂点とするピラミッド型の階層的組織は、暴力団の性格である利益の追求のためにその体制が存在すること、したがって、表面上や名目上はともかく、実質的には、二次組織や一次組織は三次組織以下の末端の組員が一次組織の威力を利用して資金獲得活動を行うことを容認し、その収益が一次組織組長に取り込まれる体制がとられているとの認定を付加した。

　控訴審は、組織の構造、組織の威力（看板）を利用した資金獲得活動による収益が一次組織組長に取り込まれる「体制」にあるという組織体制に着目したところに特色があると思われる。

　⑶　第二行為について

　原審、控訴審とも、前記暴力団の性格、組織の構造からすると、本件二次組織の組長が行った和解行為の強要は、自己のためのみならず、上部団体である一次組織組長の損害賠償責任を回避するために行ったものであることからしても、末端の組員が行った第二行為について、一次組織組長の使用者性、事業執行性を認めた。

3　本件判決の展開

　民法715条１項に基づく暴力団のトップの損害賠償請求訴訟（いわゆる組長訴訟）の判決は、前述した京都事件判決以降多数出ているが、責任を認める理由については、事案の性質、主として実行行為者の不法行為の態様によりさまざまである。本件判決は、原審、控訴審を通じて、暴力団組織の特徴、暴力団の性格、特に控訴審では、下部組織の組員が資金獲得活動によりあげた収益を、一次組織組長が取り込む「体制」にあると認定していること、すなわち、当該資金獲得行為によって得た収益が実際に上部組織に収受されているかどうかにかかわりなく責任が認められることを明らかにしている点が、他の組長訴訟にも参考になると思われる。

4　暴対法31条の２との関係

　組長訴訟の請求原因として、民法715条１項のほかに、暴対法31条の２に基づくものがあり、原告は民法715条１項のほか、暴対法31条の２も請求の根拠として主張していた。暴対法31条の２が制定されて以降、組長責任訴訟の原告は、民法715条１項に加え、暴対法31条の２を根拠として主張する場合（もしくは暴対法31条の２のみを請求原因とする場合）が増加しているが、本件判決と同様、暴対法に基づく請求については判断せず、民法715条１項を根拠として判断する場合が散見される（〔本書Ｖ－**27**〕）。

　暴対法31条の２は、民法715条１項の要件の立証責任軽減のための特則と解されている以上、暴対法31条の２を請求原因とする方が請求が認められやすいとも思われるが、実務上、訴訟を遂行する上で行うべき主張・立証活動は民法715条１項も暴対法31条の２も基本的に共通するので、事案の性質や収集できる証拠によって、双方または単独の法を根拠として請求原因を構成することになる。この点は、「使用者性」について、本件判決のように、暴力団の組織の構造、性格、特色が正確かつ簡潔に認定されるケースが増えていることから、前掲最判の当時に比して、民法715条１項の立証が容易になっていることに起因しているのではないかと考えられる。

‖‖ *KUNIZUKA Michikazu* ‖‖

27 ヤミ金融被害と指定暴力団組長の使用者責任

大阪地判平成28・5・27、平成25年（ワ）第4339号損害賠償請求事件、一部認容、一部棄却【控訴後、和解】、判時2318号69頁

法テラス東京法律事務所／弁護士　**太田 晃弘**

Ⅰ　事案の概要

Y₁は指定暴力団A組の組長であり、Y₂はA組の二次組織B組の組長である。

Xは、Y₂の配下組員とかねてから交際していたが、Y₂と直接会話をするようなことはなかった。

Xは、平成21年10月ころ、訴外Cから、「Y₂から金を借りたいので紹介してほしい」と頼まれ、Y₂の配下組員を紹介した。

その結果、Cは、同月末ころ、Y₂から、月利1割で200万円を借り入れた（実際の交付額は1ヵ月分の利息が天引きされた180万円）。その際、Xは、C'（Cが代表取締役を務める会社）が振り出した約束手形に裏書してその保証をした。Cは、その後も同様の条件でY₂から100万円を借り入れた。

平成22年1月以降、Cは、利息の全額を支払えなくなり、Xが、Y₂に対し、Cの借入れにかかる利息等を多数回にわたって支払った。

Xは、平成22年8月27日、資金繰りに窮し、Y₂から、月利1割で250万円を借り入れた（実際の交付額は1ヵ月分の利息が天引きされた225万円）。

Xは、平成23年12月分の利息の支払いを止めようと考えたところ、Y₂から携帯電話で「金できたんか。今月分まだやないか。いつまでに払えるんや。はよ持ってこんかい。」などと言われた。そのため、Xは、Y₂の指示に従ってB組事務所前まで赴き、40万円を支払った。この際、Y₂は、残りはいつ払うのかと迫り、また電話すると述べた。

平成24年4月ころ、B組組員がX宅を訪れ、Xの息子の携帯電話からXに取立ての電話を掛けた。Xは、同年5月14日、警察に被害届を提出した。

Y₂は、平成24年10月、恐喝容疑で逮捕され、同年11月22日、上記Xに対する貸付につき、天引きの方法により出資の受入れ、預り金及び金利等の取締りに関する法律（以下、「出資法」という）所定の制限利率を超える利息を受領した旨の公訴事実（出資法5条1項後段違反）で略式命令を受けた。その後、同命令は確定した。

以上の事実関係のもと、Xは、弁済金全額（借入金額を控除しない金額）と弁護士費用相当額につい

て、二次組織組長Y₂に対して民法709条（不法行為）に基づく損害賠償請求をするとともに、一次組織組長Y₁に対して暴力団員による不当な行為の防止等に関する法律（以下、「暴対法」という）31条の2ないし民法715条（使用者責任）に基づく損害賠償請求をした。

本判決の争点は、ⅰY₂・X間消費貸借契約の成否・内容、ⅱY₂・C間消費貸借契約（Xが保証したもの）の成否・内容、ⅲXがY₂に対して支払った利息の額、ⅳY₂が不法行為責任を負うか、ⅴY₁が暴対法31条の2の責任を負うか、ⅵY₁が使用者責任を負うか、ⅶ損害額の算定方法、の各点であった。

Ⅱ　判決要旨

1　事実認定上の各争点

(1)　Y₂・X間の消費貸借契約（争点ⅰ）

Y₂は、Xに対する現金交付の事実は認めたものの、これはXの事業に対する出資金であり、Y₂が受け取ったのはその配当金であるなどと主張した。

裁判所は、ⓐY₂が捜査機関に対して上記公訴事実を認める供述をしていたこと、ⓑY₂が担当検察官にことさら虚偽の自白をしたことを認めるに足りる的確な証拠がないこと、ⓒY₂がXから定期的に金員の支払いを受けていることを自認していること、ⓓY₂は出資した250万円は返還してもらわなければならないものであると考えていた旨を供述していること、ⓔXの事業において、返済金相当額の多額の配当ができるほどの利益が生じたことを裏付ける証拠もないことを摘示して、X主張のとおり、高金利での貸付がなされていたものと認定した。

(2)　Y₂・C間の消費貸借契約（争点ⅱ）

Y₂は、Cへの貸付が無利息のものであったなどと主張し、高金利での貸付を否認した。

この点に関して、裁判所は、ⓐ面識のない相手に対してあえて無利息で貸付を行うことが不自然であること、ⓑY₂がCの残債務額を管理していなかった旨を自認していることからすると、これは元本の返済ではなく利息の支払いであったことをうかがわ

せること、ⓒ上記のとおりY₂がXへの高金利の貸付を行っていることを摘示して、Cへの高金利での貸付もなされていたものと認定した。

（3）XがY₂に支払った利息の金額（争点ⅲ）

Xは、Y₂に対し、貸金債務または保証債務の履行として総額951万円を支払ったと主張していたが、Y₂は、その大半の支払いを否認した。また、Y₂は、Xが証拠提出した預金通帳記録のみではX主張の各返済を裏付けることができない旨を主張した。

裁判所は、Xの預金通帳の入出金記録を子細に検討し、ⓐXの主張する返済金の原資となる金員をXが有していた、ⓑCがB組組員から強く返済を迫られ警察に相談している一方、X自身は平成23年12月30日に至るまでY₂らから督促を受けていなかった旨を摘示し、Xが概ね約定どおりに返済していたものと推認して、X主張のとおりの返済を認定した。

2　Y₂が不法行為責任を負うか（争点ⅳ）

「出資法が、出資法の上限を超える利息の契約をしたり、当該割合を超える利息を受領したり、その支払を要求した者に対し、刑事罰をもって臨んでいる趣旨に鑑みると、同法の上限を超える利息の契約自体が公序良俗に反するものとして無効であるとの評価を受けるべきであるのみならず、同契約に基づいて利息を受領したり、支払を要求するといった行為は、その行為の悪性が著しいということができ、これによって第三者に損害を与えた場合には、当該行為自体が違法なものとなるというべきである。」本件での「利息の約定は、月1割というものであったのであるから、上記利息の約定は、公序良俗に反し無効である」「上記利息の約定に基づいて、Xから……Y₂が受領した利息の額は、……元本の合計額である550万円を大幅に上回る合計951万円に及ぶというのであるから、……Xに対し損害を与えたことは明らかである。」「Y₂が……Xから出資法5条1項所定の上限を超える利息を受領した行為は、……不法行為（民法709条）を構成することになる。」

3　Y₁が使用者責任を負うか（争点ⅵ）

「①暴力団の共通した性格は、その団体の威力を利用して暴力団員に資金獲得活動（いわゆるシノギ）を行わせて利益獲得を追求するところにあること、②暴力団においては、組長と組員が親子、兄弟という家父長制を模した序列的擬制的血縁関係を結び、組員は組長に対する全人格的包括的な服従統制下に置かれていること、③A組は、Y₁を頂点とするピラミッド型の階層的組織を形成しているところ、Y₂が従前からこれに所属しており、平成23年9月から組長に就任したB組は、A組の二次組織（Y₁が組長として直接杯を交わして擬制的血縁関係を結んだ組員が組長を務める直系団体）であったこと、④A組の総本部は、その下部組織に対して、その威力を利用して資金獲得活動をすることを容認する一方、その末端組織の構成員に至るまでA組の総本部の指揮命令に従うべきものとされていること、⑤Y₁は、A組の一次組織の組員から毎月上納金を受け取っており、Y₂が組長を務めるB組も、上納金として毎月85万円を納めていたことなどの諸事情を指摘することができる。これらを併せ考えると、A組においては、その組長であるY₁が、Y₂が従前から所属し、平成23年9月以降は組長を務めていたB組を服従統制下に置いた上で、B組がA組の威力を利用して資金獲得活動を行って利益を追求することを容認し、そこから生じる収益を上納金という形でA組に取り込むという体制が構築されていたということができる。」

「そうすると、Y₁は、Y₂をその直接間接の指揮監督の下に置き、A組の威力を利用しての資金獲得活動に係る業務に従事させていたということができるから、Y₁とY₂は、上記事業について、民法715条1項所定の使用者と被用者の関係にあったというべきである。」

「また、証拠……及び弁論の全趣旨によると、貸金業法に違反して無登録で貸金業を営んだり、出資法に違反する高金利の貸付けを行ったりすることは、暴力団の資金獲得活動（いわゆるシノギ）の代表的な例であることが認められることを併せ考えると、Y₂が、自らの資金によって行っていた出資法に違反する高金利の貸付け及びこれに基づく出資法の上限を超える利息の受領やその支払の要求は、B組の資金獲得活動の一環であったと認めるのが相当である。」

「そうすると、Y₂が……Xから出資法5条1項所定の上限を超える利息を受領した行為は、Y₁がA組の威力を利用して行う資金獲得活動に係る事業の執行について行われたものというべきであるところ、……Y₂の行為は不法行為を構成するものであるから、Y₁は、Y₂の上記の行為について、民法715条1項による使用者責任を負う……。」

4　損害額の算定方法（争点ⅶ）

「社会の倫理、道徳に反する行為に該当する不法行為の被害者が、これによって損害を被るとともに、当該行為に係る給付を受けて利益を得た場合には、同利益については、加害者からの不当利得返還請求が許されないだけでなく、被害者からの不法行為に基づく損害賠償請求において損益相殺ないし損益相殺的な調整の対象として被害者の損害額から控除することは、民法708条の趣旨に反するものとして許されないものというべきである（最高裁平成20年6月10日第三小法廷判決）。」

「Y₂は、出資法5条1項所定の上限利率を超える利息の契約を伴う消費貸借取引によって、Xから利息の名目で違法に金員を受領し、多額の利益を得るという反倫理的行為に該当する不法行為を行ったところ、……Y₂による上記消費貸借取引は、暴力団による資金獲得行為の一環として、借主又は保証人となった者から違法に金員を取得して利益を得る手段として行われたということができる。そうすると、Y₂からXに対して貸付けとして金員が交付されることによってXが得た利益……は、不法原因給付によって生じたものであるというべきであるから、同利益を損益相殺ないし損益相殺的な調整の対象としてXの損害額から控除することは、民法708条の趣旨に反するものとして許されない」。

Ⅲ 分析と展開

1 本判決の概観

本件は、指定暴力団の二次組織組長が、出資法所定の上限利率を超える利息を受領した行為につき、二次組織組長の不法行為責任を認定したうえで、その一次組織組長の使用者責任も認めたものである。なお、Y₁の使用者責任が認容されたことから、これと選択的併合関係にある暴対法31条の2に基づく請求に関して、本判決はその判断をしなかった。

2 争点とそれに対する判断

(1) 事実認定に関する争点（争点①ないし⑫）

一般に反社会的勢力との契約・取引が問題になる事案においては、その内容を裏付ける直接証拠が存在していないことが多い。本件でも、契約内容や弁済額を直接的に記載した書面は存在せず、Y₂は、そのすべての成否・内容について争った。

そのような中、本判決は、間接事実を複数積み上げていくことによって、Xの主張する金銭消費貸借契約の内容と金銭授受の事実を認定した。反社会的勢力は、その行為の違法性をよく認識しているがゆえにあえてその痕跡を残さないようにしていることがほとんどであるから、本件のような主張立証方法とそれに対する事実認定のあり方は、ヤミ金融事案のみならず、反社会的勢力による他類型の被害事案（みかじめ料、詐欺など）においても大いに参考になるものと思われる。

(2) Y₂の不法行為責任（争点⑭）

Yらは、「本件契約は私的な契約にすぎない」「Y₂が暴力団の威力を利用したり、脅迫をしたりなどをしていない」などと述べて、Y₂の行為が不法行為には当たらない旨を主張していた。

これに対し、裁判所は、Y₂の行為が出資法5条1項後段（高金利の処罰）違反であるということの

みをもって不法行為責任の成立を認め、Yらのいう上記各事情はそもそも当該責任を否定するものにはならない旨を判示した。

高金利金銭消費貸借契約における被害救済のための法律構成としては、（契約の公序良俗違反無効を前提とする）不当利得構成（例えば東京地判平成14・9・30判時1815号111頁）と不法行為構成（例えば最三判平成20・6・10民集62巻6号1488頁）の2つが考えられる。本件のように上位組織の組長責任を問う場合や慰謝料・弁護士費用の請求を付加する場合、不当利得構成にはよれないため、不法行為構成をとることとなる。他方、消滅時効期間（不法行為責任は3年間の短期消滅時効にかかる）の点では、不当利得構成にメリットがあるといえる。これらの法律構成は、互いに排斥し合う関係にはない（注1）ので、事案に応じて、そのいずれかないし双方を主張して訴訟提起をすることが可能である。

(3) Y₁の使用者責任（争点⑯）

Y₁は、「本件貸付けが暴力団とは無関係に行われた個人的な取引にすぎず、Y₂が獲得した金員がY₁に支払われることはない」などと主張し、その使用者責任の成立を争った。

これに対し、裁判所は、本件各貸付が出資法違反の高金利によるものであることに鑑みて、これらが個人的な取引にすぎないということはできない旨を判示し、Y₂がY₁に対して上納金（月85万円）を納めていたことなどを認定したうえで「Y₂が所属するB組が行った資金獲得活動の結果得られた収益は、上納金という形でA組に取り込まれているのであるから、Y₂が獲得した資金が、Y₁に支払われていることもまた明らかである」として、Y₁の上記主張を排斥した。

暴力団組長の使用者責任については、最二判平成16・11・12民集58巻8号2078頁（対立抗争における構成員の殺傷行為に関するもの）がそのリーディングケースといえる。同最判は、ⓐ組が構成員による威力利用資金獲得活動を容認していたこと、ⓑ上納金などにより、資金獲得活動による収益が上位組織に取り込まれる体制が採られていたこと、ⓒ上位組織組長はピラミッド型の階層的組織の頂点に立ち、構成員を擬制的血縁関係に基づく服従統制下に置いていたこと、などの各要素を認定し、組長と構成員の間に民法715条1項所定の使用者・被用者の関係が成立していたものと判示した。本件においても、同最判の判断枠組みにのっとり、上記ⓐないしⓒに相当する事実を認定したうえでY₁・Y₂間に使用者・被用者の関係があったものと認定している。

そのうえで、本件のごとき高金利によるヤミ金融行為は暴力団の資金獲得活動の代表例であることな

どを考慮し、Ｙ₂の上記不法行為がＹ₁（Ａ組）の威力利用資金獲得活動にかかる「事業の執行について」（民法715条1項）なされたものであることも認定したうえで、その使用者責任の成立を認めた。

この点、Ｘは、「Ｙ₂が貸金業登録をせずに出資法違反の金利で貸付けをし、契約書も作成せず、Ｂ組組員を取立て役として使用して司法手続の利用をまったく予定しないどころかこれを回避して違法な収益を実現しようとするものであった」旨を主張し、「Ａ組が暴力団の威力を背景として違法取引等による資金獲得活動を事業としていたものであった」旨を述べて、「本件各貸付け行為は、その内容及び手法から見てもＡ組の資金獲得活動であるから、Ｙ₁の事業の執行といえる」との立論をしていた。本判決は、上記判示のとおり、原告の主張したこれらの事実を詳細に援用することなく、弁論の全趣旨などを用いて「高金利によるヤミ金融行為は暴力団の資金獲得活動の代表例」である旨を摘示して、事業執行性を認定している。個々のヤミ金融被害案件において、その背景にある組織実態や上納関係を立証することには困難を極めることが多いと思われる。「高金利によるヤミ金融行為」が暴力団の資金獲得活動の代表例であるという事実を認定し、個別事案における威力利用の事実の存否を要件事実や間接事実として特段援用することもなく、当該構成員によるヤミ金融行為は威力利用資金獲得活動の一環であるとして事業執行性を認定した本判決の認定構造は、他の使用者責任追及訴訟においても大いに参考になるものといえる。

（4）Ｘに生じた損害額（争点⑦）

損害額算定にあたって、Ｙ₁は、「弁済金から貸付金を差し引いた差額」とすべき旨を主張していた。

これに対し、裁判所は、最三判平成20・6・10に従ってＹ₁の上記主張を排斥した（注2）。すなわち、同最判は、「反倫理的行為に該当する不法行為の被害者が、これによって損害を被るとともに、当該反倫理的行為に係る給付を受けて利益を得た場合には、同利益については、加害者からの不当利得返還請求が許されないだけでなく、被害者からの不法行為に基づく損害賠償請求において損益相殺ないし損益相殺的な調整の対象として被害者の損害額から控除することも、上記のような民法708条の趣旨に反するものとして許されない」旨を判示しているところ、本判決は、同最判を引用したうえで、Ｙ₂が出資法所定の上限利率を超える利息を定めてＸから利息名目で違法に金員を受領し、多額の利益を得るという「反倫理的行為に該当する不法行為」を行ったものである旨を認定し、民法708条の趣旨から、Ｙ₂

が交付した貸付金相当額を損害額より控除すべきではない旨を判示した。

3　今後の展開

令和2年における貸金業法違反検挙人員のうち暴力団構成員等が占める割合は34.7％であり、この割合は同年以前の10年間においても、23.5％から43.7％の間で推移していた（注3）。

このように、いわゆるヤミ金融行為は暴力団の代表的資金獲得活動であるといえるが、その被害について上位組織の組長責任を追及した例は数少ない。ヤミ金融事案のほとんどにおいてその加害者を特定できず、背後の暴力団組織との関係も把握できないため、その組長にまで責任追及をなし得えていない現状があるものと思われる。

本件では、先行する刑事事件で、被害実態や背後の組織構造などが明らかにされ、後行する本件民事事件で刑事記録の閲覧・謄写をした結果が存分に活用されていたものとみられる。今後、同種被害の民事的な救済を広げていくためには、ヤミ金融被害のより積極的な刑事立件が望まれる。また、その被害者が組長責任追及を通して十分な被害回復を受けられるよう、個々の被害者が適切な法律相談へとアクセスできるように相談体制を整備していくことや、暴力団構成員による不法行為に関して「組長責任追及による被害回復」をなし得る旨を一般市民へ周知していくことも必要である。

また、本判決では「高金利によるヤミ金融行為」が暴力団の威力利用資金獲得活動の代表例であることを認定している。暴力団の資金獲得活動は時代の進展に伴って多様化しているから、今後は、他類型の資金獲得活動についても事業性が認められ、使用者責任がより幅広く認められていくことを期待したい。

（注1）この点、名古屋地判平成21・10・23判タ1333号170頁では、不当利得・不法行為双方の法律構成が主張され、不当利得返還請求として弁済金相当額の返還が認められたほか、不法行為構成による慰謝料請求についても認容された。

（注2）同最判解説として、拙稿「ヤミ金融被害における貸付金相当額の損益相殺を否定した事例〜五菱会ヤミ金融事件〜」東京弁護士会民事介入暴力対策特別委員会編『反社会的勢力を巡る判例の分析と展開』182頁（経済法令研究会・2014年）。

（注3）警察庁組織犯罪対策部『令和2年における組織犯罪の情勢（令和3年4月）』20頁。

‖‖ *OTA Akihiro* ‖‖

Ⅴ　被害の回復

28

聴覚障害者への詐欺・恐喝に対する組長責任

東京地判平成28・9・29、平成25年（ワ）第2442号、平成25年（ワ）第22312号損害賠償請求事件、請求一部認容【Y₂、Y₃控訴後、Y₂控訴棄却、Y₃和解】、LLI/DB07132042

リーガルキュレート総合法律事務所／弁護士　**林　毅**

Ⅰ　事案の概要

1　当事者

原告ら（X₁〜X₂₇）は、いずれも重度の聴覚障害者である。原告らの多くは聴覚障害者のネットワークを利用した本件とは別の投資被害を被っていた。

Y₁は、聴覚障害者であり、平成19年から平成23年にかけて発行された複数の雑誌で指定暴力団K会の構成団体であるM会の構成員と紹介され、D社の代表取締役として登記をされている。

Y₂は、K会の構成団体であるM会Y₂組の組長である。

Y₃は、K会を代表する者である。

Aは聴覚障害者であり、D社の取締役およびE社（D社と本店所在地が同一）の代表取締役として登記されている者である。

B、Cはいずれも聴覚障害者であり、主に聴覚障害者に浄水器の販売を行っている者である。

2　Y₁とA、B、Cの関係

Aは聴覚障害者を標的にしたマルチ商法詐欺により損害を被り、平成18年9月に知人から弁護士を紹介してくれる者としてY₁の紹介を受け、弁護士費用名目で金員を支払った。その後、Aは、Y₁に命じられてD社取締役、E社代表取締役に就任し、妻とともにE社事務所に毎日通い掃除などの雑用をし、聴覚障害者から金員を集めてY₁に渡していた。Y₁はAに指示する際、「金を集めてこないと殺すぞ」と手話で述べたり日常的にAに暴力を振るっていた（なお、以後の聴覚障害者のやり取りは特記がない限り手話による）。

BとY₁はもともと面識があり、Y₁は顧客を紹介するとしてB、CをE社の事務所に何度か呼び出し、Y₂を紹介して暴力団員であると伝えたり、B、CおよびX₁をE社事務所に呼び出して自らが暴力団員として紹介されている雑誌を見せて自らが暴力団員であることを告げ、X₁に対して金員の支払いを語気強く要求するなどした。Y₁は、B、Cに福祉会館建設費名目や弁護士費用名目、パブ建設費・運営費名目でB、Cの顧客の聴覚障害者から金員を集めるように指示し、B、Cの集めた金員が不足し

ているときには、「殺す」等と申し向け、灰皿を投げつけるなどした。

3　Y₁、A、B、Cの行為

(1)　行為①（Y₁が暴力団員であることを示して行った恐喝行為）

Y₁は、X₁〜X₆に対し、自らが暴力団員であることを示して、または自らが暴力団員であることを相手方が知っていることを認識した上で、各原告やその親族、知人等を殺害する、妻を強姦する等と申し向け、もしくは語気強く金員の支払いを要求するなどして畏怖させ金員を交付させたり、直接またはAを通じてE社の運転資金や北京オリンピック・上海万博の出資金名目、貸金回収の弁護士費用名目、テレビ電話事業出資金名目で金員を詐取し、その返還の実現性に疑念を呈されると自らが暴力団員であることを示してその返還を断念させるなどした。

(2)　行為②（Y₁が暴力団員であることを示さずに行った恐喝行為）

Y₁は、X₇〜X₁₀に対し、自らが暴力団員であることを示しはしなかったものの、自宅に押し入って刃物を突きつけて金員の支払いを要求し、または握り拳を見せ語気強く金員の支払いを要求し金員を交付させた。

(3)　行為③〜⑤（Y₁、B、Cが直接または第三者を通じて行った詐欺行為）

Y₁またはAは、X₁₁〜X₁₆に対し、福祉会館建設やパブ開設・改装資金名目、北京オリンピック・上海万博の出資金名目や貸金回収の弁護士費用名目の虚偽の話で欺罔し金員を交付させた（行為③）。

B、Cは、X₇、X₁₆〜X₂₅に対し、出資した金額と同額またはそれ以上の返金があると誤信させ、聴覚障害者の福祉会館の建設資金名目、マレーシア投資の詐欺被害回復のための弁護士費用名目、パブ開設資金名目の虚偽の話で欺罔し金員を交付させた（行為④）。

また、Cは、X₂₆、X₂₇の友人・知人に指示し、マレーシア投資の詐欺被害回復のための弁護士費用名目という事実と異なる説明を行わせ、X₂₆、X₂₇にC名義口座に金員を振り込ませ、これをY₁に交付した（行為⑤）。

なお、行為④、⑤の被害者のうち1名を除いて、Y₁との面識はない。

4　原告らは、支払った金員相当額と弁護士費用相当額（X₁については他に慰謝料500万円）について、Y₁に対して行為①〜③について民法709条、行為④、⑤について民法719条、三次団体組長のY₂に対して民法719条、一次団体組長のY₃に対して暴力団員による不当な行為の防止等に関する法律（暴対法）31条の2・民法715条に基づき損害賠償請求を行った。本判決の争点は、①Y₁の不法行為責任の有無、②Y₂の共同不法行為責任の有無、③Y₃の暴対法31条の2・民法715条に基づく責任の有無、④消滅時効の成否、⑤原告らの損害額であった。

Ⅱ　判決要旨

本判決は、被告の抗弁を全て退け、1億9,940万8,000円の請求のうち1億9,720万8,000円を認容した。認められなかったのは、X₁が請求した慰謝料500万円のうち200万円およびこれに対応する弁護士費用相当額20万円の計220万円のみである。

1　Y₁の不法行為責任の有無（争点①）

行為①のうち、「自らが暴力団員であることを示して、又は自らが暴力団員であることを相手が知っていることを認識した上で、各原告若しくはその親族、知人等に加害する旨を申し向け、若しくは語気強く金員の支払を要求するなどして畏怖させて金員を交付させた」のは「暴力団の威力を利用した恐喝行為」として不法行為の成立を認めた。また、Y₁が直接またはAを通じて詐欺行為により金員を交付させたものの、その返金について疑問を呈されると、Y₁、Y₂のことを暴力団員であると知っていると認識しつつ語気強く返還を拒絶するなどしてその返還を断念させたことも、「一連の行為は、一体として」不法行為であると認めた。

行為②については、「自らが暴力団であることを示したものではないものの、自宅に押し入って刃物を突き付けて金員の支払を要求し、又は握り拳を見せ語気強く金員の支払を要求し」金員を交付させた恐喝行為として不法行為の成立を認めた。

行為③〜⑤について、原告らに持ちかけた出資等の話が虚偽であると認定のうえ、行為③はY₁またはAが虚偽の話で欺罔して金員を交付させた詐欺行為として不法行為の成立を認めた。行為④、⑤もB、Cの行為は詐欺行為に該当すると認定したうえで、Y₁は、B、Cに対して詐欺行為を行って聴覚障害者から金員を集めてくるよう指示し、B、Cに脅迫や暴行を行ってY₁への畏怖の念から詐欺行為を行わせ、B、Cから詐取した金員を受領したこと

から、Y₁に共同不法行為の成立を認めた。

2　Y₂の共同不法行為責任の有無（争点②）

Y₂は、聴覚障害者から金員を集めてくるようにY₁に指示を出し、Y₁が聴覚障害者から集めた金員を受け取っていたこと、Y₂はY₁が虚偽の事実を告知し聴覚障害者から金員を集めているところを現認し、Y₁が手話を用いて恐喝していることを認識していたことを併せて考慮すれば、Y₂は、Y₁が聴覚障害者から恐喝や詐欺を用いることを認識した上で聴覚障害者から金員を集めるよう指示していたと推認できるとした。そして、Y₂のY₁に対する指示はY₁の恐喝または詐欺行為に関して共同不法行為を構成すると判断した。

なお、Y₂は、平成20年10月にY₂組からY₁を除籍していたと主張して、自身の関与を否定したが、判決は、平成23年9月付けで発行された雑誌にY₁がK会の構成員とともに並んで写っている写真が掲載されていたことや、Y₁が平成21年10月8日から平成22年7月23日頃までにかけて、X₁、X₂にY₂を紹介した際にY₂に敬礼し、Y₂組が開催する忘年会に共に参加するなどしたほか、E社の事務所の閉鎖の際にはY₂から指示を受けるなどしていることから、Y₂が除籍を主張する平成20年10月以降も「『親子盃の儀』に起因する主従関係が存続していたことを推認」し、除籍通知が実際に同日に作成されたことを認めるに足りる的確な証拠もないとして、Y₁を除籍していたとする主張自体を退けた。

3　Y₃の責任の有無（争点③）

(1)　暴対法31条の2に基づく責任

本判決は、行為①については「自らが暴力団員であることを示して、又は自らが暴力団員であることを相手が知っていることを認識した上で、各原告若しくはその親族、知人等に加害する旨を申し向け、若しくは語気強く金員の支払を要求するなどして畏怖させて金員を交付させ、あるいは直接又はAを通じて金員を詐取した上で、その返還の実現性について疑念を呈されたのに対し、自らが暴力団員であることを示してその返還を断念させたというものであり、自らが所属する暴力団の威力を背景にして、資金を獲得したものとして、威力利用資金獲得行為に該当する」と判断し、Y₃の暴対法31条の2に基づく損害賠償責任を認めた。

これに対して、行為②については、「恐喝行為と認められるものの、これは、暴力団の威力を背景にしたとは認められず、その他にY₁が同原告らに、自らが暴力団員であることを示すなどしたことを認めるに足りる証拠はない」とし、行為③〜⑤については、Y₁が直接またはAらを通じて原告らを誤信させ金員を交付させたものであり、「暴力団の威力

を背景にした脅迫を受けたことを基礎付ける証拠は見当たらない」として、威力利用資金獲得行為であることを否定し、Y₃の暴対法31条の2に基づく損害賠償責任を認めなかった。

（2）　使用者責任

Y₁らの恐喝・詐欺による資金獲得行為が、K会の「事業」と位置付けられるかが争点となった。

①　K会に上納金制度が備わっているかについて、本判決は、(i)Y₁の原告ら聴覚障害者らに対する恐喝・詐欺行為がY₂の指示のもと行われ、集めた約1億円を下らない金員はY₂に渡されていること、(ii)Y₂がK会において上納金の割り当てがあることを示唆する趣旨の供述をしていること、(iii)「暴力団組織においては、下位構成員から上位構成員に対して、様々な名目での上納金が支払われるのが一般的であること」、(iv)Y₁もY₂に月々一定額を上納していた旨を供述していること、(v)「指定暴力団の指定は『名目上の目的のいかんを問わず、当該暴力団の暴力団員が当該暴力団の威力を利用して生計の維持、財産の形成又は事業の遂行のための資金を得ることができるようにするため、当該暴力団の威力をその暴力団員に利用させ、又は当該暴力団の威力をその暴力団員が利用することを容認することを実質上の目的とするものと認められる』暴力団についてされるものであること（暴対法3条1号）」、を併せて考慮し、K会においても、「名目を問わず、下位構成員から上位構成員に対する上納金の支払が行われる上納金制度が備わっている」と推認した。

②　「暴力団組織において、上納金のための資金を獲得する方法については、暴対法により特に規定が設けられている暴力団の威力を利用したもののみならず」、Y₁が「欺罔行為を行って、それが奏功しない場合には暴力団の威力を示して原告らを畏怖させる言動に出ているように」、「詐欺行為も暴力団の威力を利用した行為も、一連の流れにある行為として一体的なものとみることができる」とし、「詐欺行為も暴力団の資金獲得行為の方法として想定」される。

③　Y₁による聴覚障害者からの集金行為はK会およびその構成団体の幹部級の人間が複数関与していたと認められ、Y₂は、専ら個人的な用途に充てる目的でY₁に聴覚障害者からの集金を指示したのではなく、K会の構成団体であるY₂組の組長として、聴覚障害者からの集金を指示し、獲得した資金の一部を上納金としてK会に納付していたことが推認される。

④　以上から、本判決は、「恐喝行為や詐欺行為により資金を獲得する行為は、暴力団組織の事業と位置付けることができる」と判断した。そして、

「上納金制度の下では、下部に位置する構成員が上部の者を支える関係にあるから、代表する者にとって、直下の構成員でないとしても、下部の構成員による上記行為は、業務の執行についてされたものであると評価することができる」ことから、Y₁、Y₂は、K会の構成員として、K会の事業の執行の一環として、聴覚障害者から恐喝・詐欺により資金を獲得していたと判断し、Y₃の使用者責任を認めた。

4　消滅時効の成否（争点④）

Y₃らは、訴え提起までにすでに3年が経過しているとして消滅時効を主張した。

これに対し、本判決は、民法724条の「損害及び加害者を知った時」とは、「加害者に対する賠償請求をすることが事実上可能な状況の下に、それが可能な程度に損害及び加害者を知った時」（最二判昭和48・11・16民集27巻10号1374頁）であるとした。

そして、Y₁らによる恐喝行為について、「聴覚障害のない者による援助を伴わずに、そのことについて直ちに弁護士に相談して被害内容を正確に伝えた上で、訴え提起の準備を整えることや、警察や市役所などの然るべき公的機関に相談して被害内容を正確に伝えることは同原告らにとって困難」であり、このような状況下で警察などに相談したことをY₁に知られることについて「畏怖の念を抱き、公的機関に対する相談等をちゅうちょすることは、限定された範囲のコミュニティを形成している原告らとして、やむを得ない」ことを理由に、「加害者に対する賠償請求をすることが事実上可能な状況になった」のは原告らが「訴訟代理人に相談することができた日」であるとした。

また、Y₁らの詐欺行為について、「損害及び加害者を知った時」とは、「虚偽の事実を告知されたことを認識した時点」であり、本件では原告らが訴訟代理人に相談した時点や、被害者向けの説明会に関する案内状を受領したり、説明会に参加した時点であるとした。

そして、本件はいずれの行為も「損害及び加害者を知った時」から3年が経過するまでに訴訟提起され時効中断したとしてY₃らの主張を否定した。

5　原告らの被った損害（争点⑤）

本判決は、原告らが恐喝または詐欺によって交付させられた金員および弁護士費用相当額を損害であると認めた。X₁は精神的損害として慰謝料500万円を請求したが、本判決は、X₁が、Y₁から「オレがおまえを殺す」、「腎臓をとる」、「言うことを聞かないとおまえの女房をレイプする」などと自身や家族を殺す旨を申し向けられ強い畏怖を抱いていたうえ、約半年間の間、理不尽かつ執拗に恐喝行為を繰り返されていた結果、貯蓄の大半を交付させられ

るに至っていたため、その精神的損害は極めて大きいと判断し、300万円の慰謝料を認めた。

Ⅲ　分析と展開

1　はじめに

平成20年5月の暴対法改正により、指定暴力団の暴力団員が、威力利用資金獲得行為を行って他人の生命、身体または財産を侵害した場合、指定暴力団の代表者等が無過失賠償責任を負うとする暴対法31条の2が新たに設けられた。本判決は暴対法31条の2が初めて適用された判決である。また、昨今の暴力団による特殊詐欺被害の増加により、特殊詐欺に関する組長責任訴訟が多数提起されているが、本判決は詐欺型の不法行為に関して組長責任を認めた初めての判決でもある。

本件は、外部への相談に困難が伴う聴覚障害者を標的にし、聴覚障害者のネットワークを利用して詐欺・恐喝によって多額の金員を奪い食い物にしたという極めて悪質かつ卑劣な事件であったが、刑事事件化がなされていなかった。にもかかわらず、本判決は、直接の行為者およびその所属する三次団体組長に対して不法行為責任、共同不法行為責任を認めたうえ、一次団体である指定暴力団組長に対して、暴対法31条の2および民法715条を根拠に約2億円もの賠償責任を認め、被害者らの被害回復を図ったものであり極めて意義深い。

以下では、本判決で問題となった各争点について検討を加える。

2　Y₁の不法行為責任について（争点①）

Y₁は、原告らが交付した金員は出資金等であり、恐喝・詐欺で交付を受けたものではなく、A、BおよびCらの欺罔行為はY₁の指示によるものではないと主張したが、本判決は、原告らおよびA、BおよびCの供述の信用性を認め、Y₁の供述は裏付ける証拠も存在しないとして信用性を否定し、Y₁の不法行為責任等を認めた。

原告らの供述の信用性の判断にあたっては、預金通帳の写し等の客観的証拠と整合し、供述内容も相互に整合するほか、Y₁と「特段親密な関係にあるとは認められない原告らにおいて、畏怖や誤信などには基づかずに」Y₁やE社の事業に少額とは言い難い金額を出資する動機はないと考えられるとして、原告のうち反対尋問を経ていない22名の供述も含めて、原告の供述の信用性を認めている。

暴力団による詐欺・恐喝事件は、特に本件のように狭いコミュニティ内において犯行が行われた場合、客観的証拠に乏しく、当事者の供述に頼らざるを得ないケースも多いが、この点で本判決の供述の信用性に関する判断は参考になるものと思われる。

3　Y₂の共同不法行為責任について（争点②）

Y₂は、Y₁に対して聴覚障害者から金員を集めるよう指示したこと等を否認し、また、Y₁が平成20年10月1日にY₂組を除籍され構成員ではなくなったため、Y₁が詐欺・恐喝行為を行ったとしてもY₂とは関係ないと主張した。Y₃も同様の主張を行っている。

本件のように、指定暴力団員が脱退したとの主張については、その認定は慎重に判断される必要があり、真の脱退といえるか否かは、脱退を主張する側が立証責任を負うと解すべきである（注1）。本判決は、間接事実を積み上げてY₂がY₁に聴覚障害者から金員を集めてくるよう指示していたこと等を認定した。また、Y₁がK会構成員と並んで写った写真が掲載された雑誌の記事や、除籍したとされた後におけるY₁のY₂に対する態度やE社事務所の閉鎖の際にY₁がY₂から指示を受けていた等のY₂との具体的なやり取りを詳細に分析のうえ、Y₁とY₂の間には主従関係が存続していると推認し、すでに除籍したとの主張を退けた。詳細な事実認定によりY₁、Y₂の主従関係を推認し、単に除籍となったとするのみで具体的な立証のないY₂、Y₃の主張を排斥したものであり、妥当な判断といえる。

4　暴対法31条の2の威力利用資金獲得行為（争点③について）

(1)　暴力団の威力を被害者に示す必要性

本判決は、Y₁が、被害者に対して暴力団員であることを示したか、または被害者がY₁を暴力団員であると認識していることを知りながら行われた恐喝行為（行為①）については威力利用資金獲得行為に該当することを認めたのに対して、被害者に暴力団員であることを示さず、また被害者も暴力団員であることを知らないまま行われた恐喝行為（行為②）や、Y₁が直接または間接に欺罔行為を行ったものの、被害者に暴力団員であることを示してはいなかった詐欺行為（行為③～⑤）については威力利用資金獲得行為の該当性を否定している。これは、威力利用資金獲得行為を、被害者に対して暴力団の威力を示すものに限る解釈を前提としたものである。

しかしながら、被害者に対して暴力団の威力を示すことを必要と解した点は、妥当ではない。

①威力利用とは「指定暴力団員が、当該指定暴力団に所属していることにより、上記資金獲得行為を効果的に行うための影響力または便益を利用することをいい、当該指定暴力団の指定暴力団員としての地位と、上記資金獲得行為とが結びついている一切の場合」をいい、この定義からは被害者に威力を示すことは不要となること、②暴対法31条の2が、

「威力を示」すことを要件とする暴対法9条と異なり、「威力を示」すことを何ら要件としていないこと、③最一判昭和32・2・21刑集11巻2号877頁が、威力業務妨害罪（刑法234条）にいう威力を「用ヒ」の意義を、必ずしもそれが人に対してなされることを要しないと判示していること等を理由に、威力は、不法行為の被害者に対して示されていることを要しないものと考えられなければならない（注2）。

そして、本判決後、この点について本判決と同様の解釈を行った判決は見られない。例えば、東京高判令和元・12・19LLI/DB07420515〔本書Ⅴ-**31**〕）は、特殊詐欺の事案において、「『威力を利用』するとは、『威力を示す』（暴対法9条参照）とは異なり、より幅の広い行為態様を意味するものと解される」としたうえで、「威力利用資金獲得行為」には、「当該指定暴力団員が指定暴力団の威力を利用して共犯者を集める場合など、資金獲得行為の実行に至る過程において当該指定暴力団の威力を利用する場合も含まれる」とし、特殊詐欺の被害者に暴力団の威力が示されてはいないものの、指定暴力団の威力を利用して暴力団員ではない者に受け子を探させて詐欺グループを構成し実行した特殊詐欺を威力利用資金獲得行為に該当すると判断した。また、東京高判令和2・3・4 LLI/DB07520154（〔本書Ⅴ-**33**〕）も、威力利用資金獲得行為は、「『当該指定暴力団の威力を利用して生計の維持、財産の形成若しくは事業の遂行のための資金を得、又は当該資金を得るために必要な地位を得る行為をいう』と定義され、暴力的要求行為の禁止に関して定める暴対法9条の『威力を示して』とは異なり、『威力を利用して』との文言が用いられている」という立法趣旨や文理から、「資金の獲得のために威力を利用するものであればこれに含まれ、被害者に対して威力が示されることは必要ではない」と判断した。

このように、威力を被害者に示す必要はないという判断は、本判決後に示された一連の下級審判決によって概ね確立したものとみるべきであろう（注3）。

（2）内部統制維持のための威力の利用

威力を被害者に示さなくとも威力利用といえるのであれば、威力利用とはどのような場合が考えられるのか。この点、暴力団員の威力が利用される場面として、①資金獲得の相手方（被害者）との関係において利用される威力、②資金獲得を行う協同者間の内部統制において利用される威力、③他の暴力団その他の外部（外敵）との関係において利用される威力があることが指摘されている（注4）。共犯者に対して資金獲得行為を行わせるため、暴力団員であることを示して指示に従わせることは、②の威力

の利用に当たる。また、具体的場面で威力が実際には利用されていなくても、必要な場合にはいつでも暴力団の威力を利用できるという潜在的あるいは背景的威力の利用がなされた場合にも、威力利用資金獲得行為が認められるとの考えもみられる（注5）。

（3）本件について

行為②から⑤の多くは、A、BおよびCが原告らの勧誘や欺罔行為、集金等の重要な立場を占めているが、Y₁は少なくともBおよびCに対しては自身が暴力団員であることを示したうえ、「殺す」等と繰り返し申し向けており、B、Cに対して、内部統制の維持のため、暴力団の威力を利用していたといえる。また、判決からはY₁がAに対して暴力団員であることを示したかは明らかでないが、毎日E社の事務所で雑用をさせ、日常的に暴行を加えていた等の事情を考慮すれば、Aに対しても潜在的あるいは背景的威力の利用があるともいい得る。そのため、行為②から⑤について暴対法31条の2の適用を否定した本判決の結論も変わる余地がある。

5　使用者責任（争点③）

恐喝行為や詐欺行為がK会の事業と位置付けることができるかが問題となり、本判決はK会に上納金制度が備わっていると推認されること、暴力団組織における上納金のための資金獲得方法としては暴対法に特に規定が設けられた威力を利用した行為のみならず詐欺行為も暴力団の資金獲得行為として想定されること、本件詐欺にK会およびその構成団体の幹部級が複数関与していたことから獲得した資金の一部が上納金として納付されたことが推認されること、を理由に、聴覚障害者から行為①～⑤の詐欺・恐喝行為により資金を獲得した行為は暴力団組織の事業と位置付けることができると判断した。

本判決は、前述のとおりY₁が被害者に暴力団であることを示して行った恐喝行為（行為①）については暴対法31条の2の威力資金獲得行為に当たるとしたものの、暴力団であることを示さずに行われた恐喝・詐欺行為（行為②～⑤）については暴対法31条の2の威力資金獲得行為には当たらないとしたのに対し、使用者責任については「恐喝行為や詐欺行為により資金を獲得する行為は、暴力団組織の事業」に当たるとして、行為①のみならず行為②～⑤のいずれも民法715条の適用を認めた。すなわち、本判決は、暴対法31条の2の威力利用資金獲得行為以外に、暴力団の事業に当たる資金獲得行為があることを認めているものといえる。

この点、指定暴力団代表者の使用者責任を初めて認めた最高裁判決である最二判平成16・11・12民集58巻8号2078頁（「京都事件最高裁判決」）は、指定暴力団五代目山口組の事業を「山口組の威力を利用し

ての資金獲得活動に係る事業」としたうえで、山口組の下部組織における対立抗争においてその構成員が警察官を誤射して殺害した行為を、「事業の執行と密接に関連する行為」であるとして事業性の要件を満たすと判断し、使用者責任を肯定した。本判決は、暴力団の事業の範囲を、威力利用資金獲得行為以外の資金獲得行為があることを認めるものであり、京都事件最高裁判決が、暴力団の事業を「威力を利用して資金獲得活動に係る事業」に限って捉えているのであれば（注6）、本判決は事業の範囲をより広く捉えるものと理解することも可能である。

もっとも、本判決は、威力利用資金獲得行為に当たらないとした詐欺行為が「暴力団の資金獲得行為」に含まれるとした理由を、「欺罔行為を行って、それが奏功しない場合には暴力団の威力を示して原告らを畏怖させる言動に出て」おり、「詐欺行為も暴力団の威力を利用した行為も、一連の流れにある行為として一体的なものとみることができる」こととしており、威力との関連性から判断しているようにも思える。

6 消滅時効（争点⑤）

最二判昭和48・11・16民集27巻10号1374頁は、民法724条の「損害及び加害者を知った時」について、「加害者に対する賠償請求が事実上可能な状況のもとに、その可能な程度にこれを知った時」と判示しているが、本判決は、Y₁らの脅迫行為による原告らの畏怖の程度や、聴覚障害者が置かれた実情に鑑み、訴訟代理人に相談することができた時を消滅時効の起算点と判断している。

暴力団によって脅迫行為が行われれば、被害者は強い畏怖を抱くのは当然であり、まして、本件のような外部への相談に困難が伴う聴覚障害者であればなおさらである。本判決は、聴覚障害者の置かれた実情を正確に捉えたうえで、Yらの消滅時効の主張を退けたものであり、被害者救済の観点からは、極めて妥当な判断といえる。

7 損害（争点⑥）

本判決は、原告らが詐欺・恐喝行為によって交付した金員および弁護士費用相当額のほか、X₁については慰謝料300万円を認めている。

財産権が侵害された場合、財産的損害が回復されれば通常精神的損害が回復されるとして、財産的損害の回復によってもなお慰謝されない精神的苦痛を受けたなどの特別な事情のない限り、慰謝料は認められない。もっとも、X₁は、Y₁、Y₂が暴力団員であると示されて「オレがおまえを殺す」「腎臓をとる」「女房をレイプする」「家に火をつける」等と脅されており、このような恐喝行為が「約半年間の間、理不尽かつ執拗に繰り返され」た結果、X₁は

「貯蓄の大半を交付させられ」た。X₁が聴覚障害者であって外部に相談することが通常より困難を伴うことを併せて考慮すれば、X₁が極めて強い恐怖心を抱き続けていたことは想像に難くなく、財産的損害の回復では慰謝されない精神的苦痛を受けたことは明らかである。被害回復の観点、および暴力団に対してより大きな打撃を与え抑止力とする観点からは、慰謝料を認めた本判決は妥当である。

8 展 開

暴力団は資金獲得のため、常に新たな資金獲得のため活動の場を広げており、暴力団の威力がどのように発揮されているのか外部からは分かりにくい事業への進出も予想されるが、被害回復や暴力団の活動抑止のためにはそのような新たな資金獲得行為に対しても組長責任の追及によって対応していく必要がある。暴力団が、「当該暴力団の威力をその暴力団員に利用させ、又は当該暴力団の威力をその暴力団員が利用することを容認することを実質上の目的」（暴対法3条1号）とする以上、暴力団の事業はいかなるものでも実際にはその威力が背景にあると思われるが、威力利用の立証が困難な場合も考えられる。このような場合であっても、本判決が民法715条の暴力団の「事業」には威力利用資金獲得行為以外も存在することを認めたことを足がかりに、暴力団の資金獲得活動における組長責任の追及がより広く検討されることが望まれる。

（注1） 木村圭次郎「特殊詐欺事犯に関し暴力団の組長責任を論じた裁判例の検討（上）」捜査研究829号18頁（2019年）。
（注2） 大野徹也「暴対法31条の2を活用した特殊詐欺被害の回復と抑止」ＮＢＬ1057号47頁（2015年）。
（注3） 大野徹也「特殊詐欺事案における指定暴力団トップの損害賠償責任」日本弁護士連合会民事介入暴力対策委員会編『日本弁護士連合会民事介入暴力対策委員会40周年記念論文集　反社会的勢力・不当要求対策の現在と未来』141頁（金融財政事情研究会・2020年）。
（注4） 猪原誠司「特殊詐欺への暴力団の関与の実態について」警察学論集73巻4号93頁（2020年）。
（注5） 木村圭次郎「特殊詐欺事犯に関し暴力団の組長責任を論じた裁判例の検討（下）」捜査研究830号81頁（2019年）、大野・前掲（注3）142頁。
（注6） 京都事件最高裁判決は、暴力団の事業が「威力を利用しての資金獲得活動に係る事業」以外の資金獲得活動の存在を否定する判断を行っているわけではない。

‖‖ *HAYASHI Tsuyoshi* ‖‖

	V　被害の回復

29

暴力団組長のみかじめ料徴収行為について、その不法行為責任とともに上部団体の組長の使用者責任を認めた事例

名古屋地判平成29・3・31、平成25年（ワ）第3064号損害賠償等請求事件、一部認容【確定】、判時2359号45頁

新井法律事務所／弁護士　　**古屋　丈順**

Ⅰ　事案の概要

　本件は、暴力団組員Y₂がクラブ経営者Xに対し平成10年8月から平成22年8月までの長期にわたりみかじめ料の支払いを求め、クラブ経営者Xはやむなくそれに応じてみかじめ料合計1,085万円を支払ったことについて、Y₂のみかじめ料徴収行為は不法行為に当たり、それによる損害としてみかじめ料相当額およびみかじめ料受領日からの遅延損害金のみならず慰謝料150万円、弁護士費用120万円の賠償請求を認めるとともに、Y₂の所属する暴力団の上部団体である指定暴力団の組長Y₁に対する使用者責任を認めた事案である。

　判決の認定した事実の概要と、Xの主張した法律構成は以下のとおりである。

1　当事者

　Xは、平成10年7月頃からA市B区内でクラブ甲を、平成20年11月から同区内でクラブ乙をそれぞれ経営していた。

　Y₁は、昭和59年6月以降、指定暴力団E組（以下、四代目E組、五代目E組および六代目E組をあわせて「E組」という）の二次組織であるE組F会（以下、「F会」という）の会長となり、平成17年7月以降、E組の組長となった。

　Y₂は、平成10年8月当時、E組の三次組織であり、F会の下部組織であるE組F会G一家（以下、「G一家」という）の若頭であるとともに、E組の四次組織であり、F会の下部組織であるE組F会G一家H会（以下、「H会」という）の会長であったが、平成21年2月、G一家の総長となった。

2　Xがみかじめ料を支払った経緯

　Y₂は、平成10年8月初め頃（遅くとも同月10日）、他の暴力団組員を伴ってXの経営するクラブ甲に来店し、Xに対し、毎月25日にY₂の部下がお金を取りに来るから、その者に10万円を渡すよう強い口調で言った（以下、「本件要求行為1」という）。Xは、それ以前にクラブ丙に勤務していた頃から、みかじめ料について、飲食店等を経営する者等が、当該店舗で起こるトラブル等を解決してもらうという名目で暴力団に対して支払う金銭であり、その支払いを

拒んだ場合には、暴力団組員から、当該店舗の経営を継続できなくなるような嫌がらせを受けたり、当該店舗の従業員や客の身体に危害を加えられたりするおそれがあると認識していた。そのため、Xは、Y₂のこの発言を聞いて、Y₂がXに対し、みかじめ料を要求していると理解し、Y₂に対してみかじめ料を支払う意思はなかったものの、上記嫌がらせや危害を避けるためにはY₂の要求に従うほかないと畏怖し、クラブ甲のレジから現金を取り出し、Y₂らに対して10万円を交付したほか、その後も毎月クラブ甲に来店したY₂の部下に対して現金を交付していた。みかじめ料の額は、平成15年12月までは1ヵ月につき10万円であったが、その後、Xがクラブ甲の売上が減少したことからY₂に懇請した結果、平成16年1月以降は1ヵ月につき7万円に減額され、さらにクラブ甲の経営が厳しかったことからやはりY₂に懇請し、平成19年1月以降は1ヵ月につき5万円に減額された。

　その後、Xは、平成20年7月28日、クラブ甲の10周年パーティー（以下、「本件パーティー」という）会場を訪れたY₂に、近いうちにクラブ甲を閉店してクラブ乙を開く予定であることを知られたことから、新しい店を開いたらみかじめ料を支払わなくてもよいか尋ねた。すると、Y₂はXに対し、「新しい店をオープンしても払わなきゃいけない。新しい店に替わっても、若い衆に取りに行かせるよ。払わなければ放火されるぞ」などと言い、もしみかじめ料の支払いを継続しなければ同店の財産および営業等にいかなる危害をも加えかねない気勢を示してみかじめ料の支払いを要求した（以下、「本件要求行為2」という）。そのため、Xは、今後もみかじめ料を拒絶することは不可能であると改めて強く感じ、平成20年8月、9月および10月にはそれぞれ5万円ずつみかじめ料を支払い、同年11月28日にクラブ乙を開店させた後も、Y₂に懇請した結果みかじめ料は1ヵ月につき3万円に減額されたものの、みかじめ料の支払いを継続せざるを得なかった。

　Xは、平成22年9月頃、愛知県暴力団排除条例（以下、「本件条例」という）施行後、みかじめ料を支払うことも処罰の対象となり得ることを知り、Y₂

に対し、みかじめ料の支払いも犯罪になるため、同月以降、みかじめ料を支払うことはできない旨伝えた。Y₂は、Xに対し、同月以降、みかじめ料の徴収を行わなかった。

3　請求の法的構成

Xは、上記みかじめ料の要求は「威力利用資金獲得行為」（暴力団員による不当な行為の防止等に関する法律（以下、「暴対法」という）31条の2）に該当し、暴力団の組長等であるY₁は、Y₂の使用者に該当するなどと主張して、Y₂に対しては、不法行為責任に基づく損害賠償請求（下記①、②に係る部分に限り、予備的に不当利得に基づく返還請求）として、Y₁に対しては、使用者責任（民法715条）および暴対法31条の2に基づく損害賠償請求（暴対法31条の2に基づく請求は、同条の適用対象である平成20年5月2日以降に行われたY₂の行為について、使用者責任に基づく請求と選択的併合であると解される）として、被告らに対し、連帯して、2,258万4,718円（①上記みかじめ料1,085万円、②上記①の各支払金に対する各支払日から平成25年1月31日までの民法所定の年5分の割合による確定遅延損害金523万4,718円、③慰謝料500万円、④弁護士費用150万円の合計）およびうち1,085万円（上記①）に対する平成25年2月1日から、うち650万円（上記③、④の合計）に対する同年11月8日（訴状送達の日の翌日）から支払済みまで民法所定の年5分の割合による遅延損害金の支払いを求めた。

Ⅱ　判決要旨

E組の実態（上納金制度を含む）、Y₂が配下の者を通じてみかじめ料を徴収した事実について認定をしたうえで、Y₂のみかじめ料徴収行為が不法行為に該当すること、みかじめ料として受領した全額が損害であること、みかじめ料の徴収行為によりXが負った精神的苦痛は金銭的な慰謝に十分に値するとして慰謝料も認めたほか、Y₁の使用者責任も認めた。

1　認定事実

(1)　E組について

判決は、E組が暴対法に基づき指定された暴力団であることを確認した後、そもそも「暴力団は、その団体の構成員が集団的に又は常習的に暴力的不法行為等を行うことを助長するおそれがある団体であり（暴対法2条2号）、その共通した性格は、その団体の威力を利用して暴力団員に資金獲得活動を行わせて利益の獲得を追求するところにある」こと、「暴力団においては、盃事といわれる儀式を通じ、構成員同士で、親子、兄弟という血縁関係が成立したものと擬制する擬制的血縁関係を結び、首領を親

分、配下を子分、先輩を兄貴分等と位置づける特徴が見られる」こと、「また、暴力団の組長や執行部等からの指示命令は下部組織の組員に対しても伝達され、遵守すべきものとされており、組員は、組長に対する全人格的包括的な服従統制下に置かれている」ことを明らかにしたうえ、「E組は、組長が直接盃を交わして親子、兄弟の擬制的血縁関係を結んだ組員（直参）から成る一次組織（総本部）、一次組織の組員が組長（直系組長）として同様の擬制的血縁関係を結んだ組員から成る二次組織、同様に二次組織の組員が組長となる三次組織、三次組織の組員が組長となる四次組織、四次組織の組員が組長となる五次組織から構成され、組長を頂点とするピラミッド型の階層的組織を形成している。E組の総本部は、下部組織を含むE組の構成員全員の行動規範として『E組綱領』を定め、また、総本部における決定、指示等は、抗争に関する指示から構成員の生活に関する事項に至るまで事細かに行われ、『通達』、『告』等と題する文書により、末端組織の構成員に至るまで伝達され、その遵守を徹底させる体制が採られ、伝達された決定、指示等は、下部組織の構成員に対して強い拘束力と強制力を持ち、これに反した場合には、当該構成員は、指詰め等の制裁を受けることもある。なお、E組の総本部の意思決定は、形式上、執行部又は最高幹部会において行われているが、組織運営の方針等についての団体としての意思決定をするのは、最終的には組長である。

E組の総本部は、その下部組織の構成員に対し、E組の名称、代紋を使用するなど、その威力を利用して資金獲得活動をすることを容認する一方、その対価として、その所属組織又は上部組織に対し、上納金を定期的に納めさせている。被告Y₁は、F会の会長であった時期においてはE組の二次組織であるF会の組員から、E組の組長である時期においてはE組の一次組織の組員から、それぞれ毎月上納金を受け取り、E組の二次組織以下の組長は、それぞれその所属組員から、毎月上納金を受け取っており、被告Y₂も、E組の三次組織であるG一家の組員から毎月上納金を受け取っていた」と認定した。

なお、上納金制度については、Y₁は、E組の組員は、それぞれが独自に経済活動を営んでおり、そこから得た利益を所属する組や上部団体またはその長に上納することはない旨主張していた。しかし、判決は、「原告からみかじめ料を受領した暴力団組員が当該みかじめ料をH会として受領したものとして扱っていること、少なくとも平成4年時点では、E組に上納金制度が存在すると認められるところ、その後、E組において、上納金制度が廃止されたことをうかがわせる証拠はないことに照らすと、被告

Y₁の上記主張は採用できない」とした。

(2) 本件徴収行為の開始および継続

Xに対して毎月行われたみかじめ料の各徴収行為（以下、「本件徴収行為」と総称する）の開始および継続については、前記Ⅰ2記載のとおり認定した。

2　Y₂の行為の不法行為該当性の有無について

Y₂の本件徴収行為は、Xに対する不法行為に当たるとしたうえで、みかじめ料として交付した1,085万円を本件徴収行為と相当因果関係を有する損害であると認めたほか、慰謝料として150万円を認めた（その他、遅延損害金の支払義務も認めた）。

(1) Y₂の本件徴収行為の違法性等

①　Y₂の本件徴収行為は、Xの意思決定の自由を奪って、Xの意思に反した財産処分を強制する行為であり、Xの意思決定の自由および財産を侵害する行為に当たる旨判示した。

具体的には、「原告は、平成10年8月当時、みかじめ料について、その支払を拒んだ場合には、暴力団組員から、クラブ甲の経営を継続できなくなるような嫌がらせを受けたり、クラブ甲の従業員や客の身体に危害を加えられたりするおそれがあると認識していたところ、被告Y₂は、」Xが「クラブ丙に勤務していた時期に原告と知り合っており、クラブ甲開店時には暴力団やみかじめ料についての認識を有していることが容易に想定されるにもかかわらず、同月10日頃、原告に対し、毎月25日に被告Y₂の部下がお金を取りに来るため、各10万円を渡すよう強い口調で言い、原告を畏怖させて10万円を交付させ（本件要求行為1）、その後のクラブ甲の営業期間においても、原告の畏怖状態を利用して、継続的に月5万円、7万円又は10万円の金銭を支払わせていたこと、②本件パーティにおいて、『払わなければ放火されるぞ。』などと原告経営のクラブや原告の生命及び身体に対する危害を加えかねない旨の脅迫を行って畏怖させ（本件要求行為2）、その後のクラブ乙の営業期間においても、原告の畏怖状態を利用して、継続的に月3万円の金銭を支払わせていたことが認められる。

このような被告Y₂の本件徴収行為は、原告の意思決定の自由を奪って、原告の意思に反した財産処分を強制する行為であり、原告の意思決定の自由及び財産を侵害する行為に当たる」と判示した。

これに対し、Y₂は、Xから、いかなる種類のいかなる名目の金銭も受領したことはない、Y₂配下の者は、Xから、縄張りと関係なく、飲食店経営者等のいわゆる堅気から面倒見の対価（トラブルまたは嫌がらせにつき、未然に防ぎ、解決すること、相談に乗ること等を頼まれた場合その対価として依頼者から任意に受け取る金員）を受領していたと主張した。し

かし本判決は、本件徴収行為が本件要求行為1および本件要求行為2に基づいて行われたこと、XまたはXの従業員からみかじめ料を受領したY₂の配下の者は「Y₂さんのところの者です」などと述べたこと、Xから受領したみかじめ料について、H会として（H会のために）受領したものとして、H会において金銭管理を行っていた者に交付していた事実を認定し、Xからのみかじめ料の徴収は、Y₂の部下である暴力団員を介してなされたものの、その主体は、当該各暴力団員ではなく、Y₂にほかならないとして、Y₂の主張を排斥した。

②　また、Y₂は、Xには不法行為上保護されるべき権利や利益はない旨主張した。具体的には、Xは、クラブ甲の店舗賃貸借契約や他人とのトラブルに関して、積極的にY₂の名前を利用するなどしていた、面倒見の対価額を減額させていた、平成14年または15年頃に捜査協力を通じて知り合った警察官や平成13年頃に知り合った弁護士に対し、平成20年8月に至るまで、みかじめ料について相談しなかったことからすると、Xには、不法行為上保護されるべき権利や利益があったとは思われない旨主張した。

しかし、本判決は、Xが、クラブ甲の店舗賃貸借契約や他人とのトラブルに関してY₂の名前を出して同人を利用した事実を否定するほか、「原告は、複数回にわたり、被告Y₂に対し、みかじめ料の支払金額を減らすよう懇願して、その了解を得ているものの、みかじめ料の支払を拒否できないという原告の心理状態と、原告の営む店の収入の減少を理由に現実に支払可能な程度にまでみかじめ料の支払額を軽減するよう懇願した原告の行動とは必ずしも矛盾するものではない。むしろ、原告は、前示のとおり、本件条例の施行により、みかじめ料を支払うことも処罰の対象となりうることを知って初めて、みかじめ料の支払を拒否できる心理状態に至り、被告Y₂に対し、その旨申し出たものとみるのが相当である。

また、原告が上記警察官及び弁護士に対して、平成20年8月までみかじめ料を支払っていることについて全く相談しなかったのは、むしろ、その時まで、原告が被告Y₂の本件要求行為1及びこれに基づく本件徴収行為により畏怖していたためであるとも考えられるから、上記の点は、特に不自然ないし不合理ではない」旨判示して、Y₂の主張を排斥し、Y₂の本件徴収行為によってXの権利ないし法律上保護されるべき利益が侵害されたことを認め、Y₂の本件徴収行為はXに対する不法行為に当たるとした。

(2) 損　害

まず、本件徴収行為により交付したみかじめ料1,085万円は、Y₂の本件徴収行為と相当因果関係を

有する損害であると認めた。また、各交付日から支払済みまで民法所定の年５分の割合による遅延損害金が発生することも認めた。

さらに、慰謝料について、本件徴収行為の態様、すなわち「原告に対し、クラブ甲開店時にＥ会の威力を利用して畏怖させ、定期的なみかじめ料の支払を強要し（本件要求行為１）、その後も原告の畏怖状態を利用して、継続的に原告の意思に反するみかじめ料の支払を強要し、さらには、本件パーティにおいて、原告に対し、『新しい店に替わっても、若い衆に取りに行かせるよ。払わなければ放火されるぞ。』などとさらに具体的な脅迫を行って（本件要求行為２）、クラブ甲を閉店し、クラブ乙を開店した後においてもみかじめ料の支払を継続させており、原告の財産が侵害されたというにとどまらず、原告の意思決定の自由が侵害されていたこと」等の諸事情に照らし、本件徴収行為により原告の被った精神的苦痛は金銭的な慰謝に十分に値するとしたうえで、その慰謝料額については、150万円とするのが相当であるとした。

そのほか、弁護士費用のうち120万円を損害とした。

なお、みかじめ料支払相当額とこれに関する確定遅延損害金に関する主位的損害賠償請求はその全部が認容されるため、予備的不当利得返還請求に対する判断はされていない。

3　Ｙ₁の使用者責任の有無について

本判決は、以下のとおり、Ｙ₂が、Ｙ₁の事業の執行についてＸに損害を加えたものと認め、Ｙ₁の使用者責任を肯定した。

「①Ｅ組は、その威力をその暴力団員に利用させ、又はその威力をその暴力団員が利用することを容認することを実質上の目的とし、下部組織の構成員に対しても、Ｅ組の名称、代紋を使用するなど、その威力を利用して資金獲得活動をすることを容認していたこと、②被告Ｙ₁は、Ｆ会の会長であった時期においては、Ｅ組の二次組織であるＦ会の組員から、Ｅ組の組長である時期においては、Ｅ組の一次組織の組員から、それぞれ毎月上納金を受け取り、また、Ｅ組の二次組織以下の組長は、それぞれその所属組員から、毎月上納金を受け取り、前記①の資金獲得活動による収益が被告Ｙ₁に取り込まれる体制が採られていたこと、③被告Ｙ₁は、Ｆ会の会長であった時期においては、Ｆの下部組織であるＧ及びＨ会の構成員を、Ｅ組の組長である時期においては、ピラミッド型の階層的組織を形成するＥ組の頂点に立ち、Ｅ組の構成員を、それぞれ擬制的血縁関係に基づく服従統制下に置き、被告Ｙ₁の意向がＦ会又はＥ組の下部に位置する末端組織の構成員に至

るまで伝達徹底される体制が採られていたことが明らかである。

したがって、被告Ｙ₁は、Ｆ会又はＥ組の下部組織の構成員を、その直接間接の指揮監督の下、Ｆ会又はＥ組の威力を利用しての資金獲得活動に係る事業に従事させていたということができるから、被告Ｙ₁とＥ組の下部組織の構成員との間には、同事業につき、民法715条１項所定の使用者と被用者の関係が成立していたと解するのが相当である。

また、被告Ｙ₂の原告に対する本件徴収行為は、原告が暴力団やみかじめ料についての認識を有していることを知りながら、自身がＦ会又はＥ組の下部組織の構成員であるという立場を利用して原告を畏怖させ、その意思に反してみかじめ料を徴収する行為である。また、本件徴収行為によって被告Ｙ₂が取得するみかじめ料は、Ｆ会又はＥ組の威力を利用して資金獲得活動をすることの対価として、上納金制度を介して上部組織であるＦ会又はＥ組に支払われている。

したがって、被告Ｙ₂の原告に対する本件徴収行為は、Ｆ会又はＥ組の威力を利用しての資金獲得活動に係る被告Ｙ₁の事業の執行として行われたといえる。」

なお、Ｘの暴対法31条の２に基づく請求の認容額は、これと選択的併合の関係にある使用者責任に基づく請求についての認容額を超えないことが明らかであるとして、Ｘの暴対法31条の２に基づく請求については判断していない。

Ⅲ　分析と展開

本件は、いわゆるみかじめ料の徴収による被害を受けた者を救済する方法として、実行者である暴力団組長に対して不法行為に基づく損害賠償請求を認めたのみならず、その最上位の指定暴力団の組長の使用者責任を肯定した初めての裁判例であると思われる（注１）。

1　みかじめ料被害の回復

みかじめ料とは、暴力団がその縄張内で営業を営む者（飲食店等の営業者等）に対し、名目のいかんを問わず、その営業を営むことを容認する対価として支払わせる金品等をいうもの、あるいは守料、用心棒代といった意味をもたせて支払わせる金品等をいうものとされる（注２）。みかじめ料は現在も暴力団の重要な資金源になっている（注３）。

みかじめ料徴収を防ぐ対策については、みかじめ料徴収に対する規制のほか、みかじめ料徴収に対抗する運動（縁切り同盟運動（注４））等がある。

このうち、みかじめ料徴収に対する規制について

は、まず、暴対法は、支配地域内にある事業者に対するみかじめ料徴収を暴力的要求行為として禁止している（具体的要件については、暴対法9条1項4号、5号参照）ほか、各都道府県で制定されてきた暴力団排除条例においても、暴力団への利益供与の禁止として、徴収する側の暴力団員のみでなく、特定の地域内の一定の事業者等に対してもみかじめ料等の支払いを、罰則をもって規制する定めをすることがある（注5）。

しかし、すでに徴収されたみかじめ料被害の救済は、実行者が恐喝罪等で刑事罰を受けたとしても、実行者の資力が十分でないことが多いうえ、仮にある程度の資力があることが想定されたとしても被害者側で執行可能な資産を把握することは困難であることも多いことから、必ずしも容易ではない。

そこで、みかじめ料被害の救済については、実行者の所属する暴力団の上部団体（指定暴力団組長）に対する民法715条の使用者の責任に基づく損害賠償請求や、暴対法31条の2の威力利用資金獲得活動に対する損害賠償請求を検討する必要がある。

2　本判決の位置付け

本判決は、前述のとおり、いわゆるみかじめ料の徴収による被害を受けた者を救済する方法として、みかじめ料徴収行為を不法行為と認め、当該徴収行為の実行者である暴力団組長に対する不法行為に基づく損害賠償請求を認めたのみならず、その最上位の指定暴力団の組長の使用者責任を肯定した初めての裁判例であると思われる（注6）。

内容を検討すると、以下の点が注目される。

（1）　みかじめ料の支払いに関する事実認定

Xは、Y₂からみかじめ料の支払いを求められたので、長期にわたりみかじめ料をやむなく支払った旨主張するのに対し、Y₂は、Xは、平成10年8月初旬頃、Y₂とは別の、H会の若頭（当時）であった組員との間で、Xのクラブ経営に際し生じる困りごとを未然に防止するとともに、実際に困りごとが発生した場合は、直ちに相談に乗り解決に導くことを委任事項とする準委任契約またはこれに類似する契約を締結し、その報酬を月10万円と約束した。その後、上記報酬は月5万円、3万円と減額されたが、委任事項に変更はない等と主張し、Y₂自身の金銭受領や、金銭の趣旨について争った。

この点について、本判決は、本判決に先行したY₂を被告人とする刑事事件の確定判決等から、Y₂が、Xに対し本件要求行為2を行ったことが認められるところ、「『新しい店に替わっても、若い衆に取りに行かせるよ。払わなければ放火するぞ。』という脅迫は、本件パーティ以前の金銭の支払が任意のものであることとは整合せず、むしろ、本件パーティ以

前の金銭の支払も原告を畏怖させて行わせたものであったことを利用し、クラブ甲開店後も金銭の支払を継続させる目的で行われたものとみるのが相当である」と判示した。その他、被告らの主張に沿う本件刑事事件の証人尋問における供述調書の内容や本件刑事事件におけるY₂の供述内容については、その信用性を検討したうえで採用せず、Y₁およびY₂の主張を認めなかった。

前提として、そもそも、みかじめ料は、通例現金で支払われ、受領した相手が領収書を交付するとも限らないことから、いくら支払ったのかが明らかにならないこともあり得ると思われる。しかし、本判決では、X側で実際に金銭を交付した者が交付日と交付額を詳細に記録していたこと、およびその金額の大部分はY₂の配下の者が「守料」として受領した金銭の額と一致したことから、Xの主張する金額が認められている。

さらに、このような事案においては、被告側からは、本件のY₂が主張したような準委任契約またはこれに類似する契約に基づく金銭受領であるとの反論、金銭を受領したのは配下の者であって自分は受領していないなどという反論が想定される。

本件は、先行する刑事事件においてXが主張するみかじめ料徴収行為の一部が恐喝罪に当たるとの有罪判決があったことから、そこで認められた罪となるべき事実を動かしがたい事実として事実認定を行った。民事介入暴力による被害回復を図るための訴訟においては、本件に限らず、刑事事件の判決や刑事事件の記録を利用した立証活動が行われることがあり、それらの証拠が事実認定の有力な証拠になることが多いが、本判決もその一例であると考えられる。本件のような民事介入暴力被害回復のための訴訟において刑事事件の記録がどこまで利用できるかという点については、今後の課題と思われる。

また、本判決は「原告は、複数回にわたり、被告Y₂に対し、みかじめ料の支払金額を減らすよう懇願して、その了解を得ているものの、みかじめ料の支払を拒否できないという原告の心理状態と、原告の営む店の収入の減少を理由に現実に支払可能な程度にまでみかじめ料の支払額を軽減するよう懇願した原告の行動とは必ずしも矛盾するものではない。むしろ、原告は、前示のとおり、本件条例の施行により、みかじめ料を支払うことも処罰の対象となりうることを知って初めて、みかじめ料の支払を拒否できる心理状態に至り、被告Y₂に対し、その旨申し出たものとみるのが相当である。

また、原告が上記捜査協力を通じて知り合った警察官や弁護士に対して、平成20年8月までみかじめ料を支払っていることについて全く相談しなかった

のは、むしろ、その時まで、原告が被告Ｙ₂の本件要求行為１及びこれに基づく本件徴収行為により畏怖していたためであるとも考えられるから、上記の点は、特に不自然ないし不合理ではない」と判示した。これは、本件事案に即した判示であるが、みかじめ料の支払いを余儀なくされた事業者側の事情として必ずしも稀ではない事実経過のように思われ、そのような場合における裁判所の判断の例として参考になる。

　（2）　慰謝料

　みかじめ料徴収行為によってみかじめ料を支払った被害者の財産権が侵害されるのはもちろんであるが、財産権侵害の場合にも精神的損害が問題になり得ること自体は、民法710条の法文から明らかである。本判決は、合計1,085万円のみかじめ料支払いを余儀なくされたＸについて、Ｘの財産が侵害されたというにとどまらず、Ｘの意思決定の自由が侵害されていたこと等の諸事情から、150万円の慰謝料を認めた。この金額をどう評価するかについては困難である（注7）が、いずれにしてもみかじめ料被害の救済を求める訴訟において慰謝料を認めたという裁判所の判断は重要である。

　（3）　消滅時効について

　本件では争点にならなかったが、みかじめ料の徴収行為が不法行為に当たる場合、損害賠償債権の消滅時効の起算点はいつか、また既払いのみかじめ料について不当利得に基づく返還請求をする場合の消滅時効の起算点はいつか、ということは問題になり得る。これについては、今後の検討が待たれる。

　（4）　使用者責任について

　使用者の責任については、本判決は、いわゆる藤武事件最高裁判決（最二判平成16・11・12民集58巻8号2078頁）以降の理論構成を前提とし、これまでの組長責任訴訟において認められてきたＥ組の実態を踏まえた認定がなされていると考えられる。

　暴力団内部の実情を外部から知ることは必ずしも容易ではないことから、使用者責任については、このような裁判例における判断の集積や、刑事事件の記録を適宜利用することにより立証することになると考えられる。

3　実務上の留意点

　本件のような損害賠償請求は、みかじめ料徴収行為による被害を受けた被害者の被害回復を図るためには極めて有益である。

　しかし、被害者は、そもそもみかじめ料の要求を拒否した場合の暴力団側の反発を恐れて要求を甘受している実情があるので、その被害を申告し、訴訟を提起することは、相当な負担となる。また、本件は、民事上の請求の対象となった徴収行為の一部につい

て刑事事件が先行して有罪判決が確定していたという事情が有利に作用していると思われるが、すべての事案についてこのような事情があるとは限らない。

　そのため、実際の訴訟提起にあたっては、他の被害回復のための訴訟と同様ではあるが、警察や検察との十分な連携が必要かつ有益であると思われる。

（注1）　みかじめ料を徴収した暴力団幹部に対する不当利得に基づく返還請求を認めた事例としては、広島高判平成23・4・7（東京弁護士会民事介入暴力対策特別委員会編著『反社会的勢力をめぐる判例の分析と展開』172頁〔國塚道和〕（経済法令研究会・2014年））がある。なお、後掲（注7）参照。

（注2）　加島光＝名越陽子「みかじめ料被害の防止と回復」日本弁護士連合会民事介入暴力対策委員会40周年記念論文集『反社会的勢力・不当要求対策の現在と未来』58頁（金融財政事情研究会・2020年）。

（注3）　警察庁『令和2年版警察白書』123頁。

（注4）　縁切り同盟運動については、加島＝名越・前掲（注2）66頁。

（注5）　例えば、愛知県暴力団排除条例（平成22年10月15日条例第34号）22条2項は「特定接客業者は、特別区域における特定接客業の事業に関し、暴力団員に対し、顧客その他の者との紛争が発生した場合に用心棒の役務の提供を受けることの対価として利益の供与をしてはならない」と定め、相手方が暴力団員であることの情を知って、同条例22条2項の規定に違反した者は、1年以下の懲役または50万円以下の罰金に処するとされる（同条例29条2号）。この規制は、直接的にはみかじめ料を支払う側に対する制限であるが、この規制があることを口実にみかじめ料の支払いを拒むことも期待される。現に、本件事案においては、Ｘは、この規定を理由に、10年以上にわたるみかじめ料の徴収行為を拒むことができたということである（本件判決第3第1項(3)エ。判時2359号52頁）。

（注6）　前記広島高判平成23・4・7は不当利得を理由としてみかじめ料返還請求を認めた事例であることから、使用者責任については問題にならなかった。また、報道によれば、平成27年にもみかじめ料の返還等を求める訴訟が名古屋地裁豊橋支部に提起されたが、平成28年8月31日に一定の和解金を支払うことなどを内容とする訴訟上の和解が成立したということである（和解金額は和解条項に基づき明らかにされていない）。

（注7）　なお、Ｘは、訴訟提起した際、平成25年1月31日時点での確定遅延損害金を合計523万4,718円として訴え提起し、判決でもその支払いが認められた。

FURUYA Takenobu

Ⅴ　被害の回復

30

みかじめ料徴収に関し在監中の指定暴力団代表者の使用者責任を認めた事例

広島高判平成31・2・20、平成30年（ネ）第233号損害賠償請求控訴事件、同第274号同附帯控訴事件、原判決一部変更【確定】、判時2498号110頁

濱田総合法律事務所／弁護士　**濱田 憲孝**

Ⅰ　事案の概要

1　事件概要

　本件は性風俗店の経営者らが、指定暴力団傘下の下部組織の暴力団員からの「みかじめ料」の要求に応じなかったことに対し、現実の襲撃（車両や事務所）を含む脅迫行為を受けたり金員を喝取されたことに関し、下部組織の暴力団構成員および組長に対して、共同不法行為責任および使用者責任に基づき損害賠償を求めるとともに、指定暴力団代表者（会長）に対しても使用者責任および暴力団員による不当な行為の防止等に関する法律（以下、「暴対法」という）31条の2所定の代表者等責任に基づき損害賠償を求めた事案である。

　一審（広島地判平成30・5・30判時2388号69頁）では、下部組織の暴力団構成員および組長に対しては共同不法行為責任に基づき、指定暴力団代表者（会長）に対しては使用者責任に基づき、一審原告らの請求はいずれも一部または全部認容された。これに対し一審被告らが控訴し、一審原告ら4名のうち3名が附帯控訴した控訴審では、一審判決が一部変更され、認容額のうち慰謝料および弁護士費用部分が一部減額された。

2　事実関係

　一審判決および控訴審判決における前提事実および認定事実に基づき本件の事実関係を整理すると、その概要は以下のとおりである。

　(1)　当事者等

　①　一審原告ら

　一審原告X₁は、「C店」、「D店」の名称で派遣型ファッションヘルス（以下、「デリヘル」という）店を経営していた者である。一審原告X₂は、「E店」の名称でデリヘル店を経営していた有限会社である一審原告X₃の代表取締役である。一審原告X₄は、「F店」、「G店」の名称でデリヘル店を経営していた者である。

　②　一審被告ら

　一審被告Y₁は、広島市およびその周辺を縄張りとし暴対法3条所定の指定を受けた指定暴力団A会の会長で、本件で問題とされる各不法行為が行われ

た時期より前の平成16年6月14日に別件で逮捕され、その後勾留中であった。一審被告Y₂は、A会の直参の執行部役員であり、A会傘下の暴力団Y₂組の組長である。一審被告Y₃は、A会の直参で、A会傘下の暴力団B組の組長である。一審被告Y₄は、B組の組員である。

　(2)　被害態様等

　①　一審原告X₁について

　一審被告Y₄は、平成24年12月10日、C店およびD店に電話をして、一審原告X₁や従業員に対し、「B組のY₄」であることを名乗ったうえ、暗にみかじめ料の支払いを要求したが、一審原告X₁はこれに応じなかった。その後一審原告X₁は、平成25年1月4日以降、女性従業員の送迎用車両の運転中に尾行されたり、同車両で待機中にY₂組の関係者からみかじめ料の支払いについて話しかけられる等していたが、同月19日に、同車両で待機中、氏名不詳者らからフロントガラスなどを金属バット様の棒でたたき割られるなどの被害を受けた。

　そのため、一審原告X₁は、平成25年1月以降同年7月にかけて、計6回にわたり一審被告Y₄らに対し、各10万円（合計60万円）を支払った。

　②　一審原告X₂、X₃について

　一審被告Y₄は、平成24年12月10日と同月18日、一審原告X₂が代表取締役を務める有限会社（一審原告X₃）が経営するE店に電話をかけて、その従業員に対し「どこに面倒を見てもらっているか」などと問うた。

　その後、平成25年2月13日にもE店には、氏名不詳者から同旨の電話があり、同月21日には、E店の従業員の運転する女性従業員の送迎用車両が、何者かが運転する車に執拗に追い回される被害を受けていたが、同年7月19日には、氏名不詳者により、サービスを終えた女性従業員を乗せたE店の従業員運転の自動車のフロントガラス等を金属バット様の棒でたたき割られるなどの被害を受けた。

　③　一審原告X₄について

　平成24年10月から12月頃にかけて、氏名不詳者から一審原告X₄の経営するG店に電話があり、「どこに面倒を見てもらっているんだ」などと言われて

いた。

その後、平成25年3月15日、氏名不詳者からF店に女性従業員の派遣依頼があり、一審原告X₄が女性従業員の送迎用車両を運転して路上に赴き停車中のところ、何者かから同車両のフロントガラス等をバール様の棒でたたき割られ、同車を発進させた後も自動二輪車で追い回されたうえ、その車体等をバール様の棒でたたき壊されるなどの被害を受けた。

一審原告X₄は、平成25年3月18日、氏名不詳者からのF店への電話で「次は車だけじゃすまんで。死ぬで」、「A会じゃ」などと言われていた。また、一審被告Y₃は、同年4月末頃、F店に電話をかけ、一審原告X₄が別に経営する会社の事務所の所在地等を聞き出していた。

その後、平成25年7月1日、広島市内において一審原告X₄がデリヘル店とは別に経営する会社の事務所に所在中、氏名不詳者らに押し入られ、「お前がX₄だな」などと言われ、同所のテレビ、冷蔵庫等をバット様の棒でたたき壊されるなどの被害を受けた。

(3) 刑事事件

① 一審被告Y₂

一審被告Y₂は、平成25年9月に一審原告X₁に対する恐喝罪で起訴（その後、組織的な犯罪の処罰及び犯罪収益の規制等に関する法律違反へ訴因変更）され、平成26年3月には、一審原告X₂に対する組織的な犯罪の処罰及び犯罪収益の規制等に関する法律違反で起訴された。

一審被告Y₂は、平成29年3月、広島地方裁判所で公訴事実全部について有罪判決を受け、これに控訴したが、同年9月、広島高等裁判所で控訴棄却の判決を受けた。

② 一審被告Y₃、Y₄

一審被告Y₃、Y₄は、平成26年7月、一審原告X₄に対する組織的な犯罪の処罰及び犯罪収益の規制等に関する法律違反により起訴され、平成29年3月、広島地方裁判所で公訴事実全部について、有罪判決を受けた。

3 請求内容および訴訟経過

(1) 請求内容

一審原告らは、平成28年9月19日、一審訴訟を提起し、一審被告Y₁に対しては使用者責任および暴対法31条の2に基づき、一審被告Y₂、Y₃、Y₄に対しては共同不法行為責任および使用者責任に基づき、以下のような請求を行った。

① 一審原告X₁は、一審被告らに対し、692万2,954円（みかじめ料60万円、自動車の修理費用50万6,604円、転居費用18万6,350円、慰謝料500万円、弁護士費用63万円）およびこれに対する平成25年7月30日（みかじめ料の最終支払日）から支払済みまで年5分の割合による遅延損害金の連帯支払いを求めた。

② 一審原告X₂は、一審被告らに対し、558万円（転居費用7万円、慰謝料500万円、弁護士費用51万円）およびこれに対する平成25年7月19日（車両の襲撃日）から支払済みまで年5分の割合による遅延損害金の連帯支払いを求めた。

③ 一審原告X₃は、一審被告らに対し、98万2,570円（車両購入費用70万円、転居費用19万2,570円、弁護士費用9万円）およびこれに対する平成25年7月19日（車両の襲撃日）から支払済みまで年5分の割合による遅延損害金の連帯支払いを求めた。

④ 一審原告X₄は、一審被告Y₁、Y₃、Y₄に対し、891万円（物的損害10万円、慰謝料800万円、弁護士費用81万円）およびこれに対する平成25年7月1日（事務所襲撃日）から支払済みまで年5分の割合による遅延損害金の連帯支払いを求めた。

(2) 訴訟経過

一審の広島地方裁判所では、平成30年5月30日、一審被告Y₁については使用者責任に基づき、一審被告Y₂、Y₃、Y₄については共同不法行為責任に基づき、一審原告らの請求を一部また全部認容する以下のような判決がなされたところ、一審被告らはいずれも控訴し、その後一審原告X₁、X₂、X₄が附帯控訴した。

① 一審原告X₁の請求については、582万2,954円（みかじめ料60万円、自動車の修理費用50万6,604円、転居費用18万6,350円、慰謝料400万円、弁護士費用53万円）の一部認容判決。

② 一審原告X₂の請求については、448万円（転居費用7万円、慰謝料400万円、弁護士費用41万円）の一部認容判決。

③ 一審原告X₃の請求については、全部認容判決。

④ 一審原告X₄の請求については、671万円（物的損害10万円、慰謝料600万円、弁護士費用61万円）の一部認容判決。

Ⅱ 判決要旨

1 争点および事実認定の概要

本件では、上記において整理した事実関係の下、(1)一審原告X₁に対する不法行為および共謀の有無（争点1）、(2)一審原告X₂、X₃に対する不法行為および共謀の有無（争点2）、(3)一審原告X₄に対する不法行為および共謀の有無（争点3）、(4)一審被告Y₂の使用者責任の有無（争点4）、(5)一審被告Y₃の使用者責任の有無（争点5）、(6)一審被告Y₁の使

用者責任の有無（争点6）、⑺一審被告Y₁の暴対法31条の2に基づく責任の有無（争点7）、⑻一審被告Y₁に暴対法31条の2を適用することの違憲性（争点8）、⑼一審原告らの各損害（争点9）、⑽消滅時効の成否（争点10）、が争点として争われた。

一審では、争点1、2について、一審原告X₁、X₂、X₃に対する不法行為とこれに関する一審被告Y₂、Y₃、Y₄の共謀を認定し、争点3について、一審原告X₄に対する不法行為とこれに関する一審被告Y₃、Y₄の共謀を認定し、争点6について、一審被告Y₁の使用者責任を認定したうえで、争点9について、一審原告らの各損害額を判断している。一審ではその他、争点10について、一審被告Y₁からの消滅時効の主張を排斥する判断を行っているが、選択的併合の関係にある争点4、5、7、8については、いずれも判断を要しないものとしている。

控訴審も、基本的に一審判決の認定事実等を引用して一審の判断枠組みを維持しつつ（一部補正）、争点9について、一審原告X₂、X₄の損害額のうち、慰謝料および弁護士費用の部分についてこれを変更（減額）している。

2 認定事実および争点に対する判断等

⑴ A会等の資金獲得活動について

一審判決は、個別の争点の判断に入る前に、A会およびその傘下組織における資金獲得活動について、「A会では、かねてより各傘下組織が派遣型ファッションヘルス店（デリヘル店）を含む様々な業者から徴収するみかじめ料などを重要な資金源の一つと位置付け、これら暴力団として受け取る金銭のうち三割をA会本部に上納することとし、残りの七割が各傘下組織の活動費とされていた」、「A会は、合議体の執行部によって運営されており、……。執行部の指示は、執行部を含めた全組長と準直参までで構成される幹部会を通じて伝達され、A会全体に指示が行き渡るシステムになっていた」とし、A会およびその傘下組織における資金獲得活動として、風俗店等からのみかじめ料の上納制度や執行部の指示がA会全体に行き渡るシステムが存在していたことを認定し、控訴審判決もこれら認定を引用している。

さらに一審判決は、「A会は、遅くとも平成21年頃から、傘下組織のうちどの組がどのデリヘル店の面倒を見ているか、すなわち、どのデリヘル店からみかじめ料を徴収しているのかをまとめた一覧表（以下「管理表」ということがある。）を作成、更新してその把握、管理を続けていたところ、……B組が管理表の作成等を担うようになり、B組組長である被告Y₃から指示を受けたB組組員の被告Y₄……

が実際の作成等に当たっていた」、「本件居室からは、E店を含む、みかじめ料を支払っていないことがうかがえる複数のデリヘル店の記載とともに、……『（実行内容）時間指定予約にて女性の派遣（空予約）を依頼の方法で営業妨害を行い、指定場所に来た送迎車の車種、ナンバーを確認した。』『（効果）・空予約を入れることで、他の客からの依頼を受けられず、店が回らない。……指定場所附近で見張ることで、送迎車の車種・ナンバーが分かり尚且つ車を尾行することで事務所・待機場所も分かる』……などと記載された書面も発見されており、これらは、デリヘル店に対する営業妨害の仕方やデリヘル店の事務所等の所在を探る方法及びその実施した結果に当たる内容である」と判示しており、A会において、みかじめ料徴収がB組を中心として管理され、みかじめ料の徴収に応じないデリヘル店への対応方法も組織的に準備されていたことを認定し、控訴審判決もこれら認定を引用している。

⑵ 共同不法行為に関して（争点1、2、3）

一審判決は、一審原告X₁に対する不法行為を「本件不法行為一」、一審原告X₂、X₃に対する不法行為を「本件不法行為二」、一審原告X₄に対する不法行為を「本件不法行為三」と整理し、上記Ⅰ2⑵に概要を記載した本件不法行為一、二、三をそれぞれ認定したうえで、下記のような事実を摘示して「……本件各不法行為は、これに関与した者が、個人的に行動したものではなく、A会又はB組若しくはY₂組により、上位者の指示ないし了解に基づいて行動していたと推認することができる」とし、一審被告Y₂、Y₃、Y₄の共謀をそれぞれ認定し、控訴審判決もこれら認定を引用している。なお、控訴審判決では、本件不法行為一、二、三のいずれについても、「襲撃をした犯人が特定されていないことは、上記判断を左右するものではない」として、襲撃の実行犯が特定されていないことは、共謀の認定に影響を及ぼさない旨が付加されている。

共謀の認定に際して一審判決が摘示し、控訴審判決も引用する具体的事実としては、争点1について、「本件各不法行為は、A会の傘下組織が、A会の本部ないし執行部の指示の下、A会の傘下組織のみかじめ料の徴収状況と傘下組織のいずれにもみかじめ料を支払っていない店舗を把握するための管理表をB組に作成させ、その徴収状況の把握や管理をしていた最中に起こったものであり、A会並びにその傘下組織であるB組及びY₂組には、みかじめ料を徴収するという本件各不法行為を実行する目的と、実際にみかじめ料を要求する先の選定に関する資料が存在した」、「本件各不法行為について、B組若しくはY₂組の組員又は関係者複数名が関与して

いること、所属ないし関与する組織を明らかにして連絡先を伝え、みかじめ料の支払を要求し、その徴収状況の管理がされていたといえる」、「B組組員である被告Y₄は、原告X₁に対してみかじめ料の支払いを要求し、後にその一部を受け取っている」等があり、争点2については、「本件不法行為二の経過には本件不法行為一の経過との共通性があることから、本件不法行為二の全過程が一つの犯人グループによって行われたものということができる」、「B組組長である被告Y₃は、本件不法行為一同様、被告Y₄にE店への電話をかけさせたほか、これら配下の組員ないし関係者を本件不法行為一に関与させていたと認められる」等があり、争点3については、「被告Y₃は、……原告X₄が経営する本件別会社の事務所の所在地等を聞き出しており、その際に聞き出した内容を知る者が同事務所を襲撃したことが認められる……」、「……事務所襲撃に必要な情報が記載されている被告Y₃が作成したメモは、B組の事務所であり被告Y₄の住居でもある本件居室でシュレッダー処分されている……」等が挙げられる。

　なお、一審被告Y₂、Y₃、Y₄は、争点1、2、3において共謀を否認し争っていたが、一審判決およびこれを引用する控訴審判決では、いずれも「共謀とは無関係であるといえる具体的、合理的な説明をしないから、採用できない」として、一審被告Y₂、Y₃、Y₄の主張を排斥している。

　（3）一審被告Y₁の使用者責任の有無（争点6）

　一審被告Y₁は、自身の使用者性や本件不法行為一、二、三の事業執行性を争ったが、一審判決は以下のとおり判示して一審被告Y₁の主張をいずれも排斥し、控訴審判決も基本的にこの認定を引用している。

　①　事業性・使用者性について

　まず一審判決は、「A会は、その傘下組織が暴力団であるA会の威力を利用した資金獲得活動としてデリヘル店等からみかじめ料を徴収することを促し、これを管理していた上、それから得られる資金の一部を上納金として受け取っていた」、「被告Y₁は、指定暴力団であり階層的な組織体制が採られているA会の会長、すなわち最上位の地位にある者であるから、暴対法3条3号が定める『代表者等』に当たり、A会及びその傘下組織に属する構成員に対し、自らの指示や意向に従わせる統制下に置き、指揮監督をする関係にあったことが推認でき、これを覆すに足りる証拠はない」とし、資金獲得活動としてのみかじめ料徴収の事業性やA会における一審被告Y₁による指揮監督関係の存在を認定し、控訴審判決もこれを引用する。

　これに対して一審被告Y₁は、本件各不法行為が行われた時期より前から自身が在監中であったことを理由に指揮監督関係の存在を争ったが、一審判決は、「被告Y₁が、長期間の逮捕勾留中、A会の構成員と直接接触していなかった事実が認められるとしても、指揮監督関係は、現実に指揮監督が行われていたことを要するものではなく、客観的にみて指揮監督をすべき地位にあったことをもって足りると解すべきであるから、A会の執行部ないし幹事会に対して指揮監督したかどうかは問題にならない。また、被告Y₁の主張によっても、逮捕勾留前には、客観的にみて指揮監督すべき地位にあったことが明らかであり、かつ、その後、この地位を失ったことを認めるに足りる証拠はない。……被告Y₁は、自らの逮捕勾留中についてA会及びその傘下組織に属する構成員の指揮監督を、会長代行以下の役職者で構成される執行部に委ね、その下位に位置付けられている幹部会及び直参会等を通じて行っていたことが認められ、これを覆すに足りる証拠はないから、被告Y₁と被告Y₂ら3名との間に指揮監督関係があったことは否定されない」とし、一審被告Y₁の主張を排斥し、控訴審判決もその認定を引用する。

　そのうえで一審判決は、「被告Y₁は、A会及びその傘下組織に属する構成員をして、暴力団の威力を利用した資金獲得活動に係る事業に従事させていたといえるから、被告Y₁と、その傘下組織の構成員である被告Y₂ら3名との間には、上記の事業について、民法715条1項が定める使用者と被用者の関係が成立していたというべきである……」と判示して一審被告Y₁の使用者性も認定し、控訴審判決もその認定を引用している。

　②　事業執行性について

　一審被告Y₁は、資金獲得活動の事業執行性も争っていたが、一審判決は、「被告Y₂ら3名らによる本件不法行為一及び二、被告Y₃及びY₄らによる本件不法行為三は、いずれも、原告X₁、原告X₂及び原告X₄に対し、その意思に反してみかじめ料を徴収し、又は徴収しようとし、その過程で襲撃を行うなどしたものであって、A会及びその傘下組織の威力を利用した資金獲得活動である被告Y₁の事業の執行として行われたことが明らかである」と判示して一審被告Y₁の主張を排斥し、控訴審判決もこれを引用している。

　③　暴対法31条の2との関係

　一審被告Y₁は、暴対法31条の2は民法715条1項の特別法であるから、同項は本件に適用できない旨主張していたところ、一審判決は、「暴対法31条の3は、指定暴力団の代表者等の損害賠償責任について、同法の規定に加えて民法の適用がある旨定め

ている」として一審被告Y₁の主張を排斥したが、控訴審判決では、「暴対法31条の2の趣旨（被害者の救済を図る趣旨であって、被害者による責任追及の途を狭める趣旨であるとは解されないこと）や暴対法31条の2と民法715条1項の要件の相違に鑑みれば、暴対法31条の2によって民法715条1項の適用が排除されるとは解されない」等として理由を改めたうえで、結論としては一審判決と同様に一審被告Y₁の主張を排斥している。

（4）一審原告らの各損害（争点9）

① 一審原告X₁の損害

一審判決は、一審原告X₁の請求する損害のうち、実損部分については全部認めたうえで、慰謝料部分について、「原告X₁は、……経営するC店及びD店の営業を妨害され、その上、乗車中の車両のフロントガラスをたたき割られるなどの激しい襲撃を受け、自らの生命や身体にまで危害を加えられるかもしれないとの差し迫った著しい恐怖を抱き、その挙句に自らの意思に反してみかじめ料の支払要求に応じざるを得なくなったものであり、その後も上記の恐怖は解消していないのであって、その精神的苦痛は甚大である。……これらの行為に対する慰謝料額は、400万円をもって相当と認める」とし、その他弁護士費用53万円を認定し、控訴審判決も、その認定を引用し維持している。

② 一審原告X₂の損害

一審判決は、一審原告X₂の請求する損害のうち、実損部分については全部認めたうえで、慰謝料部分について、「原告X₂は、本件不法行為二により、A会及びその傘下組織の威力を背景にみかじめ料の支払いを要求され、これに直ちに応じなかったことから、計画的に送迎車両を追尾されるなどした後、従業員が乗車している車両のフロントガラス等をたたき割られるなどの激しい襲撃を受け、自らの生命や身体にまで危害を加えられるかもしれないとの差し迫った著しい恐怖を抱いたものであり、その後も上記の恐怖は解消していないのであって、その精神的苦痛は甚大である。……これらの行為に対する慰謝料額は、400万円をもって相当と認める」とし、その他弁護士費用41万円を認定した。

これに対し控訴審は、「一審原告X₂自身が直接襲撃されたものではないこと、金銭の交付には至っていないことなどの事情があり、これらの点は慰謝料額の判断において考慮すべき事情の一つといえる」とし、結論として「慰謝料額は、300万円をもって相当と認める」とし、弁護士費用も31万円に改める認定の変更を行っている。

③ 一審原告X₃の損害

一審判決は、一審原告X₃の請求する実損部分および弁護士費用について、全額を認容しており、控訴審判決もこれを引用し結論を維持している。

④ 一審原告X₄の損害

一審判決は、一審原告X₄の請求する損害のうち、実損部分については全部認めたうえで、慰謝料部分について、「原告X₄は、本件不法行為三により、A会及びその傘下組織の威力を背景にみかじめ料の支払を要求され、これに直ちに応じなかったことから、乗車していた車両のフロントガラス等をたたきわられるなどの激しい襲撃を受けた上に、デリヘル店とは無関係の原告X₄が別に経営する会社の事務所の所在地を執拗に調べられ、これが突き止められて再び襲撃を受けたことにより、自らの生命や身体にも危害を加えられるかもしれないとの計り知れない恐怖を抱いたものであり、その後もこれらの恐怖は解消していないのであって、その精神的苦痛は極めて甚大である。……これらに対する慰謝料額は、600万円をもって相当と認める」とし、その他弁護士費用61万円を認定した。

これに対し控訴審は、「2度の襲撃を受けたものの身体的な損害は発生していないこと、本件不法行為三の期間……は5か月弱にとどまっていること、金銭の交付には至っていないことなどの事情も認められる」等とし、結論として「慰謝料額は、500万円をもって相当と認める」とし、弁護士費用も51万円に改める認定の変更を行っている。

Ⅲ 分析と展開

1 本判決の位置付け

本判決は、みかじめ料の徴収に応じなかった風俗店経営者らに対して、指定暴力団の構成員らが加えた現実の襲撃等の不法行為について、指定暴力団代表者の使用者責任（民法715条1項）を認めたものであり、指定暴力団代表者の使用者責任を初めて認めた最高裁判例（最二判平成16・11・12民集58巻8号2078頁）の法理を前提とした、事例判断であると位置付けられる。

2 本判決の分析

上記のとおり本判決は、指定暴力団代表者の使用者責任を認めた最高裁判例の法理を前提とした事例判断と位置付けられるが、(1)みかじめ料の徴収に関するものであること、(2)在監中の指定暴力団代表者の使用者責任を認めていること、(3)被害態様に応じて異なる慰謝料額を認定していること等が、その特徴として挙げられる。

以下、これら各特徴に着目して本判決を分析・検討する。

(1) みかじめ料の徴収

①　みかじめ料とは、暴力団がその縄張り内で営業を営む者（飲食店等の営業者等）に対し、名目のいかんを問わず、その営業を営むことを容認する対価として支払わせる金品等をいうもの、あるいは守料、用心棒代といった意味をもたせて支払わせる金品等をいうものとされる（注1）。暴力団による伝統的な資金獲得手段の一つであり、現在においても暴力団の有力な資金源となっている（注2）。そして、本件のようなみかじめ料の徴収拒否に対する暴力団関係者からの報復事件も、各地で現実に発生している（注3）。

②　みかじめ料徴収に対する法規制としては、暴対法上の暴力的要求行為の禁止があり（暴対法9条1項4号、5号）、これに反する暴力的要求行為を行った場合等には、都道府県公安委員会から中止命令等を発出することが可能となっている（注4）。また、各都道府県で制定されている暴力団排除条例においても、みかじめ料等の支払いを、罰則をもって規制する例が多くなっている（注5）。

こうした法規制等により、みかじめ料徴収にからむ犯罪被害の防止が図られているが、上記のとおりみかじめ料の徴収にからむ被害事件は各地で現実に発生しており、これら犯罪被害の救済手段として、指定暴力団代表者への責任追及を求める「組長責任訴訟」が各地で提起されている（注6）。

(2)　在監中の指定暴力団代表者の使用者責任

本判決は、みかじめ料徴収にからむ指定暴力団の構成員等による金銭的・精神的被害に関し、指定暴力団代表者の使用者責任（民法715条1項）を認めたものであり、上記のとおり指定暴力団代表者の使用者責任を初めて認めた最高裁判例（最二判平成16・11・12民集58巻8号2078頁）の法理を前提とした事例判断である。

上記最高裁判例以降、指定暴力団の末端の構成員が行った不法行為について指定暴力団代表者の使用者責任を認める裁判例が、みかじめ料徴収にからむ事案以外にも出されており（注7）、組長責任訴訟における使用者責任の判例法理はすでに確立されたものといえる。以下、本判決における事業性・使用者性・業務執行性の認定状況について分析・検討する。

①　事業性・使用者性

本判決では、A会について、暴対法2条3号所定の指定暴力団に指定されていることを理由に、威力を利用した資金獲得活動を行うための階層的な組織体制が採られていることを簡潔に認定したうえで、デリヘル店等からのみかじめ料徴収等についての事業性と指定暴力団代表者（一審被告Y₁）の使用者性についても簡潔に認定している。

ただし本件では、指定暴力団代表者（一審被告Y₁）が、本件各不法行為時に在監中であったいう事情があることから、その点について上記のとおり「指揮監督関係は、現実に指揮監督が行われていたことを要するものではなく、客観的にみて指揮監督をすべき地位にあったことをもって足りると解すべきである」、「被告Y₁は、自らの逮捕勾留中についてA会及びその傘下組織に属する構成員の指揮監督を、会長代行以下の役職者で構成される執行部に委ね、その下位に位置付けられている幹部会及び直参会等を通じて行っていたことが認められ、……被告Y₁と被告Y₂ら3名との間に指揮監督関係があったことは否定されない」として、使用者性を争う一審被告Y₁の主張を排斥している。

判例上、使用者責任における使用者性の要件は非常に緩やかに解釈されており（注8）、階層的ないし重畳的使用関係のケースについては、「直接間接の指揮監督関係」が及んでいれば、使用者性があるものとされている（最二判昭和37・12・14民集16巻12号2368頁）。

本判決で着目すべき点は、現実の指揮監督がなくても「客観的にみて指揮監督をすべき地位にあったことをもって足りる」とし、使用者性をより広く解釈したと思われる点であるが、使用者責任の要件を非常に緩やかに解釈する判例の傾向からすれば、結果の妥当性も含め是認できる判断といえよう。

②　業務執行性

使用者責任における業務執行性についても、判例はいわゆる「外形理論」によって緩やかに判断し、暴力行為については、被害者の被った損害が「事業の執行行為を契機とし、これと密接な関連を有すると認められる行為」によって生じた場合に業務執行性を認めており（最三判昭和44・11・18民集23巻11号2079頁ほか）、威力利用資金獲得活動の場面においては、「威力を利用しての資金獲得活動に係る事業の執行と密接に関連する行為」についても、広く業務執行性を認めている（最二判平成16・11・12民集58巻8号2078頁）。

本判決においては、みかじめ料の徴収行為に加え、襲撃行為等についても、業務執行性が是認されているが、上記判例理論を踏まえた相当な判断といえる。

(3)　被害態様に応じた慰謝料額

本件では、一審原告X₁、X₂、X₄は、それぞれ車両の襲撃等の被害を受け、これに対する慰謝料請求が認容されているが、被害態様により認容額がそれぞれ異なっている。

具体的には、直接の襲撃を1度受け金銭を喝取された一審原告X₁は400万円、直接の襲撃を受けず

金銭の支払いもない一審原告Ｘ₂は300万円、直接の襲撃を２度受けたが金銭の支払いのない一審原告Ｘ₄は500万円が、それぞれ認容されている。

一審原告らの被害態様はそれぞれ微妙に異なっており、そうした被害態様の違いに応じて異なる慰謝料額が認定されている本判決は、同種事案での慰謝料請求の場面において、慰謝料額を算定するうえで参考になるといえよう。

3 展開（暴対法31条の２との関係）

本件においては、指定暴力団代表者に対する責任追及の根拠として使用者責任の他に暴対法31条の２も主張されていたが、結論として使用者責任に基づき請求が一部認容され、暴対法31条の２を根拠とする請求については判断がなされていない。

暴対法31条の２に基づく代表者等責任は、指定暴力団の内部構造の立証が一般的に困難である点に鑑み、組長責任訴訟における使用者責任の立証責任を軽減する目的で平成20年改正により導入された経緯があるが（注９）、使用者責任と選択的併合の関係で主張された事案において、使用者責任についてのみ判断される事例が散見される（〔本書Ⅴ-26、29〕など）。

暴対法31条の２が導入された経緯からすれば、立証責任が軽減された同規定に基づく認定の方が一般的に容易となるはずであるが、使用者責任における「使用者性」等について非常に緩やかに解釈する判例法理が確立されているといえることから、先例に則った認定がし易い使用者責任を選択する裁判官が少なくないという事情があり、結果として暴対法31条の２に基づく認定が回避される場合があるのではないかと思料される。

しかし、使用者責任による認定が難しく、暴対法31条の２に基づく認定が必要となる場合も当然にあり得る以上、暴対法31条の２の有用性に変わりはなく、被害救済の場面において、今後も積極的に利用されるべきである。

（注１）加島光＝名越陽子「みかじめ料被害の防止と回復」日本弁護士連合会民事介入暴力対策委員会40周年記念論文集『反社会的勢力・不当要求対策の現在と未来』58頁（金融財政事情研究会・2020年）。

（注２）警視庁『令和３年版警察白書』141頁。

（注３）加島＝名越・前掲（注１）62頁。

（注４）神戸山口組傘下組織の構成員が、みかじめ料名目の金銭の支払いを拒絶した飲食店経営者に暴行を加え負傷させた強盗致傷事件について、被害を受けた飲食店経営者が神戸山口組組長らに対して提訴した損害賠償請求訴訟に関し、兵庫県公安委員会等は、令和元年11月、同組長らに対し、請求者に不安を覚えさせる

ような方法で請求を妨害することなどをしてはならない旨を命じた例等がある（警視庁『令和２年版警察白書』124頁）。

（注５）北海道条例、東京都条例、埼玉県条例、新潟県条例、山梨県条例、静岡県条例、愛知県条例、岐阜県条例、石川県条例、福井県条例、京都府条例、兵庫県条例、広島県条例、熊本県条例、沖縄県条例など（加島＝名越・前掲（注１）59頁参照）。

（注６）みかじめ料徴収をめぐる組長責任追及訴訟としては、広島高判平成23・４・７（東京弁護士会民事介入暴力対策特別委員会編著『反社会的勢力を巡る判例の分析と展開』172頁（経済法令研究会・2014年））、名古屋地判平成29・３・31判時2359号45頁（〔本書Ⅴ-29〕）がある。

（注７）近時の裁判例としては、大阪高判平成27・１・29判時2251号53頁（〔本書Ⅴ-26〕）。

（注８）最二判平成16・11・12判タ1170号134頁参照。

（注９）大野徹也「特殊詐欺事案における指定暴力団トップの損害賠償責任」日本弁護士連合会民事介入暴力対策委員会40周年記念論文集『反社会的勢力・不当要求対策の現在と未来』130頁（金融財政事情研究会・2020年）。

‖ *HAMADA Noritaka* ‖

31 暴対法31条の2に基づき指定暴力団の代表者等の責任が認められた事例

東京高判令和元・12・19、令和元年（ネ）第2884号損害賠償請求控訴事件、控訴棄却【令和3・3・11上告棄却・上告不受理・確定】、裁判所ウェブサイト

下北沢法律事務所／弁護士 **伊庭 潔**

I 事案の概要

1 事案

本件は、いわゆる特殊詐欺の被害者らが指定暴力団の会長職および特別相談役の地位にある者に対し、暴力団員による不当な行為の防止等に関する法律（以下、「暴対法」という）に基づき、損害賠償責任（いわゆる組長責任）を追及した事案である。

2 事案のポイント

(1) 原告ら

原告X_1および原告X_2は、詐欺行為により金銭を詐取された被害者であり、原告X_3は、詐欺グループの嘘を見破り、金銭を詐取されなかった詐欺未遂の被害者である。

(2) 被告ら

被告Y_1は、指定暴力団であるS会の会長であり、被告Y_2は、被告Y_1の前のS会の会長であり、詐欺行為当時、S会の特別相談役の地位にあった者である。

(3) 詐欺行為の内容および詐欺グループ

詐欺グループは、S会の指定暴力団員Fにより組織され、Fにより主導されていた。Fは、自らが所属していた暴力団の使い走りをしていたOに受け子を探すように命じ、Oは、大学生であるKを受け子としてFに紹介していた。

詐欺グループのメンバーは、被害者の親族になりすまし、親族が現金を至急必要としているかのように装って原告X_1、原告X_2ら被害者から金員を騙し取っていた。

II 判決要旨

1 原審（水戸地判令和元・5・23裁判所ウェブサイト）

(1) 詐欺グループを主導したFがS会の暴力団員であるか。

各証拠によれば、Fは、詐欺行為当時、「S会の指定暴力団員であると認められ」る。

(2) S会の特別相談役の地位にある被告Y_2は暴対法31条の2の「代表者等」に当たるか。

被告Y_2は、「S会の特別相談役として、S会の会長等に指導や助言をすることを通じ、その運営に強い影響力を有する者と推認され、」「したがって、被告Y_2は、S会の運営を支配する地位にある者として同法31条の2の『代表者等』に該当すると認めるのが相当である。」

(3) 各詐欺行為が暴対法31条の2の「威力利用資金獲得行為」に該当するか。

① 暴対法31条の2の威力利用資金獲得行為の範囲

「同条（筆者注：暴対法31条の2）にいう『威力利用資金獲得行為』には、当該指定暴力団の指定暴力団員が、資金獲得行為それ自体に当該指定暴力団の威力を利用する場合のみならず、当該指定暴力団員が指定暴力団の威力を利用して共犯者を集める場合など、資金獲得行為の実行に至る過程において当該指定暴力団の威力を利用する場合も含まれると解するのが相当である。」

② 受け子Kとの関係で威力を利用したといえるか。

受け子Kは、詐欺グループを主導するFを紹介された際、Fが指定暴力団員であることを知らなかったこと、詐取した被害金を回収役の男に渡す際に、その男の腕に刺青があったことから、各詐欺行為にヤクザが関与していると考えたにすぎないことから、KがS会の威力によって受け子を引き受けたものとは認められない。また、Fにおいても、Kが、暴力団員が関与していることを恐れて受け子を引き受けたと認識していたとは認められないとして、このKとの関係では、S会の威力を利用されたことによる資金獲得行為であると認めることはできない。

③ 受け子KをFに紹介したOとの関係で威力を利用したといえるか。

Oは、Fから受け子を探すように要求された際、Fの要求を拒否すれば、何かされるのではないかと考え、Oがこれを引き受けたこと、Oは、FがS会の暴力団員であることを認識しFを恐れていたと認められること、Fも、当然にこのOの認識を了知していたと推認されることから、Oは、Fの所属するS会の威力を恐れて、受け子を探すことを引き受

け、受け子としてKをFに紹介したことにより詐欺グループが構成され、詐欺グループにより各詐欺行為が実行されたという関係にある。

したがって、S会の指定暴力団員であるFが、S会の威力を利用して、S会の暴力団員ではないOに受け子を探させ、Oが紹介した受け子と詐欺グループを構成したことにより実行された各詐欺行為は、暴対法31条の2にいう「威力利用資金獲得行為」に該当すると認めるのが相当である。

(4) 損害額

① 精神的損害

詐取された現金額に相当する財産的損害（原告X₁につき300万円、原告X₂につき200万円）のほか、精神的損害が認められるかについて、Fらによる詐欺行為が、親族の非常事態を装い高齢の原告らが親族の身を案じる心情につけこむ卑劣な手口であり、被害額が多額に及んでいることなど、本件に現れた一切の事情を総合すれば、原告らの被った精神的苦痛は、財産的損害の賠償をもって完全に慰謝されるものとはいえないとして、慰謝料として、財産的損害の額の1割（原告X₁につき30万円、原告X₂につき20万円）の賠償を認めた。

他方、詐欺グループの嘘を見破り、金員を詐取されなかった原告X₃については、損害賠償をもって慰謝されるべき精神的損害を被ったものとは認められないとした。

② 弁護士費用

原告X₁および原告X₂につき、各原告らが被った財産的損害および精神的損害の合計額の1割に相当する金額（原告X₁につき33万円、原告X₂につき22万円）を詐欺行為と相当因果関係のある損害として認めた。

他方、詐欺未遂の被害者である原告X₃については、何ら損害が生じていないとして、弁護士費用についても相当因果関係のある損害とは認められないとした。

2 控訴審

原審被告は、原審原告X₁および原審原告X₂の請求を認めた敗訴部分を、原審原告X₃は、自らの請求が棄却された敗訴部分を不服として控訴したが、控訴審は、原審の判決理由をほぼ引用したうえで、いずれの控訴も棄却した。

Ⅲ 分析と展開

1 本裁判例の意義

(1) 暴対法31条の2の「威力利用資金獲得行為」の意義

暴力団の伝統的な資金獲得行為、例えば、暴力団

の縄張りであることを認識させて、飲食店などからみかじめ料を徴収する行為においては、暴力団の威力が不法行為の被害者に対して明示もしくは黙示に示されており、暴力団による威力を利用した資金獲得行為であることは分かりやすい。他方、特殊詐欺においては、被害者は言葉巧みに騙され、金員を取られているため、特殊詐欺に暴力団が関与していたとしても、不法行為の被害者に暴力団による威力が明示もしくは黙示に示されることはない。

本裁判例（原審および控訴審とも、以下同じ）は、特殊詐欺に関して、指定暴力団の指定暴力団員が、資金獲得行為それ自体に当該指定暴力団の威力を利用する場合のみならず、資金獲得行為の実行に至る過程において、当該指定暴力団の威力を利用する場合には、暴対法31条の2の「威力利用資金獲得行為」に該当すると判断した最初の地裁判例および高裁判例であり（注1）、大きな意義がある。

(2) 慰謝料請求

被害者が不法行為により財産上の損害を被っただけの場合には、原則として、慰謝料請求は否定される。つまり、不法行為によって財産上の損害を被った者に財産上の損害のほかに、精神上の損害をも併せて生じたというためには、被害者が、財産上の損害の賠償だけでは償い難いほどの精神的苦痛を被ったと認めるべき特段の事情が存在しなければならないとされている。

本裁判例では、被害者の受けた精神的苦痛は、財産的損害の賠償をもって完全に慰謝されるものとはいえないとして、慰謝料として、財産的損害の額の1割の賠償を認めた点に意義がある。

2 「威力利用資金獲得行為」に関する裁判所の判断

(1) 暴対法31条の2の「威力利用資金獲得行為」の意義

本裁判例は、暴対法31条の2の立法趣旨を示したうえで、「暴対法31条の2は、『威力利用資金獲得行為』について、当該指定暴力団の威力を利用して生計の維持、財産の形成もしくは事業の遂行のための資金を得、または当該資金を得るために必要な地位を得る行為と定義するところ、『威力を利用』するとは、『威力を示す』（同法9条参照）とは異なり、より幅の広い行為態様を意味するものと解される。指定暴力団の縄張りであることを認識させてみかじめ料を徴収する行為などの資金獲得行為それ自体に指定暴力団の威力を利用する場合が、同条の適用対象となることは明らかであるが、前記定義の文言からは、直ちに、威力利用資金獲得行為が、指定暴力団の威力を資金獲得行為それ自体に利用する場合に限定されると解することはできない。」とし、さら

に、「指定暴力団の威力が資金獲得行為それ自体、すなわち資金獲得行為の被害者たる相手方に対し直接利用されていなくとも、例えば、指定暴力団員がその威力を利用して詐欺グループのメンバーを集めて同グループを構成し、同メンバーを利用して詐欺を行って資金を獲得する場合においては、暴力団の威力を利用することによって詐欺という権利侵害行為を実現させていることに照らすと、……同法31条の2の立法趣旨および根拠が妥当するのであって、指定暴力団の威力が資金獲得行為のそれ自体に利用される場合と異なるところはないというべきである（注2）。」と判断し、「同条にいう『威力利用資金獲得行為』には、当該指定暴力団の指定暴力団員が、資金獲得行為それ自体に当該指定暴力団の威力を利用する場合のみならず、当該指定暴力団員が指定暴力団の威力を利用して共犯者を集める場合など、資金獲得行為の実行に至る過程において当該指定暴力団の威力を利用する場合も含まれると解するのが相当である。」との判断を示した。

このように、本裁判例は、「威力を利用」（暴対法31条の2）と「威力を示す」（同法9条参照）の違いから、「威力利用資金獲得行為」の意義を解釈しており、この裁判所の判断はとても説得的である。そして、「威力利用資金獲得行為」には、「資金獲得行為それ自体に当該指定暴力団の威力を利用する場合」に加えて、「資金獲得行為の実行に至る過程において当該指定暴力団の威力を利用する場合」も含まれるとした点は重要であり、今後も同種の訴訟に影響を与えるものと考えられる（注3）。

(2)　具体的なあてはめ

本裁判例は、以上の判断を前提として、①受け子Kおよび②受け子Kを指定暴力団員Fに紹介したOとの関係で、威力の利用の有無を検討した。その結果、前記Ⅱ1(3)に記載したとおり、①受け子Kとの関係では威力の利用を認めず、他方、②Oとの関係では威力の利用を認めた。

後記の「威力利用資金獲得行為」の判断方法とも関係してくるが、資金獲得行為の実行に至る過程における威力利用の事実のみをもって、暴対法31条の2の「威力利用」の有無を判断している点は、妥当な判断方法と考えられる。

3　慰謝料請求に関する裁判所の判断

本裁判例は、被害者の精神的損害に関し、指定暴力団員である「Fらによる親族の非常事態を装い高齢の原告X₁および原告X₂が親族の身を案じる心情につけこむ卑劣な手口であり、被害額は多額に及んでいることなど、本件に現れた一切の事情を総合すれば、原告X₁および原告X₂の被った精神的苦痛は、財産の損害の賠償をもって完全に慰謝される

ものとはいえないから、慰謝料として、財産的損害の額の1割の賠償を認めるのが相当である。」と判断した。

本裁判例は、本件特殊詐欺が「卑劣な手口」であること、「被害額が多額」であること（原告X₁は300万円、原告X₂は200万円）などを具体的な事情として、特殊詐欺の被害者の精神的損害を認めたものである。特殊詐欺は通常「卑劣な手口」に基づく不法行為であり、その「被害額が多額」になることも多いため、同種の訴訟でも、財産的損害に加え、慰謝料の請求が認められることが期待される。

4　今後の課題

(1)　「威力を利用して」の要件

①　はじめに

特殊詐欺による被害を回復するために、暴対法31条の2に基づき、指定暴力団の代表者等に責任を追及していくためには、「威力を利用して」の判断方法および立証方法が重要になってくる。

②　「威力を利用して」の意義

立法担当者は、指定暴力団の「威力を利用して」とは、当該指定暴力団に所属していることにより資金獲得活動を効果的に行うための影響力または便益を利用することをいい、当該指定暴力団の指定暴力団員としての地位と資金獲得活動とが結びついている一切の場合をいうと説明している（注4）。

③　「威力を利用して」の判断方法

暴対法31条の2の「威力を利用して」に関しては、東京地判令和元・6・21裁判所ウェブサイト（〔本書Ⅴ-**33**〕参照）は、暴力団構成員の活動実態、問題となった詐欺行為が暴力団構成員による暴力団の威力の利用を背景として資金を獲得する活動の1つの類型であること、当該詐欺行為を指定暴力団員が実行していたことから、当該詐欺行為は、指定暴力団員による威力利用資金獲得行為と関連する行為と判断した（注5）。この裁判例では、指定暴力団員が現実に威力を行使していたことを具体的に認定せず、前記各理由から、当該詐欺行為が指定暴力団員による威力利用資金獲得行為と関連する行為と判断した点に特徴がある。

この点、この判断方法を積極的に評価する見解もある（注6）。これらの見解は、高齢者を狙った特殊詐欺の悪質性、特殊詐欺が指定暴力団による組織的犯罪であること、「威力」を背景とした指定暴力団の実態などを理由として、高齢被害者の保護の必要性から、「威力を利用して」の判断方法を提案しているものであり、その意図は十分に理解できるところである。

確かに、このような考え方に基づけば、暴力団に関する一般論などから「威力を利用して」の要件の

有無を判断することになり、暴対法31条の2における「『威力利用』資金獲得行為」「威力を利用して」の要件が容易に認められることになる。しかし、現時点までに示された裁判例では、前掲東京地判令和元・6・21を除いて、具体的な事実認定をせずに暴力団に関する一般論などから「威力を利用して」の要件を認定する判断方法を採用したものは見られない状況にある。前掲東京地判令和元・6・21の控訴審である東京高判令和2・3・4 LLI/DB07520154〔本書Ⅴ-33〕は、原判決の「事実及び理由」に、指定暴力団員である「E自らが、Ⅰ（筆者注：出し子）は自分を怖がっているために自分の言うことは聞くなどと発言していた旨を証言している」との事実を追加したうえで、「同人（筆者注：E）が暴力団の構成員である自己を怖れ自己の指示に従うことを利用して、本件詐欺グループによる本件各詐欺に係る犯行に加担させ、自己の生計等の資金を獲得し、また、その資金を獲得する地位を得たというべきであるから、そのようなEの行為は」「資金の獲得のために『威力を利用』するものとして、暴力団対策法31条の2本文所定の『威力利用資金獲得行為』に該当するものと認めるのが相当」と具体的な事実を前提に「威力を利用して」の要件を判断している。

（2）　実務上の留意点

以上のように、現時点までに示された裁判例の状況を踏まえると、今後の訴訟への対応においても、暴対法31条の2の「威力を利用して」を主張立証するにあたっては、引き続き具体的な事実の立証を念頭に置いた検討を行う必要があるといえる。

①　証拠の準備

特殊詐欺による被害者が指定暴力団の代表者等に対し、暴対法31条の2に基づき、損害賠償責任を追及する事案では、通常、加害者が逮捕され、その者に対する刑事事件が先行している。後の民事訴訟では、その刑事事件における詐欺グループ（刑事被告人になっていないメンバーを含むグループ全体）の供述調書の内容が重要になってくる。

社会が一丸となり特殊詐欺の根絶を目指すならば、捜査を担当する警察官および検察官は、刑事事件の立件を考えるだけではなく、その後の民事事件による被害回復も見据え、詐欺グループのメンバーから必要な供述を引き出すことが求められる。

②　立証の工夫

次に、訴訟を担当する弁護士は、「威力を利用して」に関する直接的な証拠がないケースであっても、その事実を立証するための工夫をすることが必要となる。その際には、「威力を利用して」を推認させる間接的な事実の立証および推認過程の説明に力を入れるべきである。

例えば、詐欺グループのメンバーは、暴力団員に居所だけでなく、実家の住所まで知られていることがある。これは、仮に、当該メンバーが詐欺グループを勝手に離脱した場合には、暴力団員がそのメンバーの家族に危害を加えることがあり得ることを予告するためのものであり、威力を利用する暴力団員の常套手段である。その事実に加え、当該メンバーにとって、詐欺グループに加わっていることが割に合わない状況にも関わらず、詐欺グループを離脱していなかったことを明らかにできれば、暴力団の威力が利用されていたと推認することが十分に可能と考える（注7）。

暴力団の実態を理解している弁護士であれば、このような方法を用いて立証の工夫をする余地は十分にあるはずであろう。裁判において、暴力団が威力を利用したことを推認するための事実を選び出し、その推認過程の経験則を補うことが弁護士の役割となる。

（注1）東京地判平成28・9・29〔本書Ⅳ-28〕では、資金獲得行為の実行に至る過程において、当該指定暴力団の威力を利用する場合も暴対法31条の2の「威力利用資金獲得行為」に該当するとの主張が否定されていた。

（注2）従前、指定暴力団の威力が資金獲得行為の被害者に対し直接利用されている必要があるかという論点が提起されていたが、この判旨のとおり、その必要はないというのが裁判所の一致した判断である（大野徹也「暴対法31条の2を活用した特殊詐欺被害の回復と抑止」ＮＢＬ1057号47頁（2015年）参照）。

（注3）特殊詐欺の被害を回復するための法的構成については、大野徹也「特殊詐欺事案における指定暴力団トップの損害賠償責任」日本弁護士連合会民事介入暴力対策委員会40周年記念論文集『反社会的勢力・不当要求対策の現在と未来』126頁（金融財政事情研究会・2020年）を参照。

（注4）島村英ほか「『暴力団員による不当な行為の防止等に関する法律の一部を改正する法律』について」警察学論集61巻9号59頁（2008年）

（注5）詳細な理由付けについては、本書Ⅴ-33を参照。

（注6）木村圭二郎「特殊詐欺事犯に関し暴力団の組長責任を論じた裁判例の検討（下）」捜査研究830号81頁（2019年）、大野・前掲（注3）142頁

（注7）この推認の過程において、木村・前掲（注6）81頁や大野・前掲（注3）142頁が提案する「潜在的あるいは背景的威力の利用」という考え方が活きてくるものと思われる。

||| IBA Kiyoshi |||

V 被害の回復

特殊詐欺被害につき指定暴力団の代表者等責任が争われた事例

32

東京高判令和3・1・29、令和元年（ネ）第3504号損害賠償請求控訴事件、原判決変更【上告・上告受理申立て】、裁判所ウェブサイト

余吾法律事務所／弁護士　**余吾 哲哉**

Ⅰ 事案の概要

1 Xは、特殊詐欺（オレオレ詐欺）の被害者であり、Y₁は、特殊詐欺の犯行グループの一員である。本件は、Xが、同特殊詐欺による被害について、Y₁に対し不法行為に基づく損害賠償を請求するとともに、Y₁は指定暴力団である甲会の下部組織乙組の構成員であったとして、同詐欺行為の当時、甲会の総裁であったA（Aは本件訴訟提起後に死亡。原審判決時の被告は、Aの相続人Y₂ないしY₆の5名。また、控訴審判決時にはY₃が死亡しており、Y₃の夫と子が被告となっているが、便宜上、控訴審においてもY₃として扱う）、同会特別相談役であったY₇および同会会長であったY₈に対して、①暴力団員による不当な行為の防止等に関する法律（以下、「暴対法」という）31条の2所定の代表者等責任と、②民法715条所定の使用者責任に基づき、損害賠償を請求した事案である（以下、Y₂ないしY₈の7名を「Y₂ら」という）。

2 事実関係

平成26年7月6日から同月7日にかけて、Xの息子を装った氏名不詳の架け子役が、Xに対し、電話で、「会社の同僚からの投資話に乗って会社の金に手をつけてしまい、1,000万円の損失を出したので、至急現金1,000万円が必要となった、会社から出られないため同僚が受け取りに行く」旨の虚偽の事実を申し向けた。Xはこれを真実と誤信し、Xの息子の同僚を装った受け子Bに対し、現金1,000万円を交付して支払った（以下、一連の詐欺行為を「本件詐欺行為」という）。

本件詐欺行為を行った犯行グループでは、Cが中心的な役割を果たしており、Y₁は、Cの依頼により受け子としてBを紹介した。Y₁は、Bに対して交通費等の金銭を与え、受け子としての指示を与え、報告を受けるなどしており、Bの報酬もY₁がCから送金された金銭の一部を交付していた。

甲会は、本件詐欺行為当時、東京都公安委員会から、暴対法3条に基づき、同条の指定暴力団として指定・告示され、同指定・告示において、Aは、甲会を代表する者とされていた。

本件詐欺行為当時、Y₇は甲会の特別相談役、Y₈は甲会の会長の地位にあった。

乙組は、甲会の下部組織であった。Y₁は、本件詐欺行為以前に服役中、乙組構成員Dと養子縁組をしており、本件詐欺行為等により起訴された後、Dと離縁した。

Y₁は、本件詐欺行為等により実刑判決を受け、刑務所に収監された。

Ⅱ 判決要旨

本件の争点は多岐にわたるが、主な争点はY₁の指定暴力団員性（争点Ⅰ）、暴対法31条の2の代表者等責任（争点Ⅱ）、民法715条の使用者責任（争点Ⅲ）、損害（争点Ⅳ）である。

原審（東京地判令和元・5・24公刊物未登載）は、Y₁の不法行為責任を肯定した一方で、Y₂らの代表者等責任および使用者責任に基づく賠償責任を否定した。控訴審は、Y₁の不法行為責任を肯定したうえで、Y₂らの代表者等責任を肯定し（争点Ⅱ）（その結果、争点Ⅲは判断していない）、損害（争点Ⅳ）として慰謝料も認めた。

1 Y₁の指定暴力団員性（争点Ⅰ）

原審は、捜査・公判手続や収監された刑務所において、Y₁自身が乙組の組員であることを一貫して供述していたこと、刑務所で乙組組長ら構成員と面会や信書授受を繰り返していたこと、刑務所出所時には乙組構成員らがY₁を出迎えて乙組事務所に直行したこと、刑務所出所後、Y₁は乙組事務所建物に住民登録をし、乙組事務所にも度々出入りしていたこと等の事実を認定し、Y₁の指定暴力団員性を認めた。

控訴審は、原審認定事実のほか、Y₁が捜査段階の取調べに対して乙組組長から盃を受けて乙組組員になった旨を供述していたこと、Y₁が甲会や乙組の記載のある名刺やノート、Y₁の名前が記載された「6月当番表」と題する書面を所持していたこと、Y₁が刑務所在監中に乙組構成員Dと養子縁組し、本件詐欺行為について起訴された後に離縁していた事実を認定し、Y₁の指定暴力団員性を認めた。

2　暴対法31条の2の代表者等責任（争点Ⅱ）

　Xは、本件詐欺行為について、①Y₁が、自身が暴力団員であることによる特殊な人脈から、受け子役としてBの手配をし、暴力団の構成員たる地位に基づき影響力を行使してBを管理・統制したこと、②Y₁が乙組の構成員として培った暴力団特有の特殊ネットワークを用いて（乙組構成員Eから）本件詐欺行為の道具である携帯電話を調達したこと、③本件詐欺行為そのものが組織的一体となって行われた詐欺行為であり、組織犯罪を構築し指揮命令系統を機能させることについて暴力団としての影響力や便益が利用されているとして、本件詐欺行為は、暴対法31条の2所定の「威力利用資金獲得行為を行うについて」行われたものであると主張した。

　(1)　原審は、①については「Y₁がどのようにして受け子役としてBを手配したかに関する証拠はない」ほか、本件詐欺行為当時、「Y₁がBに対し暴力団員であることを告げていたか否かや、BにおいてY₁が暴力団員であることを知っていたか否かが明らかでないだけでなく」、具体的な管理・統制の方法等が明らかでないとし、②については「Y₁とEとの個人的関係に基づいて携帯電話を買ってもらったという趣旨を超えるものではな」く、「それ以外にY₁が携帯電話を入手した経緯に関する証拠はない」とし、③については、Y₁が本件詐欺グループで果たした役割を、Cの依頼により受け子役Bを紹介し、Bから報告を受けるなどしたにとどまり、「Cがいかなる者であるかは一切明らかでな」いとして、本件詐欺行為が「威力利用資金獲得行為を行うについて」行われたとはいえないとし、A、Y₇およびY₈の暴対法31条の2の代表者等責任の成立を否定した。

　(2)　控訴審は、甲会の勢力範囲、構成員・準構成員数、検挙人員数・割合を認定した上で、暴力団組織の構造および活動等について、「暴力団は、一般に、首領を頂点とした封建的家父長制を模した擬制的血縁関係により構成されており、……重層的な大規模団体を構成することが多い。」、また「上下関係は絶対的なものとされ、……義務や暴力団社会の掟に反し、親分の支配や集団の一体性を乱した者に対しては、厳しい制裁を加える一方、……組織に貢献した者に対しては、……高い地位を始め相応の報酬を与えるなどして内部秩序を保っている」。そして、「暴力団組織内部の下位構成員から上位構成員への資金の流れは、主に上納金制度を通じて行われて」おり、「暴力団は、暴力と組織の威力を最大限利用しつつ、より巧妙かつ効率的に経済的利益を得るため、経済・社会の発展等に対応して、その資金獲得活動を変化させ続けており」「近年は、……振

り込め詐欺を始めとする特殊詐欺等への関与を深めるなど、その活動分野を更に拡大している」など、「近年の暴力団構成員等の罪種別検挙状況をみると」「必ずしも暴力団の威力をあからさまに示す必要のない詐欺の割合が増加」しているなどと判示した。

　その上で、特殊詐欺等について、「特殊詐欺の犯行グループは、リーダーや中核メンバーを中心として、……『架け子』……『受け子』等が役割を分担し、組織的に犯罪を敢行して」おり、犯行グループの周辺には、犯行での悪用を承知しながら犯行拠点のあっせん、他人名義の預貯金口座の供給をする者が存在し、犯行グループの活動を助長していること、「特殊詐欺の総検挙人員に占める暴力団構成員等の割合は、……刑法犯・特別刑法犯……と比較して、依然として高い割合となって」おり、「特殊詐欺の主犯（首謀者・グループリーダー・張本人等）」や「出し子・受け子・見張りの指示役の検挙人員に占める暴力団構成員等の割合は、……高い」とした。

　さらに、特殊詐欺においては、①「共犯者を勧誘して実際に加担させること自体が相当に困難であり」逮捕された「受け子」や「出し子」を「補充するための勧誘を継続的かつ強力に行う必要がある」こと、②「犯行に用いられる他人名義の携帯電話や口座等は」指定暴力団が関与した業者が転売するなどの「犯罪行為により入手されるのが実態の通例である」こと、③詐取金の持ち逃げや、不満を持つメンバーの行動、警察へのたれ込み防止のため犯行グループが互いに分断されているため、「共犯者の統制が困難である」こと、④「他の暴力団からの金銭要求や襲撃等に対する防衛が必要であるなどの事情から、強い内部の統制力及び外部への対抗力がなければ犯行グループを維持し運営することは困難」であり、「指定暴力団員の関与する特殊詐欺においては、指定暴力団の威力が内部の統制及び外部への対抗に利用されることになる」といった実態を認定した。

　そして、本件詐欺行為に至る経緯等について、Y₁は甲会下部組織丙会構成員であるCから特殊詐欺の受け子を紹介するよう依頼を受けていたこと、犯行グループのメンバーであるFについて、Cからの依頼を受けて受け子を紹介するとともに、自ら受け子の役割を実行していたが、Cが甲会の構成員であったため「逆らえないところがあると考えていた」こと、また、Cの指示でY₁に刑務所出所用のスーツを差し入れさせられたり、Cに紹介されたY₁から甲会乙組と書かれた紙片を手渡されたり、Cの指示で、Y₁に特殊詐欺の受け子の役割を実行するための具体的内容を説明するなどしていたこと等の事実を認定した。

　また、犯行グループのメンバーであるＢについて、平成26年５月、知人のＧおよびＨのつてでＹ₁から仕事を紹介してもらうことになり、Ｙ₁の指示によって上京したが、上京の交通費やその後の生活費はＹ₁が負担していたこと、Ｇから、暴力団員のＨが紹介する人だからＹ₁も暴力団関係の人だと思う、Ｙ₁が紹介する仕事は違法な仕事であり、１回入ったら抜けにくくなるかもしれないと告げられたこと、いったんＹ₁に対し仕事を断ったが、Ｙ₁から、交通費や生活費を出したのだから帰らせない旨を告げられたこと、Ｇと相談の上、Ｈを通じてＹ₁の仕事をしなくて済むように依頼したが、Ｙ₁からワイシャツ等（受け子の道具）を購入するよう指示され、Ｙ₁に対する恐怖心等から、Ｙ₁の指示に従って購入したものの（なお、購入資金３万円は、Ｙ₁の指示によりＦがＢに交付した）、Ｂは、実際に受け子の役割を実行するには至らなかったこと、いったんＹ₁の了解を得て帰郷したが、その後、自らＹ₁に連絡を取って上京し、受け子として受領した詐取金を、甲会下部組織の構成員Ｉに交付していたこと、Ｙ₁から、受け子実行のための交通費、報酬、生活費を手渡され、受け子の実行の際には、Ｙ₁の指示に従って、進行状況を逐一報告していたことを認定し、Ｂが、Ｙ₁がＢの実家住所を知っていたため、途中で抜けることは難しいと思って受け子を続け、逮捕されれば角を立てずに特殊詐欺の組織から抜けられると思っていたとの事実を認定した。

　さらに、Ｙ₁は、Ｂに対し、警察に逮捕された場合にＹ₁や周辺人物について話さないよう口止めをしており、Ｂが逮捕された後、自らの費用で弁護士をＢに接見させ口止めさせたところ、ＢはＹ₁に対する恐怖心から、逮捕後約３ヵ月間はＹ₁や関係者の名前を供述せず、Ｆも、家族への仕返し等を恐れ、逮捕後約３ヵ月間はＣの氏名を供述しなかったとの事実を認定した。

　控訴審は、Ａ、Ｙ₇およびＹ₈が代表者等に該当し、犯行グループのＹ₁およびＣは甲会の構成員に該当すると判示したうえで、上記認定事実を踏まえて、以下のとおり、Ｙ₁およびＣが、ＢおよびＦと共同して行った資金獲得行為としての本件詐欺行為は、「当該指定暴力団の威力を利用して」行われたものと認められる旨、判示した。

　ア　暴対法31条の２は、民法715条において生ずる被害者側の主張立証責任の負担の軽減を図る趣旨の規定であり、「威力を利用して」との文言からすれば、「当該指定暴力団の威力を利用して」とは、指定暴力団員が、当該指定暴力団に所属していることにより、資金獲得活動を効果的に行うための影響力または便益を利用することをいい、当該指定暴力

団の指定暴力団員としての地位と資金獲得活動とが結び付いている一切の場合をいう。必ずしも当該暴力団の威力が被害者に対して直接示されることを要しない。

　イ　ＢがＧから告げられたＹ₁に関する内容、受け子を続けていたＢの心境、Ｙ₁からの口止めとＢの対応等から、「Ｂは、現に指定暴力団員であったＹ₁が暴力団の構成員であることを認識して」おり、Ｙ₁は、Ｂに対し、交通費、生活費、受け子実行に必要な衣料品等の購入資金、報酬等を提供することにより「ＢがＹ₁に対する恐怖心や経済的な恩義から受け子の役割の実行を継続せざるを得ない状況を作り出した上」、Ｂに進捗状況を逐一報告させるなどして、「Ｂを自らの統制の下に置き」、口止めをするなどして「自らの指示により受け子の役割を忠実に実行させていた」以上、Ｙ₁は、甲会の下部組織乙組に所属していることにより資金獲得活動としての本件詐欺行為を効果的に行うための影響力または便益を利用していたと認められる。

　ウ　Ｆも、「Ｃ及びＹ₁が甲会の下部組織の構成員であることを認識して」おり、Ｃは、「Ｆが指定暴力団員であるＣに対する恐怖心から同人の指示に従うことを利用して」、Ｙ₁に特殊詐欺実行のための準備内容や実行の具体的手順を説明するよう指示するなどして「Ｆを本件詐欺行為に加担させ」ていた。また、Ｙ₁も、「Ｆが指定暴力団員であるＹ₁に対する恐怖心からＹ₁の指示に従うことを利用して」、受け子実行のための物品購入資金をＢに交付するよう指示するなどして「Ｆを本件行為に加担させていた」ものであるから、ＣおよびＹ₁は、甲会の下部組織である丙会ないし乙組に所属していることにより資金獲得活動としての本件詐欺行為を効果的に行うための影響力または便益を利用していたと認められる。

　エ　Ｙ₂らによる「Ｙ₁とＣ及びＢのつながりは、個人的な人脈である」との主張については、前記認定のとおり、「威力利用」が認められるので、つながりが個人的な人脈によるものであるか否かで左右されず、Ｙ₂らによる「Ｂが受け子の仕事を続けたのは、金を稼ぎたいというＢ自身の意思によるものであり、甲会の威力を利用したとは認められない」との主張については、「Ｂが単に金を稼ぎたいという自身の意思のみで特殊詐欺の受け子の役割を実行し続けていたとは認められない」。

　また、Ｙ₂らによる「本件詐欺行為について指定暴力団の威力の利用を背景とした資金獲得行為であることを理由として要件該当性を認めることは不当な拡張解釈であり許されない」との主張については、Ｙ₁およびＣが、ＢおよびＦと共同で行った資

金獲得行為としての本件詐欺行為は、現実に「威力を利用して」行われたものであり、本件詐欺行為が単に指定暴力団の威力の利用を背景とした資金獲得行為であることをもって「威力利用資金獲得行為」にあたることを認めたものではない。

さらに、指定暴力団員Y_1が当該指定暴力団の威力を利用して行った資金獲得行為としての本件詐欺行為によって得た1,000万円のうち、「所属する指定暴力団の組織に納付されたものが一切なかったとは容易に想像し難く」、「1000万円の全額が専らY_1の個人の用途に供されたことを認めるに足りる客観的な証拠は存しない」として、暴対法31条の2但書1号等による免責は成立しない。

3 民法715条の使用者責任（争点Ⅲ）

原審は、①本件詐欺グループで中心的な役割を果たしたCが、「いかなる者であるかは一切明らかでなく」、「また、Cと甲会又は乙組との間に何らかの関係があったか否かも一切明らかでない」こと、②本件詐欺行為の報酬としてY_1が受領した50万円について、その「全部又は一部が甲会又は乙組の収益になったことをうかがわせる証拠はない」こと、③Xが詐取された1,000万円から上記50万円を控除した「残金についても、その全部又は一部が甲会又は乙組の収益になったことを窺わせる証拠はない」こと、④「その他、Y_1が甲会又は乙組の資金獲得行為として本件詐欺行為を行ったことをうかがわせる証拠はない」との理由から、本件詐欺行為を甲会の事業と認めず、使用者責任の成立を否定した。

これに対し控訴審は、暴対法31の2は、民法715条の特則として、被害者側の主張立証責任の負担の軽減の観点から要件を定めたものであり、本件では暴対法31条の2の要件を満たしているとして、使用者責任の有無については判断をしなかった。

4 損害（争点Ⅳ）

原審は、不法行為責任が認められたY_1との関係で、①詐取金1,000万円の損害を肯定したものの、②慰謝料については「財産的損害が填補されればXの精神的苦痛は慰藉されるというべき」としてこれを否定し、③弁護士費用については認容額の1割である100万円の範囲で認めた。

これに対し控訴審は、①詐取金1,000万円のほか、②慰謝料についても、Xが、本件詐欺グループにより、「息子が現金を至急必要とする……との虚偽の情報を告げられ、不安な心理状態を利用されて金員を詐取され……指定暴力団の指定暴力団員らによる組織的犯罪によって生活の平穏を害されて精神的打撃を受け、……多大な精神的苦痛を被った」ことに加えて、「息子の身を案じる親の心情につけ入る卑劣な手口であり、被害金額が高額」であることな

ど、本件に現れた一切の事情を総合考慮すれば、Xの被った精神的苦痛は、財産的損害の賠償をもって完全に慰藉されるとはいえないとして、財産的損害の1割相当額を慰謝料として認めた。③弁護士費用は、財産的損害および慰謝料の合計額の1割である110万円の範囲で認めた。

Ⅲ 分析と展開

1 本判決の特性

本件は、特殊詐欺の被害者が、詐欺グループの一員であった指定暴力団員に加えて、指定暴力団甲会の代表者等に対して損害賠償請求を行った事案であるが、同種事案の中でも、暴対法31条の2に基づく指定暴力団の代表者等に対する損害賠償請求について、原審が「威力利用資金獲得行為」への該当性を否定して請求を棄却したのに対して、控訴審がこれを肯定して請求を認容し、また、原審が慰謝料を損害として認めなかったのに対して、控訴審がこれを肯定するなど、原審と控訴審の判断が大きく異なる結果となった点で特徴的な事案であるといえる。

2 暴対法31条の2に関する判断

(1) 暴対法31条の2の内容

暴対法31条の2は「指定暴力団の代表者等は、当該指定暴力団の指定暴力団員が威力利用資金獲得行為……を行うについて他人の生命、身体又は財産を侵害したときは、これによって生じた損害を賠償する責任を負う」と規定する。同条は、指定暴力団員による不法行為の被害者が、被害回復の実効性が見込まれる指定暴力団の代表者等に損害賠償責任を追及する際、民法715条において生ずる被害者側の主張立証責任の負担の軽減を図る趣旨で平成20年暴対法改正により導入されたものである。

(2) 「威力利用資金獲得行為」について

「威力利用資金獲得行為」とは、「当該指定暴力団の威力を利用して生計の維持、財産の形成若しくは事業の執行のための資金を得、又は当該資金を得るために必要な地位を得る行為」をいい（暴対法31条の2）、「当該指定暴力団の威力を利用して」とは、指定暴力団員が、当該指定暴力団に所属していることにより、資金獲得活動を効果的に行うための影響力または便益を利用することをいい、当該指定暴力団の指定暴力団員としての地位と資金獲得活動とが結び付いている一切の場合をいうものと解されている（注1）。

控訴審は、背景となる事実関係として、①指定暴力団甲会の勢力範囲、構成員数、全暴力団員に占める割合、暴力団構成員の検挙人員に占める甲会構成員の割合、②暴力団組織の構造および活動（擬制的

血縁関係により構成され、上下関係は絶対的なものであること、上納金制度の存在、近年の暴力団員による資金獲得活動において、必ずしも暴力団の威力をあからさまに示す必要のない詐欺の割合が増加しているという犯罪傾向等）、③特殊詐欺の特徴（特殊詐欺の犯行グループは役割を分担し、組織的に犯罪を敢行していること、特殊詐欺の主犯や指示役においては暴力団構成員の割合が高いこと、特殊詐欺における共犯者確保の困難性、携帯電話や口座入手の困難性、詐取金持ち逃げや警察のたれ込み等の裏切り行為の統制の困難性、外部勢力からの防衛の必要性等から、犯行グループの維持・運営が困難であり、指定暴力団員の関与する特殊詐欺においては、指定暴力団の威力が内部統制および外部への対抗に利用されていること）等を丁寧に認定し（注2）、これらを背景として置いたうえで、Y1とBとの関係（受け子手配の具体的内容、BがY1を暴力団員であると認識していたかを基礎付ける事実）、特殊詐欺グループで中心的役割を果たしたCの属性や本件詐欺行為への関与内容、Cと甲会との関係等の事実を認定し、Y1およびCが、BおよびFと共同して行った資金獲得行為としての本件詐欺行為の「威力利用資金獲得行為」該当性を認めた。控訴審で認定された事実には、控訴審で新たに主張立証された事実が多く含まれているものとみられるため、原審段階でこれら事実の主張立証があった場合には、原審の結論も異なるものとなっていた可能性もないではないが、原審は、控訴審が認定したような背景的な事実を一切認定しておらず、証拠に現れるごく局所的な事実のみを一個一個個別に評価して、その1つ1つが「威力利用」といえるのかを1つ1つ認定しようとするものであり、木を見て森を見ようとしない判決となっている感が否めない。

暴力団が関与する特殊詐欺グループは、役割を細分化したうえで、威力をもって情報を統制し、かつ、裏切り行為を防止する組織構造であることが特徴の1つとされている（注3）。そのような暴力団ないし特殊詐欺の構造上の本質を捉えることなく、加害者側の口裏合わせもあって容易には顕出されない個々の事実にのみ拘泥する判断は、およそ威力利用資金獲得行為に係る不法行為を代表者等に帰責させようとした暴対法31条の2の趣旨に反するように思われる。

3　今後の展開

指定暴力団の資金獲得の実態として、「威力」の利用方法について、「そもそも相手に威力を示さず、かつ、相手は威力を確定的には知らないのだが、自分は内心では『いざとなったら威力を示そう』との意思を持って、相手に対して強硬な態度・姿勢で臨む態様」などもあるとされている 。

特殊詐欺の犯行グループにおいて、このような態様での威力の利用は十分に想定されるし、指定暴力団への取締りや規制が厳格化している現在においては、その社会の変化に対応して指定暴力団による資金獲得活動も変容している中で、このような態様での威力利用が増加していることは想像に難くない。

このような威力の利用形態も、「威力を利用して」資金を獲得する行為であることに変わりはない。

そうである以上、「威力利用資金獲得行為」という要件をもって報償責任および危険責任の法理に基づき代表者等に責任を帰責させようとしている暴対法31条の2を、このような「潜在的あるいは背景的威力の利用」が存在する事案類型においても積極的に適用していくことが、今後必要になるものと考える（注4）（注5）。

（注1）　島村英＝工藤陽代＝松下和彦「『暴力団員による不当な行為の防止等に関する法律の一部を改正する法律』について」警察学論集61巻9号59頁（2008年）。
（注2）　猪原誠司「特殊詐欺への暴力団の関与の実態について」警察学論集73巻4号93頁以下（2020年）。
（注3）　猪原・前掲（注2）93頁以下。
（注4）　木村圭二郎「特殊詐欺事犯に関し暴力団の組長責任を論じた裁判例の検討（下）」捜査研究830号81頁（2019年）。
（注5）　大野徹也「特殊詐欺事案における指定暴力団トップの損害賠償責任」日本弁護士連合会民事介入暴力対策委員会40周年記念論文集『反社会的勢力・不当要求対策の現在と未来』126～144頁（金融財政事情研究会・2020年）。

‖ *YOGO Tetsuya* ‖

V 被害の回復

33 振り込め詐欺被害につき指定暴力団トップの責任を認めた事例

東京高判令和2・3・4、令和元年(ネ)第3995号損害賠償請求控訴事件、原判決一部変更自判【上告・上告受理申立て後、最三決令和3・3・16により上告不受理・確定】、LLI/DB07520154、裁判所ウェブサイト

河野法律事務所／弁護士　瀬谷 ひろみ

Ⅰ 事案の概要

1　本件は、指定暴力団Ｖ会の三次組織Ｗ一家Ａ組の構成員Ｂが、同じ特殊詐欺グループのＣおよびＤ（以下、ＢＣＤを「本件詐欺グループ」という）とともに、同グループの氏名不詳者らと共謀し、X₁〜X₄の息子を詐称して金員を詐取した行為（以下、「本件各詐欺」という）につき、Ｖ会の会長で代表者であるＹに対し、暴力団による不当な行為の防止等に関する法律（以下、「暴対法」という）31条の2、または民法715条1項による損害賠償請求権に基づき、Xらが詐取された金員相当額、慰謝料および弁護士費用相当額の合計額ならびにこれに対する遅延損害金を請求した事件である。

2　本件の争点は、①ＢのＶ会の「指定暴力団員」（暴対法31条の2）該当性、②本件各詐欺が「威力利用資金獲得行為を行うについて」なされたか（同条）、③Ｙの免責事由の有無（同条1号）、④損害額、であるが、本稿では②の争点を中心に紹介する。

原審（東京地判令和元・6・21裁判所ウェブサイト、LLI/DB07430183）は、「本件各詐欺のような特殊詐欺は、それ自体が当然に暴力団としての威力を利用する犯罪類型であるとまではいえない」としつつ、暴力団情勢、警察白書等の公刊物や統計データ等から、本件当時、多くの暴力団員により、新たな資金源を確保するため、「暴力団の威力の利用を背景とし」た資金獲得行為が行われていた実態および社会一般の認識があったと認定して、Ｖ会にも特殊詐欺に関与する構成員が多数いたということが社会一般に認識されていたとし、本件各詐欺の具体的態様が組織的・計画的であり、暴力団員による暴力団の威力利用を背景とした資金獲得活動と通有する類型であることを理由に、本件各詐欺を「威力利用資金獲得行為と関連する行為」（以下、「威力利用資金獲得行為関連行為」という）に該当するとして代表者の責任を認めた。なお、「威力利用資金獲得行為関連行為」自体は、威力を利用することを要しないことも判示している。

Ⅱ 判決要旨

1　控訴審は原審の結論を維持し、争点②につき、原審の認定事実に加えて以下の事実を認定した。

・Ｖ会における擬制的血縁関係、階層構造、上納金制度の存在。

・Ｂは、勤め先を失い行き場所のなかったＤを自宅に住まわせて居候をさせ、Ｗ一家の事務所当番のＡ組担当日のうちＢの当番の際には、Ｄをその当番に連れて行き、同人と二人でその当番をしていた。

・そのような中で、Ｂは、Ｅから、詐欺の出し子の仕事があると聞き、ＥにＤを紹介し、本件各詐欺を含む本件詐欺グループによる詐欺の出し子をＤに行わせ、Ｅから数回にわたり報酬を受け取り、その中からＢが相当額を取り、Ｄにその都度5万円程度を支払った。

・Ｂは、当時、Ｄが出し子をするために上記の当番をすることができないときは、その当番を免除して、同人を出し子の仕事に専念させていた。

・Ｂは、Ｅとの間で、Ｄの出し子の報酬を月額80万円とし、月末にＢに支払うよう取り決めており、別件の被疑事件で逮捕される前にＥに連絡をし、自分が逮捕されてもＤに出し子を続けさせ、その報酬のうち生活費等で月20万円ないし30万円をＤに渡し、残りは自分（Ｂ）の留置先に差し入れてほしい旨を依頼するとともに、Ｄに対し、出し子を続けるよう伝えた。

・Ｅは、Ｂを被告人とする本件詐欺グループに係る刑事事件の公判で「当時、Ｂ自らが、Ｄは自分を怖がっているために自分の言うことは聞くなどと発言していた」旨を証言した。

2　控訴審は、原審認定事実および上記認定事実をもとに、原審の判断枠組みを変更して、以下のとおりＹの責任を認めた。

（1）「暴力団対策法31条の2は、指定暴力団員によるその所属する指定暴力団の威力を利用しての資金の獲得の行為により発生する被害につき被害者が民事手続によりその回復を図る場合において、直接の加害者であるいわゆる末端の指定暴力団員においては十分な資力がなく、被害の回復がされないおそ

れがあるものの、民法715条の規定によって当該指定暴力団の代表者等に対して損害賠償責任を追及するときには、同条の定める要件の主張立証に一般に困難を伴うことを考慮して、その負担の軽減を図ることを趣旨とするものであると解される。また、暴力団対策法31条の2本文所定の『威力利用資金獲得行為』については、同条において『当該指定暴力団の威力を利用して生計の維持、財産の形成若しくは事業の遂行のための資金を得、又は当該資金を得るために必要な地位を得る行為をいう』と定義され、暴力的要求行為の禁止に関して定める同法9条の『威力を示して』とは異なり、『威力を利用して』との文言が用いられている。このような同法31条の2の規定の立法趣旨やその文理に照らすと、同条本文の『威力を利用』する行為については、資金の獲得のために威力を利用するものであればこれに含まれ、被害者に対して威力が示されることは必要ではないと解するのが相当である」。

　（2）　前記（注：原審認定事実および上記1の控訴審認定事実）によれば、「本件各詐欺のような特殊詐欺については、暴力団の構成員の相当数が、種々の規制や取締りを回避して、新たな資金獲得源とすべく、その遂行に関与する人員の確保や統制等につき暴力団の威力の利用を背景としてこれを敢行しているという実態にあると認められるところ、Bは、自宅に居候をさせてW一家の事務所の当番も一緒にさせていたDがA組の構成員である自己を怖れて自己の指示に従うことを認識した上で、本件詐欺グループの一員であるEに対し、Dを出し子役として紹介し、同人に本件各詐欺に係る出し子をさせて、その報酬の相当額を自らが取得し又は取得しようとしていたと認められ、また、Dも、Bから、本件詐欺グループを紹介され、本件各詐欺に係る出し子役を行うに当たっては、BがA組の構成員であることを十分に認識していたものと認められる。

　このような事実関係に照らすと、Bは、自らが所属する暴力団に係る事務所の当番を自身と共に務めさせるなどしてDを自己の舎弟分のように利用するにとどまらず、同人が暴力団の構成員である自己を怖れ自己の指示に従うことを利用して、本件詐欺グループによる本件各詐欺に係る犯行に加担させ、自己の生計等の資金を獲得し、また、その資金を獲得するための地位を得たというべきであるから、そのようなBの行為は、上記(1)で述べた資金の獲得のために『威力を利用』するものとして、暴力団対策法31条の2本文所定の『威力利用資金獲得行為』に該当するものと認めるのが相当である」。

Ⅲ　分析と展開

1　本件原審および控訴審判決の概観

　本件の原審判決は、〔本書Ⅴ－**31**〕原審判決に次いで、特殊詐欺に対する暴対法31条の2に基づく請求を認めた裁判例であり、控訴審も原審の結論を維持してⅤ会代表者の責任を認めた。しかし、本件における「威力利用資金獲得行為」の該当性（争点②）の判断枠組みは、異なっている。

　原審は、本件のような特殊詐欺は、それ自体が「暴力団としての威力を利用する犯罪類型」であるとはいえないが、「威力利用を背景とした資金獲得活動」と通有する類型であるから、威力利用資金獲得行為に「関連する行為」に当たると位置付け、これを主に、暴力団や特殊詐欺等についての各種公的統計データを根拠に認定した。

　一方、控訴審は、暴対法31条の2の趣旨および同9条「威力を示して」の文言との違いから、同31条の2の「威力利用」行為を、「資金の獲得のために威力を利用するものであればこれに含まれる」と広く捉えることにより、「被害者に対して威力が示されることは必要ではな」く、特殊詐欺において、共犯者（本件D）が、詐欺グループに関与する暴力団員（本件B）を怖れてその指示に従うこと、すなわち、共犯者間の内部統制のために利用されることも、「威力利用」行為であると判断し、Bの行為を「威力利用資金獲得行為」であると認定した。なお、本件は令和3年3月16日の上告不受理決定により、控訴審判決の内容が確定している。

2　争点とそれに対する判断

(1)　原審判決における「威力利用資金獲得行為関連行為」および要証事項

　平成20年の暴対法改正により同法31条の2が新設されるまで、指定暴力団トップへの責任追及は、主に民法715条の使用者責任に基づいてなされており、対立抗争時における誤射事件（京都事件。最二判平成16・11・12民集58巻8号2078頁）において、裁判所は、使用者責任の要件である「事業」につき、当該指定暴力団の「威力を利用しての資金獲得活動」と定義し、対立抗争時における構成員による殺傷行為を「事業の執行と密接に関連する行為」と認定して、使用者責任を認めた。暴対法31条の2は、このような経緯を踏まえ、指定暴力団の構成員が、「威力利用資金獲得行為」を行うにつき他人の権利を侵害した場合の被害者の被害回復を容易にすべく、その主張立証の負担を軽減する趣旨で新設された規定である（注1）。

　かかる立法経緯から、暴対法31条の2による組長責任の根拠は、報償責任・危険責任にあり（注2）、その要件は、①請求の相手方が代表者等である指定

暴力団の指定暴力団員によって当該不法行為が行われたものであること、②当該不法行為が威力利用資金獲得行為を行うについて行われたものであること、③当該損害が当該不法行為により生じたものであること、とされている（注3）。②の「威力を利用して」は、「当該指定暴力団に所属していることにより資金獲得活動を効果的に行うための影響力又は便益を利用すること」をいい、「当該指定暴力団の指定暴力団員としての地位と資金獲得活動とが結びついている一切の場合」と広く解されている（注4）。

本件の原審は、本件各詐欺を、「威力利用資金獲得行為」そのものではなく、「威力利用資金獲得行為関連行為」と認定することにより、暴対法31条の2の「威力利用資金獲得行為を『行うについて』」されたものとして同条の適用を認めているが、これは、使用者責任の「事業」に、使用者の「本来の事業」および「これと密接関連する行為」を含む（最三判昭和36・1・24民集15巻1号35頁等）ことを前提とした上記京都事件判決の判断枠組みと同様のものと考えられる。

ところで、原審によれば、「威力利用資金獲得行為関連行為」の要件は、(i)当該暴力団の構成員が（他の暴力団と同様に）特殊詐欺に従事しているという「社会一般の認識」の存在、および、(ii)当該事件における詐欺行為の具体的な態様が、「暴力団の威力利用を背景とした資金獲得活動に通有する類型」であること、ということになる。そのため、①当該不法行為を行った指定暴力団の指定暴力団員該当性と、③損害が当該不法行為により生じたものであることの他は、上記(i)(ii)の事実が、公的統計資料等を中心に立証されれば、②「威力利用資金獲得行為を行うについて」の要件を満たすこととなる。そして、(ii)については、各詐欺の具体的態様が「組織的、計画的」であることが「通有性」を有する理由付けとなっているが、特殊詐欺は、その犯罪遂行のために、詐欺グループを構成する者らが多様な役割を分担することを要するため、その特質として、組織的・計画的に実行される性質を有する犯罪類型といえる。そのため、当該詐欺行為の犯罪事実が立証された場合は、「組織性・計画性」が立証されたといえることになり、詐欺グループ内の詳細な人的関係や指示命令系統等までの立証は必要とされないと解される。実際に、原審が本件各詐欺の具体的な態様として認定した事実は、各詐欺が行われた日時、詐欺文言の内容、振込金額等および「Bらが本件詐欺グループと共謀し、同グループの架け子（氏名不詳）が、Xらに架電し、Bらのグループの管理する口座に金員を振り込ませた」事実であり、原審は、これらの認定事実から、本件各詐欺が「組織的、計

画的なもの」であることを導き出して「通有性」を認めている。これらの事実関係は、起訴状に記載される犯罪事実であり、また、いずれもほとんどが被害者側で特定できるものであるため、「威力利用資金獲得行為関連行為」という原審の判断枠組みは、立証の観点からはかなり被害者に有利といえる。

このような原審の考え方の根底には、指定暴力団の指定（暴対法2条3号、同3条1号）は、暴力団組員が、暴力団の威力を利用して資金獲得行為を行っていること、およびこれが当該暴力団組織に容認されていることが要件となっていることから、当該暴力団員の「指定暴力団員」該当性が立証された場合、威力利用資金獲得行為を行っていることも推定されるという考えがあると思われる。原審は、かかる推定を基礎に、公的統計データ等に基づく特殊詐欺の実態や社会一般の認識から、具体的な詐欺行為と威力利用資金獲得行為の関連性の有無を検討しているものと考えられる。

(2) 控訴審判決における「威力利用資金獲得行為」および要証事項

原審が、相手方に対して直接「威力を利用する」資金獲得行為の他に、「威力利用を背景とする」類型として「威力利用資金獲得行為関連行為」という実態があることを認定して、本件詐欺はこれに当たると判断したのに対し、控訴審は、原審および控訴審認定事実より「特殊詐欺における具体的な威力利用の態様」として「人員の確保及びその統制等における利用」の実態があることを認定し、本件各詐欺におけるBのDを利用する具体的な行為が「威力利用資金獲得行為」そのものに該当すると認定した。

控訴審の考え方によれば、「威力」は「資金の獲得」目的のために利用するといえるものであれば、その利用方法は特に限定されないため、被害者に対して威力が示されることも不要であり、また、本件のような資金獲得を行う共犯者間の内部統制において利用される場合のほか、他の暴力団等に対抗する対外関係において利用される場合等も、それらが「資金の獲得に向けられたもの」であれば、すべて含まれることになる。そのため、威力利用資金獲得行為の範囲はかなり広くなり、原審のように、威力利用資金獲得行為とこれに関連する行為を峻別して、両行為の要件を分けるという考え方を採る実益はほとんどなくなるように思われる。

一方で、控訴審は、本件各詐欺が「威力利用資金獲得行為」に当たる理由として、BがDに本件各詐欺の出し子をさせて報酬を取得するに際し、「DがA組の構成員であるBを怖れてBの指示に従うことを認識していた」こと、および、Dが本件各詐欺の出し子役を行うにあたり「BがA組の構成員であることを充分に認識していたものと認められるこ

と」を認定している。このことから、共犯者間の内部統制における「威力利用」については、「共犯者において、相手が暴力団の構成員であることの認識を有していること」、および「当該暴力団員において、共犯者が自己を暴力団の構成員であることを認識しているについて了知していること」を主張立証する必要があると思われる。詐欺グループの共犯者の認識に関する資料は、刑事事件における共犯者の供述調書や尋問調書等以外に入手することは困難であり、控訴審の判決は、原審判決に比べて「威力利用資金獲得行為」自体の範囲が広がったと解することはできるが、他方で、「威力利用資金獲得行為を行うについて」の主張立証を要する事実の範囲が広がったともいい得る（ただし、控訴審が判示した「威力利用資金獲得行為」に該当しない場合であっても、その外縁にある「威力利用資金獲得行為関連行為」への該当性は、さらに問題とはなり得る）。

3　今後の展開

本件控訴審以前にも、「威力」は、「資金獲得行為の実行に至る過程において」これを利用する場合を含むとしたものがあり（〔本書Ⅴ－**31**〕）、本件控訴審判決もこれと趣旨を同じくするものである。その後も、威力利用資金獲得行為が被害者に向けられる必要はなく（〔本書Ⅵ－**35**〕）、共犯者間の内部統制についての威力利用も含まれる（〔本書Ⅴ－**32**、**34**〕控訴審判決）とするものが相次いでいる。今後も、特殊詐欺における「威力利用資金獲得行為」については、本件控訴審や〔本書Ⅴ－**32**、**34**〕控訴審判決のように、「当該指定暴力団の指定暴力団員としての地位と資金獲得活動とが結びついている一切の場合」と広く解する考え方をもとに、詐欺行為の中で暴力団員が行った具体的な行為について、指定暴力団員の地位と資金獲得活動との結びつきの有無や程度を判断する手法が裁判実務上も定着していくものと思われる。

一方、これらの裁判例は、いずれも、共犯者に対する内部統制としての「威力利用」を認定しており、その要件として、共犯者に「相手が暴力団の構成員であることの認識」があり、暴力団員側もそのことを認識ないし予見可能であることを前提として、共犯者の恐怖心に乗じて暴力団員が指示・統制等を行っていることを必要としている。なお、共犯者にどの程度の認識が必要かについては、具体的な指定暴力団等の認識を必要とする見解と、単に「暴力団の構成員である」という認識でも足りるとする見解がある。暴力団員による指示・統制等に従う契機として、客観的に共犯者の恐怖心を惹起する程度の認識があれば足りると考えられるので、「具体的な指定暴力団」の組員である認識までは不要と解するのが相当と思われる。

問題は、特殊詐欺が、役割分担による組織的犯行のための強い内部統制等が必要な半面、持ち逃げ防止や情報管理のため、グループのメンバーが互いに分断されている側面もあることから、共犯者にとって、特殊詐欺グループに暴力団員が関与しているという認識を具体的に持ち難い場合である。また、暴力団員の関与が、直接的な指示・統制でなく、特殊詐欺活動の資金や拠点、道具（特に、違法な手段によらずに入手できる受け子用の衣服等の道具）の提供等の間接的な関与の場合等も同様の問題が生じ得る。

本件控訴審判決は、原審判決の判断枠組みを変更しており、原審判決の判断枠組みについても様々な論考が出されているが（注5）、控訴審は、本件のように詐欺グループの共犯者に対する内部統制に威力が利用されている場合については、原審による「威力利用資金獲得行為関連行為」による構成を否定したに過ぎないものと解することも可能と思われる。内部統制力利用型以外の、暴力団ならではの多額な資金や多様な道具等を提供する関与形態（パトロン的関与型）や、指定暴力団員の地位と資金獲得活動と結びつきが密接とまではいえないが、暴力団の威力利用を背景として実行したものといえる場合（共犯者による暴力団員関与の認識は希薄だがそれが強制の契機にはなっているような場合）には、本件原審の「威力利用資金獲得行為関連行為」理論を再検討することも、被害者救済の見地から有用ではないかと考える。

（注1）田中勝也「暴力団による資金獲得活動と暴力団対策法の一部改正」警察学論集61巻9号32～33頁（2008年）。
（注2）木村圭二郎「特殊詐欺事犯に関し暴力団の組長責任を論じた裁判例の検討（上）」捜査研究829号17頁（2019年）。
（注3）島村英＝工藤陽代＝松下和彦「『暴力団員による不当な行為の防止等に関する法律の一部を改正する法律』について」警察学論集61巻9号57頁（2008年）。
（注4）島村ほか・前掲（注3）59頁。
（注5）木村圭二郎「特殊詐欺事犯に関し暴力団の組長責任を論じた裁判例の検討（下）」捜査研究830号76頁以降（2019年）、大野徹也「特殊詐欺事案における指定暴力団トップの損害賠償責任」日本弁護士連合会民事介入暴力対策委員会40周年記念論文集『反社会的勢力・不当要求対策の現在と未来』133頁以降（金融財政事情研究会・2020年）。

‖‖‖ *SEYA Hiromi* ‖‖‖

Ⅴ　被害の回復

34

特殊詐欺被害について指定暴力団組長の責任が認められた事例

東京高判令和3・3・22、令和元年（ネ）第4926号損害賠償請求控訴事件、原判決取消【上告・上告受理申立て後、東京高決令和3・6・9により上告却下、最一決令和3・9・9上告不受理】、裁判所ウェブサイト

表参道総合法律事務所／弁護士　稗田 さやか

Ⅰ　事案の概要

　本件は、指定暴力団P会に所属する暴力団員Aが中心となって振り込め詐欺を行い、その被害者であるXが、P会の会長Yに対し、暴力団員による不当な行為の防止等に関する法律（以下、「暴対法」という）31条の2または使用者責任（民法715条1項）に基づき、損害賠償責任を追及した訴訟である。XはYに対し、財産的損害1,150万円、慰謝料500万円、弁護士費用500万円および遅延損害金を請求した。

　Aは、P会の3次団体（P会Q一家B組）に所属する暴力団員であり、A、C、D、E、Fの5名で構成された振り込め詐欺グループ（以下、「本件詐欺グループ」という）のリーダー格であった。

　本件詐欺グループは、架空の商品購入に関する名義貸しトラブルの解決金名目で高齢者から現金をだまし取ろうと考え、X宅に電話を架けるなどし、Xに対し、架空の商品購入に関し、第三者がX名義で振込入金しており、これが違法な名義貸しにあたり、解決のために現金が必要であるとか違法な名義貸しによるXの起訴を免れるために現金が必要であるなどと虚偽の事実を述べて、Xに2回にわたって現金合計1,150万円を送付させるなどして、これを詐取した（以下、これらの行為を併せて、「本件詐欺」という）。

　Aは、共犯者らと共に、本件詐欺を含む3件の振り込め詐欺または詐欺未遂被告事件について公訴提起され、平成28年8月5日、懲役5年6月の実刑判決を受け、同判決は確定した。

　Aは、有罪判決後、P会Q一家の名で破門された。

Ⅱ　判決要旨

　原審（東京地判令和元・11・11裁判所ウェブサイト）は、①暴対法31条の2に関し、本件詐欺が威力利用資金獲得行為を行うについてされたものであることを否定し、また、②民法715条1項の使用者責任に関し、本件詐欺がP会の事業として行われたものであることを否定し、請求を棄却した。

　控訴審は、以下のように暴対法31条の2に基づくYの責任を認め、Xの請求のうち1,320万円（財産的損害1,150万円、慰謝料50万円および弁護士費用120万円）および遅延損害金を認めた。

1　威力利用資金獲得行為に該当するか

(1)　当事者の主張

　Xは、暴対法31条の2の資金獲得行為について、特殊詐欺においては、組織化されたスキームによって一体となって詐欺行為を行うのであるから、そのようなスキーム全体が資金獲得行為といえるのであり、本件についても、Aが指揮した振り込め詐欺グループが組織的一体となって詐欺行為を行っているのであるから、組織の構築や準備行為を含む詐欺行為のスキーム全体が資金獲得行為に該当すると主張した（以下、このスキーム全体を指して「本件資金獲得行為」という）。

　そして、暴対法31条の2の「威力を利用して」について、①不法行為の相手方に対して威力を示すことを要せず、②資金獲得行為の遂行に必要な人員や活動拠点の確保、携帯電話等の物的資源の調達や、検挙を免れるための各種情報収集のために、指定暴力団特有の人的ネットワークを利用していた場合（「便益利用型」）や、犯行グループ内で指揮命令系統を維持確保し、規律の実効性を高めるために指定暴力団の影響力を利用していた場合（「内部統制型」）もまた、指定暴力団の人的・物的な影響力ないし便益を利用しているものといえるから、「威力を利用」したものであり、本件資金獲得行為も威力利用資金獲得行為に当たると主張した。

　Yは、①AはXにも共犯者らに対しても威力を用いておらず、「威力を利用」した事実はなく、また、②共犯者らにおいてもAが暴力団に所属している事実について明白な認識はなかったから、本件詐欺は威力利用資金獲得行為には該当しないと主張した。

(2)　控訴審判決は、暴対法31条の2について、次のとおり判示して本件詐欺が威力利用資金獲得行為であると認定した。

①　資金獲得行為に該当するか

　「P会Q一家に所属する暴力団の組員であるAは、……本件共犯者らとともに組織的に一体となって詐欺行為を行っており、本件詐欺もその一連の詐欺行為の一環として行われているのであるから、組織の

構築や準備行為を含む詐欺行為のスキーム全体（本件資金獲得行為）が、暴対法31条の２本文で規定する」資金獲得行為に該当する。

　②　威力利用について

　「Ａは、本件詐欺を含む一連の詐欺行為（本件資金獲得行為）の準備として、電話を架ける相手の名簿、電話の架け方等に関するマニュアル及び詐欺に使用する携帯電話機等を全て手配し、拠点となる事務所の移転先を用意していたのであるから……、何らかの組織力を背景にしていたものと推認される。上記の便益を用意した何らかの組織がＰ会であることを認めるに足りる的確な証拠はないことから、本件資金獲得行為がＰ会の用意した便益を利用した便益利用型の威力利用行為に該当すると直ちに認めることはできないものの、Ｐ会である可能性は十分にあり、反社会的な組織力を背景とした行為であることは、本件共犯者らにも容易に認識しうるものであった。」

　「Ａは、……暴力的要求行為に当たらない形で、資金獲得行為を行う必要があった。Ａは、本件資金獲得行為を行うに際し、暴走族関係の知り合いであるＣに声を掛けた。Ｃは、Ｐ会系の暴力団に何人か知り合いがいると司法警察員に供述し、後にＡとの関係を述べているのであるから、少なくともＣは、ＡがＰ会系の暴力団員であることは認識していたと推認される。また、……ＤはＢからＡがヤクザと聞いていたというのであるし、Ｅはヤクザに拉致されたことがあると述べていたというのであるから、本件共犯者らの間では、Ａがヤクザであることについて話が交わされ、Ｃなどを通じて、Ａが暴力団員であるとの認識は共有されていたと推認される。そして、本件資金獲得行為の背景に反社会的な組織が関与していることは容易に認識できる以上、本件資金獲得行為の背景にある組織がＡの所属する暴力団である可能性が高いことは認識されていたと推認される。また、ＣはＡがＰ会系の暴力団員であることを知っているのであるから、Ａは本件共犯者らにもその事実が伝わることを当然予見できたといえる。」

　「Ａは、自己が所属するＰ会を含む何等かの組織の関与が認められる状況下で、本件共犯者らを内部統制し、段取りや役割、報酬を決め、特に、逮捕された場合の口止めを指示していた。また、Ｅはヤクザに拉致されたことがあり、本件詐欺グループ加入の際から、暴力団を恐れていた。本件共犯者らは、逮捕後、『家族の身の危険などを考えた時、怖くて何も言えなかった』などと、Ａ所属の暴力団からの報復を恐れて本件資金獲得行為に関する供述、特に、Ａに関する供述を拒んでいることが認められるのであるから、本件詐欺グループ内では、指揮命令

系統を維持確保し、規律の実効性を高めるために、Ａの所属する暴力団の影響力が利用されていたと認められ、Ａの内部統制及び口止めは、本件資金獲得行為について、暴力団であるＰ会の威力を利用する行為に該当するものと認められる。」

　「Ａは内部統制及び口止めを指示する際、これが暴力団の威力を利用する行為に該当する可能性が高いことを認識しながら、認容したものと認められるので、威力利用についての意思（故意）も認められる。」

２　暴対法31条の２但書１号について

　⑴　当事者の主張

　暴対法31条の２但書１号は、「当該代表者等が当該代表者等以外の当該指定暴力団の指定暴力団員が行う威力利用資金獲得行為により直接又は間接にその生計の維持、財産の形成若しくは事業の遂行のための資金を得、又は当該資金を得るために必要な地位を得ることがないとき」は、当該代表者等は同条本文の責任を負わない旨を規定する。

　Ｙは、Ａが何らの経済的利益を直属の上位者に分配納付したことはなく、仮に分配納付していたとしても本件詐欺により得られた利益は含まれず、Ｙは本件詐欺により得られる資金を得るために必要な地位を得ていないから、同条但書１号に該当し、同条本文の適用を除外されていると主張した。

　⑵　控訴審判決は、次のとおり判示して、Ｙが同条但書に該当することを認めなかった。

　「Ｐ会では、上位者が構成員に対して絶対的な拘束力と強制力を持っていることや、構成員は金員の上納義務を負っていることが認められることに加え、Ａが平成26年12月頃から平成27年３月頃までの間、Ｐ会の威力を示して暴力的要求行為をしたことから、平成27年５月27日付けで、暴対法11条１項の規定に基づく中止命令を受けていたことに留まらず、更に同年９月７日付けで、暴対法11条２項の規定に基づく再発防止命令を受けていたことなどが認められるので、Ａが上納義務を負っていなかったとは考え難い。Ｙ主張に沿う証拠……があるものの、いずれも採用するに足りず、Ｙ主張の事実は認められない。」

Ⅲ　分析と展開

１　主な争点とそれに対する判断

　⑴　資金獲得行為

　暴対法31条の２は、「指定暴力団の代表者等は、当該指定暴力団の指定暴力団員が威力利用資金獲得行為……を行うについて他人の生命、身体又は財産を侵害したときは、これによって生じた損害を賠償する責任を負う」と規定する。威力利用資金獲得行

為とは、「当該指定暴力団の威力を利用して生計の維持、財産の形成若しくは事業の遂行のための資金を得、又は当該資金を得るために必要な地位を得る行為」であるところ（同条）、本件において、何を「資金獲得行為」と捉えるかが問題となる。

控訴審判決は、本件においては、組織の構築や準備行為を含む詐欺行為のスキーム全体が暴対法31条の2で規定する資金獲得行為に該当するとした。また、刑事責任を免れる体制や組織防衛体制も資金獲得行為と結びついたスキームの一環に該当すると解されるとし、口止め指示も本件資金獲得行為の一環と認めることができるとした。

特殊詐欺は、直接的な財物詐取行為だけでなく、組織の構築（人員の確保、役割分担等）や準備行為（電話を架ける相手の名簿、電話の架け方等に関するマニュアルおよび詐欺に使用する携帯電話機等の手配、拠点となる事務所の確保等）がなければ、効果的に行うことができない。暴対法31条の2の趣旨は報償責任と危険責任の法理に基づき暴力団組長に責任を負わせることにあるところ（注1）、暴力団員が直接的な詐取行為につき威力を利用していなくても、組織の構築や準備行為に威力を利用すれば、特殊詐欺を効果的に行うことができ、利益を得る可能性が高まるのであるから、暴対法31条の2の趣旨が妥当する。

したがって、詐欺行為のスキーム全体を資金獲得行為に該当するとした判断は妥当であろう。

（2）　威力利用

①　威力利用に関する解釈

暴対法31条の2の「威力を利用して」について、(ⅰ)本件詐欺のような事案では、被害者に威力が示されないことから、威力を被害者に対して示すことの要否、(ⅱ)（被害者以外に対して）暴力団員であることを示すことの要否、(ⅲ)相手が暴力団員であることを明白に認識することの要否が問題となる。

控訴審判決は、(ⅰ)被害者または共犯者に対して威力が示されることは必要ないとの解釈を前提として（原審も同様の解釈）、(ⅱ)暴力団員であることを明らかにすること（「示す」こと）は要件ではなく、「利用する」ことで足り、本件では、Aは、本件共犯者らが自己が暴力団員であると知るであろうことを当然に予見し得る状況下で、現に本件共犯者らがこれを知ってAを畏怖する中で、威力利用に該当する可能性が高いことを認識しながら、これを認容して統制を行っていたことから、威力利用が認められるとした。また、(ⅲ)本件共犯者らはAが暴力団員であると認識し、Aはその背後の組織の報復を恐れて、捜査機関等に対しても、事実を話そうとしなかったものと推認されるから、AがP会の暴力団員であるとの明白な認識がなかったとしても、指定暴力団の威

力を利用したとの認定を左右しないとした。

指定暴力団の威力の利用方法には、「相手に威力を示さず、相手が威力を知っていることによって忖度して自分の思い通りに動くことを利用する態様」や、「相手に威力を示さず、かつ、相手は威力を確定的には知らないのだが、自分の内心では『いざとなったら威力を示そう。』との意思を持って、相手に対して強硬な態度・姿勢で臨む態様」も含まれ、一般に指定暴力団員には、より検挙等のリスクの少ない方法で威力を利用しようとしている実態が広くあることからすれば（注2）、上記(ⅱ)の解釈は妥当といえる。また、上記(ⅲ)について、暴力団の本質は、組織的な暴力への恐怖に乗じて資金の獲得を図ることにあり（注3）、相手方が暴力団員であるかもしれないとの可能性を認識している者は、暴力団への恐怖心から、相手方の指示に従わざるを得ないのであるから（注4）、原審判決のように暴力団員であることの認識に「一定の確度」を要求する理由は見出し難く、上記(ⅲ)の判断は妥当であろう。

②　威力利用に関する認定

控訴審判決は、①本件共犯者らがAを暴力団員であると認識していたと推認されること、②本件資金獲得行為が反社会的な組織力を背景とした行為であることは、本件共犯者らにも容易に認識し得るものである以上、その組織がAの所属する暴力団である可能性が高いことが認識されていたと推認されること、③Aは本件共犯者らに自己がP会系の暴力団員であるとの事実が伝わることを当然予見できたこと、④本件共犯者らがA所属の暴力団からの報復を恐れて本件資金獲得行為に関する供述、特にAに関する供述を拒んでいること、⑤Aは何等かの組織の関与が認められる状況下で、本件共犯者らを内部統制し、逮捕された場合の口止めを指示していたことから、Aの内部統制および口止めは、本件資金獲得行為について、暴力団であるP会の威力利用行為に該当するとした。

また、Aは内部統制および口止めを指示する際、威力利用行為に該当する可能性が高いことを認識しながら、認容したものと認められるとして、威力利用についての故意を認めた。

この点、原審判決は、「Aが、……本件共犯者らに対して、自らの素性を積極的に伝えようとしていなかったことからすれば、A自身が、本件共犯者らに対し、自らが暴力団の構成員であることを明示的にも黙示的にも明らかにしていたとは認められず、本件共犯者らに危害を加える可能性のある者であることを認識させていたとはいえない。」「C及びFが、Aが暴力団員であると認識するに至った根拠は、証拠上全く明らかではなく、C及びFは、Aが

暴力団員であるとの情報について、どの程度の確度のあるものと考えていたのかは明らかではない。」「本件共犯者らが、Ａを本件詐欺グループのリーダーと考えて、その指示に従うことは不合理・不自然ではないし、本件各共犯者らは、金銭目当てで積極的に本件詐欺グループに加わった者であり、強制的に本件詐欺グループに加入させられたような事情も窺えないことからすれば、同人らがＡの指示に従って詐欺を行っていた事実をもって、直ちにＡが指定暴力団の構成員であることを恐れて本件詐欺をしたと認められるものではない。」「そうすると、本件共犯者らが、Ａが暴力団員である可能性等を認識していたとしても、その事実をもって、Ａが、指定暴力団員であることを利用して、本件共犯者らをしてＡの指示に従わせて詐欺をしていたとは未だ認められないし、その他に、Ａが、犯行グループ内で指揮命令系統を維持確保し、規律の実効性を高めるためにＰ会又は指定暴力団の威力を利用して本件詐欺をしたと認めるに足りる証拠はない。」と判断した。

　これに対して、控訴審判決は、前述のとおり、本件共犯者らがＡを暴力団員であることを認識していたと推認される間接事実を詳細に認定し、また、本件共犯者らが供述を拒否したことについても、暴力団からの報復を恐れていたことを認定し、本件詐欺グループ内で指揮命令系統を維持確保し、規律の実効性を高めるために暴力団の影響が利用されていたと認めて、Ａの内部統制および口止めが威力利用行為に該当するとした。

　このような控訴審判決の判断は妥当である。指定暴力団員の関与する特殊詐欺においては、構造的・類型的・必然的に、「指定暴力団員の威力」が、「内部の統制」および「外部（外敵）への対抗力」に利用されることとなっており（注５）、特殊詐欺事犯への指定暴力団員の関与は、必要な場合には、いつでも暴力団の「威力」を利用することができる（「潜在的あるいは背景的威力の利用」）という点で、暴力団組織に所属していることが重要な動因となっているから（注６）、特殊詐欺事犯という、暴力団の威力の利用が必要な犯罪への関与自体が、指定暴力団としての地位と資金獲得活動が結びついている場合に当たり、威力を利用しているものといえるであろう。

　(3)　暴対法31条の２但書

　暴対法31条の２但書１号２号で規定する事由は、実在の暴力団の実態に照らせばまずあり得ないこととされており（注７）、同条項但書１号に該当しないとした判断は妥当といえる。

　(4)　慰謝料

　Ｘは慰謝料として500万円を請求したところ、控訴審判決はこのうち50万円を認容した。

　特殊詐欺の被害者の暴力団組長に対する損害賠償請求事件の裁判例では、慰謝料として被害額の１割を認めるものが多い〔本書Ⅴ－**31**、**32**、**33**〕。これらの事案に比べて、本件において慰謝料を減額するような事情は控訴審判決からは窺えず、少なくとも被害額の１割を認めるのが相当だったのではなかろうか。

2　今後の展開

　威力利用に関して、控訴審判決のように、間接事実を積み上げた上で、暴力団の実態を踏まえて、相手が暴力団員であると認識したこと等を推認したり、自己が暴力団員であることが本件共犯者らにも伝わることの予見可能性を認定したりしたことは、同種事案の事実認定にあたっても参考になろう。暴力団犯罪の特徴の１つとして、警察による取締りを警戒し、取り調べにおいて供述を拒否するように組織的に指示の徹底を図るなど、構成員等に対する統制を強化している状況がみられることが挙げられ（注８）、本件のように、構成員でない共犯者も供述を拒否する場合が少なくないが、暴力団員に関する供述を拒否すること自体が、威力を利用した内部統制の存在を推認させるものといえよう。

（注１）　木村圭二郎「特殊詐欺事犯に関し暴力団の組長責任を論じた裁判例の検討（下）」捜査研究830号79頁（2019年）。

（注２）　猪原誠司「特殊詐欺への暴力団の関与の実態について」警察学論集73巻４号93頁以下（2020年）。

（注３）　田中勝也「暴力団による資金獲得活動と暴力団対策法の一部改正」警察学論集61巻９号34頁（2008年）。

（注４）　猪原・前掲（注２）99頁は、指定暴力団員が内心で威力を示す意思を全く有していなかったとしても、「他の者が、『当該指定暴力団員が威力を具体的に示してくる可能性・危険性の強さ』を強く意識せざるを得ない」ことには変わりはなく、当の指定暴力団員本人にとっても自明であるとする。また、猪原・前掲（注２）100頁は、特殊詐欺グループ内部の者が、当該グループに指定暴力団員が関与していることを確定的には認識していない場合であっても、「特殊詐欺グループを維持・運営するためには、よほどの強い『内部統制力』、『外部（外敵）への対抗力』が必要であり、多くの場合、当該『統制力』、『対抗力』を指定暴力団員が担っている。」という共通認識およびこれに起因する恐怖心があるであろうとする。

（注５）　猪原・前掲（注２）98頁。

（注６）　木村・前掲（注１）81頁。

（注７）　田中・前掲（注３）35頁。

（注８）　平成27年版警察白書４頁。

‖‖ *HIEDA Sayaka* ‖‖

Ⅴ　被害の回復

35

特殊詐欺に関する指定暴力団代表者等の責任

東京地判令和2・9・25、平成28年（ワ）第21473号損害賠償請求事件、請求一部認容【東京高裁にて和解成立・確定】、LLI/DB07531916

長尾敏成法律事務所／弁護士　**中村　剛**

Ⅰ　事案の概要

　被害者100人超、被害総額15億円とも言われる大規模な特殊詐欺事件（債券取引・還付金等名目）に関する事案である。指定暴力団甲会傘下四次組織である戊組の組長Aが、Bら5名の甲会組員を含む受け子グループを統括し、2つの架け子グループ（「α」、「β」）からそれぞれの詐取金の回収を請け負い、報酬を受け取っていた。架け子グループαについては、甲会傘下二次組織乙一家の総長室長で同三次組織丙組の組長であるCが、同じくβについては乙一家事務長で同三次組織丁組の組長代行であるDがそれぞれ統括し、受け子グループとの間のトラブルを解決したり、他人名義の携帯電話や架空のパンフレットを準備するなど関与し、報酬を得ていた。起訴された事件の被害者7名が、実行犯であるCら4名に対しては民法719条の共同不法行為責任を根拠に、さらに、当時の指定上の代表者であり、甲会の総裁を称していたX（後に死亡）、前会長（現特別顧問）であるY、現会長（前会長代行）であるZの3名の最高幹部に対し、暴力団員による不当な行為の防止等に関する法律（以下、「暴対法」という）31条の2の指定暴力団の代表者等の責任を根拠に、損害の賠償を求めて提訴した。

　Xらは、暴対法31条の2の要件事実である①Cらの「指定暴力団員」性、②Xらの「指定暴力団の代表者等」への該当性、③本件詐欺行為が「威力利用資金獲得行為」であることをいずれも争うとともに、④騙された被害者側にも落ち度があるとして過失相殺を主張した。

Ⅱ　判決要旨

　裁判所は、Cら実行犯4名の共同不法行為責任の成立を認めるほか、以下のとおり、Y、ZおよびXの相続人についても暴対法31条の2の責任の成立を肯定したが、原告の主張した精神的損害については否定した。その上で、過失相殺の主張は退け、被告らに合計1億6,830万円（うち実損害1億5,300万円、弁護士費用1,530万円）の賠償を命じた。

1　Cらが暴対法31条の2にいう指定暴力団員に当たるか

　(1)　暴対法31条の2は、指定暴力団員がその所属する指定暴力団の威力を利用して行う資金獲得行為により発生した損害について、直接の加害者である末端の指定暴力団員には十分な資力がなく、損害の回復がされないおそれがあることから、指定暴力団の代表者等に配下の指定暴力団員の威力利用資金獲得行為に係る損害賠償責任を負わせることとしたものである。

　(2)　このような暴対法31条の2の立法趣旨は、指定暴力団を構成する傘下組織の構成員が当該指定暴力団の威力を利用して行う資金獲得行為についても妥当する。したがって、暴対法31条の2にいう「指定暴力団員」には、当該指定暴力団を構成する傘下組織の構成員が含まれると解するのが相当である。

　(3)　C、D、Aらは、いずれも指定暴力団である甲会を構成する傘下組織の構成員であり、指定暴力団員に当たる。

2　Xらが暴対法31条の2にいう指定暴力団の代表者等に当たるか

　(1)　暴対法にいう暴力団の「代表者等」とは、当該暴力団を「代表する者」、すなわち暴力団の首領のほか、「その運営を支配する地位にある者」、すなわち暴力団特有の階層構造においてその運営を支配する立場にある者を指す（暴対法3条3号）。

　暴対法31条の2の立法趣旨が前記のとおりであることからすれば、同条は、被害者保護の観点から、指定暴力団の「代表者等」に当たる者には広く損害賠償責任を負わせる趣旨の規定と解されるから、指定暴力団を「代表する者」か「その運営を支配する地位にある者」のいずれかに当たる者であれば、全て同条の損害賠償責任を負うと解するのが相当である。

　(2)　Xは、東京都公安委員会により指定暴力団である甲会を代表する者として公示されていた者であり、甲会の最上位の地位である総裁の地位にあったことが認められるから、Xは、本件詐欺行為当時において、指定暴力団である甲会を代表する者に当たる。

　(3)　Yは、甲会の会長、その後は甲会の特別相談役であるところ、会長は総裁に次ぐ地位であり、特別相談役は暴力団特有の階層構造において上位の地位であって、いずれも甲会の幹部としてその運営に強い影響力を有することは明らかであるから、本件詐欺行為当時において、指定暴力団である甲会の運営を支配する地位にある者に当たる。

　(4)　Zは、甲会の会長代行、その後は甲会の会長であるところ、会長代行は暴力団特有の階層構造において上位の地位であり、会長は総裁に次ぐ地位であって、いずれも甲会の幹部としてその運営に強い影響力を有することは明らかであるから、本件詐欺行為当時において、指定暴力団である甲会の運営を支配する地位にある者に当たる。

3　本件詐欺行為が暴対法31条の2にいう威力利用資金獲得行為に当たるか

　(1)　「威力を利用」するとは、威力利用資金獲得行為の態様を暴力的不法行為等(暴対法2条1号)に限定するものではなく、また、暴力的要求行為における「威力を示(す)」(暴対法9条)とも異なり、より幅の広い行為態様を意味するものと解される。また、暴対法31条の2は、「威力を利用」する相手方を被害者に限定していない。

　このような暴対法31条の2の文言や前記のとおりの立法趣旨に照らすと、同条にいう「威力利用資金獲得行為」に当たるためには、指定暴力団員が資金獲得行為を実行する過程において、当該指定暴力団の威力が何らかの形で利用されていれば足り、被害者に対して威力が示されることは必要ではないと解するのが相当である。

　(2)　本件詐欺行為においては、甲会傘下二次組織乙一家の幹部であるCが、傘下四次組織戊組の構成員に対し、特殊詐欺による報酬の取り分の提案を受け入れさせたこと、戊組の組長であるAが、戊組の構成員らに対し、受け子グループの仕事を指示して従わせていたことなどからすると、本件詐欺行為は、甲会の傘下で二次組織である乙一家、乙一家の傘下で三次組織である丙組ないし丁組、丁組の傘下で四次組織である戊組の各構成員が中心となって、階層構造における絶対的服従関係を背景として指定暴力団である甲会の威力を利用して実行された資金獲得行為であると言わざるを得ない。

　また、乙一家の幹部であるDが、甲会の構成員ではないEに対し、Dが乙一家の構成員であるとEが認識していたことを了知した上で、架け子グループが利用する他人名義の携帯電話の調達や架空会社のパンフレットおよび債券などの作成を指示して従わせていたこと、Aが、甲会の構成員でないFの前で自身が暴力団関係者であると認識され得る言動をし

た上で、受け子グループの仕事を指示して従わせていたことなどからすると、本件詐欺行為は、客観的にみれば甲会の外部の関係者に対しても指定暴力団である甲会の威力が利用されて実行されていたと認められる。

4　損害について

　(1)　(原告らが本件詐欺行為による詐取された金員から刑事事件において示談金として支払われた一部弁済分を差し引いた実損害額を損害として認めた上で)原告らは、本件詐欺行為による精神的損害としてそれぞれ300万円の損害を被った旨主張するが、原告らが本件詐欺行為により直接的に被った損害は現金の喪失であり、本件詐欺行為の態様を考慮しても財産的損害に付されることとなる法定利率による遅延損害金を上回るほどの精神的損害を被ったとは認められないから、上記主張は採用できない。

　(2)　本件詐欺行為と相当因果関係のある弁護士費用相当額は、本件事案の内容等諸般の事情を斟酌すると、財産的損害の1割と認めるのが相当である。

5　過失相殺の当否について

　X相続人ら、YおよびZは、原告らにおいて過失相殺をすべきである旨主張するが、本件詐欺行為は、指定暴力団である甲会の構成員が中心となって組織的に行われた故意による不法行為であり、その違法性の高さに鑑みれば、仮に被害者である原告らに過失があったとしても、これを考慮して損害賠償の額を定めるのは相当ではないから、上記主張は採用できない。

Ⅲ　分析と展開

1　判決の意義

　暴力団組員が関与した特殊詐欺の事案において、暴対法31条の2に基づき、指定暴力団代表者等の賠償責任を認めた裁判例の1つである。暴対法31条の2の成立要件全般が広く争点とされているほか、暴力団幹部側から被害者側の過失相殺が主張され、それぞれの争点について裁判所の判断が示された点で参考になる。また、暴対法31条の2の威力利用の形態として、詐欺グループ内における暴力団員から暴力団員ではないメンバーに対するもののほか、上位の暴力団員から下位の暴力団員に対する威力の利用が認められた点、詐欺被害者による慰謝料の請求が退けられた点に、同種事案に関する裁判例には見られない特徴がある(注1)。

2　当事者

　(1)　原告は、特殊詐欺の被害者またはその相続人である(原告のうちの1人は訴訟係属中に死亡し、相続人が訴訟上の地位を承継した)。

（2）　訴え提起時点での被告は、詐欺組織において主導的な役割を果たした甲会組員４名と、甲会総裁（訴訟係属中に死亡し、相続人が訴訟上の地位を承継した）、同特別相談役（前会長）および同会長（前会長代行）の３名の最高幹部である。実行犯については民法719条、幹部らに対しては暴対法31条の２（および民法715条）を根拠に請求がされている。甲会においては本件の一連の詐欺が続いている途中の平成26年４月に会長職の交替があったことから、その前後に会長（総裁に次ぐ序列２位）の地位にあったＹとＺが、それぞれ暴対法31条の２にいう指定暴力団の代表者「等」として被告に加えられたものである。

暴対法31条の２（あるいは民法715条）に基づく損害賠償請求の事案において、最上位組長である指定暴力団の代表者（使用者）のほかに、その最高幹部を「代表者『等』（代理監督者）」として被告に加える意義は、賠償義務の負担者の範囲を資力のある上位幹部に拡張し、被害回復の実効性を高める点にある。

3　指定暴力団の代表者等

（1）　意　義

暴対法31条の２にいう「指定暴力団の代表者等」とは、「当該暴力団を代表する者又はその運営を支配する地位にある者」（同法３条３号）をいい、「当該暴力団を代表する者」、すなわち組長、総長、会長、理事長等と称する暴力団の首領のほか、「その運営を支配する者」、すなわち若頭、若頭補佐、会長補佐、理事長補佐等と称する最高幹部会議の出席メンバー等をいう（注２）。一般の企業でいえば、概ね取締役に相当する地位にある者をいうものとされる（注３）。

（2）　代表者等の責任は並立するか

暴対法３条３号は、暴力団の「代表者等」の定義について「当該暴力団を代表する者又はその運営を支配する地位にある者」として、「又は」という用語を使用している。そのため、暴対法31条の２が定める責任主体としての指定暴力団の「代表者等」は、代表者と運営支配者の「いずれか一方（１人）」に限られると解する余地がなくはない。

しかし、暴対法31条の２の文言上、「指定暴力団の代表者等」が賠償責任の主体とされて、その数は制限されていない。また、暴対法31条の２の趣旨は、直接の加害者である末端の指定暴力団員に十分な資力がなく、損害の回復がされないおそれがあることから、指定暴力団の代表者等に配下の指定暴力団員の威力利用資金獲得行為に係る損害賠償責任を負わせることにしたという、被害者保護の点にある。これを踏まえれば、「代表者等」に当たる者の

賠償責任は併存し、連帯して損害賠償責任を負う（不真正連帯債務）ものと考えるのが被害者保護の見地から妥当である。本判決も同旨の判断をした。

かかる解釈は、株式会社の役員等の損害賠償責任に関して、「取締役、会計参与、監査役、執行役又は会計監査人（以下、この節において『役員等』という）は、その任務を怠ったときは、株式会社に対し、これによって生じた損害を賠償する責任を負う」と定める会社法423条１項につき、役員等の責任が非両立ないし択一的なものとはされておらず、役員等がそれぞれ同規定に基づいて並存的に損害賠償責任を負い、それぞれの債務が不真正連帯債務になるとする判例、通説の立場にも沿うものである。

4　指定暴力団員

暴対法にいう「指定暴力団員」とは、指定暴力団または指定暴力団連合の構成員を指し（同法９条、２条５号、６号）、また、暴対法にいう暴力団の「構成員」という概念は、当該暴力団の構成団体の構成員を含むものとして観念されている（同法２条２号参照）。本判決は、かかる暴対法の文言のほか、被害者保護という暴対法31条の２の趣旨が、指定暴力団を構成する傘下組織の構成員が当該指定暴力団の威力を利用して行う資金獲得行為についても妥当することを踏まえ、階層的な組織形態をとる指定暴力団においてこれを構成する二次組織以下の傘下組織の構成員についても、暴対法31条の２の「指定暴力団員」に含まれることを認めた。

指定暴力団は、その組長を頂点とする擬制血縁関係の連鎖により団体が構成され、その傘下組織の構成員は会費等の名目で上納金を支払うのと引き換えに当該指定暴力団における肩書や代紋等を使用することを許されており、傘下組織の暴力団員に対しても指定暴力団の組長からの指示命令が伝達徹底されるなど、傘下組織も含め１個の団体として把握されるべき実態がある。本判決の判断は、かかる指定暴力団の実態にも適うものである。

5　威力利用資金獲得行為

（1）　意　義

暴対法31条の２は、「威力利用資金獲得行為」を、「当該指定暴力団の威力を利用して生計の維持、財産の形成若しくは事業の遂行のための資金を得、又は当該資金を得るために必要な地位を得る行為」と定義する。

ここでいう「威力を利用して」とは、当該指定暴力団に所属していることにより資金獲得活動を効果的に行うための影響力または便益を利用することをいい、当該指定暴力団の指定暴力団員としての地位と資金獲得活動とが結びついている一切の場合をいうものとされている（注４）。

（2）　詐欺被害者に威力が示される必要性

　暴力団員の威力利用資金獲得行為の典型とされるみかじめ料の要求においては、代紋入りのバッジや名刺を示すなどして、指定暴力団の威力が被害者に示され、面倒を恐れる被害者が不本意ながらも金銭を支払うというのが通例である。しかし、特殊詐欺の事案では、被害者に対して暴力団の威力が示されることは基本的にない。被害者においても加害者が暴力団関係者であることを意識していないことがほとんどである。したがって、指定暴力団の威力が利用されたというために、指定暴力団の威力が被害者に示されることが必要であると解すれば、特殊詐欺の事案に暴対法31条の2を用いることは難しくなる。しかし、現在の裁判実務においてはかかる考え方は完全に否定されたと言える状況にある（注5）。

　本判決は、暴対法31条の2の「威力を利用」するとは、威力利用資金獲得行為の態様を「暴力的不法行為等」（同法2条1号）に限定するものではなく（注6）、また、暴力的要求行為における「威力を示（す）」（同法9条）とも異なり（注7）、より幅の広い行為態様を意味するものと解した上で、同法31条の2が威力利用の相手方を限定していないことや、被害者保護という同法31条の2の立法趣旨をも踏まえ、同条にいう「威力利用資金獲得行為」に当たるためには、「指定暴力団員が資金獲得行為を実行する過程において、当該指定暴力団の威力が何らかの形で利用されていれば足り、被害者に対して威力が示されることは必要ではない」と判断した。

（3）　威力利用の類型（内部型と外部型）

　本判決は、本件における威力利用の形態を、①上位組員から下位組員に対する指定暴力団「内部」の関係におけるものと、②指定暴力団員から指定暴力団以外の者に対する「外部」との関係におけるものの2つに分類している。

　このうち①について、本判決は、特殊詐欺が暴力団の新たな資金獲得源になっていることを指摘し、二次組織の幹部が同組織傘下の四次組織の構成員に特殊詐欺による報酬の取り分の提案を受け入れさせた事実、四次組織の組長が同組における自らの舎弟や構成員に対して受け子の仕事を指示して従わせていた事実等を認定し、本件詐欺行為は「階層構造における絶対的服従関係を背景として指定暴力団である甲会の威力を利用して実行された資金獲得行為であると言わざるを得ない」ものとした。暴力団組織の内部においては下位者が上位者の指示命令に背けば厳しい制裁を受けることが常態化しているため、上位者から指示命令を受けた場合に下位者は当該暴力団の威力を意識しないわけにはいかない。したがって、指定暴力団員が当該指定暴力団における上位者の指示で上位者の資金獲得活動に関与したことを立証できる案件においては、個別の威迫的言動の有無を問うことなく、「威力を利用した資金獲得行為」であるとの認定がされるべきである。

　一方、②の外部型の類型については、当該資金獲得行為に携わった組員以外の関係者が、当該指定暴力団組織の威力を意識するに至る経緯が問題とされている。本判決は、指定暴力団員から指示を受けた者が、指示を出した者が指定暴力団員であると知っていたこと（さらに指示を出した指定暴力団員がそれを了知していること）、指定暴力団員が資金獲得活動に関する指示を出すに先立ち、相手の前で自身が暴力団関係者であると認識され得る言動（「カタギの前だからこれでも我慢しているんだよ」等）をしていたことを認定した後に、威力の利用を肯定している。

　ところで、暴力団の関与する組織犯罪においては、まさに当該暴力団の威力の影響により、関係者が暴力団にとって不利な供述証言を行うのは心理的に困難である。そのような状況下で、関係者から指定暴力団員の属性やその個別の言動や主観的認識についての具体的供述を確保するのは困難である。そもそも特殊詐欺などの組織犯罪を継続するにあたっては、共犯者の勧誘と統制（口止め、逃亡の阻止）、他人名義の携帯電話など犯罪ツールの確保、他の組織による収奪からの自衛などにあたり、指定暴力団の威力の存在が有利に影響するのは確実である（注8）。そうであるならば、指定暴力団員がその資金獲得のために組織的な犯罪を行っている場合には、当該組織犯罪は当該指定暴力団の威力を利用した資金獲得行為であると事実上の推定がされてしかるべきものと思われる。

6　慰謝料

　特殊詐欺の被害者による慰謝料の請求は認められるか。この点、特殊詐欺に関する他の裁判例においては、詐欺による実損害の1割を慰謝料として認めたもの（注9）、実損害額とは無関係に50万円の慰謝料を認めたもの（注10）とがあるが、慰謝料請求を認める例が主流と言える。

　しかるに、本判決は、詐欺被害者が訴えた精神的苦痛の主張に対し「直接的に被った損害は現金の喪失であり、本件詐欺行為の態様を考慮しても財産的損害に付されることとなる法定利率による遅延損害金を上回るほどの精神的損害を被ったとは認められない」として退け、慰謝料の請求を棄却した。

　民法710条は、他人の「自由」の侵害が不法行為になり得ることを認めているところ、同条にいう自由には身体活動の自由のみならず精神活動の自由も含まれており、欺罔手段により相手の意思決定の自由を害して錯誤に陥れ財物を騙し取った事案におい

て、被害者は慰謝料を請求し得るとするのが大審院の判例である（注11）。学説上も、加害方法が著しく反道徳的であったり、被害者に著しい精神的打撃を与えることを目的として加害した場合や、被害者に著しい精神的苦痛を感ぜしめる状況の下で加害行為が行われた場合にも、財産権を侵害された被害者の慰謝料請求権が認められるべきだとする考え方が多数と言ってよい（注12）。

　特殊詐欺の被害者は、怒り、後悔、自責、恥、人間不信、不安といった直接的・個人的な苦痛のほかに、家族からの叱責や軽侮などによる自信喪失などの二次的な苦痛を被る。そして、電話の呼出音や特殊詐欺に関する報道等を耳にするたびに、そうした苦痛を繰り返し思い出すことを余儀なくされ、自殺に追い込まれる者すらいる。

　本判決が、組織的な詐欺犯罪によって金銭を騙し取られた被害者を、一般的取引において金銭債務の不履行を受けたに過ぎない債権者と同等に扱ったことについては、強い疑念があるものといわざるを得ない（注13）。

7　弁護士費用

　不法行為に関する訴訟において、弁護士費用が賠償の対象となることについては実務上確立しており、事案の難易、請求額、認容額その他諸般の事情を斟酌して相当と認められるものについて、不法行為と相当因果関係に立つとされている（注14）。本判決は、詐欺被害額の「1割」を詐欺行為と相当因果関係のある弁護士費用相当額だとした。

　しかし、暴力団の関与する組織犯罪は、暴力団関係者や上位組織への責任の追及を回避するため、暴力団とは無関係の一般人や法人格が利用され、さらに関係者には沈黙が強いられるなど、暴力団関係者の関与が巧妙に隠蔽されるのが一般であり、証拠の収集には一般的な不法行為の事案と比較して、より大きな困難を強いられる。加えて、指定暴力団の組長を含む最高幹部らの責任を追及するとなると組織的な報復や妨害の危険を分散するために、複数の弁護士が事件に関わらざるを得ない。本判決が、かかる「事案の難度」を斟酌することなく、一般的な交通事故の損害賠償訴訟と同程度の弁護士費用の賠償しか認めなかったことについては疑問が残る（注15）。

8　過失相殺

　被告の側からは、被害者が、現金送付が禁止されているレターパックなどで現金を送付していたこと、さらに送付品目について「食品」や「書類」などと事実に反する記載を行っていたことなどを挙げて、過失相殺の主張がされた。

　この点、加害者が故意の不法行為を行った場合に過失相殺を否定する学説もある（注16）が、事情によっては過失相殺を認めるのが裁判実務および通説の立場といえる。しかし、詐欺的取引について過失相殺を認める裁判例は著しく少ないものとされ、その理由としては、そもそも被害者側の過失とされる誤解が加害者自身の詐欺行為によって惹起されたものであること、損害は加害者にとっての利得となるため、過失相殺を許すと詐欺的取引による利得の保有を許すことになってしまうことが指摘されている（窪田充見『過失相殺の法理』253頁（有斐閣・1994年）、平野裕之『民法総合6　不法行為法〔第3版〕』425頁（信山社出版・2013年））。

　もっとも、本件のように、特殊詐欺を実行した暴力団員自身ではなく、その者が所属する指定暴力団の代表者等が過失相殺を主張する場合に、上記の理由を直接に適用できるかについては問題となり得る。ただ、使用者責任とその特則である暴対法31条の2の責任は、報償責任ないし危険責任の原理を根拠とする代位責任と考えられるべきであり、直接の行為者において主張し得ない過失相殺を、使用者ないし代表者等が主張することは認められないものと考えるべきである。

　本判決は、本件詐欺行為が、指定暴力団の構成員が中心となって組織的に行われた故意による不法行為であるという違法性の高さを指摘した上で、仮に被害者側に過失があったとしても、これを考慮して損害賠償の額を定めるのは相当ではないとした。

9　課題

　特殊詐欺の被害者（法人を除く）に占める65歳以上の高齢者の割合は、全体の85％を超える（注17）。本件訴訟においては、平成27年6月の訴え提起後、令和2年9月の第一審判決までに4年以上を要し、令和3年6月に訴訟上の和解により和解金が支払われるまでに約5年を要した。勤労によって収入を得るのが困難な高齢者にとって、老後のために蓄積していた財産の喪失は、生活の質の悪化に直結する。逆に、健康を害してしまった後に財産被害が回復されようとも、これを有意義に使って余生を楽しむことはできなくなる。本件においても、被害回復を見届けることなく他界した原告もおり、その無念を察するに余りある。速やかな被害回復の実現が今後の課題だと考える。

　かかる課題の解決には2つの方向性が考えられる。1つは、特殊詐欺の被害者による刑事事件記録へのアクセスを良くし、民事訴訟での主張立証の困難を解消していく方向性である。ただし、これには関係者のプライバシーや更生、そして暴力団組織に不利な供述をした者への加害の防止等の見地からの限度がある。もう1つの方向性は、民事訴訟におい

て、暴対法31条の2の要件に関する主張立証のハードルを下げることである。そもそも、暴対法31条の2が設けられた趣旨は、本判決も指摘するとおり、民法715条の規定を適用して代表者等の損害賠償責任を追及する場合において生じる被害者側の主張立証の負担の軽減を図るためであった。ところが、指定暴力団員（あるいは指定暴力団の代表者等）であることの認定のために、被害者側に警察からの照会回答以外のプラスアルファの立証が求められたり、また、暴力団員が関与する組織的な詐欺事件が威力利用資金獲得行為であることの認定のために、当該詐欺組織内における関係者の言動やそれぞれの主観的認識など、個別具体的なエピソードの主張立証を求められるのが現状である。その結果、被害者は、大量の刑事事件記録を入手し、分析することを余儀なくされており、その主張立証の負担は民法715条にいう使用者性、事業執行性の要件を主張立証するのと大差がなくなっている。暴力団員が関与する特殊詐欺事件に暴対法31条の2を適用する裁判例が積み重ねられていく中で、被害者が容易に入手できる証拠をもって指定暴力団の代表者等の責任を追及できるような運用が望まれるところである。

（注1）　なお、筆者は本件の原告側訴訟代理人の1人である。同じ特殊詐欺組織による被害者のうち刑事で起訴されなかった「余罪事件」の被害者45名に関しても、本件と同じ法律構成を用いて甲会最高幹部らの責任を問う別件訴訟を提起し、本判決後に約4億6,000万円の賠償を命じる判決が下された（東京地判令和3・2・26東京地裁民34部・平成29年（ワ）第21880号ほか）。暴対法31条の2の責任が肯定された点、慰謝料と弁護士費用のうち損害の1割を超える部分の請求が否定された点は本件と同旨。詐欺被害の一部について立証不十分として請求が退けられたが、立証資料（刑事事件記録）へのアクセスの点で余罪事件被害者には多くの困難があり、工夫を要する。
（注2）　島村英＝工藤陽介＝松下和彦ほか「『暴力団員による不当な行為の防止等に関する法律の一部を改正する法律』について」警察学論集61巻9号59頁）。
（注3）　暴力団対策法制研究会『逐条暴力団員による不当な行為の防止等に関する法律』33頁（立花書房・1995年）。
（注4）　島村ほか・前掲（注2）59頁。
（注5）　水戸地判令和元・5・23LLI/DB07450360、東京高判令和3・1・29令和元年（ネ）第3504号、東京地判令和元・6・21LLI/DB07430183、東京高判令和2・3・4 LLI/DB07520154など。
（注6）　暴対法2条1号の「暴力的不法行為等」には、「暴力的不法行為」そのもののほか「暴力団によって典型的に行われるその他の不法行為」、すなわち、賭
博場開帳図利、公営競技法違反等のように、行為そのものには暴力的威力を必要としないが、暴力団の威力を背景としてその他の者の新規参入や取締機関への通報を阻止することにより初めて成立し得るような行為であり、暴力団が典型的に行っている不法行為が含まれることにつき、前掲（注3）22頁。
（注7）　暴対法9条にいう「威力を示（す）」とは、指定暴力団員が、自らが所属する指定暴力団等の威力（人の意思を制圧するに足りる勢力）を相手方に認識させる一切の行為をいうことにつき、前掲（注3）70頁。
（注8）　猪原誠司「特殊詐欺への暴力団の関与の実態について」警察学論集73巻4号91頁以下（2020年）。
（注9）　前掲（注1）、同（注5）の各裁判例など。
（注10）　東京高判令和3・3・22（公刊物未登載）。
（注11）　大判昭和8・6・8刑集12巻10号771頁、附帯私訴の事案。
（注12）　加藤一郎編『注釈民法(19)』194頁〔植林弘〕（有斐閣・1965年）は、その理由として、「反道徳的な加害などの場合には、被害対象たる財産が被害者・債権者にとって特別の主観的・精神的価値を有するものでなくても、被害者が著しい憤懣・怨恨をいだくに至ると考えられ、これらの被害者の精神的損害を通常損害として、予見の可否にかかわらず、被害者に慰謝料請求権が認められる」ことを挙げる。
（注13）　特殊詐欺被害者が被る精神的苦悩を分析したものとして、辰野文理「振り込め詐欺被害者の抱える苦悩と対応における課題」国民生活研究55巻1号1頁（2015年）。
（注14）　最一判昭和44・2・27民集23巻2号441頁。
（注15）　暴力団組員に対する賠償事件で被害額の2割を弁護士費用として賠償を命じた裁判例として、佐賀地判平成6・3・25判タ860号207頁。
（注16）　平井宜雄『債権各論Ⅱ 不法行為』150頁（弘文堂・1992年）。
（注17）　警察庁捜査第二課・生活安全企画課「令和2年における特殊詐欺の認知・検挙状況等について」警察庁ホームページ。
　　https://www.npa.go.jp/bureau/criminal/souni/tokusyusagi/tokushusagi_toukei2020.pdf

█ NAKAMURA Takeshi █

Ⅵ　暴力団関係者等であるとの風評に関する問題

概　観

馬場・澤田法律事務所／弁護士　**澤田 和也**

1　はじめに

　本章では、元暴力団構成員であったことや、いわゆる振り込め詐欺の容疑で逮捕されたことに関するインターネット上の検索結果について、人格権としてのプライバシー権等に基づく削除請求が棄却された各事例、学校法人の学校債の購入者らに対し、当時の理事長が暴力団を連れて学園に乗り込んだ等と記載した書面を交付したことや、週刊誌に亡き実父および叔父が暴力団構成員であったとする記事が掲載されたことに対する名誉毀損に基づく損害賠償請求事件において、名誉毀損の該当性を認めた各事例を取り上げている。

　本章で紹介する裁判例はいずれも、企業がコンプライアンスを遵守するために収集している反社会的勢力に関する情報に対し、裁判所としての評価を示したものであると同時に、当該情報の取扱いにおいて留意しなければならない点を示したものとして、参考になるものである。

2　元暴力団構成員であったことや逮捕情報の削除請求

　大阪高判令和元・5・24〔本書Ⅵ-**36**〕は、会社経営者である控訴人が、インターネット検索サイトにおいて、控訴人の氏名を検索すると、控訴人が元暴力団構成員であったことおよび有名企業の副社長を恐喝した事件に関与していたこと等が記載されたウェブサイトのURLならびに当該ウェブサイトの表題および抜粋が表示されていたことについて、ウェブサイト検索結果情報を提供する事業を営む会社である被控訴人に対し、人格権としてのプライバシー権が侵害されているとして、上記検索結果の削除を求めたが、同請求を棄却した事案である。

　また、東京地判平成28・10・28〔本書Ⅵ-**37**〕は、10年以上前にいわゆる振り込め詐欺の容疑で逮捕され、詐欺罪で懲役3年、保護観察付執行猶予5年の有罪判決を受けた原告が、インターネット上のウェブサイトの検索サービス上で原告の氏名等の一定の文字列により検索を行うと、検索されたウェブページのタイトル、URLおよび控訴人が過去に逮捕された旨の記述を含むウェブページの抜粋が表示されることについて、当該サービスを提供している米国

法人である被告に対し、自己の更生を妨げられない利益が侵害されたとして、人格権に基づき、上記検索結果の削除を求めたが、同請求を棄却した事案である。

　上記各事案で問題となったウェブサイトの検索サービスの情報処理手順は、検索結果の提供に関する検索事業者の方針に沿った検索結果を得ることができるように設計作成されたものである。そのため、検索事業者自身の表現行為としての側面があることは否定し難く、人格的な権利利益と表現行為の制約との調整が必要となる。また、現代社会において、検索事業者による検索結果の表示がインターネット上の情報流通の基盤として大きな役割を有していることも事実である。

　そこで、最三決平成29・7・11（最高裁平成29年決定）は、検索結果に表示された事実の性質および内容、当該検索結果が提供されることによってその者のプライバシーに属する事実が伝達される範囲とその者が被る具体的被害の程度、その者の社会的地位や影響力、記事等の目的や意義、記事掲載時の社会的状況とその変化、当該事実記載の必要性など、当該事実を公表されない法的利益と当該検索結果を提供する理由に関する諸事情を比較衡量し、前者が優越することが明らかな場合に検索結果の削除請求をすることができるとした。

　この点、大阪高判令和元・5・24〔本書Ⅵ-**36**〕は、自己と関わりを持つ人物が反社会的勢力との繋がりを有するかどうかを判断するために反社会的勢力に関する情報を収集する社会的必要性を認め、過去において暴力団構成員であったことは、一般市民に比して反社会的勢力と繋がりを有する可能性が高いといえることは否定できないとして、「元暴力団構成員」であることは反社会的勢力との繋がりを疑わせる有力な事情として、現代社会における重要な関心事であるとした。また、暴力団構成員であったのが50年以上前であったとしても、反社会的勢力との繋がりの可能性がどの程度まで低下すれば調査対象者に対する慎重な対応をする必要がなくなるかなどについては、繋がりの有無を調査する目的や理由等によって異なり得るとして、その期間の経過を

もって直ちに公表の必要性が失われるとまではいえないとした。

東京地判平成28・10・28〔本書Ⅵ-**37**〕は、社会的に強い関心を集めていた、いわゆる振り込め詐欺について有罪判決を受け、当該逮捕が誤認によるという事情もなく、また、原告が振り込め詐欺の引き出し役グループのリーダー格であったこと、そのグループが1日2,000万円以上もの預金を引き出すこともあった組織的な犯罪であったこと、執行猶予期間満了後5年程度しか経過していないことなどから、上記犯罪および上記逮捕事実それ自体に対する公共の関心もいまだ希薄化したものとはいえないと認定した。かかる認定を前提とした上で、当該判決は、侵害行為によって生ずる原告側の不利益と侵害行為を差し止めることによって生ずる被告側の不利益とを比較衡量し、原告が、現在、株式会社の代表取締役として自ら事業を行い、社会に一定の影響を与える地位にあることからすると、原告の信用に対する判断の一要素として上記逮捕事実をインターネット上で低コストにより知ることができるようにしておくことには公益性があるとし、検索結果の表示によって原告側の一定の不利益が生ずることは否定できないものの、検索結果の表示を差し止めることによって生ずる不利益よりも大きいとはいえず、原告は現段階においてはそのような情報を公表されることを受忍すべきであるというほかないと認定し、請求を棄却した。

平成19年6月19日、犯罪対策閣僚会議幹事会により取りまとめられた「企業が反社会的勢力による被害を防止するための指針」が公表されて以降、企業には反社会的勢力との「取引を含めた一切の関係遮断」が求められ、現代社会において、企業や個人のリスクマネジメント上、反社会的勢力に関する情報の利活用は必要不可欠となっている。企業が新たな取引先と取引を開始する際、また既存の取引先との契約関係を継続するか否かを検討する際、企業としては、その時点の情報だけでなく、過去において暴力団構成員であったことや振り込め詐欺により逮捕されたこと等の情報は、正に収集し検討材料としたい情報である。本判決は、これらの情報について、現代社会における公共の関心事であることを示し、またウェブサイトの検索サービス事業者が果たすインターネット上の情報流通の媒介者としての公益的な役割をも踏まえて、具体的な削除請求の判断枠組みを示しており、反社会的勢力排除対策の実務において参考となるものである。

3　暴力団との関係を示す行為と名誉毀損の成否

東京地判平成28・4・15〔本書Ⅵ-**38**〕は、学校法人の元理事長である原告が、後任の理事長である被告が、当該学校法人の学校債の購入者らに対して、「原告は同学校債を返済する意思もないのにこれを発行し、集金した金員も当該学校法人の運営する学園に入金していない」、「原告が暴力団を連れて当該学校法人の運営する学園に乗り込んだ」等と記載した書面を交付したことにより、名誉が毀損されたと主張して、被告に対し、不法行為に基づく損害賠償金として1,000万円および遅延損害金の支払いを求めるとともに、民法723条に基づく名誉回復措置として、学校債の購入者らに対する謝罪文の送付を求めたのに対し、当該文書にもとづく名誉毀損による精神的苦痛に対する慰謝料の支払いは認めたが、謝罪文の交付は認めなかった事案である。

また、大阪地判平成28・3・30〔本書Ⅵ-**39**〕は、大阪府知事を務めていた原告が、被告の発行する月刊誌に、原告の亡き実父および叔父が暴力団構成員であったことを記載した記事が掲載されたことにより、原告の名誉が毀損され、また、プライバシーも侵害された旨主張して、被告に対し、民法719条に基づき慰謝料等の支払いを求めたが、これを棄却した事案である。

名誉毀損の訴訟では、まず問題となる表現行為について、名誉毀損への該当性を判断し、これが肯定された場合であっても、名誉の保護と表現の自由との調整を図る観点から、①その行為が公共の利害に関する事実に係り（事実の公共性）、②専ら公益を図る目的に出た場合であって（目的の公益性）、③摘示された事実が真実であることが証明されたときは（事実の真実性）、その行為に違法性はなく、不法行為は成立しない（真実性・相当性の抗弁、最一判昭和41・6・23民集20巻5号1118頁、判時453号29頁）。そして、名誉毀損に該当するか否か、すなわち人の社会的評価を低下させるような事実であるかどうかは、一般人を基準にして判断される。

東京地判平成28・4・15〔本書Ⅵ-**38**〕は、当該文書の中に、「『仮の理事』を承認された処、即日暴力団を連れて学園に乗り込み」や、「現在学園はX₁達と暴力団まがいの者に不法に占拠されています」との、原告が暴力団とつながりがあるかのような表現が記載されたことについて、「原告が違法な行為をする人物であるとの印象を与えるものであるから、一般読者の通常の読み方を基準として、原告の品行、徳行、名声、信用等の人格的価値について社会から受ける客観的な評価を低下させるものである」と認定した。

また、大阪地判平成28・3・30〔本書Ⅵ-**39**〕は、一親等である実父については、原告が6歳の時に別居し、原告が小学2年生の頃に死亡していたとしても、実父が暴力団構成員であったという事実が原告

の社会的評価を低下させると判断した。他方、三親等である叔父については、「原告の叔父が存命中であり、弁護士になった原告に対して『なんかあったらワシの名刺みせい』と言ったことがある旨の記載をも併せ考慮すれば、原告が叔父や同人を通じるなどして過去に暴力団と何らかの関係を有したり、本件記事掲載当時も何らかの関係を有しているという印象を読者に与えるものであ」ると補足した上で、叔父が暴力団構成員であったという事実が原告の社会的評価を低下させると判断した。

　暴力団関係者が取引社会から排除され、暴力団への利益供与が違法とされている現在の社会情勢に鑑みると、自身が暴力団関係者と関係があることや自身の親族が暴力団員であることを公表されることが原告の人格的価値について社会から受ける客観的評価を低下させるとの判断は、自然であると考える。

　名誉毀損訴訟においては、真実性・相当性の抗弁が中心的争点になることが多いため、表現行為をするにあたっては、その必要性や相当性、真実性の立証の可否に留意する必要があることはもちろんである。また、企業としては、新規顧客や既存顧客との取引に関する判断のために取引先やその候補者の反社会的勢力該当性に関する情報を取得することが多いと考えられるが、当該情報の公表や流出は、後に

相手方から名誉毀損である等と主張されるおそれがあるため、その取扱いには十分に留意する必要がある。

SAWADA Kazuya

36 元暴力団構成員によるインターネット上の検索結果の削除請求を棄却した事例

大阪高判令和元・5・24、平成30年（ネ）第1864号インターネット検索結果削除請求控訴事件、控訴棄却
【上告・上告受理申立て後、最一決令和2・6・22により上告棄却・上告不受理】、判タ1465号62頁

至高法律事務所／弁護士　園部　洋士

Ⅰ　事案の概要

　Xは比較的規模の大きい会社（以下、「本件会社」という）の経営者である。

　Yはインターネット上のウェブサイト検索結果情報を提供する事業を営む会社である。

　Yが運営するインターネット検索サイト（以下、「本件サイト」という）にて、Xの氏名で検索すると、Xが元暴力団構成員であったこと、ならびに有名企業の副社長を恐喝した事件（以下、「本件恐喝事件」という）に関与していたことおよび同和利権問題を起こした団体の理事であったことが記載されたウェブサイトのURL、ならびに当該ウェブサイトの表題および抜粋（以下、「本件検索結果」という）が表示されていた。

　Xは、Yに対し、人格権としてのプライバシー権（元暴力団構成員であったことに係る部分）および人格権としての名誉権（恐喝事件および同和利権問題に関与していたことに係る部分）が侵害されているとして、本件検索結果の削除を求めた。併せて、Yが本件検索結果の削除請求に応じないことにより、Xが損害を被ったとして、不法行為に基づき、損害賠償金2,000万円の支払いを求めた。

　原判決（大阪地判平成30・7・26判時2452号51頁）は、Xの請求をいずれも棄却したので、Xが本件控訴を提起した。

Ⅱ　判決要旨

1　プライバシー権に基づく検索結果の削除請求について

(1)　判断基準

　「プライバシーに属する事実を含む記事等が掲載されたウェブサイトのURL等情報を検索結果の一部として提供する行為が違法となるか否かは、当該事実の性質及び内容、当該URL等情報が提供されることによってその者のプライバシーに属する事実が伝達される範囲とその者が被る具体的被害の程度、その者の社会的地位や影響力、上記記事等の目的や意義、上記記事等が掲載された時の社会的状況とその後の変化、上記記事等において当該事実を記載する必要性など、当該事実を公表されない法的利益と当該URL等情報を検索結果として提供する理由に関する諸事情を比較衡量して判断すべきもので、その結果、当該事実を公表されない法的利益が優越することが明らかな場合には」、「当該URL情報等を削除請求することができるものと解するのが相当である（平成29年決定（注1））。」

(2)　あてはめ

①　Xは、「プライバシーに関わる事実に係る検索結果については、当該事実を公表されない法的利益と検索結果を提供する理由に関する諸事情とを比較衡量し、前者が優越する場合には、それが明らかな程度まで至っていなかったとしても当該検索結果は削除されるべきである旨主張する。」

　しかし、検索事業者による検索結果の提供は、利用者が、インターネットを通じて情報発信をしたり、情報収集したりすることを支援するものであり、「現代社会においてインターネット上の情報流通の基盤として大きな役割を果たしている。検索事業者による特定の検索結果の提供行為が違法とされ、その削除を余儀なくされるということは、検索事業者の表現行為の制約であることはもとより、検索結果の提供を通じて果たされている上記役割に対する制約であるともいえる（平成29年決定）。この趣旨からすれば、当該事実を公表されない法的利益がURL等情報を検索結果として提供する理由に関する諸事情を単に上回るのみならず、それが明らかな程度にまで至っていることが必要であるというべきである。このことは、仮処分事件であっても、本案事件であっても、異なるところはない。」

②　Xが元暴力団構成員であったことに係る検索結果について

(ア)　「元暴力団構成員であるとの事実は、過去の一経歴として、他人にみだりに公表されたくないプライバシーに係る事実であるといえる。

　しかし、暴力団構成員はもとより元暴力団構成員であっても、一般市民に比して、反社会的勢力と繋がりを有する可能性が高いといえることは否定できない。そして、暴力団を含む反社会的勢力に対して

法令等による厳しい取締りがされ、反社会的勢力との繋がりを持つこと自体が個人や企業等の経済活動などにおいて規制されている現在の社会情勢（公知の事実）からすれば、自己と関係を持つ者が反社会的勢力に属する者かどうかを調べることが必要となる場面が生じ得ることは否定できない。そのような場合において、当該人物が反社会的勢力との繋がりを有するかどうかを判断するために、現在のみならず過去においても暴力団構成員であったかどうかを調べることの必要性及び相当性を否定することはできない。」

(イ)「この点について、Xは、元暴力団構成員であったのは50年以上も前のことであり、現在、反社会的勢力との繋がりを有しているわけではないことなどに照らすと、Xが元暴力団構成員であったとの事実を公表する必要性はない旨を主張する。

確かに、Xが所属していた暴力団は約50年前に解散しており、その後にXが暴力団構成員であったとの事実を認めるに足りる証拠はない。そのことからすれば、Xが元暴力団構成員であることは、現在においてもXと反社会的勢力との間に繋がりがあることを直ちに推認させるものではない。

しかし、前記(ア)のとおり、元暴力団構成員であることは、反社会的勢力との繋がりを疑わせる有力な事情として、現代社会における重要な関心事である。時の経過によって徐々に上記繋がりを推認させる程度は低くなるとはいえるが、上記繋がりの有無を判断する上で、いかなる期間の経過をもって元暴力団構成員であるとの事実が意味を失うかは明らかではない。そして、上記繋がりの可能性がどの程度まで低下すれば調査対象者に対する慎重な対応をする必要がなくなるかなどについては、上記繋がりの有無を調査する目的や理由等によって異なり得る。そうすると、暴力団構成員であったのが50年以上前であるとしても、その期間の経過をもって直ちに公表の必要性が失われるとまではいえない。」

とりわけ、本件では、Xが元暴力団構成員であるとの事実が社会の関心事となり、巷間で取り沙汰されるようになったのは、＊年または＊年以降に各週刊誌において本件恐喝事件の記事等が掲載されたことが契機となって、「いわゆるソーシャルネットワーキングサービスであるツイッター、ブログ又は掲示板などにおける個人的な記事又はそれが転載された記事において、Xが元暴力団構成員であるとの事実が取り上げられ、この事実について意見が述べられたり、論評されたりするようになっ」てからであり、本件検索結果のURL等情報24個のうち14個において、Xが元暴力団構成員であるとの事実は、本件恐喝事件と関連して摘示されているものであ

り、その期間は、ここ10年程のことでしかない。「Xが元暴力団構成員であるとの事実が平成30年12月時点の検索結果にも言及されているものがあるということは、なお社会の関心事としての意味合いが失われているとはいえないことを表すものといわざるを得ない。Xが元暴力団構成員であるとの事実が50年以上前のものであるとしても、そのことのみをもって直ちに公表の必要性が消滅したとはいえない。

暴力団構成員であることの重みは、50年以上前と現在では変化してきた側面は否めない。しかし、そうであるからといって、反社会的勢力であったことは、現在も50年以上前も変わらない。一つの選択が100年の重みを持つ事実も社会にはあり得る。

したがって、Xの上記主張は採用することができない。」

(ウ) Xは、全国に「事業を展開する本件会社の代表取締役会長であるとともに、本件A法人の理事長を務める者であって、その氏名も公表されている。このようなXの社会的地位並びに社会的活動の範囲、規模及び性質に照らせば、Xの属性、経歴及び活動内容等が社会的な関心の対象となることには正当な理由があり、Xが公開を望まないXの属性、経歴又は活動内容等に関する事実が公開されたとしても、一般人に比して受忍すべき程度は高いといわざるを得ない。殊に、Xが企業の代表者として事業活動を行っているのみならず、A法人の理事長として……事業にも携わっていることからすれば、反社会的勢力との繋がりを疑わせる事情である元暴力団構成員であるか否かは、関係者の重大な関心事であるといえる。暴力団構成員であった時期から長期間が経過していることを踏まえても、Xが元暴力団構成員であるとの事実が公表されることを受忍すべき要請は失われていないというべきである。」

(エ)「本件検索結果のうちXが元暴力団構成員であることに関する事実が記載されている記事等の限定的な情報のみから、上記記事等の社会的意義や上記記事等において上記事実を記載する必要性を直ちに否定することまではできない。」

(オ)「Xは、本件検索結果の表示により、本件会社が金融機関等から取引を拒絶されるようになり、本件会社の経営が危うくなり、X自身の生活にも多大な不利益が生じている上、Xの親族にまで不利益が及んでおり、その被害の程度は大きい旨を主張する。

しかし、金融機関等は、コンプライアンスの抵触又は業績不振を理由に本件会社との取引を拒絶しており」、「本件検索結果が取引拒絶の理由であったと認めることはできない（元暴力団構成員であったこと

が事実である以上、それが明らかになったことでコンプライアンス上問題とされたことがあったとしても、それを本件検索結果に起因するというのは異なる。）。また、原審証人Ｃは、ある取引先から本件検索結果が原因で、本件会社との取引を一度断ったとの話を聞いた旨を供述するが、他の金融機関等が同様の理由で取引を拒絶したことを認めるに足りる証拠はない。上記取引先とは最終的に取引が成立したことが認められる（原審証人Ｃ）のであるから、本件会社に本件検索結果による損害が生じているとは認められない。そのほか、本件会社又はＸに本件検索結果による具体的損害が発生したとは認められない。」

③　「これらの事情からすれば、本件検索結果のうちＸが元暴力団構成員であるとの事実を公表されない法的利益が、本件検索結果として提供する理由に優越することが明らかであるとまではいえない。」

したがって、Ｘは、Ｘが元暴力団構成員であることに関する検索結果について削除を請求することができない。

2　名誉権に基づく削除請求について

(1)　判断基準

1でみたとおり、検索事業者による検索結果の提供は、「現代社会においてインターネット上の情報流通の基盤としての役割を果たしているから、検索事業者による検索結果の提供が違法とされ、その削除を余儀なくされることとなれば、検索結果の提供を通じて果たされている上記役割に対する制約となる。」

また、「検索結果の削除が認められれば、今後は同様の検索結果を得られなくなるから、事前差止めほどではなくとも相当程度に強度な制約を表現行為に対して及ぼすこととなり、その限度で、インターネット情報流通の基盤としての情報検索に対する制限を及ぼすこととなる。

そうすると、人格権としての名誉権に基づき検索事業者による検索結果の削除を求めることができるのは、昭和61年判決（注2）に準じて、検索結果の提供が専ら公益を図るものでないことが明らかであるか、当該検索結果に係る事実が真実ではないことが明らかであって、かつ、被害者が重大にして回復困難な損害を被るおそれがあると認められる場合に限られるというべきであり、その主張及び立証の責任は被害者が負うというべきである。」

(2)　あてはめ

①　本件検索結果のうち本件恐喝事件に係る検索結果および同和利権問題に係る検索結果は、Ｘの社会的評価を低下させるものといい得る。

「本件恐喝事件は、犯罪又はその疑いがある事実である上、著名企業の当時の副社長で、かつ、現

在、代表取締役の地位にある者を被害者とする内容であり、本件記事等の掲載当時、世間の注目を集めたものである。本件恐喝事件は、現在においてもなお、社会的な関心事であることは否定できず、公共の利害に関する事実であるといえる。

また、同和利権問題は、歴史的、社会的な問題を背景とし、同和行政における事業に関して犯罪が行われたことを内容とするものであり、現在においても社会的な関心の対象となるものである。Ｘが同和利権問題により摘発された団体の理事であったことは、Ｘが同和利権問題に関与していた可能性に関する事実であり、公共の利害に関する事実といえる。」

②　しかし、(1)「で挙げた要件のうち被害者が重大にして回復困難な損害を被るおそれがあると認められる場合についてみると、Ｘが元暴力団構成員であるとの検索結果の表示により、Ｘ又は本件会社に具体的損害が発生したとは認められないことは、」1(2)②(オ)のとおりである。「しかも、甲12（Ｃの陳述書）には、反社会勢力との関係を疑われたことによる不利益のみが述べられている。

そうすると、本件恐喝事件及び同和利権問題に係る検索結果が表示されることによりＸが重大にして回復困難な損害を被るおそれがあるとは認めることができない。」

③　「したがって、その余の点について判断するまでもなく、Ｘは、本件検索結果のうち本件恐喝事件及び同和利権問題に係るものについて削除を請求することができない」。

3　以上のとおり、「Ｙは本件検索結果の削除義務を負わないから、Ｘからの本件検索結果の削除請求に応じないことが不法行為を構成するものではない。」

Ⅲ　分析と展開

1　概　観

本判決は、インターネット検索事業者に対し、人格権としてのプライバシー権に基づき自己の逮捕歴に係る検索結果を仮に削除するよう求めた事案に関する最高裁平成29年決定の枠組みに従って、人格権としてのプライバシー権に基づき元暴力団構成員であること（50年以上前の事実）が記載された検索結果の削除請求の可否を判断した。

他方で本判決は、人格権としての名誉権に基づく検索結果の削除請求については、プライバシー権と名誉権の違いに着目し、名誉権に基づく差止めについて判断した最高裁昭和61年判決に準じて等価値的な利益衡量に即して、本件恐喝事件および同和利権問題が記載された検索結果の削除請求の可否を判断

した。

最高裁平成29年決定は、人格権としての名誉権に基づくインターネット検索結果の削除請求について判断したものではなく、本判決は、未だ判断枠組みが明示的に示された最高裁判例がない同分野で具体的に判断したものであり、実務上参考となるものである。

2　人格権としてのプライバシー権に基づく検索結果の削除請求（争点1）

　(1)　裁判例の状況

現代の高度情報化社会の中で、個々の発信者等に対して人格的な権利利益を侵害する情報の削除を求める事案とともに、検索事業者に対して検索結果等の削除を求める事案が数多くみられるようになっている（注3）。検索事業者に対する検索結果の削除請求における削除の可否の判断基準に関する平成29年決定以前の裁判例は、概ね3つの潮流に分類され（注4）、最高裁による判断の統一が求められていた。

平成20年代中頃までは、検索事業者は飽くまでも媒介者であって、媒介内容について検索事業者は原則として責任を負わず、法的責任を負うとしても二次的なものであるなどとして検索事業者が法的責任を負う場合を限定的、補充的に考える判断枠組みが有力であった（注5）。平成20年代中盤以降は、北方ジャーナル事件大法廷判決（注6）やノンフィクション「逆転」事件判決（注7）等出版メディアの領域で集積されてきた表現の自由と人格的利益を等価値的に比較衡量する判例法理の判断枠組みに基づいた判断をした裁判例が増えている傾向にあった。もっとも、比較衡量論の枠組みを採用する裁判例の中でも、さらに2つの枠組みに分かれ、第1に、比較衡量の結果、プライバシーに属する事実を公表されない利益が優越するとされる場合には、原則として削除請求権を肯定するというもの（注8）と、第2に、比較衡量にあたり、被害の重大性・回復困難性等の要件を付加するものがあり（注9）、最高裁平成29年決定の原決定はこの第2の類型の一種である（注10）。

　(2)　最高裁平成29年決定の判断枠組み

　①　検索結果の表示の表現行為としての側面と公衆に対する情報提供という情報通信インフラとしての側面

現在、一般的に用いられているロボット型検索エンジンは、本決定にも示されているとおり、①インターネット上のウェブサイトに掲載されている無数の情報を網羅的に収集してその複製（キャッシュ）を保存し、②この複製を基にした検索条件ごとの索引（インデックスデータ）を作成するなどして情報を整理し、③この索引を利用者が示した一定の検索

条件に従って抜き出し、この抜き出したものを、あらかじめ定めたアルゴリズムに基づいて検索結果として提供するという3段階の情報処理を経るという仕組みである。

このような検索エンジンの情報処理手順は、検索結果の提供に関する検索事業者の方針に沿った検索結果を得ることができるように設計作成されたものであることに鑑みると、検索事業者自身の表現行為としての側面があることを否定し難く、人格的な権利利益と表現行為の制約との調整が必要となる。また現代社会において、検索事業者による検索結果の表示には情報通信インフラとしての側面があることも否定できない（注11）。

　②　最高裁平成29年決定の判断枠組み

同決定は、検索事業者による検索結果の提供は検索事業者の表現行為としての側面を有し、また、現代社会においてインターネット上の情報流通の基盤として大きな役割を果たしていることを指摘したうえで、当該事実の性質および内容、当該検索結果が提供されることによってその者のプライバシーに属する事実が伝達される範囲とその者が被る具体的被害の程度、その者の社会的地位や影響力、記事等の目的や意義、記事等掲載時の社会的状況とその変化、当該事実記載の必要性など、当該事実を公表されない法的利益と当該検索結果を提供する理由に関する諸事情を比較衡量し、前者が優越することが明らかな場合に検索結果の削除請求をすることができるとした。

この平成29年決定は、印刷メディアの伝統的な法理に沿った比較衡量の判断枠組みを基本としつつ、検索事業者による検索結果の提供の性質や現代社会における情報通信インフラとしての役割の大きさを踏まえ、削除の回避に関する判断が微妙な場合における安易な検索結果の削除は認められるべきではないという観点から、プライバシーに関する事実を公表されない法的利益の優越が「明らか」なことを実体的要件として付したとされている（注12）。

　③　削除対象との関係

検索事業者が提供する検索結果は、あるウェブサイトに関し、その所在を識別するURLのほか、当該ウェブサイトの表題（タイトル）および抜粋（スニペット）で構成されるのが一般的であるが、本決定は、これらを一体として削除しようとする典型的な場面を想定した判断枠組みを示している。その背後には、検索事業者の提供する検索結果の中核的部分はあくまでも収集元ウェブサイトの所在を識別するURLであり、表題や抜粋は収集元ウェブサイトの掲載内容を推知させる参考情報にとどまるという認識があり、利用者の収集元ウェブサイトへのアク

セスを遮断させるために必要な要件という観点から、出版メディアとの共通点や相違点を踏まえて考慮要素が列挙されたものと思われる。

以上の点に関し、我が国においては、従前、表題や抜粋（のみ）の削除の可否と、ＵＲＬの削除の可否を分け、ＵＲＬの削除には厳しい限定を付す議論が有力であったが、ＵＲＬのみの検索結果を散在させることは、かえって利用者の関心を惹いて収集元ウェブサイトへのアクセスを助長する結果ともなりかねず、問題があると指摘されており、本決定が、削除対象を「ＵＲＬ等情報」の全部としたのは、このような考慮があったものと思われるとされている（注13）。

(3)　反社情報を収集・活用する必要性との関係

①　反社情報を収集・活用する必要性

平成19年6月19日に「企業が反社会的勢力による被害を防止するための指針」（注14）が公表され、社会から反社会的勢力を排除していくことが企業の社会的責任とされ、企業に対して、反社会的勢力との「取引を含めた一切の関係遮断」が求められるようになったことや、平成22年以降には、各都道府県によって暴力団排除条例の制定・施行が相次ぎ、暴力団関係者と関係を継続することが条例違反として法的拘束力をもって規制（勧告・公表等の制裁（注15））されるようになったことで、現代社会において、暴力団関係者との取引等の関係が明らかになった際のレピュテーションリスクは企業の存亡を脅かしかねないことになっている。そのため、自己と関係を持つ者が反社会的勢力との繋がりを有するかどうかを判断するために、当該人物についての反社会的勢力に関する情報（以下、「反社情報」という）の収集と活用は必要不可欠なものとなっている（注16）。

②　「元暴力団構成員」であるとの事実について

また、現在の反社会的勢力排除の実務において、相手方の属性が現役の暴力団構成員であれば、警察からも原則として情報提供を受けることができるとされていることから、元暴力団構成員、暴力団関係者、共生者、密接交際者、半グレ等のいわゆるグレーゾーンに位置付けられる者の反社情報をいかに収集して活用するかが重要となる（注17）。

本判決も上述したように、自己と関わりを持つ人物が反社会的勢力との繋がりを有するかどうかを判断するために反社情報を収集する社会的必要性を認め、過去においても暴力団構成員であったことは、一般市民に比して反社会的勢力と繋がりを有する可能性が高いといえることは否定できないとして、「元暴力団構成員」であることは反社会的勢力との繋がりを疑わせる有力事情として、現代社会にお

ける重要な関心事であるとした。

③　「元暴力団構成員」であることが50年以上前の事実であることと検索結果提供の必要性・相当性

本判決は、暴力団構成員であったのが50年以上前であったとしても、反社会的勢力との繋がりの可能性がどの程度まで低下すれば調査対象者に対する慎重な対応をする必要がなくなるかなどについては、繋がりの有無を調査する目的や理由等によって異なり得るとして、その期間の経過をもって直ちに公表の必要性が失われるとまではいえないとした。

また、Ｘが元暴力団構成員であるとの事実が社会の関心事となったのは、本件恐喝事件が記載された本件記事等の掲載が契機となっており、その期間はここ10年程のことであるなどとして、元暴力団構成員であるとの事実が50年以上前のものであるとしても、そのことのみをもって直ちに公表の必要性が消滅したとはいえないとした。

その上で、Ｘが、全国的に事業を展開する会社の代表取締役会長であることなどからその社会的地位ならびに社会的活動の範囲、規模および性質に照らせば、その属性、経歴または活動内容等に関する事実が公開されたとしても、一般人に比して受忍すべき程度は高く、反社会的勢力との繋がりを疑わせる事情である元暴力団構成員であるか否かは、関係者の重大な関心事であるとして、元暴力団構成員であるとの事実が公表されることを受忍すべき要請も失われていないとした。

本判決は、以上のような事情から、元暴力団構成員であるとの事実が公表されない法的利益が、上記事実が掲載されている本件検索結果を提供する理由に優越することが明らかであるとまではいえないとして、元暴力団構成員であることに関する検索結果についての削除請求を棄却した。

3　人格権としての名誉権に基づく検索結果の削除請求（争点2）

(1)　最高裁平成29年決定の射程

最高裁平成29年決定は、人格権としての名誉権に基づく検索結果の削除請求について判断したものではなく、未だこの点についての枠組みが明示的に判断された最高裁判例はない。

(2)　名誉毀損に関する最高裁昭和61年判決

名誉毀損に関する最高裁判例の中でも特に重要なものとしては、本判決中でも言及されている名誉毀損に基づく損害賠償に関する最一判昭和41・6・23（注18）と名誉権に基づく出版物の事前差止請求に関する最大判昭和61・6・11（注19）がある。

本判決は検索結果の削除請求は、事後的な差止めではあるが、今後は同様の内容の検索結果を得られ

なくなるという点で表現行為に対する強い制約になることから、名誉権に基づく差止めについて判断した最高裁昭和61年判決に準じて判断している。

最高裁昭和61年判決は、名誉権を侵害された被害者は、人格権としての名誉権に基づき、加害者に対し、現に行われている侵害行為を排除し、または将来生ずべき侵害を予防するために差止めを求めることができるが、公務員または公職の候補者に対する評価、非難等に関する出版物の事前差止めは、表現内容が真実ではなく、または専ら公益を図る目的のものでないことが明白であって、かつ、被害者が重大にして著しく回復困難な損害を被るおそれがあるときに限り許されるとしたものである。

(3) 人格権としての名誉権に基づくインターネット上の情報削除請求に関する文献と裁判例

この点についての文献として、人格権としての名誉権が違法に侵害されたときに、これに基づく妨害排除請求権または妨害予防請求権を被保全権利としてインターネット上の投稿記事の仮の削除を求めることができるための要件として、その違法性の有無は、相対立する利益を衡量して総合判断して受忍限度を超えているか否かによって判断されるべきであるとするものがある(注20)。同文献では、最高裁昭和61年判決は、特に公務員または公職の候補者に対する批判等という公共の利害に関し公益目的が強く推認される事案において、事前差止めを求めた場合における受忍限度について判断したものと統一的に理解することができると整理している。

また、最高裁平成29年決定は、対立する憲法上の利益の調整としてされる比較衡量を具体化し、受忍限度(違法性)の判定を行うという従前の枠組みを根底から覆すものではなく、他方でインターネット上の表現の削除は事後的な差止めであるため最高裁昭和61年判決を援用することは相当ではないとするものがある(注21)。

他方で、検索結果の削除請求は、すでに公表されている検索結果の削除を求めるものであるため、事前差止めとは異なるが、以後の情報を一切差し止めるという点では事前差止めと大差ないため、事前差止めと同様の要件をもって判断すべきであるとするものもある(注22)。

裁判例としては、詐欺商材を販売しているとの検索結果の削除を請求した事案において、最高裁昭和61年判決の判断枠組みが基本的に妥当するところ、詐欺商材の販売が真実ではないという立証はないなどとして削除請求を棄却した原判決の結論を維持したものがある(注23)。

(4) 本判決の判断枠組み

原判決は、名誉権に基づく検索結果の削除に関し

ても最高裁平成29年決定の趣旨を及ぼして同旨の枠組みをもって判断すべきとしたが、本判決は、プライバシー権と名誉権の違いに着目し、そのような考えは採らず、名誉権に基づく差止めについて判断した最高裁昭和61年判決に準じて判断すべきであるとし、本件恐喝事件および同和利権問題により重大な損害を被るとはいえないとして削除請求を棄却した。

本判決は、最高裁昭和61年判決に準じて、名誉毀損的表現に関する従前からの判断枠組みであるとされる等価値的な比較衡量に即して判断するとともに、検索結果の削除請求は、事後的な差止めではあるが、今後は同様の内容の検索結果を得られなくなるという点で表現行為に対する強い制約になることから、事前差止めと同様の要件をもって判断したものということができる。

4 反社会的勢力対策との関係

現代社会において、企業や個人のリスクマネジメント上、反社情報の利活用は必要不可欠である。本判決は、最高裁平成29年決定の判断枠組みから、インターネット検索事業者による検索結果の提供の意義として、表現行為という法的性質だけでなく、反社情報収集のための情報通信インフラとしての役割をも踏まえて、具体的な削除請求の判断枠組みを示しており、反社会的勢力排除対策の実務上も参考となるものである。

(注1) 最三決平成29・1・31民集71巻1号63頁、判タ1434号48頁(投稿記事削除仮処分決定認可決定に対する抗告審の取消決定に対する許可抗告事件)。

(注2) 最大判昭和61・6・11民集40巻4号872頁、判タ605号42頁(損害賠償請求事件)。

(注3) 関述之「平成27年度の東京地方裁判所民事第9部における民事保全事件の概況」金法2044号30頁(2016年)。

(注4) 高原知明「最近の判例から」ひろば2017年6月号47頁。

(注5) 宍戸常寿=門口正人=山口いつ子「<HOT issue>インターネットにおける表現の自由とプライバシー──検索エンジンを中心として」ジュリ1484号74頁〔門口発言〕(2015年)等。

(注6) 前掲最大判昭和61・6・11民集40巻4号872頁。

(注7) 最三判平成6・2・8民集48巻2号149頁、判タ933号90頁。

(注8) 東京高決平成29・1・12公刊物未登載(暴走族所属歴)や、大阪高判平成27・2・18公刊物未登載(迷惑防止条例違反〔盗撮〕)で執行猶予付き懲役刑を受けた前科等)。

(注9) 東京高判平成13・2・15判タ1061号289頁(「石に泳ぐ魚」事件)。

（注10）　同様の判断枠組みを採った最近のものとして東京高判平成26・1・15公刊物未登載（集団で重大犯罪を起こした団体への過去の所属歴）等がある。

（注11）　高原・前掲（注4）50頁。

（注12）　高原・前掲（注4）47頁。

（注13）　関述之＝小川直人編著『インターネット関係仮処分の実務』140頁〔関述之〕（金融財政事情研究会・2018年）。

（注14）　http://www.kantei.go.jp/jp/singi/hanzai/dai9/9siryou8_2.pdf（犯罪対策閣僚会議幹事会申合せ／平成19年6月19日）。

（注15）　東京都暴力団排除条例（平成23年10月1日施行）27条、29条等。

（注16）　日本弁護士連合会民事介入暴力対策委員会編『反社会的勢力・不当要求対策の現在と未来』219頁〔竹内朗〕（金融財政事情研究会・2020年）。

（注17）　竹内・前掲（注16）226頁。

（注18）　最一判昭和41・6・23民集20巻5号1118頁、判タ194号83頁。

（注19）　最大判昭和61・6・11民集40巻4号872頁、判タ605号42頁。

（注20）　八木一洋＝関述之編著『民事保全の実務〔第3版増補版〕（上）』344頁〔岩崎邦生＝鈴木雄輔＝廣瀬仁貴〕（金融財政事情研究会・2015年）。

（注21）　関・前掲（注13）132頁。

（注22）　佃克彦『名誉毀損の法律実務〔第3版〕』437頁（弘文堂・2017年）。

（注23）　東京高判平成30・8・23判時2391号14頁。

‖‖‖ SONOBE Hiroshi ‖‖‖

Ⅵ　暴力団関係者等であるとの風評に関する問題

37 前科等を有する者による検索サービス提供者に対する検索結果の削除請求が棄却された事例

東京地判平成28・10・28、平成27年(ワ)第35544号検索結果削除請求事件、請求棄却【控訴後、東京高判平成29・6・29により控訴棄却、上告受理申立て後、最三決平成30・1・30により上告不受理】、LLI/DB07133036

松澤法律事務所／弁護士　**茜ヶ久保 重仁**

Ⅰ　事案の概要

　X（10年以上前にいわゆる振り込め詐欺の容疑で逮捕され（以下、Xが逮捕された事実を「本件逮捕事実」という）、詐欺罪で懲役3年、保護観察付執行猶予5年の有罪判決（以下、判決で認定された罪となるべき事実を「本件犯罪」という）を受けた者）がY（ウェブサイトの検索サービスを提供している米国法人）に対して、当該検索サイト（以下、「本件サイト」という）上で自己の氏名などの一定の文字列により検索を行うと、検索されたウェブページのタイトル、URLおよびXが過去に逮捕された旨の記述を含むウェブページの抜粋（スニペット。以下、併せて「本件検索結果」という）が表示されることを理由に、自己の更生を妨げられない利益が侵害されたとして、人格権に基づき、上記検索結果の削除（検索結果を表示することの差止め）を求めた事案である。

Ⅱ　判決要旨

　請求棄却。
　以下に判旨を示す。
　まず、一般論として、前科等を有する者について、前科等に関わる事実の公表によって、その者が新たに形成している社会生活の平穏を害され、その更生を妨げられない利益を有する者であるとし、かかる人格的利益を違法に侵害された者は人格権に基づき、加害者に対して、侵害行為の差止めを求めることができるとした。
　その上で、差止めが認められるかどうかは差止請求権者側の不利益と検索サービス提供者側の不利益とを比較衡量し、前者の不利益が後者の不利益を上回り、前者の社会生活上受忍すべき限度を超える場合には差止請求を認めるべきものと解するのが相当であるとした。
　本件において、前科等に関わる事実を公表されない法的利益が公表による利益に優越する場合には、公表は違法な侵害行為となるものというべきであるとしつつ、具体的な比較衡量の段階では、まず、Xは更生を妨げられない利益を有しており、本

件サイトでの表示自体、Xの更生を妨げられない利益を害する要因となっているが、他方、本件逮捕事実はいまなお公共の関心事であるといえるし、本件犯罪および本件逮捕事実それ自体に対する公共の関心もいまだ希薄化したものとはいえないと認定した。
　また、本件検索結果のリンク先のウェブサイトも本件逮捕当時のニュース配信記事をコピーして保存しているものにすぎず、特にX個人の権利を侵害することを目的としたものではなく、誹謗中傷に当たるような記載があるわけでもないとし、さらに、Xの現在の社会的地位や活動内容から、取引先等がXの信用調査の一環として本件犯罪事実を知ることは正当な関心事といえるとも認定した。その上で本件検索結果の表示には公共性を強く有する情報を広く的確に内容を捉えて知ることができるようにするという性格があり、Xの実名や前科等を本件検索結果に表示することには一定の意義および必要性があるというべきであると認定した。
　そして、最終的な結論として、本件逮捕事実をインターネット上で低コストで知ることができるようにしておくことには公益性があり、本件検索結果の表示によってX側の一定の不利益が生ずることは否定できないものの本件検索結果の表示を差し止めることによって生ずるY側の不利益よりも大きいとはいえず、Xは現段階においてはそのような情報を公表されることを受忍すべきであるというほかないと認定した。
　その結果、Xの本件検索結果の削除請求を認めなかった。

Ⅲ　分析と展開

1　本判決の認定内容

　(1)　前述のように、まず、本判決は一般論として、前科等を有する者でも有罪判決を受けた後あるいは服役後においては一市民として社会復帰が期待されるので、前科等に関わる事実の公表によってその者が新たに形成している社会生活の平穏を害され、その更生を妨げられない利益を有する者である

とした（最三判平成6・2・8民集48巻2号149頁、判時1594号56頁を引用）。

その上で、このような人格的利益を違法に侵害された者は人格権に基づき、加害者に対して、現に行われている侵害行為を排除し、または将来生ずべき侵害を予防するために侵害行為の差止めを求めることができるというべきであるとした（最大判昭和61・6・11民集40巻4号872頁、最三判平成14・9・24裁判集民207号243頁を引用）。

(2)　ついで、本件のような前科等に関わる事実については、これを公表されない利益が法的保護に値する場合があるのと同時に、その公表が許される場合もあるとし、具体的には当該公表行為が違法な権利侵害行為に該当するかどうかは、当事者のその後の生活状況や事件それ自体の歴史的または社会的な意義、当事者の重要性、社会的活動およびその影響力について、その著作物の目的、性格等に照らした実名使用の意義および必要性をも併せて判断すべきものとした。そして、その結果、前科等に関わる事実を公表されない法的利益が公表による利益に優越する場合には、公表は違法な侵害行為となるものというべきであるとした（前掲最三判平成6・2・8）。

(3)　また、本件検索サービスは、インターネット上の膨大なウェブページの中から被告であるYが開発したプログラムにより利用者が入力した検索語と関連していると判断されたウェブページのリストを広く的確に内容を捉えた上で利用者に知らせるなどするものであるから、本件検索結果の表示の差止めはウェブページ上の表現に対するアクセスを阻害し、間接的にウェブページの作成者の表現の自由および本件検索サービスを利用する国民の知る権利に不利益を生じさせるものであるとした。

そして、差止めが認められるかどうかは差止請求権者側の不利益と検索サービス提供者側の不利益とを比較衡量し、前者の不利益が後者の不利益を上回り、前者の社会生活上受忍すべき限度を超える場合には差止請求を認めるべきものと解するのが相当であるとした。

(4)　なお、Y側による、Yは検索結果を機械的に表示しているだけで、表現者と利用者との媒介者的地位にあるにすぎないので検索結果について削除義務を負うことはないとの主張に対しては、Yは主体的に本件検索サービスを提供しているなどの理由から削除義務の一切の否定はできない旨認定した。

(5)　さらにY側は、Yが何らかの削除義務を負うとしてもリンク先のウェブサイトないし検索結果における表示内容が社会的相当性を逸脱していることが明らかなどの理由で削除を求める者に回復し難い重大な損害が生ずる場合に限定されるべきであると

主張していたところ、これに対しては、Yの違法な情報の流通を阻止すべき責務も大きいなどとして、かかる限定を認めなかった。

(6)　また、Y側は①削除請求が認められるとY側は検索結果について内容を検討して表示すべきか否かを判断しなければならず迅速なサービス提供が不可能になる、②削除請求があってもYはリンク先のウェブサイトの内容の当否を判断する材料やリンク先のウェブサイトの管理者への連絡手段を有していないから、事実関係や権利侵害の程度が曖昧な場合には適切な反論ができないまま本来適法な表現まで過剰に削除してしまう危険が大きく萎縮的効果が生ずること、③リンク先のウェブサイト上で表現を行った者は反論の機会を与えられないまま検索結果が削除され、情報の流通が制約されることになること、④Xがリンク先のウェブサイトの管理者に削除請求を行えば、同管理者とXの双方がリンク先のウェブサイトの内容について材料を有しているから違法な表現のみを的確に削除することが可能になり、その結果、本件サイトの検索結果にも表示されなくなり、本件検索サービスの公益性・中立性や国民の表現の自由を毀損することなく、Xの権利救済が可能となるので、削除請求が認められるのは原則としてリンク先への削除請求が認められた場合に限定すべきと主張した。

しかし、これに対して本判決は①については事後的な対応をすれば足りる、②についてはYが本件検索サービスを主体的に提供している以上、Yが責任を負うことは当然、③についてはリンク先のウェブサイト上で表現を行った者がYの本件検索サービスにより表現行為を他者に伝達しやすくなっていることはYが本件検索サービスを実施していることの反射的利益にすぎないので検索結果が削除される場合に反論の機会を与えなければ不当であるとの評価は当たらない、④についてはリンク先のウェブサイトの管理者に対して記事の削除を求める場合にはその記事が別のサイトに転載されて公開されることもあることなどや削除を求めるべきサイトが極めて多数に及ぶ場合もあり得、検索エンジンについて我が国で6割を超えるシェアを有するYに対して検索結果の表示の差止めを求めることができるとすれば紛争解決の実効性があるといえるなどの理由でリンク先への削除請求の方がYへの削除請求に優先して行われるべきとまではいうことはできないと認定した。

(7)　さらにYは、検索結果を削除すればリンク先のウェブサイトに適法な表現と違法な表現が併存していた場合、適法な表現を含むウェブサイトに対するアクセスが制限されることになり、表現の自由に対する過剰な制約になる旨も主張したが、本判決は

本件サイトの検索結果としてのタイトルなどに違法な表現がある場合にはかかる表現自体が権利侵害に当たるので、リンク先のウェブサイト中の適法な表現へのアクセスが制限されるからといってYの削除義務を類型的に限定することはできないと認定した。また、適法な表現と違法な表現とが併存している場合、かかるウェブサイトのリンクを削除することはYとの関係においては必要最小限の制限による方法であって過度にYの権利または利益を制約するものではないと認定した。

その上で具体的な比較衡量の段階では、Xについて前記の状況から本件犯罪後新たな社会生活を送り、それを前提に人間関係等を構築しているものということができ、更生を妨げられない利益を有しているとし、また、Xと一定の社会生活上の関係を築いている者が本件サイトで検索を行うと本件検索結果を閲覧する可能性は十分に考えられるし、Xに関するより詳細な犯罪情報を知ることとなる可能性が高いなどの理由で、表示されていること自体、Xの更生を妨げられない利益を害する要因となっているものというべきである旨認定した。

(8) しかし、本判決は他方で本件逮捕事実が組織化されたグループによる振り込め詐欺事件についてのもので、当時、同詐欺の被害が深刻化して社会的に注目されていた時期であることや本件逮捕事実が当時社会的に強い関心を集めたこと、今日においても振り込め詐欺などの特殊詐欺の被害が莫大なものであり、これらについて社会的な認知を深めることは公益性を強く有することから本件逮捕事実は今なお公共の関心事であるといえると認定した。

加えて、Xが本件犯罪について有罪判決を受け、本件逮捕が誤認によるという事情もなく、また、Xが振り込め詐欺の引き出し役グループのリーダー格であったこと、Xのグループが1日2,000万円以上もの預金を引き出すこともあった組織的な犯罪であったこと、Xの執行猶予期間満了後5年程度しか経過していないことなどから、本件犯罪および本件逮捕事実それ自体に対する公共の関心もいまだ希薄化したものとはいえないと認定した。また、Xが本件犯罪の収益について余罪も含めると賠償を行った形跡もなく、民事上の責任追及の観点からも公共の関心の希薄化は認められないとした。

(9) また、本件検索結果のリンク先のウェブサイトは本件逮捕当時のニュース配信記事をコピーして保存しているものにすぎず、特にX個人の権利を侵害することを目的としたものではなく、誹謗中傷に当たるような記載があるわけでもないと認定した。さらにXは現在2つの株式会社の代表取締役として事業を行っており、取引先等がXの信用調査の一環

として本件犯罪事実を知ることは正当な関心事といえるとも認定した。その上で本件検索結果の表示には公共性を強く有する情報を広く的確に内容を捉えて知ることができるようにするという性格があり、Xの実名や前科等を本件検索結果に表示することには一定の意義および必要性があるというべきであると認定した。

そして、最終的な比較衡量において、特にXが今日も重要と見られる犯罪でリーダー格として関与していたところ、Xが、現在、株式会社の代表取締役として自ら事業を行い、取引先と取引を行ったり、従業員を雇用したり、融資を受けたりするなど社会に一定の影響を与える地位にあることからすると、かかるXの信用に対する判断の一要素として本件逮捕事実をインターネット上で低コストで知ることができるようにしておくことには公益性があるとし、本件検索結果の表示によってX側の一定の不利益が生ずることは否定できないものの本件検索結果の表示を差し止めることによって生ずるY側の不利益よりも大きいとはいえ、Xは現段階においてはそのような情報を公表されることを受忍すべきであるというほかないと認定した。

その結果、Xの本件検索結果の削除請求は認められないとした。

2 本判決の意義

(1) 本判決は、本件のような個人の人格権と表現の自由が衝突する場面においては、人格権が保護されるのは比較衡量によって個人の側の受忍限度を超える場合であるという判断基準を用いるものである。この比較衡量という手法自体は同種事案におけるこれまでの判例の基準を踏襲したものといえる。

(2) 本判決はY側が主張する「Yは媒介者的地位にすぎない」「リンク先のウェブサイトへの連絡手段を持たない」「表現の自由に対する萎縮的効果」などの主張について否定的に判断して、Yのような検索サービス提供者のこれらの主張は比較衡量のための判断基準からは排除している。

他方、本判決は逮捕歴や刑事裁判情報、前科情報などの犯罪経歴に関する情報については「公共の関心事」であり、その内容によっては一定期間が経過しても公共の関心が希薄化していない場合があるとして、本件ではその犯罪事実の規模・内容などから、本件犯罪および本件逮捕事実それ自体に対する公共の関心が希薄化していないなどと認定して、最終的にXからの削除請求を認めなかったものである。

したがって、本判決は、検索サービス提供者側の権利を無限定には認めないとしながらも、ことに犯罪経歴に関する情報については、削除請求者側に更

生を妨げられない利益があることは認めつつ、削除対象となっている犯罪事実の規模が大きい場合などには、かなりの期間、公共の関心が希薄化しないとして、比較衡量上は削除請求者側に厳しい認定を行っている。

（3）　すなわち、更生を妨げられない利益は最高裁判例で認められた憲法上の利益であるが（前掲最三判平成6・2・8）、本件のような検索結果削除請求の場面においては、比較衡量上、本件判決のように逮捕から10年以上が経過している場合であっても保護されないという認定となっている。

この点、Xのような削除請求者側からすれば「一体何年経てば削除請求ができるのか」「逮捕されてから10年経過しても削除請求が認められないのであれば更生などできない」という不満が出ることが予想される。

そして、このような削除請求の事件は平成12年（2000年）以降現れ始め、増加傾向にあるといわれるが（リマークス56号6頁（2018年））、これまでの類似事案での判決を見ると、まだ、現時点では削除請求が認められる年数については、最高裁判決を含め、明確な判断基準は示されていない。

（4）　そもそも、本件判決では判断基準として、年数の問題以外に「本件逮捕が誤認による事情もなく」「Xがリーダー格であったこと」「組織的な犯罪であったこと」「Xの執行猶予期間満了後5年程度しか経過していないこと」「Xが賠償を行った形跡もないこと」も挙げており、これらの事情も削除請求者側には不利な事情として考慮している。

本件のような極めて悪質な犯罪を行った者に関する犯罪歴などについては、比較衡量を行うにあたり、本件判決のように、年数以外に、犯罪事実の規模・内容や社会に与えた影響などをも重要な判断要素とすることはやむを得ないものと考えられる。

例えば、近時、企業などが新たな取引先と取引を開始しようとする際に、その取引先が反社会的勢力ではないことを調査する義務は昔に比べるとかなり大きく課せられている。インターネット上に過去の犯罪歴を掲載することは、それらの調査にも資するものであり、その意味でも相当程度の公共性が認められる。

（5）　今後、いかなる条件で削除請求が認められるかという点について同種事案の判例が集積されていくであろうが、本件判決は、それらの判断基準の1つを形成していくものとして一定の重要性を有するものといえる。

3　本判決以後の動き

（1）　本件判決が出た後、最高裁も同種事案で比較衡量という判断基準を示した。

すなわち、検索をした際にある者のプライバシー等に属する事実等が表示されるときに対象となる者から記事の削除請求が行われた場合、当該事実を公表されない法的利益と検索結果を提供する理由に関する諸事情を比較衡量して、公表されない法的利益が優越することが明らかな場合には削除請求が可能であるとした（最三決平成29・1・31民集71巻1号63頁、判時2328号10頁・14頁・19頁、判タ1434号48頁）。

ただし、この最高裁決定は削除を求める側の権利について「更生を妨げられない利益」については触れず、プライバシーの問題として処理をしている。

また、本件とは異なる企業が管理運営するウェブサイトにおける同種事案において、東京高裁は上記最高裁決定と同様の判断基準を示した（東京高判令和2・6・29判タ1477号44頁）。

（2）　上記最三決平成29・1・31の登場により、今後、本件判決のような「更生を妨げられない利益」との比較衡量ではなく、プライバシーの問題（事実を公表されない法的利益）との比較衡量がクローズアップされていく可能性がある。

本件のような削除請求の事案が増加していくことは明らかであるので、本件判決の判断基準も含め、今後、いかなる判断基準が形成されているのかを注意していく必要がある。

（3）　なお、本件判決の控訴審では控訴人・被控訴人とも上記最三決平成29・1・31の判旨を引用するなどして主張を行ったところ、控訴審も同決定の判断基準に沿ってXの控訴を棄却した。そして、その後、最高裁は本件に関する上告受理申立てについて不受理の判断を行った。

‖ *AKANEGAKUBO Shigehito* ‖

38 暴力団とのつながりを示唆する表現について、名誉毀損による不法行為の成立を認めた事例

東京地判平成28・4・15、平成24年(ワ)第29322号損害賠償等請求事件、請求一部認容【控訴後、東京高判平成28・11・16により控訴棄却・確定】、LLI/DB07131009

表参道総合法律事務所／弁護士　**余頃 桂介**

Ⅰ　事案の概要

本件は、学校法人A学園（以下、「A学園」という）の理事長であった原告が、被告（原告の理事長解任後、A学園の理事長に選任された者である）が、A学園の学校債の購入者らに対し、原告は同学校債を返済する意思もないのにこれを発行し、集金した金員もA学園に入金していない、原告が暴力団を連れてA学園に乗り込んだ等と記載した書面（以下、「本件文書」という）を交付したことにより、原告の名誉が毀損されたと主張して、被告に対し、不法行為に基づき、損害賠償金として1,000万円および遅延損害金の支払いを求めるとともに、民法723条に基づく名誉回復措置として、学校債の購入者らに対する謝罪文の送付を求めた事案である。

被告は、本件文書の記載について、「暴力団」等の抽象的な文言が記載されているだけであり、これらに該当する事実を摘示するものではないから、原告の社会的評価が低下することはない（争点1）、本件文書が受領者によって広く公表されたという事実もないから、公然と事実を摘示したものであるとはいえない（争点2）、真実であり、または被告が真実であると信じるにつき相当の理由がある（争点3）等と主張し、不法行為の成立を争った。

争点は、上記3点のほか、損害（争点4）、謝罪文送付請求の当否（争点5）の5点である。

Ⅱ　判決要旨

1　（争点1について）「本件各記載（注1）は、……原告が暴力団員をA学園に呼び入れ、不法占拠したとの事実……を摘示するものと認められる。そして、上記各事実は、原告が違法な行為をする人物であるとの印象を与えるものであるから、一般読者の通常の注意と読み方を基準として、原告の品行、徳行、名声、信用等の人格的価値について社会から受ける客観的評価を低下させるものであるといえる。」

2　（争点2について）「本件文書は、多数の本件学校債購入者のうちたまたま被告が連絡先を把握できた不特定の5名に対して交付されているものであ

り、かつ本件文書はさらに不特定多数のA学園関係者に伝播する可能性があったといえるから、本件各記載の事実の摘示は、公然となされたものということができる。」

3　（争点3について（注2））「（証拠）によれば、……Gほか氏名不詳者複数人がA学園の学長室等に侵入し、理事長印を持ち出してA学園を不法占拠したことの事実がうかがわれるものの、その人物らが暴力団であると認めるに足りる的確な証拠はないし、被告自身は上記事実を直接体験しているわけではない。……したがって、本件記載は真実ではなく、また、被告がこれを真実であると誤信していたとしても、そのことについて相当な理由があるとは認められない。」

4　（争点4について）「本件文書による名誉毀損により、原告が被った精神的苦痛は、同文書に記載された内容、同文書が作成、交付された経緯および範囲等、その他本件に現れた一切の事情を考慮すれば、慰謝料30万円に相当するというべきである（注3）。」

5　（争点5について）「本件文書の内容、その他本件に現れた一切の事情を総合的に考慮すれば、金銭賠償のほかに、被告に、謝罪文の送付を命じる必要までは認められない。」

Ⅲ　分析と展開

1　名誉毀損の判断枠組み

名誉毀損の訴訟では、第1段階として、問題となった表現行為の名誉毀損該当性を判断し、これが肯定された場合に、第2段階として、当該名誉毀損行為に違法性を阻却する事由があったかどうかが検討される。

名誉毀損とは、「人の社会的評価を傷つけること」であり（最二判昭和31・7・20）、「人の品性、徳行、名声、信用等の人格的価値について社会から受ける客観的評価である名誉を違法に侵害」することである（最大判昭和61・6・11）。

そして、上記名誉毀損行為に該当したとしても、①その行為が公共の利害に関する事実に係り（事実

の公共性）、②専ら公益を図る目的に出た場合であって（目的の公益性）、③摘示された事実が真実であることが証明されたときは（真実性の証明）、当該行為には違法性がなく、不法行為は成立しない。そして、上記③の真実性について証明できなくとも、当該事実を真実と信じるについて相当の理由があるときには、故意・過失がないのであるから不法行為は成立しない（真実性・相当性の抗弁、最一判昭和41・6・23民集20巻5号1118頁、判時453号29頁）。

2　当該表現が人の社会的評価を低下させるかどうかの判断基準について（争点1）

（1）　この点について、最二判昭和31・7・20民集10巻8号1059頁は、「一般読者の普通の注意と読み方を基準として解釈した意味内容に従う」との判断枠組みを示している。

本判決は、本件各記載が事実を摘示するものであるとの判断を前提に、各事実について、一般読者の通常の注意と読み方を基準として、原告の品行、徳行、名声、信用等の人格的価値について社会から受ける客観的評価を低下させると判示したものであり、上記の判断枠組みに従った判断を示したものと評価することができる。

（2）　本件文書は、「『仮の理事』を承認された処、即日暴力団を連れて学園に乗り込み」や、「現在学園はX₁達と暴力団まがいの者に不法に占拠されています」との、原告が暴力団とつながりがあるかのような表現を含むため、この点についても言及する。

暴力団については、長らく、「警察対暴力団」という構図が敷かれてきたが、政府が平成19年6月に「企業が反社会的勢力による被害を防止するための指針について」（いわゆる政府指針）を公表して以降、「社会対暴力団」という構図に変わり、暴力団排除条項（以下、「暴排条項」という）の導入等により、取引社会から徹底的に排除される対象となった。

また、平成22年から23年にかけて、各都道府県において暴力団排除条例が施行された。条例の内容は、各地方自治体によって異なるが、例えば、東京都暴力団排除条例のもとでは、暴力団員だけでなく、「暴力団若しくは暴力団員と密接な関係を有する者」も「暴力団関係者」と定義され（同条2条4号）、取引から排除されるようになった（同条7条・18条）。また、事業者は、規制対象者（暴力団員等）に対し、暴力団の威力を利用することの対償として、金品その他財産上の利益を与えること等（利益供与）が禁止されるようになった（同条24条1項）。

このように、暴力団関係者が取引社会から排除されたり、暴力団への利益供与が違法とされたりするようになったことを勘案すると、本判決が、本件文書内の上記各表現について、「原告が違法な行為をする人物であるとの印象を与えるものであるから、一般読者の通常の読み方を基準として、原告の品行、徳行、名声、信用等の人格的価値について社会から受ける客観的評価を低下させるものである」と判示したことは、こうした社会情勢に沿うものと評価することができる。

3　公然性（伝播可能性）について（争点2）

当該表現が特定の者に示されたに過ぎない場合、当時の状況等から、それが他人に伝播する可能性が必要である（最三決昭和34・12・25刑集13巻13号3360頁等）。

本判決は、本件文書について、多数の本件学校債購入者のうちたまたま被告が連絡先を把握できた不特定の5名に対して交付されているものであり、かつ本件文書はさらに不特定多数のA学園関係者に伝播する可能性があったといえると判示したものであり、上記の判断枠組みに従った判断を示したものと評価することができる。

なお、本判決は、「本件文書はさらに不特定多数のA学園関係者に伝播する可能性があった」と判示するにあたり、本件文書の体裁について、「『A学園学校債を購入された方々え（原文ママ）』と記載されており、名宛人に対する個別の私信ではなく、広く購入者一般に対する告知文書の体裁となっている」と認定している。

4　真実性・相当性の抗弁について（争点3）

（1）　事実の摘示による名誉毀損に対し、判例は、いわゆる真実性・相当性の抗弁を、法理として認めている。

すなわち、「民事上の不法行為たる名誉毀損については、①その行為が公共の利害に関する事実に係り②もっぱら公益を図る目的に出た場合には、③A摘示された事実が真実であることが証明されたときは、右行為には違法性がなく、不法行為は成立しないものと解するのが相当であり、もし、右事実が真実であることが証明されなくても、③Bその行為者においてその事実を真実と信ずるについて相当の理由があるときには、右行為には故意もしくは過失がなく、結局、不法行為は成立しないものと解するのが相当である」（前掲最一判昭和41・6・23。ただし、番号および符号は、筆者が付した）。

そして、③Aの「真実であること」の「証明」については、当該事実の重要な部分につきなされればよいとされている（最一判昭和58・10・20裁判集民140号177頁、判時1112号44頁）。③Bの「相当の理由」については、取材対象の信頼度、裏付調査の程度、記事掲載の迅速性の要請、取材の信頼度に対応した記事として掲載したか等の事情を勘案して判断され

る（小野憲一・平成11年度最判解〔民事篇〕（下）660頁）。

（2）　本判決は、上記①および②の点につき、「本件文書は、Ａ学園の元理事長である原告の学園経営に関する行状や、学校債等に関する記載がされていることから、公共の利害に関する事実についてのものであり、また、被告は、学校債の購入者が適切な被害回復措置をとることができるよう、もっぱら公益を図る目的で本件文書を作成、配布した」と判示し、肯定している。

一方、③の点については、「Ｇほか氏名不詳者複数人がＡ学園の学長室等に侵入し、理事長印を持ち出してＡ学園を不法占拠したことの事実がうかがわれるものの、その人物らが暴力団であると認めるに足りる的確な証拠はないし、被告自身は上記事実を直接体験しているわけではない」等と判示し、真実性・相当性のいずれも否定した（注4）。

（3）　本件文書が、「暴力団」との表現を含むため、この点について補足する。

①　本判決の判断

被告は、「ＧとＨが複数の『暴力団員風の』男を引き連れて学長室に押し入り、Ｉとその秘書を約1時間にわたり監禁し、理事長印を奪った」「これらの監禁等が原告の指示に基づくことはＩ学長らを監禁した者がＩ学長に対して原告が作成した解雇通知書を交付していることから明らかである」「Ａ学園は、……原告の側近であるＧ、ＨやＩ学長を監禁した『暴力団員風の』者らによって支配されている」として、当該表現について「真実であり、又は被告が真実であると信じるにつき相当の理由がある」と主張し、上記の各事実に沿う供述書を提出した。

これに対して、原告は、各供述書の信用性を争うとともに、「当該各供述書には『暴力団風の』男を連れてきたと記載されているのみで、『暴力団を』連れてきたという事実の立証にはならない」と反論した。

本判決は、「Ｇほか『氏名不詳者複数人が』Ａ学園の学長室等に侵入し、理事長印を持ち出してＡ学園を不法占拠したことの事実がうかがわれるものの、その人物らが『暴力団』であると認めるに足りる的確な証拠はない」と判示した上で、真実性・相当性のいずれも否定した。

言うまでもなく、「暴力団員『風』であること」と、「暴力団員であること」は別であるほか、ある人物の風体が「暴力団員『風』」であるからといって、その者が「暴力団」であると信じるにつき相当の理由があるとはいえない。本判決は、当然のことを判示したものと評価することができる。

②　参考（真実性・相当性が認められている他の裁判例）

真実性に関し、例えば、大阪地判平成28・3・30（〔本書Ⅵ－**39**〕）は、暴力団組員と報道された者に関し、その者の弟が、自身と当該人物が某組に所属していた旨供述していることから、当該人物が暴力団組員であったという事実は真実であると認められる旨判示している（なお、同判決は、当該人物の弟が、自身も暴力団員であったという自らの社会的地位に重大な悪影響を及ぼし得る事実に言及してまで虚偽の供述をするとは考え難いとも判示している）。

また、相当性に関し、上記大阪地判は、仮に当該人物が暴力団組員ではなかったとしても、被告らが、その者の弟や、その者が関係していた複数の人物から同様の供述を得ていること、団地を一戸ずつ当たる等して取材を行っていた過程において、当該人物が暴力団組員であったことを否定する供述を得られなかったこと等から、被告らが、当該人物が暴力団組員であったと信じるにつき相当な理由があったというべきであると判示している。

なお、上記大阪地判の控訴審判決である大阪高判平成28・10・27（LLI/DB07120593）は、上記の地裁の判断を是認した上で、当該記事中の「暴力団組員」との表現について、いわゆる暴対法2条の定義にいう「暴力団」や「暴力団員」に該当するかという意味では（注5）、真実性の証明に疑問の余地があり得るとしたものの、本件ではそのような点が争われているものではなく、博徒を日常用語でいう「暴力団員」と信じたことに相当性がないとはいえないと判示している。

本判決と、上記大阪地判および高判との比較からいえるのは、「暴力団」との言葉について、いわゆる暴対法2条に定める「暴力団」に該当するかどうかという意味で捉えているわけではないと思われる点は共通しているものの、当該人物を暴力団員と表現するにあたり、真実であるか、また、仮に真実でないとしても真実と信じるにつき相当な理由があったかについて、証拠に照らし、慎重な判断を行うのが、裁判所の姿勢であるということである。

5　損害（慰謝料）について（争点4）

慰謝料額算定の基礎となる要素としては、①表現行為の方法および結果としての表現の流布の範囲、②表現行為の悪質性、③名誉毀損行為によって原告が被った社会生活上の不利益の程度、④被告の動機・目的の悪質性の程度、⑤当事者間の従前の関係・当該表現行為に至る経緯、⑥名誉毀損行為後の被告の対応、原告の救済の程度、⑦被害者の過失等が挙げられる（和久一彦ほか「名誉毀損関係訴訟について―非マスメディア型事件を中心として―」判タ1223号67～68頁（2007年））。

慰謝料の額については、近時、高額化していると言われているが、マスメディアの関与しない事件（非マスメディア型事件）における慰謝料の認容額は100万円未満のものが多数となっており、50万円未満のものも相当数ある（和久ほか・前掲66頁）。減算事情としては、表現の流布が狭い範囲に止まること、被害者が被った社会生活上の不利益の程度が低いこと、被害者にも過失があること等が考慮されており、その結果として、10万円から30万円程度の少額の慰謝料しか認められなかった事例も多い（和久ほか・前掲68頁）。

本判決は、原告が被った精神的苦痛について、「同文書に記載された内容、同文書が作成、交付された経緯および範囲等、その他本件に現れた一切の事情を考慮すれば」という抽象的な理由付けをするに止まるが、認容した慰謝料額が30万円であることからすると、非マスメディア型事件における従来の判断枠組みを前提としているものと考えられる。

6　謝罪文送付請求の当否について（争点5）

本判決は、民法723条に基づく名誉回復措置としての謝罪文送付請求について、「本件文書の内容、その他本件に現れた一切の事情を総合的に考慮すれば、金銭賠償のほかに、被告に、謝罪文の送付を命じる必要までは認められない」と判示するに止まる。

民法は金銭賠償の原則を採っているため、名誉回復措置は名誉毀損について例外的に認められた救済手段であるといえる。名誉回復措置が認められる要件は、①当該回復処分が名誉を回復する手段として相当であり（手段の有効適切性）、かつ、②名誉毀損状態が口頭弁論終結時に現存している場合（名誉毀損状態の現存）であるとされており（和久ほか・前掲68〜70頁）、本判決は、かかる判断枠組みを背景にしたものと推察される。

なお、裁判実務上、名誉回復措置については比較的慎重な運用が行われているようであり、その背景には、（憲法違反ではないとしても）良心の自由との関係に対する配慮や、回復処分は実体としての紛争をかえって拡大させかねないとの危惧があるようにもうかがわれる（和久ほか・前掲70頁）。

7　今後の展開および実務上の留意点

以上のとおり、本判決は、名誉毀損に関する各論点について、従前の判断枠組みを前提に判断を行ったものであるといえる。暴力団が取引社会から排除される、反社会的な存在であり続けるかぎり、本件文書のような、暴力団とのつながりを示唆する表現が、名誉毀損と評価される流れは、大きく変わらないものと思われる。したがって、このような表現は、違法と評価されるリスクが高いことに、十分な注意を払うべきである。

そして、本判決の「原告が違法な行為をする人物であるとの印象を与えるものであるから、一般読者の通常の読み方を基準として、原告の品行、徳行、名声、信用等の人格的価値について社会から受ける客観的な評価を低下させるものである」との判示に照らせば、本判決の射程は、「暴力団」という表現に止まらず、「反社会的勢力」というより括りの広い表現や、いわゆる「半グレ」のような新たな類型を称する表現にも及ぶと考えたほうが無難であり、上記と同様、十分に注意を払うべきであると考えられる。

（注1）判決文では、「ア」から「コ」までの符号が付された合計10の表現が「本件各記載」として採り上げられている。そして、「ア」の符号が付された「学校債券購入者に対し……現理事長に対する虚偽の報告を発送した」との表現については、「原告の本件文書は相当ではないとの被告の意見を表明したものにすぎずこの記載自体が独自に事実を摘示しているものとみることはできない」との判示がなされている。

（注2）「ウ」の符号が付された「『仮の理事』を承認されたところ、即日暴力団を連れて学園に乗り込み」との表現、および、「コ」の符号が付された「現在学園はX₁達と暴力団まがいの者に不法に占拠されています」との表現についてなされた判示に絞り、要旨を紹介する。

（注3）判決は、このほか、弁護士費用のうち3万円を、被告の不法行為と相当因果関係があると認めている。

（注4）（注2）に同じ。

（注5）なお、このような意味での証明を行うにあたっては、警察に対し照会を行うことも考えられなくもないが、警察庁刑事局組織犯罪対策部長が平成31年3月20日付けで発出している通達「暴力団排除のための部外への情報提供について」は、情報提供の必要性が認められる場合について、①条例上の義務履行の支援に資する場合その他法令上の規定に基づく場合、②暴力団による犯罪、暴力的要求行為等による被害の防止または回復に資する場合、③暴力団の組織の維持または拡大への打撃に資する場合としている。本件のような、名誉毀損訴訟における真実性の証明は、直ちに、上記のいずれにも該当するとは考えられないため、警察への照会により立証を補充することは、容易ではないものと思われる。

||| YOGORO Keisuke |||

39 知事の実父および叔父が暴力団組員であったという事実の摘示を含む雑誌記事の執筆およびその販売について違法性が阻却された事例

大阪地判平成28・3・30、平成26年（ワ）第2018号損害賠償請求事件、請求棄却【控訴後、大阪高判平成28・10・27LLI/DB07120593により控訴棄却・確定】、LLI/DB07150604

高谷総合法律事務所／弁護士　**高谷　覚**

Ⅰ　事案の概要

　大阪府知事を務めていた原告が、被告Y₁社の発行する月刊誌に、被告Y₂が執筆した、原告の亡き実父Aおよび叔父Bが暴力団組員であったことを記載した記事が掲載されたことにより、原告の名誉が毀損され、またプライバシーも侵害された旨主張して、被告Y₁社およびY₂に対し、民法719条に基づき、慰謝料等の支払いを求めた事案。

　控訴審は、真実性の抗弁・相当性の抗弁（事実の公共性、目的の公益性、事実の真実性、誤信相当性）についてのみ判示し、その判断は地裁と同内容である。

Ⅱ　判決要旨

1　名誉毀損に基づく損害賠償請求

（1）　名誉毀損該当性

「一般の読者の普通の注意と読み方を基準として判断すれば、家族の一員であった者が暴力団組員であったという事実は、当該家族の他の構成員の社会的評価をも低下させるものというべきである。」

①　Aについて

「原告の実父であるAが暴力団組員であったという事実が原告の社会的評価を低下させることは避けることはできない。」

②　Bについて

「原告の叔父であるBが暴力団組員であったという事実は、原告の叔父Bが存命中であり、弁護士になった原告に対して『なんかあったらワシの名刺みせい』と言ったことがある旨の記載をも併せ考慮すれば、原告がBや同人を通じるなどして過去に暴力団と何らかの関係を有したり、本件記事掲載当時も何らかの関係を有しているという印象を読者に与えるものであり、原告の社会的評価を低下させ」る。

（2）　違法性阻却事由の存否

ⅰ　事実の公共性

「公務員である政治家は全体の奉仕者であり、これを選定・罷免することは国民固有の権利である（憲法15条）から、当該政治家の適性・能力・資質を判断することに資する事実は、公共の利害に関する

事実に当たるというべきである。そして、政治家の適性等はその人物像を含む幅広い事情から判断されるべきものであるから、当該政治家の人格形成に影響を及ぼし得る事実は、当該政治家の人物像を明らかにするための事実として、公共の利害に関する事実に当たると解すべきである。」

①　Aについて

「Aが、原告が6歳頃までは原告と同居し」、「父親として原告の養育に関与していたことからすれば、その後、Aは、原告と別居し、原告が小学校2年生の頃に死亡していることを考慮しても、Aが暴力団組員であったという事実は、原告の人格形成に影響を及ぼし得る事実である」。「Aが暴力団組員であったという事実は、原告の人物像を明らかにし、原告の政治家としての適性等を判断することに資する事実というべきであり、公共の利害に関する事実に当たる。」

②　Bについて

「Bが、大阪府知事に就任した原告に、パーティー券の購入という形で100万円の政治資金を提供していること、大阪府議会において、Bが関係する企業による大阪府の公共事業の受注に関し、原告とBとの関係が取り上げられていること及びBが大阪府内の自治体の複数の首長選挙に関与し、原告が代表を務める政党Cに協力を依頼したことがあることに照らせば、Bは政治家としての原告と一定の関係を有する人物であるというべきであり、そのような人物が暴力団組員であったという事実は、原告の政治家としての適性等を判断することに資する事実であると評価することができる。

　したがって、Bが暴力団組員であったという事実は、公共の利害に関する事実に当たる。」

ⅱ　目的の公益性

「政治家の適性等を判断することに資する事実は、公共の利害に関する事実に当たると認められるから、そのような事実を提供する目的でされた事実の摘示については公益目的が認められる。」

「被告らは、原告の人物像、人間性に影響を与えた事実を明らかにすることで、原告の政治家としての適性等を判断することに資する資料を読者に提供しようという意図・目的で本件記事の執筆等を行い、」

AおよびBが「暴力団組員であったという事実を摘示したものであると認められ、本件記事（証拠略）の内容自体からもそのような意図・目的を読み取ることができるから、上記事実の摘示は、専ら公益を図る目的でされたものであると認められる。」

ⅲ　事実の真実性

①　Aについて

「Aの弟であるBが、BとAが丁組に所属していた旨供述しており」、「Bにおいてあえて虚偽の事実を述べる動機、事情もうかがえず、丁組が暴力団であること（証拠略）に照らせば、Aが暴力団組員であったという事実は真実であると認められる。」

原告の母親である証人「Dは、Aが暴力団組員ではなかった旨、また、Bの妹から、同人がBに確認したところでは、Bは、被告Y₂及びEによる取材の際、自身やAが暴力団組員であったとは話していないと答えたと聞いている旨証言し、Dの陳述書（証拠略）にも同旨の記載がある。しかし、原告とDが親子関係にあることや元夫であるAの行状はD自身の評価の低下にもつながり得るものであることに照らせば、その証言内容の中立性には疑問も残るところであるし、Bの妹の話も伝聞にとどまることからすると、Dの上記証言等は直ちに採用することができない。」

②　Bについて

「Bが、自身も丁組に所属していた旨供述しており、Bにおいてあえて虚偽の事実を述べる動機、事情もうかがえず、丁組が暴力団であることに照らせば、Bが暴力団組員であったという事実は真実である。」

ⅳ　誤信相当性

「仮にAが暴力団組員ではなかったとしても、被告Y₂及びEが、BからAが暴力団組員であった旨の供述を得ていること、団体Fの甲支部に所属する人物、Bが出入りしていた地元の建設会社の関係者、甲地区の住民等からも同様の供述を得ていること（証拠略）及び前記認定のとおり、被告Y₂及びEは甲地区の団地を一戸ずつ当たるなどして取材を行っているが、その過程でAが暴力団組員であったことを否定する供述は得られなかったこと（被告Y₂）からすれば、丁組の関係者に対する取材が行われていないこと（被告Y₂）を考慮しても、被告らがAが暴力団組員であったと信じるにつき相当な理由があったというべきである。」

2　プライバシー侵害に係る共同不法行為責任の成否について

①　Aについて

「実父であるAが暴力団組員であったという事実は、原告の私生活上の事実であって、一般に知られていない事実であり、一般人の感受性を基準として原告の立場に立った場合に公表を欲しない事実であると認められる。

しかし、……Aが暴力団組員であったという事実は、原告の人物像を明らかにし、原告の政治家としての適性等を判断することに資する事実というべきものであるところ、本件記事掲載当時、原告は大阪府知事を務め、次期大阪市長選挙に立候補する意思を表明しており、国民の高い関心を集める政治家であったこと（証拠略）を考慮すれば、上記事実を公表する理由は、上記事実を公表されない原告の利益に優越するものというべきである。

そうすると、本件実父部分の執筆及びこれを掲載した本件雑誌の販売は、原告のプライバシーを違法に侵害するものであるということはできない。」

②　Bについて

「叔父であるBが暴力団組員であったという事実も、原告の私生活上の事実であって、一般に知られていない事実であり、一般人の感受性を基準として原告の立場に立った場合に公表を欲しない事実であると認められる。

しかし、……Bは政治家としての原告と一定の関係を有する人物であり、そのような人物が暴力団組員であったという事実は、原告の政治家としての適性等を判断することに資する事実というべきものであるところ、……本件記事掲載当時、原告が国民の高い関心を集める政治家であったことを考慮すれば、上記事実を公表する理由は、上記事実を公表されない原告の利益に優越するものというべきである。

そうすると、本件叔父部分の執筆及びこれを掲載した本件雑誌の販売は、原告のプライバシーを違法に侵害するものであるということはできない。」

Ⅲ　分析と展開

1　人の社会的評価を低下させるような事実の認定

（1）　人の社会的評価を低下させるような事実の判断基準

人の社会的評価を低下させるような事実であるかどうかは、一般人を基準に判断する。例えば、新聞記事の場合には、「一般読者の普通の注意と読み方を基準として解釈した意味内容に従う場合、その記事が事実に反し名誉を毀損するものと認められる」かどうかで判断する（最二判昭和31・7・20民集10巻8号1059頁）。新聞の編集方針、その主な読者構成およびこれらに基づく当該新聞の性質について社会の一般的評価などは考慮すべきでない（最三判平成9・5・27民集51巻5号2024頁、判時1604号67頁）。テレビ放送の場合には、「一般の視聴者の普通の注意と視聴の仕方」を基準として判断する（最一判平成15・10・16民集57巻9号1075頁）。

本件判決も、一般の読者の普通の注意と読み方を基準として判断している。

（2）暴力団との関係性は、人の社会的評価を低下させる事実か

暴力団など反社会的勢力は、社会的に非難されるべき集団である。暴力団など反社会的勢力と交際している事実は、人の社会的評価を低下させる事実と判断されることが多い。例えば、プロ野球選手が暴力団組長と親密な交際をしている事実は、社会的評価を低下させる事実である（東京高判平成14・3・28判時1778号79頁）。

本件判決の事例は、家族の一員が暴力団組員であったという事実が、当該家族の他の構成員の社会的評価をも低下させるかどうかが問題となった事例である。家族の一員といっても、父母・兄弟から従兄弟・はとこまで親等差がある。また、家族間の交流にも濃淡がある。一般の読者の普通の注意と読み方を基準としても、家族の一員が暴力団組員であったという事実が、当該家族の他の構成員の社会的評価を、常に低下させるわけではない。

本件判決は、一親等である実父Aについては、原告が6歳の時に別居し、原告が小学2年生の頃に死亡した事例であったが、実父が暴力団組員であったという事実が原告の社会的評価を低下させると判断した。他方、三親等である叔父Bについては、本件判決は、「原告の叔父Bが存命中であり、弁護士になった原告に対して『なんかあったらワシの名刺みせい』と言ったことがある旨の記載をも併せ考慮すれば、原告がBや同人を通じるなどして過去に暴力団と何らかの関係を有したり、本件記事掲載当時も何らかの関係を有しているという印象を読者に与えるものであ」ると補足した上で、叔父Bが暴力団組員であったという事実が原告の社会的評価を低下させると判断した。家族の一員が暴力団組員であったという表現行為が名誉毀損に当たるかの事実認定において参考となる裁判例である。

2 真実性の抗弁・相当性の抗弁

（1）はじめに

表現行為が、名誉毀損の要件事実を満たしている場合であっても、名誉の保護と表現の自由の調整を図る観点から、①その行為が公共の利害に関する事実に係り（事実の公共性）②専ら公益を図る目的に出た場合には（目的の公益性）、③適示された事実が真実であることが証明されたときは（事実の真実性）、その行為に違法性はなく、不法行為は成立しない（最一判昭和41・6・23判時453号29頁）。これを真実性の抗弁という。

また、上記③の要件を満たさない場合であっても、④適示された事実の重要な部分を真実と信じること

について相当の理由がある場合には（誤信相当性）、名誉毀損の故意・過失がないと取り扱われる（最三判平成14・1・29判時1778号66頁）。これを相当性の抗弁という。

（2）①事実の公共性

「事実の公共性」の定義については、最高裁の明確な判断はないが、「多数の人がその事実に関心を有していることのみでは足りず、その事実が多数人の社会的利害に関する事実で、その事実に関心を寄せることが社会的に正当と認められること（東京地判平成27・6・24判時2275号87頁）」、「社会の正当な関心事（竹田稔『プライバシー侵害と民事責任』199頁（判例時報社・（1998年））」との定義が一般である。

当該表現が、「社会の正当な関心事」に当たるかの具体的な判断は、⑦当該表現の対象としている人物の公的・社会的性格、④当該表現が言及している事項が、対象人物の評価・批判に関連するかどうかで判断することとなる。

本件判決の原告は、当該表現がなされた時点において、大阪府の知事であり、大阪市の市長選挙への立候補を表明していた。本件判決は、原告がかかる公的地位にあることを踏まえ、①実父Aについて、「父親として原告の養育に関与していたことからすれば、……Aが暴力団組員であったという事実は、原告の人格形成に影響を及ぼし得る事実であ」り、「原告の人物像を明らかにし、原告の政治家としての適性等を判断することに資する事実」と判断し「事実の公共性」を認めた。②叔父Bについては、「Bが、大阪府知事に就任した原告に、パーティー券の購入という形で100万円の政治資金を提供していること、大阪府議会において、Bが関係する企業による大阪府の公共事業の受注に関し、原告とBとの関係が取り上げられていること及びBが大阪府内の自治体の複数の首長選挙に関与し、原告が代表を務める政党Cに協力を依頼したことがあることに照らせば、Bは政治家としての原告と一定の関係を有する人物であるというべきであり、そのような人物が暴力団組員であったという事実は、原告の政治家としての適性等を判断することに資する事実」と判断し、「事実の公共性」を認めた。

本件判決は、公職者の家族の一員が暴力団組員であったとの表現が、「事実の公共性」に該当するかという事実認定において、参考となる裁判例である。

（3）③事実の真実性

「事実の真実性」の要件は、当該表現行為に含まれる「事実」が真実であると「証明」することを要する。

証明すべき「事実」の範囲とは、当該表現行為の重要な部分である（最一判昭和58・10・20判時1112号

44頁）。「証明」の程度については、学説上、表現の自由を重視し、証明の程度を緩和すべきとの見解もあるが、判例・実務は、民事訴訟一般における証明の程度、すなわち「高度の蓋然性（最二判昭和50・10・24判時792号３頁）」と取り扱っている。

本件判決の事例では、原告の叔父であるＢが、「Ｂ自身及びＢの兄Ａ（原告の実父である）が丁組に属していた」旨の供述をしていた。本件判決は、「Ｂにおいてあえて虚偽の事実を述べる動機、事情もうかがえず、丁組が暴力団であることに照らせば、Ａ（及びＢ）が暴力団組員であったという事実は真実である」と認定している。本件判決のかかる認定には異論の余地もあるが、本件判決は、類型的に立証が困難な、過去に暴力団組員であった事実の立証・認定の参考となる裁判例である。

（4）　④誤信相当性

③事実の真実性については、立証が困難であることが多い。そのため、多くの裁判例において、③事実の真実性に加えて、④誤信相当性が争点となっている。

④誤信相当性の認定について、最高裁は、厳格な判断姿勢を示しており（最一判昭和47・11・16民集26巻９号1633頁）、下級審の裁判例では、詳細な裏付け取材を要求するという方向が定着している。捜査当局の公式発表や刑事事件の事実認定に依拠した場合以外には、類型的に常に相当の理由が肯定されるということはなく、情報提供者の地位、情報の内容・信用性、他の裏付け取材の可能性、事実摘示の必要性（時期・方法）という観点から、相当の理由の有無が個別の事案に即して判断される（尾島明「判解（最三判平成14・1・29）」平成14年度最判解〔民事篇〕（上）102頁））。

本件判決は、「ＢからＡが暴力団組員であった旨の供述」を得ていること（情報提供者の地位、情報内容・信用性）、「Ｂが出入りしていた地元の建設会社の関係者、甲地区の住民等からも同様の供述を」得ていること（他の裏付け取材）、「甲地区の団地を一戸ずつ当たるなどして取材を行っているが、その過程でＡが暴力団組員であったことを否定する供述は得られなかった」こと（他の裏付け取材）から、「誤信相当性」を認めている。

3　プライバシー侵害に基づく損害賠償請求

（1）　はじめに

プライバシーないしプライバシー権に関する明文の規定はない。しかし、最高裁判所もプライバシーの権利性を認めており（最二判平成15・3・14民集57巻３号229頁、最二判平成15・9・12民集57巻8号973頁）、プライバシー侵害が民法上の不法行為を構成することは、判例・実務において確定している。

プライバシー侵害については、学説上、

①　私生活への侵入・干渉（会社が、従業員の使用するロッカー内の手帳を撮影したケース（最三判平成7・9・5判タ891号77頁））

②　他人に知られたくない私生活上の事実の公開（政治家をモデルとした小説で妻に対する暴力など描写したケース（東京地判昭和39・9・28下民15巻9号2317頁））

③　他人に知られたくない個人情報の公開（講演会の主催者が、参加学生の氏名などを警察に開示したケース（最二判平成15・9・12判時1837号3頁））

に類型化されている（加藤新太郎ほか『裁判官が説く 民事裁判実務の重要論点 名誉毀損・プライバシー侵害編』（第一法規・2019年））。

本件判例の事案は、②他人に知られたくない私生活上の事実の公開の類型である。以下、②の類型に限定して記述する。

（2）　プライバシー該当性の要件

②の類型のリーディングケースである「宴のあと」事件判決（前掲東京地判昭和39・9・28）は、プライバシーの要件として、公開された内容が㋐私生活上の事実または私生活上の事実らしく受け取られるおそれのある事柄であること、㋑一般人の感受性を基準にして当該私人の立場に立った場合公開を欲しないであろうと認められる事柄であること、㋒一般の人々にいまだ知られていない事柄であることの3要件を示した。「宴のあと」事件判決のプライバシーの3要件は、②の類型のプライバシーの要件として、判例・実務において定着している。

本件判例も、「原告の私生活上の事実であって、一般に知られていない事実であり、一般人の感受性を基準として原告の立場に立った場合に公表を欲しない事実である」と判示しており、「宴のあと」事件判決のプライバシー3要件に従っている。

（3）　比較衡量基準による違法性判断

②の類型のプライバシー侵害は、表現の自由との衝突が問題となる。最高裁判所は、②の類型のプライバシー侵害の事案において、その事実を公表されない法的利益と、これを公表する理由とを比較衡量し、前者が後者に優越する場合に不法行為が成立するとする（最三判平成6・2・8民集48巻2号149頁、最二判平成15・3・14民集57巻3号229頁）。かかる比較衡量による違法性判断は、判例・実務において定着している。

本件判決も、「上記事実を公表する理由は、上記事実を公表されない原告の利益に優越するものというべきである」と判示しており、比較衡量による違法性判断を行っている。

‖ TAKAYA Satoki ‖

Ⅶ　盛り場における問題

概　観

長尾敏成法律事務所／弁護士　**中村　剛**

1　盛り場と暴力団

　本章では、盛り場に関わる裁判例３つが取り上げられている。

　盛り場は、暴力団などの反社会的勢力にとって、極めて重要な活動拠点になる。というのは、盛り場が反社会的勢力の活動にとっての必須の要素である「カネ、ヒト、モノ」の巨大な供給源になるためである。

（1）盛り場とカネ

　盛り場には、暴力団にとっての豊富な資金源がある。盛り場には多くの飲食店や風俗店が集中し、これらの中小零細業者からの「みかじめ料」の徴収は、暴力団にとっての伝統的かつ代表的な資金源になっている。

　元来、暴力団の起源のひとつである博徒は、縄張内で開かれた賭場から得る寺銭を、また、もうひとつの起源である的屋は、縄張内で営業する露店等から得る場所代（ショバ代）を主たる収入としていた。戦後になり、暴力団は、飲食業、風俗営業等を営む者に対して不当要求行為を行い、縄張内での営業を容認する対価として金銭の定期的な提供を受けることが一般化した（近年では、縄張内で営業する客引きやスカウトからも、みかじめ料を得ている）。この金銭が、いわゆる「みかじめ料」であり、「カスリ」、「あいさつ料」、「塩噌（エンソ）」等とも呼ばれる。

　また、合法的な対処を行うことがコスト的に見合わない飲食代金・借金の取り立てや、酒や女を巡るトラブルの解決など、縄張内でのさまざまなトラブルを解決する対価として金銭の提供を受ける場合に、この金銭を「用心棒料」、「守り料」等と呼ぶ。

　１回当たりに授受される金額は必ずしも高額ではないこと、違法な風俗やギャンブル、薬物取引といった違法な事業を営む者は公的機関に救済を求められないことなどから、面倒を恐れてみかじめ料等の要求に従う事業者は少なくないのである（注１）。

　他方、みかじめ料等の支払いを拒絶した事業者に対しては、暴力団側は報復やみせしめのために、放火や手りゅう弾の投擲といった、過激かつ危険な暴力行為を行う例が後を絶たない。例えば、①平成11年10月、パチンコ店経営者がみかじめ料の支払いを拒否したことに対する報復として、暴力団組長らが、同店のガラスドアにブロック片を投げつけて破損させ、さらに屋上に火炎びん３本を投げて放火した事案（兵庫・平成12年10月検挙）（注２）、②平成15年８月18日、暴力団追放運動のリーダーが経営するナイトクラブに手りゅう弾が投げ込まれ、女性従業員ら13人が重軽傷を負った事案（福岡）（注３）、③暴力団組長がみかじめ料の支払いを断ろうとした飲食店経営者に「払わなければ放火されるぞ」などと脅して、現金を喝取した事案（愛知）（注４）、④暴力団組員が、みかじめ料要求を拒否されたことに対する見せしめとして、ゴルフ場や食品会社に対し、連続して手りゅう弾を投げ込み、爆発させた事案（高知）（注５）、⑤指定暴力団傘下組織組長らがみかじめ料の支払いを断った自営業者を車両内に監禁し現金を強取した事案（千葉）（注６）、⑥平成22年９月、みかじめ料の要求を拒否したクラブに対し、暴力団組長らが営業中の店舗内にガソリンをまいて放火し、男性従業員が敗血症性ショックで死亡、女性従業員２人が負傷した事案（愛知）（注７）、⑦平成24年12月から25年７月までの間、暴力団組長の指示の下、風俗店経営者からみかじめ料を徴収しようと企て、脅迫したが拒まれたため、同店の従業員が使用する車両を追尾し、襲撃を行うなどした事案（広島）（注８）などがある。このような暴力に対する恐怖が、みかじめ料の支払いの大きな動機となる。

　こうして、盛り場は、みかじめ料や用心棒料を徴収する格好の場となっている。

（2）盛り場とヒト

　盛り場には、不特定多数の人が集まる。スネに傷を持つ者、借金に追われる者、外国人など差別を受ける者、職を求める者、あるいは一時的・逸脱的な享楽を求める者などが集まり、暴力団等の犯罪組織にとっての人材確保の場となる。思慮の浅い若者が、「わりのいいバイト」といった甘い勧誘にのせられて、違法な客引き、スカウトなどの軽微な犯罪（いわゆる「ゲートウェイ犯罪」）や違法行為に携わるうちに、徐々に、特殊詐欺の受け子・架け子、違法薬物の受け渡しといった悪質な犯罪に手を染め、後戻りができなくなる例も後を絶たない。

（3）盛り場とモノ

　そして、商業ビルや雑居ビルが集まる盛り場には、事務所として利用するために手頃な物件が多い。カネやヒトの貴重な供給源としての盛り場やその周辺には、そこを「縄張り」として支配管理するために、多くの暴力団組事務所が開設され、機能している。

2　盛り場における主な暴力団排除活動

　以上のような盛り場の特色を踏まえれば、盛り場からの暴力団排除が、暴力団対策として非常に重要

であることが理解されるだろう。盛り場からの暴力団排除としてこれまでに行われてきた主な活動について紹介する。

(1)　みかじめ一斉縁切り

一定地域内で営業する居酒屋、スナックをはじめとする飲食店、パチンコ業者、不動産業者など、現にみかじめ料の徴収を受け、または受けるおそれのある者が、警察や都道府県の暴力追放運動推進センター、各単位弁護士会の民暴委員会の支援を受け、団結して一斉にみかじめ料等の不当な支払要求を拒否する活動である。

参加を希望する事業者が「縁切り同盟」を結成した後、代理人となった弁護士団が連名で対象地域の暴力団組長等に対してみかじめ料等支払拒否と縁切り（交際の中止）の通知を行う。

みかじめ一斉縁切りは、平成19年12月に高知県で行われた活動を皮切りに、山形県（平成22年1月、「寒河江みかじめ料縁切り同盟」ほか）、三重県（同年6月、「津駅前地区不当要求拒否宣言の街」ほか）、山梨県（同年11月、「昭和町みかじめ料縁切り同盟」ほか）、秋田県（平成23年11月、「暴力団みかじめ料縁切り同盟（遊技業組合）」ほか）、群馬県（平成25年4月、「草津湯の町縁切り同盟」ほか）等、全国に広がっている。

盛り場の中小零細事業者が団結して一度にみかじめ料支払いを断ることで、暴力団関係者から個別に報復を受ける恐怖を和らげることが可能になるほか、暴力団の側でも多くの事業者を敵に回して活動するのが困難になる。

(2)　みかじめ組長訴訟

みかじめ料の支払いに関係し、暴力団組長等に対して損害賠償責任を追及する訴訟が多数提起されている。これらを大別すると、①みかじめ料の支払いを拒否したことに対する報復によって生じた被害の賠償を求める事案（宇都宮地栃木支判平成8・1・23判タ900号296頁）、②過去に支払ってきたみかじめ料に相当する金銭の返還を求める事案（広島事件。広島高判平成23・4・7・平成22年（ネ）第188号不当利得返還等請求事件、静岡地浜松支判平成23・7・20判タ1365号113頁、名古屋地判平成29・3・31判時2359号45頁）とがある。これらの案件では、いずれも暴力団側から被害者側に高額の賠償金、和解金が支払われており、暴力団による悪質な報復、見せしめ等に対する牽制の効果をあげている。

(3)　暴力団組事務所の排除

盛り場周辺から暴力団組事務所を排除した例として、指定暴力団の総本部事務所の移転を事前に察知し阻止した赤坂事件（東京地裁平成21年（ヨ）第652号、平成21年4月和解）、竜泉事件（東京高判平成24・9・25・平成23年（ワ）第16086号建物等使用禁止等請求事件）などがある。盛り場周辺の暴力団組事務所を排除し、その使用を禁止することで、盛り場の業者が暴力団関係者を目の当たりにする機会が減り、暴力団関係者による縄張りの支配は明らかに弱まる。

3　各判例の位置付け

〔本書Ⅶ-㊷〕事件は、盛り場からの暴力団排除と直接につながるものではないが、盛り場の関係者（飲食・風俗業者やその従業員）と暴力団関係者との間の距離の近さをうかがわせる事案である。盛り場関係者と暴力団関係者との悪しき交際関係を解消するためには、暴力団関係者よりも弁護士の方が盛り場の関係者にとって身近な存在になる必要がある。暴力団との交際から生じたトラブルを「自業自得」として切り捨てるのではなく、積極的に介入し、合法的な解決を実現することが重要である。

〔本書Ⅶ-㊵〕事件と〔本書Ⅶ-㊶〕事件は、みかじめ料等要求の格好の対象である違法営業対策に関わるものである。〔本書Ⅶ-㊶〕事件では、いわゆる「ぼったくりバー」の客に対する請求を退けるための法的な理屈が明らかにされており参考になる。一方、〔本書Ⅶ-㊵〕事件は、いわゆる悪質な客引きに対する捜査が問題とされ無罪になった事案である。客引きは来訪者をぼったくりや違法業者に繋げる入口であるばかりか、若者が安易なバイト感覚で客引きを行う中で、犯罪組織との関与を深めていくという組織犯罪への入口になっている。悪質スカウトについても女性を唆して風俗店などで働かせてその売上から「紹介料」として一定割合の金銭を得るなど極めて大きな問題があるが、同事件を扱った裁判所がその取締りの必要性を十分に理解していたのかについては疑問が残るところである。悪質客引きやスカウトの問題性について、社会の認識を十分に深めていく必要がある。

(注1)　繁華街におけるみかじめ料の徴収について恐喝罪等で起訴された暴力団組長につき、みかじめ料を支払った事業者が「特段恐怖感はなかった」などと供述したこと等を理由に一部無罪が言い渡された事案などがある（東京地判平成30・8・28、平成29年（刑わ）第1533号、同1759号）。

(注2)　平成13年版警察白書132頁。

(注3)　西日本新聞ホームページ（https://www.nishinippon.co.jp/wordbox/7262/）。

(注4)　平成25年版警察白書118頁。

(注5)　警察庁組織犯罪対策部「平成21年の暴力団情勢」22頁。

(注6)　この事案では、被害者が実行行為者である傘下組織組長らに加え、暴対法31条の2に基づき、上位組織である指定暴力団組長らに対して損害賠償請求訴訟を提起したところ、和解が成立し、和解金が支払われた（警察庁組織犯罪対策部「平成25年の暴力団情勢」36頁）。

(注7)　警察庁組織犯罪対策部「平成25年の暴力団情勢」36頁。

(注8)　平成27年版警察白書4頁。

‖ *NAKAMURA Takeshi* ‖

Ⅶ　盛り場における問題

客引き行為について無罪となった事例

40

さいたま簡判平成28・10・17、平成28年（ろ）第11号埼玉県迷惑行為防止条例違反被告事件、無罪【確定】、LLI/DB07160018

岡村綜合法律事務所／弁護士　**米田 龍玄**

Ⅰ　事案の概要

　本件は、当時大学３年生の居酒屋のアルバイト店員（アルバイト歴約１年半）が、さいたま市大宮区内の路上で、「居酒屋××なんですけど、もし良かったらどうですか。僕、店のスタッフなんで、お安くやりますんでお願いします。今来てくれれば飲み放題半端じゃなくお安くやれるんで。」等と言って居酒屋への入店を誘い、約26.5メートルにわたってつきまとい、「執ような方法で客引き」をしたとして起訴された事案である。被告人が声をかけた相手は、いずれも24歳の男性巡査Ａと女性巡査Ｂの２名である。

　埼玉県迷惑行為防止条例（以下、「本件条例」という）は、「執ような方法で客引きをし」てはならない旨定めており（7条1項6号）、本件の争点は、被告人の客引き行為が「執ような方法で」あったか否かである。

　被告人は、実際に声をかけた場所から逮捕地点までは長くても10メートル程度であって26.5メートルもつきまとっていない、警察官の被告人に対する対応が最初から積極的で、被告人に期待を持たせる対応であったから、被告人が執ような方法で客引き行為をした事実はないと主張し、無罪を争った。

Ⅱ　判決要旨

1　被告人がＡらに声をかけた地点は、Ａと被告人の供述から、ファミリーマートの前を過ぎた地点と推認される。ボイスレコーダーの録音は、呼び込み文言を発してから逮捕までの時間が41秒から42秒であり、人の歩行速度が秒速１メートルから約1.2メートルであるから、26.5メートルを普通の速度で歩いても、15秒程度は時間が余る。少なくとも20秒程度は、立ち止まって会話していたと推認できる。

2　警察官調書は、「53番地先路上から60番地先路上までの間であったとの説明を受け理解しました」と記載され、ファミリーマートの番地から26.5メートル追随したことを認めるような記載になっているが、添付された被告人の手書き図面では、声をかけ

た位置は明らかにファミリーマートを南方にかなり過ぎた地点に描かれ、図面と明らかに矛盾する。被告人は、警察官調書に記載された２つの番地は自分が書いた図面の内容であると誤解している。被告人は約27メートルの距離を自白しておらず、認定できる距離はせいぜい十数メートルである。

3　Ａ、Ｂの対応は、興味のない態度をとる、少しでも店に行かない素振りをする、断る、無視するなどの点が一切なく、最初から最後まで被告人に期待させ、むしろ両者が被告人を誘い込むような対応であり、客観的には被告人との間に陽気で軽妙なコミュニケーションが成立している。これらの事実からすると、本件条例で守るべき生活の平穏という前提はほとんど失われていたと判断できる。

4　立ちふさがり、つきまとう等執ような方法での客引きかどうかは、被害者の対応の仕方によって変動する。執ような客引きの検挙に際しては、客観的に執よう性を認識可能とし、それを明確に証拠として残すために、つきまとった距離を測り、その際に言われた言葉を残すという方法がとられている。そのためには、Ａ、Ｂが事前の打合せでも指示されたように、話しかけない、興味を持つような発言をしないことが前提である。客側が拒否もしくは興味を示さない対応を示しておくことが、正に生活の平穏の保持を害したと客観的に評価され、つきまといの距離と言葉がそのまま有力な証拠と評価され得るからである。Ａ、Ｂの対応は、興味のない態度をとる、少しでも店に行かない素振りをする、断る、無視するなどの点が一切なく、最初から最後まで被告人に期待させ、むしろ両者が被告人を誘い込むような対応であり、客観的には被告人との間に陽気で軽妙なコミュニケーションが成立している。これらの事実からすると、本件条例で守るべき生活の平穏という前提はほとんど失われていたと判断できる。

5　いくら会話の流れで返事をする必要があったとしても本件は相手に期待させ過ぎであり、居酒屋への客引きの検挙でここまで積極的に気を持たせる必要性、相当性はない。十数メートルを40秒以上かけて話をし、20秒以上は店へ曲がる路地の角で立ち話の状況になっていたことが推認される点、会話の内

容の点からしても、逮捕のために興味を示し、被告人の気を引くように会話を継続させていたのはかなりの部分Ａらの方であって、それをすべて被告人の執よう性に転嫁させるのは道義に反する。被告人の検察官調書には、男女にくっついて約27メートル客引きをした、店長に褒められたかった、料金を下げる権限があったという記載があるだけで、被告人の行為がしつこいものであったかどうかの肝心な部分の記載もない。

6　検挙に臨んだ警察官も事前の指示を全く守っておらず、交わされた会話を検討しても被告人が執ような方法で客引きをしたというまでの証拠はない。結局、犯罪の証明はなく、刑事訴訟法336条によって無罪の言い渡しをする。

Ⅲ　分析と展開

1　客引き行為の規制

　客引き行為は、歓楽街、繁華街を中心に、複数の黒服を着た客引きが、路上にたむろして歩行者を待ち受け、立ちふさがったり、しつこくつきまとったり、時には、身体や衣服を掴む、罵声やひわいな言葉を投げつけることもあり、一般の通行を妨げ、通行人に不安や危険を感じさせ、皆が安心して町を歩くことができなくなるなど、往来妨害、治安の悪化、街の景観やイメージの毀損などの悪影響を及ぼす。また、こうした客引きを利用して集客をする店舗には、顧客に不相当に高額な代金を請求するいわゆる「ぼったくり店」も存し、客引きに連れていかれてそうしたトラブルに巻き込まれる例がみられる。

　そのため、法律は、性・風俗にかかわる営業など一定の業種に関しては客引き行為そのものを規制し、条例によって、地域に応じ、性・風俗のほか飲酒を伴うなど一定の業種・類型の客引き行為および、不相当な態様による「不当な客引き行為」を規制している。

　具体的には、風俗営業等の規制及び業務の適正化等に関する法律（以下、「風営法」という）は、ファッションヘルス、ソープランド、キャバクラ等の、深夜の時間帯においては居酒屋、カラオケ等を含め、客引き行為を禁止し、違反した場合の罰則を定めている（6月以下の懲役もしくは100万円以下の罰金またはその併科）。

　また、各都道府県の「公衆に著しく迷惑をかける暴力的不良行為等の防止に関する条例」（いわゆる迷惑行為防止条例。以下、「迷惑行為防止条例」という）については、例えば、東京都条例では、わいせつな方法（7条1項1号）、売春類似行為のため（2号）、

異性の接待と酒類を提供する類型の客引きのほか（3号）、人の身体または衣服をとらえ、所持品を取りあげ、進路に立ちふさがり、身辺につきまとう等執ように客引きをすることを禁じ、罰則（50万円以下の罰金または拘留もしくは科料）を定めている。条例の文言は、都道府県によって、表現ぶりが異なる場合があるが、概ね同様の定め方である。

2　客引き行為とは

　「客引き」行為については、風俗営業等取締法違反事件において、客として遊興飲食するよう相手方を特定して勧誘する行為をいうと解されている（東京高判昭和49・3・4刑月6巻3号183頁、名古屋高判昭和53・3・29刑事裁判資料229号401頁、東京高判昭和54・9・13判時959号132頁、飛田清弘＝柏原伸行『条解風俗営業等取締法〔改訂版〕』173頁（立花書房・1983年）、鈴木安一『風俗営業等取締法』183頁（日世社・1969年））。風営法においても同様に考えられる（横浜地小田原支判平成23・3・10LLI/DB06650148）。

　相手方が特定されていることを要するから、一般通行人にチラシを配布する、看板を掲示する、サンドイッチマンが看板を持って宣伝するなどの行為は、それだけでは客引きには該当せず、勧誘は、積極的な言動をもって行うことが必要であると解されている（安西温『特別刑法〔4〕〔初版〕』38頁（警察時報社・1984年））。また、敷地内から不特定人に声をかける呼び込みとは区別される。

　迷惑行為防止条例においても、「客引き」行為の意味自体は、別異には考えられていない。

　両規制の違いは、風営法では行為の主体が風俗営業者および従業員であるが、条例では「何人も」禁止されている。風営法は客引きする場所について制限をしていないが、条例では「公共の場所において」客引きすることが要件である。風営法では、相手方を特定して積極的に勧誘することであるが、条例では、「不特定の者に対し」積極的に勧誘することが要件である。風営法では、客引きの手段について特に制限していないが、条例では「人の身体又は衣服をとらえ、所持品を取りあげる等不特定の者に対し、執ように客引きすること」を要件としている（鈴木・前掲183頁）。このように、客引き行為の主体、場所、客引きの態様において要件が異なるため、いずれにも該当する行為を行った場合には両罪が成立し、その関係は観念的競合と解される（飛田＝柏原・前掲174頁）。

3　「執ような」客引き行為

　迷惑行為防止条例は、一定の業種・類型のもの以外は、不当な客引き行為を禁じ、「人の身体又は衣服をとらえ、所持品を取りあげ、進路に立ちふさがり、身辺につきまとう等執ように」行う場合に限ら

れている。身体または衣服をとらえ、所持品を取り
あげ、立ちふさがり、つきまとう行為は、いずれも
執ような態様を示す例示である。これらの行為がな
かったとしても、客引き時の追随距離、時間の長
短、勧誘文言の内容、嫌がる通行人を無理に勧誘し
ているかといった客観的態様において、「執ような
客引き」といえるかどうかが問題となる。

4　本件裁判例の分析

（1）追随距離について

本件裁判例は、居酒屋の従業員である被告人が
行った客引き行為について、客引き時の追随距離が
検察官の主張する26.5メートルに及ぶものであった
かという点を含め、「執ような」態様で行われたも
のであったかが争点となった。

客引き行為の検挙は、警察官が通行人となり、実
際に声をかけられることによって行われることが多
い。警察官が、犯罪行為たる客引き行為の相手方と
なり、犯行の機会を提供することになるという意味
で、いわゆる「おとり捜査」に類似する側面がある
から、検挙のために被告人をあえて犯罪に陥れるよ
うなことがあってはならない。客引き行為が執よう
なものであったかの客観的態様とともに、客引きと
通行人との間でどのようなやり取りがなされたかも
含め、後に疑義が生じないよう、客観的な証拠化が
求められる。

本件においては、逮捕された地点は明らかである
ので、声かけを始めた地点が問題となるが、本件裁
判例に表れた事情を見ると、起訴事実となった26.5
メートルは、被告人と通行人たる警察官が互いに認
識した点を起点としているようであり、勧誘行為が
開始された地点が、逮捕当時に十分に特定されてい
なかったことがうかがわれる。

（2）追随距離と執よう性

追随距離について、判決ではせいぜい十数メート
ルと認定されている。十数メートルであれば、執よ
うな客引きに当たらないというものではない。本件
裁判例においても、「確かに、十数メートルのつき
まといでも違法性を帯びることもあるだろうし、40
秒以上という数字を見ればしつこい客引きであると
評価できないこともない。」と述べており、追随距
離が十数メートル程度の短いものであったとして
も、通行人において嫌がる素振りが明らかであるの
に、40秒もその場に引き留めるなどして勧誘したと
すれば、十分に執ような客引き行為に該当すること
になろう。

（3）客引きと通行人との会話内容と執よう性

本件裁判例は、上記引用部分に続けて、ボイスレ
コーダーに録音された会話内容が常識的に聞くと、
一緒に歩く男女が、誘われた店へ行くかどうかの確
認をしている会話であり、被告人との間により直接
的な意思疎通が開始されていると述べて、客観的に
は被告人との間に陽気で軽妙なコミュニケーション
が成立していると認定し、本件条例で守るべき生活
の平穏という前提はほとんど失われていたと判断で
きると判断している。

本件裁判例が、執よう性の検討において、ボイス
レコーダーに録音された会話内容を詳細に認定して
いるのが参考になる。

「声をかけられた直後、Aは、同伴しているBに
『どうする。』という言葉を発している。……これを
第三者が常識的に聞くと、一緒に歩く男女が、誘わ
れた店へ行くかどうかの確認をしている会話であ
る。……この『どうする。』の直後、Aは、被告人
からの誘い文句に対して大きな声で『へえー。』と
相槌を打っている。この返事の仕方は、被告人の供
述どおりテンションが高い。BもAに合わせて『へ
えー。』と相槌を打っている。その後、被告人から
の勧誘の言葉にAは『うん。』『ふーん。』と一々明
確に相槌を返しており、突然、大きな笑い声をあげ
ている。さらに途中から再び『どうする。』『どうし
ようかな。』という文言が出る。この『どうしよう
かな。』の文言はBも発しており、二人合わせて逮
捕直前までの間に五、六回におよび、最後の一、二
回に至っては『どうしよっかあ。』などと、ほぼ店
に行く気十分に聞こえる声で、いかにも居酒屋の
呼び込みと男女の間の楽しそうな雰囲気の会話であ
る。この外にもAは『どうしようか。』の間に『お
いしそうだよな。』とも言っており、それに対して
被告人が『ありがとうございます。』と答えるとB
も『うん。』と返事をしている。そして、その後、
『警察ね。ごめんね。警察ね。』というAの言葉に
よって逮捕している。」

本件裁判例は、警察官による検挙時の対応が問題
になっているが、一般の通行人であっても同様のこ
とが当てはまる。客引きに対し、相槌を打ち、店に
行くような素振りをして会話が成立していると、犯
罪として禁じられる「執ような」客引き行為になら
ないことになる。一市民として客引きによる被害に
遭わないようにするという意味でも、上記のように
客引きに対し、相槌をうたない、客引きの発言に応
じた形で同行者と会話をしない、客引きの会話に興
味を示さない、店に行く素振りをしない、全く言葉
を発しないまたは明確に断る旨の言葉を発する等の
対応をすべきである。

5　今後の客引き対策

迷惑行為防止条例によって一定の不当な客引き行
為が規制されているとはいえ、客引きは、法の網目
をかいくぐり、手を変え、品を変えている実態があ

る。客引き行為が横行する背景には、客引き行為に
よって、それがなければ得られないようなメリット
が店側にあるからである。客引きの時点では、同意
の上で客側が同行しており、迷惑行為防止条例違反
にならないような事案であっても、その後に連れて
いかれた店舗でぼったくり被害が発生し、多くのト
ラブルが発生している。例えば、平成27年上旬に
は、新宿歌舞伎町交番の前に、トラブルになった
ぼったくり店の店員と客らが数十人も列をなすとい
う異常な状況にまで発展した。これは、ぼったくり
店の高額の請求に対し、客側が支払いを拒否し、店
員が客を交番まで連れて行って代金を踏み倒された
と主張する対応をしていたことによる。このような
場合、警察官は中立の対応を取らざるを得ず、店側
はこれを奇貨として、交番前で数時間にわたり代金
を請求し続けるのである。こうしたトラブルになっ
たものは客側が店の請求に異を唱えたものに限ら
れ、言われるがままに支払いに応じてしまっている
ものも含めれば、不当請求事案が相当件数存在する
ものと思われる。

また、客引きを行っている者の中には、大学生な
ど若年者も多い。アルバイト代欲しさに、熱心に客
引きをすることが、かえって「執よう性」の要件を
満たし、前科・前歴がつくことで、法的、社会的制
裁を受け、将来にも大きな不利益を被ることにもな
りかねない。

こうした実態を踏まえ、新宿区では、平成25年9
月に「新宿区公共の場所における客引き行為等の防
止に関する条例」を施行し、居酒屋、カラオケ店の
客引き、路上スカウト行為、スカウトの相手を待つ
行為（うろつき、たたずみ、たむろなど）を禁止し、
さらに平成28年4月、同条例を一部改正し、同年6
月からは、指導、警告、勧告に従わない場合の公
表・過料などの罰則規定を定めるなど、客引きの排
除に取り組んでいる。

客引き被害が発生する歓楽街、繁華街を擁する自
治体には、一般の通行人や観光客が客引き被害に遭
わないようにするために、迷惑行為防止条例だけに
とどまらず、各地域の実情に応じて、迷惑行為防止
条例で対象になっていない業種や行為態様を規制対
象として、地域の特性に応じた客引き防止条例を整
備することが期待される。

▌▌▌ YONEDA Ryogen ▌▌▌

41

キャバクラ店経営者による高額な料金請求の大部分を棄却した事例

東京地判平成27・9・28、平成27年（レ）第545号飲食代金支払請求控訴事件、控訴棄却【確定】、LLI／DB07031079

藤ヶ崎法律事務所／弁護士　**藤ヶ崎　隆久**

I　事案の概要

1　請求内容

控訴人は「甲」というキャバクラ店（以下、「本件店舗」という）の経営者として、同店を利用した4名のうちの3名である被控訴人らに対し、同店従業員が以下の料金体系を事前に説明しており、被控訴人らの了解の上で飲食物等を提供したと主張して、飲食物提供契約に基づき連帯して以下の料金合計59万5,728円から既払金2万6,000円を控除した残金56万9,728円および遅延損害金を支払うことを求めた。

① セット料金　4万円　＝1万円×4人
② テーブルチャージ　28万円　＝7万円×4人
③ テキーラ　5万4,000円　＝3千円×18杯
④ スパークリング日本酒　2万円　＝5千円×4本
⑤ サービス料　15万7,600円＝（①＋②＋③＋④）×40％
（内訳は、ボーイチャージ料、ホステスチャージ料、ボトルチャージ料、リザベーションチャージ料が各10％）
⑥ 消費税　4万4,128円＝（①＋②＋③＋④＋⑤）×8％
⑦ 飲食代金合計　59万5,728円

2　前提事実

（1）被控訴人Y₁・Y₂・Y₃と友人1名の合計4名（以下、併せて「被控訴人ら」という）は、平成27年3月7日午後10時35分頃、新宿区歌舞伎町にある本件店舗に一緒に入店し、同店の女性キャストらから接待および酒類の提供を受けた。

（2）控訴人（店）は、料金は62万3,000円であると主張して、既払金2万6,000円を控除した残金59万7,000円および遅延損害金について、Y₁・Y₂・Y₃を被告として東京簡易裁判所に訴訟を提起した（原審）。原審判決は、請求のうち4万9,600円を認容したのみで、その余の請求を棄却したため、控訴人は東京地方裁判所に対し控訴した。

3　主たる争点

① 控訴人従業員が料金体系を説明したか
② 女性キャスト用のドリンク注文を了解したか

およびその消費量と単価である。

なお、各争点についての各当事者の主な主張は以下のとおりである。

① 控訴人従業員が料金体系を説明したか。

【控訴人の主張】

控訴人の従業員であるAは、平成27年3月7日午後10時35分頃、被控訴人ら4名を本件店舗内に案内した際、被控訴人らに対し、料金体系について説明し、別途料金がかかるものについてはメニュー表に記載してあること等説明した。

【被控訴人Y₁およびY₂の主張】

被控訴人らは、控訴人が説明したと主張する説明を受けたことはない。1人1時間4,000円と言う店側の人に誘われ、合意のもと入店した。

【被控訴人Y₃の主張】

被控訴人らは、控訴人が説明したと主張する説明を受けたことはない。無料案内所の人間だと名乗る男性2人に「1セット1人4000円で飲み放題ということでキャバクラに行きませんか？」と誘われ、その条件なら良いということで案内され、入店した。1セットというのは60分という意味である。

② 女性キャスト用のドリンク注文を了解したかおよびその消費量と単価

【控訴人の主張】

別途料金の女性キャスト用ドリンクの注文は、テキーラ1杯3,000円×18杯、スパークリング日本酒「すず音」1本5,000円×4本である。

【被控訴人らの主張】

省略

II　判決要旨

1　結論

控訴棄却。原審の結論（控訴人請求の4万9,600円を認容したのみ）を支持し、棄却の理由として以下を補足した。

2　理由（控訴審判決で補足されたもの）

（1）争点①控訴人従業員が料金体系を説明したか
・「控訴人は、店内で料金システムを説明した証

拠として録音データファイルの反訳（甲4）を提出するが、その中に本件利用行為時の会話が含まれているとは認められない。」

・「録音データファイルに記録される日時は録音機器の日時をどのように設定するか次第であるから、録音データファイルのプロパティ（ファイルの設定情報のこと。）に本件利用行為頃の日時が記録されていること（弁論の全趣旨）のみでは、当該録音が本件利用行為の際に行われたことの裏付けにはならない。」

・「また、仮に甲4の49番（12頁）の元となるデータが本件利用行為時に録音されたものであるとしても、Aと思われる男性従業員による料金体系の説明部分は、その他の発言部分と音質が異なっており、録音マイクに向かって一方的に話しているだけのように聞こえる（弁論の全趣旨）。大きな音量でBGMが流れていたと認められる本件店舗内（弁論の全趣旨）において、顧客に聞こえるように説明したものとは認められない。」

・「さらに、甲1の本件店舗内壁面に掲示された料金表は、本件利用行為後である平成27年5月中旬に撮影されたものとのことであるから、甲1をもって、これと同内容のものが本件利用行為時に本件店舗内に掲示されていたとまでは認められない。甲2の料金表は、当裁判所が取り調べた原本によれば1冊のメニュー表の末尾に綴じられた1枚紙であるとは認められるが、甲2をもって、これと同内容の料金表が綴じられたメニュー表が本件利用行為時に被控訴人ら4名のテーブル上に置かれていたとまでは認められない。したがって、甲1と甲2のいずれも、控訴人の主張を裏付けるものとはいえない。」

・「ほかに、本件店舗の従業員であるAが、本件利用行為に先立って、被控訴人ら4名に対して飲食料金を説明したと認めるに足りる客観的な証拠はない。」

（2）争点②女性キャスト用のドリンク注文を了解したかおよびその消費量と単価

「甲3の伝票は、控訴人の従業員が記入したものにすぎないから、これをもって、その記載通りの飲食物の注文を被控訴人ら4名が了解したとまでは認められない。」

Ⅲ　分析と展開

1　分析

（1）背景

平成26年（2014年）頃から、歌舞伎町において、違法客引きと（注1）、それと連携した超高額請求店（キャバクラ、性風俗店等）が横行し、国外・国内

からの観光客・来街者に多数の被害が生じ、テレビ・新聞報道で大々的に報道されるようになった（ぼったくり店問題）（注2）。緊急対策として平成27年春・夏より警視庁生活安全部などによる取締強化、歌舞伎町商店街振興組合・東京弁護士会の弁護士によるパトロール活動（ぼったくり110番活動）などと相まって（注3）、ぼったくりキャバクラ店はかなり減少した。本件判決は、このような時期に下されたものである。

（2）社交飲食店の料金の約定の成否・内容の事実認定と証拠評価

キャバクラなどの社交飲食店（注4）の飲食等提供契約では、契約関係の書面を作成しないことが多いため、料金等の紛争が生じた場合に契約内容、特に料金等の約定の成否・内容について、いかなる証拠に基づき（注5）、どのように事実認定するのかという問題があり、本件はこの点で参考となる裁判例である。すなわち、先に引用した判示のように、控訴人（店側）から提出された代金請求の根拠に関する証拠である録音データ、料金表の画像やメニュー表、従業員が記入した伝票などの証拠を丁寧に精査して、その信用性を否定し、店側（控訴人）の"料金を説明した"という主張も、"いろいろな飲食物の注文を客らが了解した"という主張も、ともに認めるに足る証拠はないとした点が注目される。

2　展開

（1）法的検討

繁華街の社交飲食店等において、料金の説明があったかどうか、著しく高額かどうかという紛争については、民法90条公序良俗違反や95条錯誤取消（民法改正前は錯誤無効）から検討された裁判例もある（注6）。

（2）錯誤

① 東京地判平成28・1・12LLI/DB07130236

民法改正前の裁判例であるが、東京地判平成28・1・12は、キャバクラ店の事案で錯誤無効を認めた。

同判決では、原告（店側）が被告ら（客）に対し原告経営の歌舞伎町のキャバクラ店で飲食をした飲食代金178万円超の請求をした事案において、「原告は被告に対し、1時間の飲食及びサービスの提供に対し、1人当たり14万円を超える料金を請求するものであるところ」「……被告は、本件飲食店において、飲食及びサービスの提供を受けるに当たり、上記請求の前提となった料金表を見ておらず、店員から料金体系についての説明を受けることもなかったのであるから、本件飲食店において飲食及びサービスを受ければ上記のような高額な料金の支払を要す

ることになるとは認識していなかったものと認められる。そして、被告は、……、男性から、1人当たり1時間4000円で足りるとして勧誘を受けたために本件飲食店に行くこととしたのであって（注7）、上記料金体系によって料金が算定されると知っていれば、本件飲食店において飲食及びサービスの提供を受けるという意思表示をしなかったと認められるから、被告には、意思表示の要素に錯誤があったものというべきである。したがって、本件飲食店における飲食契約は、錯誤に基づくものとして、無効となる。」と判示されている。

② 改正民法（債権関係）

改正民法では、錯誤による意思表示の効果が無効から取消しになる等の点が改正されたが（注8）、この平成28年東京地判は、引き続き参照すべき裁判例である。

（3）公序良俗違反

① 暴利行為論

繁華街の社交飲食店の料金を巡る紛争については、民法90条公序良俗違反の問題として消費者取引紛争の「現代型暴利行為（論）」（注9）からも理論的に検討することが有用である。

② 昭和9年判決の暴利行為論

民法90条は「公の秩序又は善良の風俗に反する法律行為は、無効とする」と規定するのみで、その意味内容は明確ではないが、大審院判例は「相手方の窮迫、軽率又は無経験に乗じて、著しく過当な利益を獲得する行為」を公序良俗違反の類型の1つとしたいわゆる暴利行為論を示し、判例法理として確立していた（大判昭和9・5・1民集13巻875頁）。

③ 現代型暴利行為論

さらに、1980年代半ばころから、消費者被害取引、投資被害取引に関する紛争に対処するため、下級審裁判例において昭和9年判決の暴利行為論をより積極的かつ柔軟に活用する動きがみられるようになった。これは、昭和9年判決の暴利行為論のうち、①前半部分の「相手方の窮迫、軽率又は無経験に乗じること」を意思決定過程に関する主観的要素と捉え、②後半部分の「著しく過当な利益の獲得を目的として法律行為をすること」を法律行為の内容に関する客観的要素と捉えたうえで、この主観的要素と客観的要素の相関関係によって不当性（民法90条の公序良俗違反）を柔軟に判断し、無効を導く（被害救済を図る）という理論として展開された（民法90条の解釈論）。このような1980年代半ば以降に展開された暴利行為のことを研究者や実務家（注10）は「現代型暴利行為」（論または法理）（注11）と呼び、さらに理論的研究も進んだ（注12）。

④ 債権法改正と暴利行為論

この「現代型暴利行為」の判例・学説の状況を踏まえ、今般の民法（債権法）改正（2020年4月1日施行）においても、法制審では「現代型暴利行為」の明文化（新設）について審議され、改正案として「当事者の一方に著しく過大な利益を得させ、又は相手方に著しく過大な不利益を与える契約は、相手方の窮迫、経験の不足その他の契約についての合理的な判断を困難とする事情を不当に利用されたものであるときに限り、無効とする。」（部会資料80B第1【甲案】1頁）という規定案も提案されていた。しかし、法制審の意見はまとまらず、暴利行為の明文化は見送られることになった（注13）。

⑤ 改正民法の下での暴利行為論

明文化は今回見送られることになったが、それは明文化を見送っただけであり、法制審の審議過程にて明らかなように、従前の判例・学説の現代型暴利行為論の法理を否定する意味ではなく（注14）、従前どおり民法90条の解釈論として適用されるものである（注15）。

⑥ 現代型暴利行為論のぼったくり店事案への適用

東京地判平成27・12・11（ウエストロー・ジャパン2015WLJPCA12118017、LEX/DB25533058、D1-Law.com判例体系29016031）は、以下のとおり、新宿区のキャバクラ店が客に対し料金請求をした事案について、暴利行為として公序良俗に反し無効であるとした。

ア 事案の概要および前提事実

（ア）原告は、新宿区において、酒類等を提供して女性従業員が接客をする社交飲食店を経営していた。

（イ）被告らは、連れ立って平成27年3月15日午後8時55分頃、本件飲食店に入店し、1時間ないし数時間にわたり女性従業員と飲酒、歓談し、原告と被告らとの間で、飲食物等提供契約が成立した。

ウ 原告の従業員は、被告らに対し、飲食代金として合計26万7,000円、内訳：（（セット料金2万円〔1万円×2名〕＋テーブルチャージ料14万円〔7万円×2名〕＋女性用ドリンク9,000円）×110%〔ボーイチャージ料〕×110%〔ホステスチャージ料〕×110%〔ボトルチャージ料〕×110%〔リザベーションチャージ料〕×108%〔消費税〕）の支払いを請求し、被告Y₁は、3万円を支払った。

イ 争点

本件契約は、暴利行為として公序良俗に反し無効か。

ウ 裁判所の判断

（ア）結論

請求棄却。

㈦　理　由

「原告が請求する23万7000円という飲食代金は、この種の社交飲食店における２名の数時間分の飲食代金として一般的な料金水準を大幅に上回るものと認められ、本件飲食店で来店客との間で、料金をめぐるトラブルが続発していたことは、これを裏付けるものである。」

「被告らがこのような高額な料金水準を想定して本件契約を締結したものではなく、かえって、客引きによる１人4000円という虚偽の説明を受けて低料金であることを念頭において本件契約を締結したことは……より明らかであるが、原告の従業員は、来店客との間で、同種の誤解に基づく料金トラブルが多発しているにもかかわらず、被告らに誤解がないか確認することはもちろん、本件飲食店の料金体系を一方的に口にするだけで被告らの注意を引こうとすることもないまま、本件契約に基づく酒類等の提供を開始していることからすれば、原告の従業員は、高額な料金請求を通じて利益を得るため、被告らの誤解をあえて解かずに応対したことが推認される。」

「このように、本件契約に基づく飲食代金が一般的な料金水準を大幅に上回る水準であるというにとどまらず、本件契約が被告らの料金水準に関する誤解の下で成立しており、原告の従業員が被告らの誤解を殊更に放置していたことに加え、原告の請求額が妥当性を伴うものであることをうかがわせる事情が見当たらず、かえって、ボトルチャージ料やリザベーションチャージ料等といった根拠の不明確な加算が行われていることを総合考慮すれば、本件契約は、原告の暴利行為によるものとして公序良俗に反するといわざるを得ない。したがって、本件契約が暴利行為として公序良俗に反し無効である。」

エ　現代型暴利行為からの考察

この判決は、客観的要素として、本件契約の飲食代金が一般的な料金水準を大幅に上回る水準であること、原告の請求額が妥当性を伴うものであることをうかがわせる事情が見当たらないこと、ボトルチャージ料やリザベーションチャージ料等といった根拠の不明確な加算が行われていることをあげる。そして、主観的要素として、本件契約が被告らの料金水準に関する誤解の下で成立していること、従業員が被告らの誤解を殊更に放置していたことをあげ、以上を総合考慮しており、現代型暴利行為論を背景に、本件契約は暴利行為として公序良俗に反し無効であると判断したものと理解される。

⑷　その他の法的問題点

さらに、この種の紛争で検討すべき法律や条文としては、民法96条詐欺取消し、消費者関連法（消費

者契約法（注16）、特定商取引に関する法律（特定商取引法）（注17）、割賦販売法（注18）、その他（注19）など）、各種条例（注20）、風営法、食品衛生法などの業法（と私法の関係）、刑法等もあり得る（注21）。

その他の法的論点としては、無効・取消しの原状回復義務と「押し付けられた利得」の問題、店側が責任を負うべき者（補助者等）による詐欺取消しの可否、店と連携している客引きにより騙された場合の処理、相手方惹起型錯誤、カードの利用をした場合の救済などの点もある（注22）。

3　実務上の留意点

⑴　現場での初動対応の重要性

①　実践的には、この種の紛争では、現場での初動対応が最重要である。

超高額請求をする店側の多くは、現場での料金回収に工夫を凝らし、威圧その他によりその場での料金回収を強引に試み、客側も困惑、酒に酩酊、トラブルを避けたい等の状況下で言いなりに現金やカードで支払いに応じてしまうことが多く、その後に客側が返金やカードでの決済の停止などを求めても、実際上客側は「被害」回復できない例が多い（注23）。したがって、客側としては、現場での支払いを拒否することが、実務的には最重要ポイントとなる。

そして、客側が現場で支払いを拒否する場合、適正と思われる程度の料金は支払うべきか、店の求めに応じて氏名や住所を回答すべきか、警察を呼ぶか、交番に店側の人間とともに行くか等の悩みが生じる。現在では、警察の方もぼったくり店対応の経験もあるため、警察を呼ぶ、交番に店側の人間とともに行くなどが有効な対策である。なお、警察官が当時歌舞伎町におけるキャバクラ店と客との間の料金トラブルがあった場合に、客を店の従業員から離したうえで警察車両に乗車させて新宿署に同行して事情聴取し、その客を署の出入口で待つ従業員と接触させないようにして帰宅させる等の対応をしたが、店側からその対応が違法であるとして東京都（警視庁）を被告とした国賠訴訟が提起された。しかし、その東京地判平成29・6・13LLI/DB07232943では、裁判所は、警察官のとった対応には国家賠償法上の違法性がないと明確に判断している。

②　東京地判平成29・6・13が認定したぼったくり店の状況

この国賠事件判決では、平成27年２月から６月頃の歌舞伎町におけるぼったくり店の状況、店による民事訴訟対策として不当にボイスレコーダーを使用していた点が認定され、当時の状況を示す貴重な情報であるため、下記のとおり紹介する。

記

1　前提事実（抜粋）

(1)ア　原告X₁は、平成27年2月27日（以下、同年の記載は省略する。）、東京都公安委員会から、歌舞伎町地区において「A」の名称を用いて社交飲食店を営む許可を受けた。「A」……は、3月3日頃から6月1日まで、いわゆるキャバクラ店として営業していたところ、その飲食客に対しては、1人当たりセット料金1万円及びテーブルチャージ7万円に、サービス料40パーセント及び消費税8パーセントを加算した料金が請求されていた（以下「本件料金体系」という。）。

(2)　歌舞伎町地区においては、かねてから、キャバクラ店などの社交飲食店で飲食客が不当に高額な料金を請求されるいわゆるぼったくり被害が相次いでおり、警視庁新宿警察署□□交番……付近の路上においては、連夜、多数の社交飲食店の従業員が、それぞれの飲食客に対し、高額な料金の取立てを行い、こうした料金を巡るトラブルが多発するなどの状況が見られたことから、警視庁においては、生活安全部が歌舞伎町地区を管轄する新宿署と連携して、5月29日から、風俗営業の規制及び業務の適正化等に関する法律（以下「風営法」という。）及び性風俗営業等に係る不当な勧誘、料金の取立て等及び性関連禁止営業への場所の提供の規制に関する条例（以下「本件条例」という。）などの関係法令に基づく規制及び取締りを図り、社交飲食店の従業員による勧誘、料金の取立てが、本件条例4条1項、2項違反（以下「本件条例違反」という。）に該当するものと疑われる場合などには、その飲食客を、当該従業員から離した上で、新宿署に同行して事業聴取を行うとの方針に基づく対策（以下「本件対策」といい、これに従事していた警視庁生活安全部及び新宿署所属の警察官を「本件対策員」という。）を当分の間推進することとした。

(3)ア　本件対策員は、5月29日……、歌舞伎町地区において本件対策に従事していたところ、本件店舗で飲食していた3人1組の客から、料金について客引きから1時間1人当たり3000円との説明を受けて入店したが、飲食後に約40万円を請求された旨の申告を受けた。そのため、本件対策員は、本件条例違反の疑いがあるとみて、本件対策に基づき、当該飲食客を、本件店舗の従業員から離した上で、警察車両に乗車させて新宿署に同行した。その後、本件対策員は、新宿署で当該飲食客からの事情聴取が終わった際、本件店舗の従業員がその出入口付近で当該飲食客を待っている状況が見られたため、当該飲食客をその従業員と接触させないようにして帰宅させた。

イ　また、本件対策員は、5月31日、歌舞伎町地区において同様に本件対策に従事していたところ、本件店舗で飲食していた7人1組の客から、料金について客引きから70分1人当たり4000円との説明を受けて入店したが、飲食後に約96万円を請求された旨の申告を受けた。そのため、本件対策員は、本件条例違反の疑いがあるとみて、本件対策に基づき、当該飲食客を、本件店舗の従業員から離した上で、警察車両に乗車させて新宿署に同行した。その後、本件対策員は、新宿署で当該飲食客からの事情聴取が終わった際、本件店舗の従業員がその出入口付近で当該飲食客を待っている状況が見られたため、当該飲食客をその従業員と接触させないようにして帰宅させた。

(5)　なお、本件店舗の従業員であるE及びFは、3月11日に、実際はテーブルチャージ7万円などの別料金を請求する意図があるのに、その情を秘して、2人の男性に対し、著しく低廉な料金でサービスを受けられることを告げて客となるよう勧誘し、本件店舗で飲食させた上で、その飲食後に料金24万円を請求するに当たり、粗野又は乱暴な言動を交えて料金の取立てをしたという本件条例違反の容疑（以下、この容疑に係る行為を「別件ぼったくり行為」という。）により、5月29日に逮捕された。その後、本件店舗の従業員であるG及びHも上記容疑で逮捕されたほか、6月1日には本件営業許可が取り消された。さらに、原告X₁は、Iに、原告X₁の名義を使用して本件店舗を営むことを承諾し、自己の名義で本件営業許可を得た上、Iに本件店舗において社交飲食店を営ませたという風営法11条違反（名義貸し）の容疑により逮捕され、8月28日、東京簡易裁判所において、同条違反の罪により罰金刑に処する旨の略式命令を受けた。また、Iは、本件店舗の経営者として、その従業員であるE、F、G及びH（以下、この4人を「本件従業員ら」という。）と共謀の上、別件ぼったくり行為に及んだという本件条例違反の罪により、同月18日、東京地方裁判所に起訴されるとともに、風俗営業の許可を受けないで本件店舗において社交飲食店を営んだという風営法3条1項違反（無許可営業）の罪により、同月28日、同裁判所に追起訴され、10月6日、同裁判所において、これらの罪により執行猶予付きの懲役刑に処するほか、本件店舗の売上げに係る債権につき、組織的な犯罪の処罰及び犯罪収益の規制等に関する法律により没収する旨の判決を宣告された（以下、これら一連の刑事事件を「別件刑事事件」という。）。

第3　当裁判所の判断

1　争点①について

（1）別件刑事事件における原告Ｘ₁、Ｉ、Ｈ、Ｅその他関係者の各供述調書によれば、Ｉは、本件従業員らからなるグループのリーダー格の人物であるところ、本件店舗の前身に当たる「Ｊ」という名称の社交飲食店を、原告Ｘ₁の名義を借りて営業許可を受けて経営していたものであるが、やがて、売上げを増やすため、本件従業員らと共謀していわゆるぼったくり営業を行うようになったこと、その手法は、無料案内所の客引きには、客となろうとする者に安い料金で飲食ができるように告げて勧誘をするよう依頼して、かかる勧誘により入店した客から料金について聞かれたときには、あたかも客引きが告げた安い料金で飲食ができるかのように装って飲食させた上で、会計の際に、本件料金体系と同様の料金体系に基づく法外な料金を客に請求し、客がその支払に応じない場合には、店内であれば威圧的な態度を示し、店外であれば裁判によってでも回収することを告げて、その氏名及び住所を教えるよう要求するなどして客を困惑させて料金を支払わせるというものであったこと、そのため、同店舗では、客との間で料金の説明をしたか否かで揉めることが増えたことから、従業員が客に聞こえないよう本件料金体系の説明を独り言のようにボイスレコーダーに吹き込み、その後で客に注文を聞くなどして客の声を録音するという方法により、実際には、本件料金体系について説明していないにもかかわらず、あたかも客の前で客に聞こえるように説明したかのような録音記録を残していたこと、その後、同店舗におけるこうしたぼったくり営業が警察から警戒されるようになったことから、Ｉは、別の店舗を立ち上げて同様の営業を続けるため、原告Ｘ₁に本件営業許可を取得させた上で、これを借用して、３月３日頃から本件店舗の経営を開始し、その後、６月１日に本件営業許可が取り消されるまでの間、本件店舗においても、本件従業員らを含む従業員全員が意思を通じ、上記「Ｊ」と同様の手法による営業を続けていたこと、かねてからＩに借金のあった原告Ｘ₁は、上記のとおり、Ｉに頼まれて本件営業許可を取得したにすぎず、自らは本件店舗の経営に関与しておらず、本件店舗について紛争が生じたときには、その経営者として必要な書類に署名をしたり、裁判所に出頭したりするなどしたことがあったものの、これらは、その名義貸しが発覚するのを防ぐために、ＩやＨの指示に基づいて行ったにすぎないものであったことが認められる。（判決の引用終了）

（2）繁華街全体の地域や業界全体での取組み

歌舞伎町などの繁華街では、ぼったくり店がいったんはなくなっても、しばらくすると復活したり、別の業種や別の手法で行われたりしてきた。これは、その繁華街・地域、社交飲食店業界、関係者（納品業者、ビルオーナー、不動産業者等）が、その街・周囲に金が落とされるとして利害を共有し、高額料金も許容化する風潮があるからとも思われる。

しかし、コロナ禍の影響で、銀座の高級クラブ、歌舞伎町のホストクラブ、繁華街のキャバクラなどは苦しい状況に追い込まれ、不要論など社会の厳しい眼にも晒された。

したがって、今後は、単独の店や系列グループだけでなく、地域・繁華街全体で改善や適正化を図り、他の地域、社会からひろく愛されるまちづくり、リピート客重視、安全・安心なまちづくり（注24）を実現することが、むしろ店の関係者を含む街・地域の繁栄に繋がるものである。

（注１）路上客引きは、例えば、東京都ぼったくり防止条例、迷惑防止条例、市区町村の客引き防止条例、風営法、軽犯罪法に違反する場合が多い。

（注２）2014年12月４日産経ニュース「約10分間滞在した男性客３人に計約21万円を請求。３人が拒否すると、午後11時55分ごろから16日午前６時半ごろまでの間、『払わないとどこまでも追いかけるぞ』などと威圧した」など。

（注３）本稿は、ぼったくり110番活動で得た情報をも踏まえて論じている。

（注４）風俗営業等の規制及び業務の適正化等に関する法律（風営法）２条１項１号。

（注５）正確には「証拠方法」と表現すべきであろうが、本稿では分かりやすさから証拠という用語を用いる。

（注６）契約自由の原則に任せることができない事情がある場合の各種保護規定である。原審判決（東京簡裁）は公刊されておらず、内容を確認できないが、これらの規定適用の余地もあったであろう。

（注７）この男性は客引きであるが、原告（店側）は店とは関係がない旨主張し、同判決でも店との関係性までは認定されてはいないものの、錯誤無効を認める事情としてはひとり4,000円という客引きがあった点は認定されている。

（注８）その他の錯誤規定の改正点については、筒井健夫＝村松秀樹編著『一問一答　民法（債権関係）改正』24頁以下（商事法務・2018年）参照。

（注９）消費者取引の暴利行為論について、日本弁護士連合会消費者問題対策委員会編『改正民法と消費者関連法の実務』37頁以下（民事法研究会・2020年）。東京弁護士会消費者問題特別委員会編『消費者相談マニュアル〔第４版〕』184頁以下（商事法務・2019年）。

（注10）司法研修所編『現代型民事紛争に関する実証的研究─現代型契約紛争(1)消費者紛争』46頁以下（法曹

会・2011年）。民法（債権法）改正検討委員会編『詳解・債権法改正の基本方針Ⅰ—序論・総則』51頁（商事法務・2009年）。

(注11) 米倉明「法律行為（26）－公序良俗違反の法律行為」法教69号39頁（1986年）、山本敬三『民法講義Ⅰ—総則〔第3版〕』275頁（有斐閣・2011年）。

(注12) 大村敦志『消費者法〔第4版〕』（有斐閣・2011年）。

(注13) 法制審で意見がまとまらなかった理由は、日本弁護士連合会消費者問題対策委員会編・前掲（注9）37頁以下参照。

(注14) 必要に応じ今後の立法を検討することが衆参両院の附帯決議に盛り込まれた。第193回国会衆議院法務委員会議事録9号10頁（2017年4月12日）、同参議院法務委員会議事録14号37頁（2017年5月25日）。

(注15) 消費者契約法の分野では、改正民法への現代型暴利行為の明文化見送りの結果を受け、2016年・2017年の消費者契約法改正において、つけこみ型不当勧誘取消権の導入が議論され、過量契約、不安をあおる告知、人間関係の濫用に関する消費者取消権が規定された（同法4条3項3号～6号・4項）。

(注16) 消費者契約法：取消権（4条）。客引きを介在しても適用あり（5条）。個別法優先（11条2項）。

(注17) 特定商取引法：路上でのセールスとして訪問販売に該当するとして、書面交付義務（4条）、不実の告知の禁止（6条1項）、故意の事実・重要事項の不告知の禁止（6条2項）、しつこい勧誘の禁止（6条3項）、クーリングオフ（9条）、取消権（9条の3）。ただし、除外：26条1項8号ニ 別表第2の25。
　キャッチセールスは訪問販売に当たる（2条1項2号）。ただし、適用除外（26条2項・政令6条）。

(注18) 割賦販売法：カード会社との関係「包括信用購入あっせん」契約に該当する（2条3項）。マンスリー・クリア：2条3項1号括弧書。「包括信用購入あっせん」に該当しない。
　抗弁権の接続 30条の4：ただし、例外：支払総額が4万円未満（30条の4第4項・政令21条1項）。
　福崎博孝編著『カード被害救済の法理と実務』107頁、122頁（民事法研究会・2011年）参照。

(注19) チャージバック（カード会社の制度）：東京地判平成21・10・2消費者ニュース84号211頁は、カード会社（イシュア）に協力義務（信義則上の義務）を認め、慰謝料15万円を認めた。

(注20) 前掲（注1）の条例は店側にも適用される場合がある。

(注21) 客引きと店の関係性が明らかになれば、さらに適用がしやすい。

(注22) 詳しくは東京弁護士会消費者問題特別委員会編・前掲（注9）、日本弁護士連合会消費者問題対策委員会編・前掲（注9）、その他消費者被害関係の文献参照。

(注23) クレジットカード決済の場合、決済は後日であり、カード会社との関係も発生し、複雑となる。一方で、カード会社のチャージバックなどによる被害防止対策がとり得る可能性もあり、早急にカード会社や国民生活センター等へ相談することが有益である。法的問題については、東京弁護士会消費者問題特別委員会編・前掲（注9）101頁以下、日本弁護士連合会消費者問題対策委員会編・前掲（注9）96頁以下・111頁以下などの消費者問題の文献参照。

　なお、最近急速に多様な電子決済化が進み、さらに密を避ける社会となる等により、繁華街については新しい問題が生じる可能性は高い。

　2020年6月3日深夜2時過ぎ（コロナ流行下の営業自粛要請時間帯中）の東京都葛飾区のガールズバー利用の料金約8万円について支払えなかった客が詐欺罪で起訴された事案では、2021年12月1日東京地裁で無罪判決が出された（東京新聞同日等）。

(注24) 「安全・安心まちづくり」は、国、全国の都道府県、市区町村でとられている施策でもある。

‖ *FUJIGASAKI Takahisa* ‖

42

元クラブホステスの暴力団員に対する貸金等返還請求権の成立を否定した事例

東京地判平成29・10・20、平成28年(ワ)第17324号貸金返還等請求事件、一部認容【控訴後、東京高判平成30・4・25により控訴棄却・確定】、判タ1472号221頁

オルカス法律事務所／弁護士　岡本　健志

Ⅰ　事案の概要

　本件は、Ⅹ（女性）が男女の関係にあったⅯ（暴力団員）に対し、①交際期間中にⅩに貸し付けた金員として1億9,500万円の返還を請求するとともに、②ⅩⅯ間の子2人（Ａ、Ｂ）の養育費を請求した事案である。

　Ⅹは元クラブホステスであり、クラブホステスとして勤務していた当時、店舗（クラブ「Ｚ」）に客として来店したⅯと知り合い、交際に発展し、ⅩⅯ間には2人の子どもが生まれた。なおⅯは、指定暴力団Ｗ会の七代目会長とのことである。

1　①について

　交際中、ⅯはⅩに対し、現金3億円を交付し、ⅩはⅯの指示に従ってそれを自宅に保管したり、ⅩまたはⅩ実母の預貯金口座に分散して預け入れたりした。

　その後、ⅩはⅯに対し、Ⅿから受領した金員を複数回に分けてⅯに交付した。

　Ⅹは、そもそも上記3億円のうち2億円はⅯのⅩに対する贈与であり、そこからⅩがⅯに交付した1億9,500万円の性質について、ⅩはⅯに対する貸付であると主張したものに対し、ⅯはⅩに預けた金員の返却を受けたにすぎないとの主張が対立したものである。

2　②について

　Ⅹは、ⅩⅯ間の子2人についてⅯと交際関係を解消する際に、ＡおよびＢがそれぞれ成年に達する年の誕生月まで、一人当たり月10万円の養育費ならびにＡおよびＢの入学・進学に要する入学金や授業料その他の諸費用を支払うこととし、Ⅹにおいてこれを立て替え、Ⅹが必要に応じてⅯに請求したときに清算する合意（以下、「本件養育費等支払合意」という）をしたと主張し、Ａについて141ヵ月分、Ｂについて196ヵ月分の養育費3,370万円およびⅩの立替金として約1,663万円を請求したものに対し、Ⅿはこの合意を否定し、従前ⅯがⅩに交付した現金1億円程度の中にＡ、Ｂの生活費や教育費が含まれていると主張したものである。

3

　なお、上記①②いずれについても、借用証や念書等の書面は作成されていない。

Ⅱ　判決要旨

①について請求棄却、②について一部認容。

1　①ⅩのⅯに対する貸付の有無について

　「前記認定事実によれば、Ⅿは、Ⅹに3億円を交付した際、Ⅹに対し、自宅の金庫で保管する2000万円ないし3000万円を除いて、複数の金融機関の口座に分散させて預金するよう具体的に指示し、Ⅹは、その指示に従って、3億円を郵便局など五つの金融機関のⅩ及びⅩの母親の名義の預貯金口座に分散させて預け入れたことが認められ、Ⅹ本人尋問の結果によれば、Ⅹは、その際、贈与されたとする2億円と預かったとする1億円を区別して預貯金をしたわけではなかった旨を供述している。これらの事実関係に照らせば、Ⅹは、Ⅿから交付された3億円のうち2億円とその余の金員の名目を分けて観念していたとは考え難く、また、仮に2億円がⅩに対する贈与であるとするならば、ⅯがⅩに対しこの2億円を含めて分散して預金することを指示し、Ⅹがこれに従った理由は明らかでないといわざるを得ない。さらに、Ⅿは、Ⅹに対し、住居を用意したり、服役中も月100万円の生活費を交付したりしていたし、Ⅹに結婚の約束もしていたのであるから、育児の苦労や将来の生活の不安を理由に出所後に改めて2億円もの金員を原告に贈与する理由があったとはいい難い。そして、ⅯがⅩに交付した金員を複数回に分けてⅯが受領し、これを自らの活動資金に充てていたことに照らせば、ⅯはⅩに3億円を預けたにすぎないものと認められ、贈与したものではないというべきである。」「Ⅹは、Ⅿと男女の関係を解消した平成11年12月以降平成28年に至るまでの15年以上もの間、Ⅿから一切貸金の返済を受けておらず、それにもかかわらず、Ⅹは、Ⅿにその後何度か面会する機会がありながら借用証や念書の作成を求めることすらしておらず、弁護士に依頼して法的措置を講ずることもしていない。これらの事実関係に照らせば、Ⅿが指定暴力団の会長であることを考慮しても、ⅩがⅯに交付した金員の趣旨が貸金であるとは考え難い。」として、Ⅹの主張を排斥している。

2 ②養育費支払いの合意について

「前記認定事実によれば、Yは、Xがクラブ『Z』を辞めた平成2年10月頃から平成11年12月に男女の関係を解消するまで、Xに対し、生活費として月額100万円（Xが千葉県××市に転居してからは150万円）を支払っていたこと、Yは、Xとの間の子であるA及びBを認知したこと、XとYが男女の関係を解消した後も、XとYはときどき面会しており、Yは、Xの求めに応じてXに対して300万円を支払ったことがあり、XY間では、YがAをしばらく引き取って面倒を見るとの話が出たことが認められる。そして、未成年の子を有する夫婦又は男女が関係を解消する際には、非監護親は監護親に対し、子の養育に要する費用を支払う旨を定めることが通例であるというべきであるところ、月150万円の収入が途絶えることになるXが、Yとの男女の関係を解消するに当たり、Yに対し、子の養育費を請求することは極めて自然であり、これに対し、仁義を重んずる組織の会長として資金も潤沢にあったYが、子への愛情を失っていたとはいい難い中で、本件養育費等支払合意の程度の常識的な金額の養育費等を支払う旨の合意を拒むことは考え難い。」

「確かに、Yは、本件養育費等支払合意に関する書面を作成しておらず、Xとの男女の関係を解消した後、平成13年の上記300万円の支払のほかには、Xに金銭の支払をしたことが認められないにもかかわらず、Xは、Yに対し、念書等の書面の作成を求めていないことが認められる。しかしながら、2億円という高額の金銭の貸付けが主張されている本件貸付けとは異なり、本件養育費等支払合意は、常識的な範囲の金額（二人とも未成年の間は、入学金等を除き年額240万円）にすぎず、また、養育費は非監護親が当然に負担すべきものであることからすれば、YがXと別れるに当たり上記合意に関する書面を作成せず、その後にXが念書等の書面の作成を求めていないとしても、不自然であるとまではいえない。」として、養育費支払いの合意を認定している。

3 消滅時効の抗弁について

本件訴訟においてYから消滅時効の抗弁が提出されたが、時機に後れた攻撃防御方法として却下されている。

Ⅲ 分析と展開

1 本判決の評価

本件は、Xが主張するYに対する貸付と養育費等支払合意のいずれについても書面が作成されておらず、当事者の合意に関し何らの書面も作成されていない事例について、争いがない間接事実や経験則に照らして当事者の供述の信用性を判断した一事例として参考になるという理由で判例タイムズに取り上げられた事案であり、同書の評釈では当事者が反社会的勢力に属する人物であること等については特段の言及はない。

もっとも、本書の趣旨からは、判例タイムズの上記の視点ではなく、反社会的勢力に関する裁判例としての視点から評価、考察を行うこととする。

2 反社会的勢力の資産について

裁判所の認定によれば、Xは暴力団員であるYと長年にわたり交際していた女性であり、貸付金として主張する金員も、元々Yから交付された金員である。

この、YがXに交付した金員の性質が問題になったが、これについて裁判所は、判決要旨で引用した間接事実やXの供述の信用性から、貸付金であるとの主張を排斥しており、穏当な結論と考える。

本判決では、XはYから「活動資金が必要であると言われると、口座から現金を下ろして準備し、Yに交付した。」と認定されている。

Yとしては、Xに交付した金員は預けたもの、すなわち自己の資産である旨主張しているところ、そうであればYがXにこのようなことをさせた理由が、自身が暴力団員であるから金融機関に口座を持てないためなのか、強制執行を免れるためにXやXの実母の口座を用いていたのかは不明であるが、いずれにせよ暴力団員がこのようにして自分の資産を自己名義で有していないことは往々にしてあり得ると考えられる。

民事介入暴力の被害者が暴力団員に対して損害賠償請求を行うにあたって、末端の組員であれば資力がない者も多く、その回収可能性は訴訟提起前には常に検討される事項である（本件Yは指定暴力団W会の七代目会長とのことなので回収可能性に問題はないのかもしれない）。

平成20年の暴力団員による不当な行為の防止等に関する法律（以下、「暴対法」という）改正で31条の2が新設され、暴力団構成員の威力利用資金獲得行為により損害を受けた被害者が、指定暴力団のトップに対してもその損害賠償を請求できるようになったため、資力のない末端の組員の行為によって損害を被った被害者であっても、被害回復の可能性が拡がった。

また、令和2年4月1日に改正民事執行法が施行されたことにより、財産開示の制度が拡充された。しかし、今日の金融機関においてはそもそも暴力団員名義の口座は開設を拒否し（または事後的に契約解除され）、預貯金債権に関する情報取得が困難である上、このように第三者名義の口座に資産を移さ

れた場合、強制執行妨害目的財産損壊等の罪（刑法96条の2）による処罰以外にも、民事上の被害回復に資するよう、財産開示制度が運用されることや、さらなる法制度の拡充が求められると考える。

3　養育費等支払合意について

上記貸付金と異なり、裁判所は本件養育費等支払合意を認定している。

それまで、YがXに毎月150万円もの生活費を与えていたことや、A、Bを認知していたこと、金額が常識的な範囲（一人につき月額10万円）であること等が間接事実としてあげられている。これも穏当な判断と考える。

なお、裁判所の認定の中で「仁義を重んずる組織の会長」という記載が存する。

この認定が当事者の主張に基づくものなのか、その場合はどのような証拠から認定されたのか不明であるが、以下で暴力団組織の性格について述べる。

暴力団は暴対法において「その団体の構成員（その団体の構成団体の構成員を含む。）が集団的に又は常習的に暴力的不法行為等を行うことを助長するおそれがある団体をいう」と定義されている団体である（暴対法2条2号）。

そして、暴力団に共通した基本的性格は、暴力を組織化することによって得られたその団体の威力・威信を利用して暴力団員に資金獲得活動（シノギ）を行わせて、利益の獲得を追求するところにある（最二判平成16・11・12民集58巻8号2078頁）。

平成19年指針において、政府が各企業に対し反社会的勢力と一切の関係遮断を求めているところ、上記指針から10年も経過している時点で、裁判所が、上記のような資金獲得活動によって成り立っている暴力団組織について「仁義を重んずる」等との認定をすることは、裁判所があたかも暴力団組織を礼賛しているかのごとき誤解を与えるものであり、遺憾である旨付言する。

4　実務上の留意点（反社会的勢力との関係遮断について）

（1）盛り場からの暴力団排除

Yは銀座のクラブZでXと出会っている。本事例においてXとYが出会うきっかけとなった当該クラブZについて、盛り場からの暴力団排除という視点で実務上の留意点を述べる。

Yがどのように当該店舗を利用していたかは不明であるが、これが暴力団の会合に用いられ、店側もそれを認識している場合は、暴力団の活動を助長または暴力団の運営に資することになることの情を知っていたものとして、利益供与行為の禁止に違反し、都条例に抵触する可能性も存する（都条例24条）。

また、店は銀座にあるとのことであるが、令和元年10月1日施行の改正東京都暴力団排除条例（暴排条例）によって、東京都中央区銀座六丁目から八丁目までは「暴力団排除特別強化地域」に指定され、当該地域内の特定営業者（都条例2条12号）は、暴力団員から用心棒の役務を受けたり、営業を営むことを暴力団員が容認することの対価としての利益供与（いわゆる「みかじめ料の支払い」）を行ったりしてはならず（同25条の3）、これに違反した場合、当該暴力団員だけではなく特定営業者（つまり店側）にも罰則が定められている（同33条1項、1年以下の懲役または50万円以下の罰金、もっとも同3項において特定営業者が自首した場合は刑の任意的減免が規定されている）。

今日の暴排意識の高まりの中、このようなクラブにおいても、暴力団をはじめとする反社会的勢力との関係を遮断していく必要性が高まっていると考える。

もっとも、現にみかじめ料を支払ってしまっており、関係遮断に踏み切れない店舗が存することも想像に難くないが、そのような場合でも、警察や弁護士に相談して関係遮断を進めて行くべきと考える。

そして、みかじめ料の支払いは、暴力団員が店に直接回収に来るという方法だけではない。

例えば、暴力団員が編集、出版する広告雑誌に風俗店の広告を載せる対価として広告料を支払うという広告掲載契約について、支払った広告料は実質的にはみかじめ料であるとして、当該契約は公序良俗に反して無効とし、支払った広告料の返還請求を認めた事例がある（静岡地浜松支判平成23・7・20判タ1365号113頁）。

このように、暴力団員がみかじめ料を徴するにあたっては、様々な契約を隠れ蓑としていることが推測される。もし、暴力団員へのみかじめ料支払いが都条例違反（利益供与）となる場合に関係を遮断せずに漫然と放置すれば、勧告、公表までなされる可能性が存する（都条例28条、29条）。

仮に公表されれば、店舗としては暴力団の恐怖に怯えてやむを得ずにみかじめ料を支払っていたとしても、レピュテーションリスク（風評被害）は免れず、客足が遠のいたり、金融機関からの融資がなされなくなったり、と経営困難に陥りかねない程の様々なリスクが生じると考えられる。

さらに、上記のとおり、暴力団排除特別強化地域内の特定営業者がみかじめ料を支払った場合は、特定営業者自身が刑事罰の対象となることから、みかじめ料を支払い続けることのリスクは相当に高いものといえよう。

一方で、関係遮断を進めるにあたっては、暴力団

225

からの報復を恐れ、なかなか踏み出せないという事情もあると思われる。

しかし、暴力団員によるみかじめ料の要求は、暴対法で禁止される暴力的要求行為に該当するため（暴対法9条）、中止命令の対象となる（同法11条）。中止命令が発出されたにもかかわらず、なおみかじめ料の要求を続ける場合、命令違反により刑事罰の対象となることから、抑止力も存する（同法46条1項、3年以下の懲役もしくは500万円以下の罰金、または併科）。

のみならず、暴力団等による犯罪の被害者その他の関係者や、暴力団等との取引、交際その他の関係の遮断を図る企業等の関係者は、警察による保護対象者として、暴力団等からの危害を防止するための必要な措置が執られる（警察庁平成31年3月28日付け通達「保護対策実施要綱の制定について（依命通達）」）。

また、弁護士に相談するにしてもどの弁護士に相談して良いか分からないということもあるかと考えるが、各都道府県の弁護士会には、反社会的勢力からの被害救済を目的とする委員会（各弁護士会によって名称は異なるが、多くは「民事介入暴力対策委員会」、通称「民暴委員会」と呼ばれている）が存する。

本書を執筆しているのも東京弁護士会民事介入暴力対策特別委員会の委員である。

したがって、暴力団等に対してみかじめ料などを支払っている店舗は、できるだけ速やかに警察や弁護士に相談して、暴力団等との関係を遮断することが肝要である。

(2) すでに支払ってしまったみかじめ料の返還（損害賠償請求）について

みかじめ料をすでに支払ってしまった場合、月額にすると数万円程度かもしれないが、長年にわたって支払いを続けている場合は相当の高額に上ることもある。

そのようなすでに支払ってしまったみかじめ料を、民事訴訟において取り返すことも検討したい。東京弁護士会民事介入暴力対策特別委員会『反社会的勢力を巡る判例の分析と展開』（経済法令研究会・2014年）において、すでに支払ったみかじめ料を不当利得と構成して返還請求が認められた事案が紹介された（「広島高判平成23・4・7判批」同書175頁〔國塚道和〕）。

同書でも触れられているが、暴対法31条の2を活用して、指定暴力団員に対してみかじめ料を支払った者は、当該指定暴力団の一次団体のトップに対して、支払った金員の返還を求め得るため、今後は同条を用いての被害回復が期待される。

みかじめ料の支払いを求める暴力団員は、一般市民が暴力団に対して抱く恐怖心を利用しているものであり、「断ったら何をされるか分からない。嫌がらせをされるかもしれない。」という店側の恐怖心につけ込んでみかじめ料を請求するものであり、店側もこのような恐怖や不安から止むを得ず、法的支払義務も存しないにもかかわらず、みかじめ料を支払っていることから、正に暴対法31条の2が定める威力利用資金獲得行為に該当するといえる。

盛り場からの暴力団排除を進めるにあたって、将来のみかじめ料の支払拒絶のみならず、すでに支払ったみかじめ料の返還請求を行っていくことにより、暴力団の活動資金を剥奪していくことが望まれる。

実際に、みかじめ料を支払わない性風俗店の経営者らに対して暴力団員らが加えた襲撃等の不法行為につき、最上位の指定暴力団の会長の使用者責任を肯定した裁判例が存する（広島地判平成30・5・30判時2388号69頁、なお、この件では民法715条1項の使用者責任によって指定暴力団のトップの責任を認めており、選択的併合の関係にあると解される暴対法31条の2については判断されていない）。

もっとも、盛り場の中で一店舗だけがこのような返還請求を行うことは相当の覚悟が必要で、負担も大きいものになることが予想される。そこで、一店舗、一人だけでなく、その盛り場の多数の店舗が当事者として声を上げること、のみならず盛り場が存する商店街全体、そして警察や弁護士とも連携の上、その地域から暴力団を追い出すという活動や後押しが、みかじめ料の被害回復を進めるにあたって重要と考える。

‖ OKAMOTO Takeshi ‖

反社会的勢力を巡る判例の分析と展開 II　〔別冊 金融・商事判例〕

2022年2月23日　初版第1刷発行

編　者　東京弁護士会民事介入
　　　　暴力対策特別委員会
発行者　志　茂　満　仁
発行所　㈱経済法令研究会
〒162-8421　東京都新宿区市谷本村町3-21
電話代表 03(3267)4811　制作03(3267)4823
https://www.khk.co.jp/

＜検印省略＞

営業所／東京03(3267)4812　大阪06(6261)2911　名古屋052(332)3511　福岡092(411)0805

表紙デザイン／府瀬川由幾　制作／船田雄・横山裕一郎・樋田百合子　印刷・製本／富士リプロ株式会社

ⓒ Tokyo Bengoshikai 2022　　　　　　　　　　ISBN978-4-7668-2476-6